U0905378

珍藏本
纪念版

汉译世界学术名著丛书

罗芒狂欢节

——从圣烛节到圣灰星期三 1579–1580

〔法〕勒华拉杜里 著

许明龙 译

2017年·北京

Emmanuel Le Roy Ladurie
LE CARNAVAL DE ROMANS
De la Chandeleur au mercredi des Cendres 1579 — 1580

根据法国巴黎伽里玛出版社 1979 年版译出

汉译世界学术名著丛书
（120 年纪念版·珍藏本）
出 版 说 明

2017 年 2 月 11 日，商务印书馆迎来 120 岁的生日。120 年前，商务印书馆前贤怀揣文化救国的理想，抱持“昌明教育，开启民智”的使命，立足本土，放眼寰宇，以出版为津梁，沟通中西，为中国、为世界提供最富智慧的思想文化成果。无论世事白云苍狗，潮流左右激荡，甚至战火硝烟弥漫，始终践行学术报国之志，无改初心。

迻译世界各国学术名著，即其一端。早在 20 世纪初年便出版《原富》《天演论》等影响至今的代表性著作，1950 年代后更致力于外国哲学和社会科学经典的译介，及至 1980 年代，辑为“汉译世界学术名著丛书”，汇涓为流，蔚为大观。丛书自 1981 年开始出版，历时三十余年，迄今已推出七百种，是我国现代出版史上规模最大、最为重要的学术翻译工程。

丛书所选之书，立场观点不囿于一派，学科领域不限于一门，皆为文明开启以来，各时代、各国家、各民族的思想与文化精粹，代表着人类已经到达过的精神境界。丛书系统译介世界学术经典，引领时代思想，为本土原创学术的发展提供丰富的文化滋养，为推动中国现代学术和现代化进程做出了突出的贡献。

为纪念商务印书馆成立120周年，我们整体推出“汉译世界学术名著丛书”120年纪念版的珍藏本，寄望既利于文化积累，又便于研读查考，同时向长期支持丛书出版的译者、编者和读者致以敬意。

两甲子后的今天，商务印书馆又站在了一个新的历史时间节点上。我们不仅要铭记先辈的身影和足迹，更须让我们的步伐充满新的时代精神。这是商务人代代相传的事业，更是与国家和民族的命运始终紧密相连的事业。我们责无旁贷，必须做好我们这代人的传承与创造，让我们的努力和成果不仅凝聚成民族文化的记忆，还能成为后来人可以接续的事业。唯此，才能不负前贤，无愧来者。

商务印书馆编辑部

2017年10月

埃马纽埃尔·勒华拉杜里1929年出生于诺曼底，毕业于巴黎高等师范学院，1973年起担任法兰西学院近代文明史讲席教授。

他先后出版了：《朗格多克史》《朗格多克的农民》《公元1000年以来的气候史》《历史学家的领地》《蒙塔尤，1294—1324年奥克西坦尼的一个山村》《巴黎-蒙彼利埃，1945—1963年间的共产党和统一社会党》《在历史学家中间》；参与了《法国经济和社会史》（费尔南·布罗代尔、埃内斯特·拉布鲁斯主编）的编著，合作编纂了《法国乡村史》和《法国城市史》。

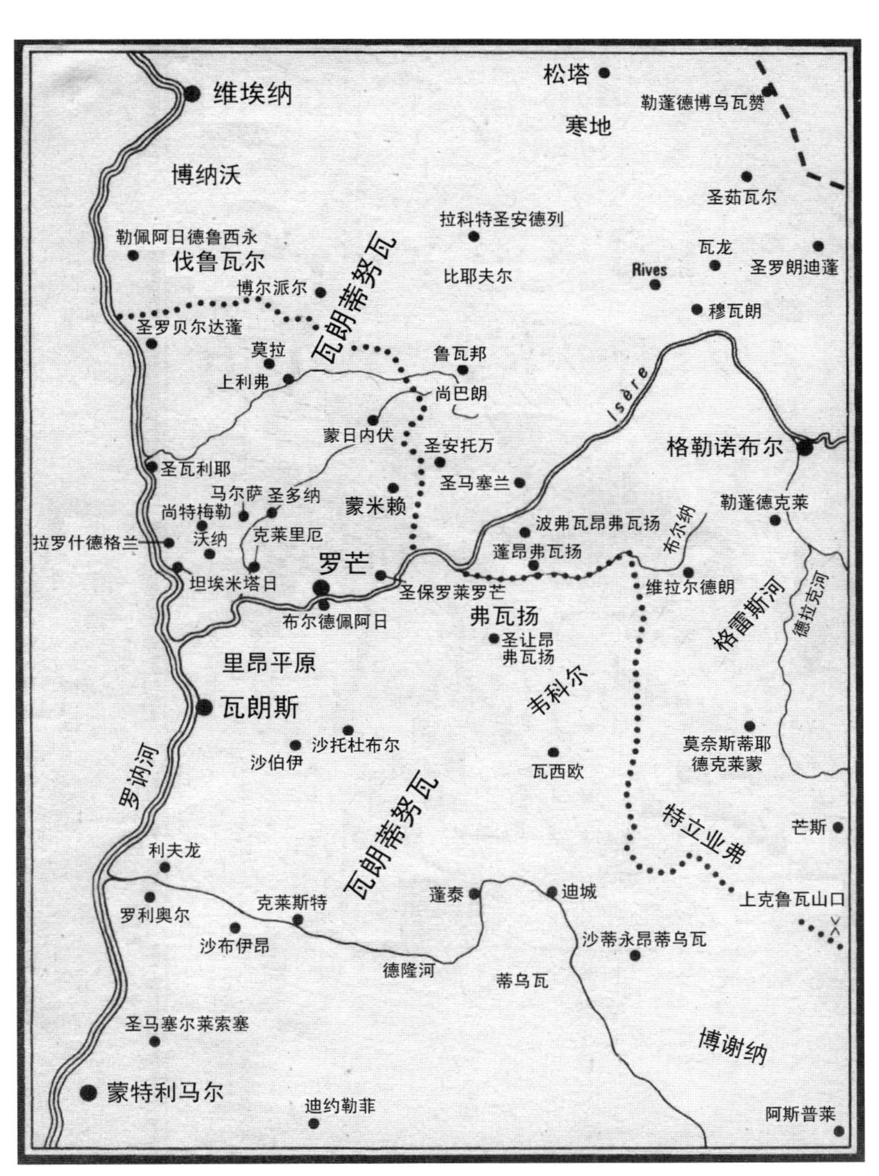

1579—1580 年间民众联会的中心地区

（据《法国人民》1977 年 6 月号绘制）

目　　录

前言…………………………………………………………… 1

第一章　城乡概况……………………………………………… 5

第二章　税收:平民向贵族抗争…………………………… 56

第三章　1576 年:让·德布尔格的陈情书 ………………… 86

第四章　1578 年:雅克·科拉审慎的造反 ……………… 110

第五章　1579 年:球王塞尔弗的首届狂欢节 …………… 127

第六章　1579 年:抗税和债务 …………………………… 208

第七章　1580 年:罗芒的民俗大师安托万·盖兰 ……… 237

第八章　1580 年:丰盛星期二或上帝与我们同在 ……… 307

第九章　虐杀农民的屠戮场………………………………… 333

第十章　“喜鹊和乌鸦啄去了我们的眼珠子……”………… 350

第十一章　范型、会社、“王国”…………………………… 381

第十二章　冬天的节日……………………………………… 405

第十三章　再说农民………………………………………… 436

第十四章　追求平等的先民………………………………… 453

鸣谢…………………………………………………………………… 501

译名对照表……………………………………………………………… 502

参考书目………………………………………………………………… 511

手稿与抄本……………………………………………………………… 527

前　　言[①]

罗芒曾是法国的一个纺织业中心，位于里昂南面从前叫做多菲内省的那片土地上。这个小城16世纪的人口约为8 000人。每年二月的丰盛星期二狂欢节，这里都要举行盛大的、多姿多彩的活动。1580年的狂欢节盛况胜过往常，但却演变成了一场显贵对工匠的血腥伏击，工匠的首领们或是被杀，或是被投入牢狱。当其时，法兰西正陷于宗教战争的剧烈动荡之中，这次由民众欢庆活动演变而成的暴力事件，犹如一支火箭炸响在法兰西上空。据当年记述，这次罗芒事件兼具莎士比亚悲剧和街头小戏的特点，主角则是男人。无论在当时还是现在，这个事件都具有很强的社会和文化史意义。但是，对于居住在远离法国南部的兰开夏、纽约、明尼苏达等这些城市中的读者来说，罗芒狂欢节事件有什么值得他们关注的呢？

若想充分估量罗芒狂欢节事件的重要性，首先不能忘记，此次事件发生在宗教战争的两个重要阶段相交之际。法国的宗教战争是16世纪下半叶发生在新教徒和天主教徒之间的一场激烈的战

① 译自《罗芒狂欢节》英译本：*Carnival in Romans*，Phoenix Press，2003，London。——译者

争，整个法兰西和西方世界的许多国家都卷入其中。

自1560年起在法国占据上风的胡格诺派(Huguenots)1572年在臭名昭著的圣巴特洛缪之夜大屠杀中遭受重创，身心俱伤的新教从此每况愈下，无望东山再起。从1580年开始，一个庞大的以“联会”(League)为名的天主教组织声势日渐壮大；有人误以为原教旨主义已经在路德派和加尔文派的沉重打击下奄奄一息，其实它并未失去民心，而是在声势日盛的联会推动下，以胜利者的姿态毫发未损地重现江湖，保持着从前那副宗教狂热的面貌。天主教联会在原教旨主义推动下大量涌现，大贵族吉斯家族对于这个组织的领导其实有名无实，狂热的僧侣和布道修士才是这个组织的基础。这是一个近代意义上名副其实的组织，它不是一个松散的组织，而是一个民主的、前革命的、受操纵的乃至集权主义的组织。

罗芒狂欢节事件发生在上述这些事态发展的前夜，正如我刚才所说，它发生在激烈的宗教战争两个阶段的衔接处，即胡格诺阶段(1560—1572)和天主教阶段(1580年以后)相交之时。1558年相对平静，这是极具破坏力的两个阶段之间的一个台风眼，主导前一阶段的思想是加尔文主义，引领后一阶段的则是罗耀拉(Loyola)的思想。罗芒狂欢节前后盛极一时的多菲内(Dauphiné)起义民众联会的首领，除极少数例外，既非虔诚的天主教信徒，也不是僧侣，而是工匠、农民和资产者，他们都致力于捍卫各自的行业和社会利益，准备必要时为此而战。

就其基础层面而言，罗芒狂欢节实际上是一场广泛的地区性起义中的高潮阶段，是一场对抗政府和税收的反叛。在16和

17 世纪的西方世界中，此类反叛屡见不鲜，主要在法国，其次在英国和西班牙。在当时的知识精英论者看来，这些反叛所体现的是原始农民阶级极具野性的冲动。此类反叛活动如今被称作布热德主义（Poujadisme）；布热德主义指的是一种只顾眼前的政治态度，这个词源于皮埃尔·布热德，此人曾在二战后领导了一场以小商人和熟练工人为主的联盟运动。在世界上的先进社会之一的加利福尼亚，也发生过抗税运动。就第 13 条提议举行的投票表明，抗税运动通常非常复杂，其实在 16 世纪的法国也是如此。正如帕金森法（Parkinson's Law）所指出，官僚政治如果不受监督就会日益恶化，就上面谈及的这个实例而言，其结果便是税收名目越来越多，税额越来越高。1580 年的多菲内是一个抗税和反贵族斗争的舞台，贵族享受着与生俱来的免税特权，平民、农民以及资产者对此愤懑不平，他们憎恨税收，更仇视税收方面的不公正。因税收不公而引起的对贵族的愤恨犹如井喷，一发而不可收；在卢梭的平等思想中得到充分表达的这种愤恨，在法国大革命前夕再度喷发。

不过，1580 年多菲内的起义还有其久远的根源，那就是中世纪反抗领主的斗争；反抗领主的斗争在 18 世纪最后十年间有了完全属于近代的崭新意义。1579 年多菲内的造反农民袭击并捣毁领主庄园，在此前的 1358 年札克雷起义中和此后令人胆战心惊的 1789 年春季，都发生过此类事件。

罗芒是冲突的焦点。在地方层面上，工匠们借助行会向当地以政治强人法官盖兰为首的城市贵族发起挑战。1580 年 2 月，狂欢节如期举行……于是一切都变样了。在冬春相交时节举行的狂欢，勾起了人们对往日的回忆，那时人们在骤然爆发的纵情欢乐中埋葬了不信教的日子，成为基督教徒。人们以这种方式为即将到来的封斋期做好准备，而封斋期则是一个以复活节洗礼为高潮的净化的过程，是心灵诞生或再生的时节。为丰盛星期二而制作的模拟人像遭到审判并被处死，这是放纵无度的异教徒狂欢活动至此终结的标志。但是，狂欢节也与社会的罪恶或灾难有关，不幸的是，人们很难就什么是社会的罪恶或灾难达成共识。换言之，消灭社会灾难就意味着阶级斗争，一方是贪婪的显贵，另一方是造反的农民。双方都成群结队地、气势汹汹地来到狂欢节，通过表演和礼仪活动彼此激烈争斗，最后以一场血腥的屠杀告终。

罗芒狂欢节尽管是一个严格意义上的地方事件，却深刻地揭示了往昔文化中的各个层次。它向我们讲述了一个与众不同的城市和一个与众不同的省份。从更加广泛的意义上说，罗芒狂欢节让我们看到的是：在宗教改革时期、巴洛克时代初期和天主教反改革运动兴起之时的一出文艺复兴的城市活剧。

第一章　城乡概况 9

很久以来，我一直想为一个小城撰写一部历史，譬如说，多菲内的罗芒。罗芒是我时常欣喜地想起的小城，多菲内则是一个省，我热爱那里的居民和景色。多菲内有着七八百年乃至更悠久的地方史、社会史、经济史、文化史、市政史……档案资料汗牛充栋……一番思索之后，我发现这个题材相当广阔，专题研究者难以胜任，何况我尚在为成为一个专题研究者而发奋努力呢！经过一番仔细斟酌，我决定只写罗芒的十五天历史，也就是短短的两周。可是，这是什么样的两周啊！这两周就是 1580 年 2 月的罗芒狂欢节。在狂欢节期间，伊泽尔河两岸的居民先是精心打扮，接着相互厮杀。这是躁动不安、绚丽多彩和血腥杀戮的十五天，有必要追述这场悲剧的前因后果和来龙去脉，阐明事件发生的环境及其意义，必要时还应该对周边的城市和村庄进行一番审视，其中包括从比较史学的角度进行考察。狂欢节以及与此相关的一切便是本书的缘由。在开篇的第一章中，我将扼要地讲述 1579—1580 年间罗芒的状况，其实也是罗芒周边的多菲内乡村地区的状况；其次，我要说一说 1580 年 2 月那场悲剧的政治—社会背景。在这一章中将会涌现大量数据，我请大家对此给予谅解，为了清晰地勾勒出一场悲剧的背景，数据往往是不可或缺的；因为，历史有时候也是数量史。

不过请大家放心，大量数据并非全书的特点。

10 伊泽尔河畔的罗芒距罗讷河仅数法里，这座小城在数百年间的人口发展状况，乃是城市人口学上的常见现象。1348 年黑死病大流行之后，①1357 年罗芒有 1 163 个纳税人户主；以每户平均 4.5 人计，加上未统计在总户数中的非纳税人家庭(特权享有者和赤贫者等)，全城居民总数约为 6 013 人。② 造成人口大减的1361 年瘟疫过后，只有 430 个户主出席 1366 年的罗芒选举大会，若仍以每户平均 4.5 人计，此时居民总数应是 2 233 人。③ 这个数字肯定偏低，因为那一年有很多户主把选举大会“晾”在一边，拒不出席。1450 年的数字比较可靠，登记在册的总户数为 529(不是纳税户，而是实有户)，居民总数为 2 735 人，④少于一百年前在册人数的一半。历经瘟疫、战争、饥馑和危机的罗芒每况愈下，到了中世纪行将结束之时，人口几乎跌到了谷底。

春去秋来，年复一年。如同别处一样，文艺复兴在罗芒从 1498 年开始初露端倪。全城的直接税纳税人增为 814 人，居民总数增为 4 208 人。11 年之后，这两个数字几乎没有变动，纳税人

① 德龙省档案，E 1169 (＝罗芒市档案 II 4)。

② 马蒂娜·佩罗歇(Martine Perrochet)在她论述 15 世纪罗芒的未版论文中，以每户平均 5 人计算，未统计在人口总数中的特权享有者和赤贫者换算为 0.67 人，两者相加为 5.67。用这个系数求得的当时罗芒总人口为 6 594 人。我保留她的 0.67，但把她的 5 调整为 4.5，两者相加为 5.17。不过，这些数字也仅是约略而已。

③ 德龙省档案，E 3592，1366 年。

④ 数字来源为马蒂娜·佩罗歇关于 15 世纪罗芒的未版论文(论文手稿藏于罗芒市立图书馆)。

815 人，居民总数4 214 人。① 一度受到遏制的文艺复兴扩展势头重新启动，40 年后有了长足发展；1557 年罗芒的直接税纳税人为 1 612 人，比本世纪初几乎翻了一番；居民总数已达 8 334 人。② 罗芒的人口已经接近一万，堪称那个时代的“小型大城市”。延续到 1550 年代的这一波人口增长，在一些意想不到的领域里得到反映，其中包括青楼。“鉴于有伤风化的事件越来越多，因而必须扩
大妓院规模，以便容纳更多的娼妓和窑姐”(1554 年 4 月市议会讨 11
论记录)。③ 九年之后的 1566 年，宗教战争已经开始，两年前的 1564 年发生了瘟疫。④ 文艺复兴的增长势头逆转为其反面，这一年罗芒只有 1 519 个纳税人，7 853 个居民。⑤ 1570 年，人口下降危机继续发展，恶魔般的战争还在继续，田园荒芜，人口流失，罗芒尚余1 454 个纳税人，7 517 个居民。⑥ 1578 年罗芒的人口进一步下降，纳税人减为1 304 人，居民减为 6 742 人。在本书记述的狂欢节之后，1582 年的罗芒有纳税人 1 582 人，居民 6 902 人。⑦ 自 1557 年以来，罗芒的总人口第二次(但不是最后一次)跌落到

---

① 罗芒市档案，CC，各该年份的直接税册；托梅·德·迈松纳夫《罗芒史》(Thomé de Maisonneuve，*Histoire de Romans*)，第 2 卷，第 571 页。

② 罗芒市档案，CC 81。

③ 罗芒市档案，BB，这个时期的资料(感谢罗西奥 (M. Rossiaud) 先生热情提供)。

④ 从 1564 年 6 月到 1565 年 1 月的瘟疫流行期间，死于瘟疫的罗芒人约为 4 000 人(德龙省档案，E 3667)。从 1566 年到 1557 年，罗芒人口急剧萎缩；尽管由于乡民涌入城市和寡妇再婚后立即受孕并生育，致使人口迅速得到部分补充，但人口减少的趋势并未得到逆转。(参见 G. 德里伊(G. Delille)的相关论文)

⑤ 罗芒市档案，CC，1566 年直接税册。

⑥ 罗芒市档案，CC 90，1570 年直接税册。

⑦ 罗芒市档案，CC 90。1578 年直接税册的编号为罗芒市档案 CC 92。

7 000 人这条“杠杠”以下。不过，这些年头的数字可能略有低估。1583 年的直接税册倒是做得认真仔细，统计在税册中的纳税人为 1 547 人，居民为 7 998 人，粗略地说就是8 000 人，[1]即平均每公顷 212 人。经历了 1586 年恐怖的瘟疫之后，1588 年的人口大幅下降，纳税人仅为 1 183 人，居民不足 6 000 人。[2] 本书记述的罗芒狂欢节是在宗教战争期间和人口周期中的下降和停滞阶段举行的，而此前 1450—1560 年间的文艺复兴或“美好的 16 世纪”，则是这个周期的上升阶段。狂欢节举行之时，罗芒拥有居民约 7 500 人，至多不超过 8 000 人。

在 16 世纪的法国城市中，罗芒属于人口总数约在 6 000 人到
12 12 000 人之间的第五等。巴黎属于第一等（当时的人口介于 200 000—300 000 人）。里昂属于第二等（60 000 人）。卢昂、南特、波尔多属于第三等（20 000 人左右）。图卢兹、蒙彼利埃、马赛和奥尔良属于第四等（15 000—20 000 人）……[3]罗芒以及类似的小城则属于第五等。

*　　　　　*

教区户籍册提供的数字比较完整。在教区户籍册付诸阙如的情况下，我们只能从一种令人毛骨悚然，但比较准确的资料中了解

① 罗芒市档案，CC 94。在 15 世纪，将郊区排除在外的罗芒城墙内的总面积为 37.68 公顷（感谢弗朗希娜·马莱女士（Mme Francine Mallet）提供此数字）。

② 罗芒市档案，CC 361。我之所以把总人口估算为不足 6 000 人，是考虑到经历了瘟疫之后，每户平均人口也有所减少。

③ 参阅加斯孔《16 世纪里昂的大商业与城市生活》（R. Gascon, *Grand commerce et vie urbaine à Lyon au XVIe siècle*），巴黎，1971 年，第 1 卷，第 350 页。

当年罗芒的家庭结构，这就是那份阴森森的1586年瘟疫死亡名册。[①] 这份名册是奉盖兰之命编制的，我在本书中将会一再提到这位名副其实的罗芒城“大老板”。死于这场瘟疫的罗芒人共计4 096人，超过当时该城居民总数的一半(51%)。罗芒因此而萧瑟凋敝，呈现出一幅令人难以想象的惨状。这场在城里蔓延的瘟疫令人想起1348年黑死病猖獗时的悲惨情景。许多反抗分子在1580年的狂欢节中幸存下来了，却没有逃过1586年那场瘟疫。最终为狂欢节事件画上句号的是六年后的这场瘟疫。罗芒的人口在瘟疫之后迅速回升，究其原因，是寡妇再婚和较高的生育力，以及周边乡民大量涌入城内等因素使然。

罗芒人在1586年的瘟疫中死了一半，富人穷人概莫能外。对于某些家庭结构而言，这场瘟疫相当于一次高抽样率(51%!)和高效率的普查。瘟疫殃及703个核心家庭(由夫妻及子女组成，不包括上代及同辈)、84个寡妇单亲家庭以及至少161个扩大家庭；所谓扩大家庭是考虑到死者的身份而言的，共同生活在这个家庭中的人员，除夫妻及其子女外，还包括一位上辈(祖父或外祖父)或一位单身的同辈(夫或妻的兄弟)。倘若忽略不计寡妇单亲家庭，而只考虑核心家庭和扩大家庭(703+161=864)，那么，扩大家庭所占比例至少为18.6%(161/864)，而核心家庭的比例则高达81.4%(703/864)。我之所以说扩大家庭“至少”占18.6%，是因为在我称之为核心家庭的某些家庭中，实际上有夫妻的一位长辈或同辈共同生活，这些“外来成员”逃过了瘟疫之劫，谁也不清楚他们此后

① 德龙省档案，E 3804。

13 的状况，只是因为他们中的某人在 1586 那年死去了，人们这才知道原来还有这么一个人！再者，依据持续不断地运行的家庭周期规律，许多核心家庭在其存在和发展过程中，先后变成了扩大家庭。共同生活的一位老祖母一旦过世，原来的扩大家庭立即变成了核心家庭；反之，大儿子婚后不愿带着新婚妻子离开父母，这个原来的核心家庭立即就变成事实上的扩大家庭。如此说来，在 1580 年代的罗芒，每十个家庭（核心家庭＋扩大家庭）中就有两个扩大家庭，这个数字看来是合理可信的。这情形与以个人为重的近代英国大不相同，那里几乎只有夫妻型的核心家庭。[1] 罗芒的家庭结构与地中海地区比较相似，那里的人们历来喜欢“大家庭”。

在罗芒，富裕家庭在扩大家庭中所占比例较高，这是因为富裕家庭条件较好，除了夫妇和子女外，还有能力供养一位单身汉或上了年纪的长辈，让他们以族人身份在同一个屋檐下体面地过日子。在总共 161 个扩大家庭中，占 32.3％的 52 个扩大家庭雇有一个或多个佣人，佣人以女性居多，但也有男性，男女佣人都住在主人家中。遭受瘟疫的沉重打击后，罗芒雇有佣人的家庭较前减少，仅占家庭总数（包括核心家庭、扩大家庭、单身汉家庭、寡妇家庭等所有类型的家庭）的 13.6％（174/1282）；雇有佣人的寡妇家庭减少为寡妇家庭总数的 9.5％（8/84）。这很正常，因为寡妇家庭通常比较穷。总之，三分之一的扩大家庭、七分之一的普通家庭、十分之一的寡妇家庭雇有住家佣人，由此可见，不同类型家庭之间的差

① 拉斯莱特：《昔日的家和家庭》（P. Laslett, *Household and Family in Past Time*）。

异大得惊人。

既然谈到男女佣人，那就请记住以下数字：根据瘟疫后进行的统计，罗芒的七分之一家庭（即 13.6％或 174/1 282）雇有一个或数个住家佣人。这里说的是做家务的佣人，而不是从事羊毛梳理和编织的伙计，这一点很重要。死于瘟疫的 212 个佣人中，男性 61 人，女性 151 人（占死亡佣人总数的 71.2％）。女佣的主要活计是做饭和纺线等。

每七八个罗芒家庭中，大体上有一个属于或勉强属于雇有佣 14
人的有钱人家，狂欢节事件中的反抗对象就是这些有钱人家。反之，为数不多但作用巨大的反抗分子头领，大多来自没有佣人的家庭，这类家庭约占家庭总数的 86％。

穷也罢，富也罢，核心也罢，扩大也罢，所有这些家庭都有很多孩子。1586 年的瘟疫殃及 49 个有孩子的寡妇家庭。703 个核心家庭平均每户死亡 2.2 个孩子。114 个失去孩子的扩大家庭（扩大家庭总数为 161 个）每户平均死亡孩子 2.1 个。包括各种类型的家庭在内，以每个家庭在瘟疫中平均失去两个孩子推算，每个有孩子的家庭在瘟疫发生之前至少有三个孩子。考虑到青少年死亡率极高，一对夫妇所生育的孩子肯定多于三个；如果夫妇在 1586 年瘟疫之前已经比较年长，他们的孩子甚至可能多达六七个。

*　　　　*

说完了人口学问题，接着谈一谈社会学问题。蜷缩在既无近郊也无远郊的罗芒城里的罗芒人，可以运用多种方法分成多种类别，以下分类标准都可使用：

——16 世纪的分类标准，据此将罗芒社会划分为若干等级；

——社会层级系数（就社会经济而言，城市人口中的10%最富有者属于上层，其余90%属于下层）。

——社会阶级标准，即综合考虑等级地位与财产（社会—经济水平）。

等级。依据1578年的税收账册（又称直接税册），罗芒居民（此处以1 340个纳税人户主为代表）可以分成四个等级。[①] 属于第一等级的是家道殷实的地主，他们依靠土地和放债以及高利贷
15 过着富足的日子；属于这个等级的还有为数不多的城市贵族，但他们不拥有能享受免税优惠的贵族身份，国王的官员、法律专家以及为数极少的医生。总之，组成第一等级的是罗芒的“名流”或所谓的“名流”。他们当中有盖兰家族（此时尚不甚富有）、韦勒家族、鲁瓦隆家族、德·马尼希厄家族、加拉尼奥尔家族……属于这个等级的户主共有52人，占罗芒全部居民的4%。根据登录在税收账册或直接税册上他们所交纳的税金计算，他们拥有全城16.2%的土地，[②]这个数字比他们的人口比例高了四倍多。他们每人平均缴纳税金6埃居。

第二等级主要是商人，其中包括大商人和各个行业的大店主，此外还包括与手工业有关的批发商（罗芒的批发商与他们的里昂同行相比，那是小巫见大巫了）。他们控制着当地的织毯业，把羊

① 罗芒市档案，CC 92，1578年。在其他直接税册（例如罗芒市档案，CC 93，1582年）中，等级划分情况相同。

② 根据财产登记册上的修正数字，并经我本人重新计算，1578年他们缴纳的直接税总额为314埃居，而当年罗芒全城缴纳的税金为1 932.4埃居。地产税中的五分之四与土地有关，其余不足五分之一部分则与他们的动产有关。（德龙省档案，E 11689＝罗芒市档案，FF 53）

毛卖给梳毛匠和织毯匠，收购他们编织的毛毯，然后进行短途或长途贩运。他们就像是离罗芒不远的孔塔-韦内杉地区小城镇中的商人，马克·韦纳尔就此写道："他们收购农产品（小麦、羊毛）……把当地的手工编织品（羊毛毯）输送到外面去……他们以编毯机拥有者或租赁者的身份参与毛毯的生产过程……作为小资本家，他们以几乎不加掩饰的利率从事多种多样的放贷业务：消费品贷款、货币贷款、谷物贷款、牲畜贷款、纺织品贷款等；他们在租用的土地上经营，代领主收税，代贵族和教会收取什一税……"[①]他们把目光投向本地以外，在伊泽尔河上经营航运的罗芒船商，与他们的格勒诺布尔和瓦朗斯同行们，长久以来就彼此联手。罗芒的批发商不仅掌握着自南而北溯伊泽尔河而上的食盐生意，而且控制着罗讷河和伊泽尔河沿岸的小麦、葡萄酒和羊毛生意；沿着大小河流顺流而下，他们还经营着来自阿尔卑斯山的木排、铁、钢、奶酪、瓦片以及来自德国和北方国家的各种小商品。[②]

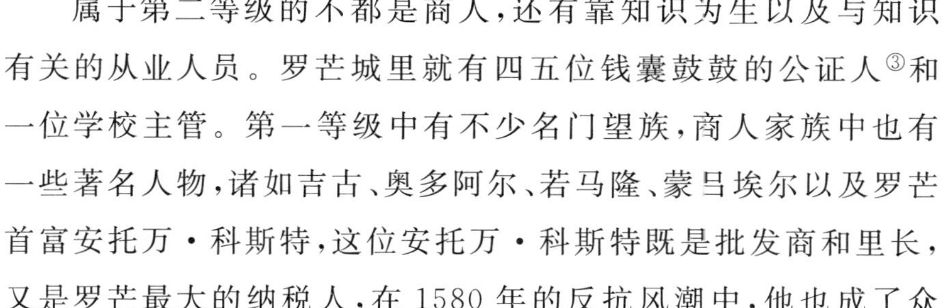

属于第二等级的不都是商人，还有靠知识为生以及与知识 16
有关的从业人员。罗芒城里就有四五位钱囊鼓鼓的公证人[③]和一位学校主管。第一等级中有不少名门望族，商人家族中也有一些著名人物，诸如吉古、奥多阿尔、若马隆、蒙吕埃尔以及罗芒首富安托万·科斯特，这位安托万·科斯特既是批发商和里长，又是罗芒最大的纳税人，在1580年的反抗风潮中，他也成了众

① 马克·韦纳尔《16世纪的阿维尼翁教会》（Marc Venard. *L'Eglise d'Avignon au XVIe siècle*），1758年。

② 这些资料系16世纪初年罗芒的运输状况，由罗西奥先生（M. Rossiand）提供。

③ 关于罗芒的这几位公证人，参见罗芒市档案，GG 19，1591年。

矢之的。

属于第二等级的纳税人共计 137 人，占全城纳税人户主总数的 10.5%，远远超出第一等级的纳税人一倍以上。在地产方面（对于商人而言，动产所占分量很大，但地籍评估不太注重动产），以商人和公证人为主的第二等级占有全城不动产（房产与地产）的 18.5%，[①]不足他们在人口中所占比重的两倍。

从总体上看，与第一等级中的食租者相比，第二等级中的商人和其他人群的状况要好一些，他们从罗芒这块蛋糕中分得的份额略多一些（第一等级占 16.2%，第二等级占 18.5%）。但是，由于第二等级参与分蛋糕的人数比第一等级多，所以，第二等级按人头计算分得的蛋糕份额（由年纳税额显示），比第一等级小得多。第二等级中的每个户主的平均年纳税额为 2.6 埃居，而第一等级中的每个食租者的平均年纳税额为 6 埃居。每个商人平均拥有的地产，大约相当于每个食租者平均拥有地产的 43%。

第三等级包括各类手工艺从业者，纺织业中的织毯匠、梳毛匠……食品业的屠宰户、面包师傅等。这些从业者人数多，所占比重高。在旧制度时期，罗芒是整个多菲内省内“工业”最发达的城市。当时的所谓“工业”，其实只是手工业而已，其中主要是纺织业。商人和工匠之间的界线一清二楚，想要逾越这条界限，由工匠变成商人，必须出示具有足够说服力的证据，否则，市议会就会退回申请，让申请者回归原位；须知，第一和第二等级在市议会中的

① 据我从直接税册中查证所知，他们的年纳税额为 358.2 埃居，全城年纳税额则为 1 932.4 埃居。参见罗芒市档案，GG 19，1591 年。

代表一个个都警觉而审慎。[①] 等级也就是荣耀，这是开不得玩笑 17
的。再者，一个等级的若干纳税人一旦转入另一个等级，那就可能危及由四个部分组成的全城税收机制的平衡。

工匠在经济上依仗商人，他们从商人手里买进羊毛，向他们租赁捻毛机，把织成的毛毯卖给他们。工匠并不因此而在政治上依附第二等级（商人），而是恰恰相反。工匠有些是小而又小的小老板，有些是工匠、伙计，有些是那些小老板的合伙人，也就是说，他们也是替自己卖苦力的“劳工无产者”。作为身怀技艺的劳动者，他们自食其力，只要苦干 40 天，“全年的买粮钱就有了着落”。他们多少还有一点土地，办起丧事来大把大把花钱，有时甚至因此而倾家荡产。他们大多与自己的行会关系密切，比如，罗芒的圣-布赖兹同业公会是一个以织毯匠和梳毛匠为主的行会，是当地羊毛加工行业的同业公会，有“羊毛工艺”（羊毛行会）之称。工匠往往出身于农民或其他非城市居民，有别于通常出身于城市中“古老”家族的商人和显贵。他们的文化水平很有限，在狂欢节事件的主要参与者梳毛匠和屠宰户中，不少人都识字；不过，瓦匠、铁匠和木匠则并非如此……[②]

1579—1580 年罗芒“造反派”的领头人物，大多来自这些属于城市第三等级的工匠。第三等级的工匠共计 637 人，相当于全部四个等级所有户主总数的 48.8%。这个数字已经接近绝对多数，

① 罗芒市档案，BB 13，f°317 v°（=311 v°），织毯匠让·托梅（Jean Thomé）、加斯帕尔·茹尔丹（Gaspard Jourdan）和米歇尔·塞佛奈（Michel Servonnet）1577 年 3 月 25 日向全体会议提交的申请书，他们提出的从第三等级转入第二等级的请求被否决。

② 关于这一段，参阅韦纳尔《16 世纪的阿维尼翁教会》，第 1766 页及以下。

这些工匠因而堪称罗芒的“脊梁骨”。他们分得的“蛋糕”，包括住房、店铺、田地和葡萄树等，占全城财产的 39.5%（全城税收总额为 1932.4 埃居，他们缴纳的税金为 764 埃居）。他们以 48.8%的人数占有 39.5%的财产，财产份额显然是少了。然而，考虑到他们与农民分别代表着罗芒的两个“下层”等级中的一个，在地方上受尽鄙视，因而可以认为，他们的财产不算太少。包括房产和耕地
18 在内，他们拥有罗芒五分之二的土地，这就是他们赖以进行抵抗乃至发动进攻的底气所在。若以税金计算，他们每个人所占的份额比较低。就平均每人交纳的直接税而言，第一等级为 6 埃居，第二等级为 2.6 埃居，工匠则仅为 1.2 埃居。两个工匠还抵不上一个商人，六个工匠方才相当于一个地租或高利贷的食租者！

第四等级由从事耕作的罗芒人（“种田人”、农工）组成，他们共计 478 人，占罗芒全体居民的 36.7%。这可是一个很大的比例啊！这批人的存在说明，尽管罗芒与乡村之间有城墙相隔，这座小城却依然保留着鲜明的农村特征，或者说兼具城乡特征。夏日清晨，种田人走出城门，到城外的田地上去干农活，他们通常不是为自己耕作，而是为地主干活。每逢收获等农忙时节，罗芒人倾城而出，去往田间劳动。1577 年，罗芒的居民们冒着被士兵劫掠的风险，一如往常地出城收获庄稼。30 年前的 1547 年，教会根据市议会的请求，在罗芒大教堂里宣布把尺蠖革出教门，因为尺蠖把罗芒城外四周的农作物全都啃光了，老百姓为此而欲哭无泪。有人为这些祸害庄稼的小虫子请了一位律师，还划出了一小块土地，让它们在那里过自己的日子。尺蠖们要是不听话，罗芒人就会咒骂它

们，祭出十字架和旗帜，祈求上帝对它们实施雷击[①]……还有什么能比此事更有力地证明，罗芒人依然具有农民或“神圣农民”的特点呢？

登录在1578年的直接税册上的478个农民可以分为两类，第
一类是少数“富裕户”（他们的1578年年纳税额为2.6埃居或更
多），共19人。他们是罗芒显贵们的大庄园里的佃户，有些人每年
可分得所种土地收获总量的四分之一，有些人可分得所种土地收
获总量的二分之一。他们在田间劳动，扶犁耕作；在财富方面，他
们与殷实的工匠不相上下。这19个富裕农民还兼着别的营生，或
是什一税包税人，或是粮贩子，或是放债人，他们家家都使用锡制
餐具，衣服也不少……；第二类大多是农工，1578年有459个户
主，法国南方人管他们叫“干活的人”，这倒是相当贴切；“干活的 19
人”就是当时“无产者”的核心，他们是地主和土地食租者源源不绝
的廉价劳动力。我们不应忘记，16世纪是个走向衰败的世纪，以
工资为生的人们正在经历着贫困化的过程。

这些“卑微的下等人整个夏天都在地里干活，收庄稼、摘葡萄”，“皮肤晒得黝黑，黑得像魔鬼”。到了冬天，“他们为葡萄树培土、剪枝，挖掉烂根，然后就失业了”；有时候他们不得不沿街乞讨。作为雇工，他们不满现状的愤懑有时候也会显现出来，至少当雇主

① 德龙省档案，E 11600（罗芒市档案，EE 1577年6月10日），P. E. 吉罗（P. E. Giraud）：《1547年罗芒的毛毛虫审讯》（*Procédure contre les chenilles à Romans, 1547*），载《德龙省考古和统计学会学报》，1866年，第400页及以下多页。德龙省档案，E 3794（1547年）。请对比1663年前后迪瓦高地的状况，参阅J. 阿代马尔《蒙罗尔……》（J. Adhémar, *Montlaure...*），载《德龙省考古和统计学会学报》，1972年，第535页（相似的绝罚）。

擅自宣布降低他们原本就很低的工资时，他们会提出抗议。无论城里城外，只要有人囤积粮食，他们就会进行反抗。[①] 他们都是身无分文的穷光蛋，挣扎在生存的边缘，绝大多数都是文盲；他们的女儿几乎没有任何嫁妆，只能在富人家中做女佣（瘟疫爆发前夜的1585 年，罗芒共有女佣 300 人，其中 151 人后来死于瘟疫）。

不过，我们不必为他们的境况过分悲悯，在 1579—1580 年的“起义”中，属于第四等级的 459 个穷人中涌现出了不少造反派，即使还算不上是领头人，至少也是积极分子和支持者。他们通常拥有一所房屋和一小块土地或几个葡萄园。（这很正常，因为他们毕竟是靠土地为生的人。）罗芒的 478 个农民拥有全城土地总量的25.7％，与他们的人口比重（36.7％）相比，从理论上说，他们应该拥有更多的土地。然而，25.7％并不是一个可以忽略的数字，这个数字表明，略多于三分之一的纳税人占有四分之一的不动产（土地和房产），从总体上看，他们占有的份额不算小，但是，他们分得的蛋糕切成许多块之后，每一户农民分得的那一块就很小很小了。他们每人缴纳的税金是 1 埃居，相当于商人的二分之一到三分之一，相当于第一等级中地主的六分之一。

罗芒狂欢节表明，等级区分确实是客观存在，以商人和食租者为主体的第一和第二等级的人数约为总人口的 14.5％，他们占有的土地约为土地总量的 34.7％，他们在总体上支持秩序派。造反
20 派联会的成员和支持者主要是第三等级和第四等级的工匠和农民

① 所有这些关于罗芒农民的资料，很大程度上得益于韦纳尔的《16 世纪的阿维尼翁教会》，第 1711 页及以下多页。关于因粮食而引起的抗议活动，参见罗芒市档案，BB 14，1579 年 12 月至 1580 年 2 月。

（人数占85.5％，土地占65.2％）。从这些数字对比来看，财富的分配似乎并不十分“反民主”，正是第三等级和第四等级的这种状况，为他们的民众斗争提供了有利条件。工匠和农民占有65.2％的地产，这就使他们在与有钱人对抗中处于有利地位，他们的处境不但优于当时许多法国农村中的农民（那里的领主和乡绅所占有的土地多达80％），即使与当今某些第三世界国家（酋长们在那里恣意穷奢极欲）的贫民相比，他们的处境也比较好。

*　　　　　　*

等级分析以当年的直接税册为依据，这是它的一大优点，因为直接税册上白纸黑字写得清清楚楚的各个类别，都是当时人们所公认的。不过，这种分析失之于简单化。比方说，第一等级中的某些地主和食租者其实很穷，每年每人缴纳的直接税不足半个埃居，可是，地主和食租者却属于罗芒居于统治地位的第一等级。与此相仿，第二等级中的商人也远非个个都是富人。与此相反，下层等级中的某些工匠和农民并不穷，有的甚至算得上半个富人。所以，需要对不同层级进行具体分析，尤其是处于顶端的那个层级。罗芒的四个等级共有1 304个纳税人（我暂且把四个等级合并成一个整体），处于“顶端”的有125人，1578年他们每人缴纳的直接税为13弗洛林或略多。[①] 这125人约占罗芒所有纳税人的9.6％，我把这个数字简化为10％，他们就是全体纳税人中最富有的十分之一，在统计学术语中，就是“上层十分值”。与1 304个纳税人中的其余90％相比，最富有的125人处于最上层。其余90％的人由

① 1埃居＝5弗洛林或3利弗尔。

于在财产方面处于明显的劣势,每年缴纳的直接税低于 2.6 埃居。
21 某种意义上的精英集团就是由这些最富有的十分之一人组成的,他们家家雇有佣人;有关 1586 年瘟疫的资料表明,占罗芒总户数 13.6%的富裕家庭雇有管家。1578 年罗芒征收的全部直接税为 1932.4 埃居,其中 768 埃居为 125 个最富有的纳税人所缴,占 39.7%。这就是说,罗芒最富有的十分之一纳税人占有全部不动产(房产加土地)的 39.7%,若以整数表示,就是 40% 或五分之二。全社会的财富如果严格按人头平均分摊,10%的富人只应占有 10%的财富,但他们实际占有 40%的财富,这就是说,最富有的十分之一罗芒人实际占有的财富,是他们原本应该占有的财富的四倍。10%的人占有全部不动产的 39.7%,90%的人占有全部不动产的 60.3%。90%的人是全体居民中的绝大多数,他们控制着全部不动产的一半以上,不容小觑,这些人都是中小户,拥有全部不动产的五分之三。由此不难发现,1578 年的罗芒社会是一个不平等的社会,但是,若与当时其他不发达社会相比,乃至与今日某些不发达社会相比,罗芒的不平等程度不算严重。[①]

通过以上的等级和层级分析,我们不妨将这两类结构结合起来,借以分清人群乃至社会阶级。处于"上层十分值"的 125 人中,31 人属于前面已经提及的第一等级,即地主和食租者等级。52 个

① 不过,与当今法国相比,罗芒社会当年的不平等程度更高一些。当今的法国虽然依然不平等,最富有的十分之一人拥有 30.5%的库存收入(当我们谈及罗芒时称之为财富)。在西方最平等的国家瑞典,最富有的十分之一人 仅占有 18.6%的库存收入。(马尔科姆·绍耶尔:《经济发展及合作组织的调查》(Malcolm Sawyer, *Enquète de l'O. C. D. E.*)),据《新观察家》(*Le Nouvel Observateur*),1976 年 9 月 6 日。最近,J. 富拉斯泰(J. Fourasté)对当前法国的不平等状况提出了质疑。

食租者中的多数（31 人）自然属于最具影响力的“上层十分值”。备受敬仰和尊重的 137 个商人属于第二等级，他们之中的 39 人跻身最富有的由 125 人组成的“上层十分值”之中。他们在“上层十分值”中占有的比例远远低于食租者，因此，有必要把商人中的四十多个顶尖人物与其余商人区分开来，这四十几个顶尖人物都是大批发商，而且还拥有土地；其余一百来人则是小本经营的批发商或零售商、小杂货铺的店主，总之，无法与大批发商相提并论。在总数为 637 人的工匠中，有 36 个富有工匠跻身罗芒最富有的“上 22
层十分值”，就是说，每 17 个工匠中有一个富有者。第四等级（478 个农民）中的富有者为数极少，只有 19 人名列“上层十分值”的 125 人之中，他们的年纳税额为 2.6 埃居或稍多。478 个农民中的其余 459 人都是穷得叮当响的庄稼汉，境况最好的也仅有一小块土地或一间小屋。简而言之，就拥有土地和纳税能力而言，境况最佳的共有 125 个户主，其中 24.8%（31 人）是属于第一等级的地主或食租者；31.2%（39 人）属于第二等级（商人）；28.8%（36 人）是工匠，他们是工匠群体中的上层，在政治上倾向秩序派，而人数占优的工匠下层则倾向反抗派。日子过得不错的上层农民仅有 19 人，在属于“上层十分值”的 125 人中占 15.2%；这表明，他们是农民中的极少数（478 人中的 19 人），比例极小（4%）。这 19 个富有农民后来都不是骚乱的挑动者，在这一点上他们与家境贫困的农民截然不同。参与骚乱和动乱的人大多来自 601 个工匠和 459 个住在城里的农民，他们是罗芒的穷人，属于最富有的“上层十分值”以外的十分之九。罗芒平民骚乱的首领大多出自 1 060 个工匠和农民所组成的“人才库”（参见本书第 7 章），这些人连同他们的妻

子儿女在内，总数大约为 4 800 到 5 000 人，而罗芒的居民总数也不过 7 000 到 7 500 人左右。

回过头来再说说最坚定的秩序派，也就是那些“有钱人”“罗芒阔人”，他们虽然在各个社会阶层中都有支持者，但最主要的支持者还是来自属于最富有的“上层十分值”的那 125 个户主，其中的 70 个户主属于第一或第二等级（地主、食租者和商人）。1580 年 2 月 15 日那天，在摆有 140 套刀叉的狂欢节筵宴上，他们和他们的妻子都是座上宾。这场筵宴聚集了当地的精英人物，也就是法
23 官安托万·盖兰和公证人厄斯塔什·皮耶蒙所说的“罗芒最有面子的富人、商人和公民”。这些精英分子连同他们的妻子儿女总计 300 到 350 人，在全城 7 000 到 7 500 居民中的比例为 4.5%。

由此可见，1579—1580 年间发生在罗芒的这场骚乱中，冲突双方的阶级阵线既相互关联，又反差强烈。乡下农民的抗争对象是贵族老爷，其中既有老贵族，也有不久前刚刚取得身份的新贵族；城内的工匠和农民则以霸占着首席执政官和第二执政官高位的富人为攻击目标，其中有让·托梅、安贝尔·迪布瓦、加斯帕尔·若马隆、安托万·科斯特（第二等级中的商人）、热罗姆·韦勒、贝尔纳丹·吉古、“法学博士布吕埃尔先生”、埃内蒙·佩利西耶。（地主、食租者和司法人员构成的第一等级。）这些属于第一等级的当地城市贵族为数甚少，只有出身于商人家庭的安托万·德·马尼希厄、让·德·索里尼亚克和让·德·维利耶…… 所以，在包括城乡在内的整个地区中，城市资产者和乡村贵族只得在罗芒的法官盖兰的铁腕控制下结成联盟。与此相对应，工匠和农民则听

从人称球王*的织毯匠让·塞尔弗的领导。

*　　　　*

哪些人是工匠,他们是干什么的?1582 年和 1583 年的纳税人名册虽然没有标明纳税人的职业,却提供了各个行业的丰富资料。1582 年,664 个罗芒人属于手工业“序列”(比 1578 年多 28 人)。然而,在我们所掌握的相关资料中,1582 年手工业的从业人员是 275 人,1583 年是 241 人。这两组数字所涉及的是手工业“序列”中大约 40 %的从业人员,对于我们了解其他主要行业具有借鉴意义。其余 400 来人,即在手工业行业中占 60%的那些人,他们的职业或是不为我们所知,或是无法确定,这些人大多是以工资为生的“伙计”,通常单独或两人合伙受雇于店主或经营作坊的师傅兼老板。

罗芒的主要手工业是纺织业,从业人员 162 个户主,在我们所
知的 1582 年工匠总数中约占 59%,其中 66 人为纺线匠,他们比 24
较穷,没有属于自己的住房,通常住在出租屋内。他们把多菲内出产的羊毛纺成毛线后,或是卖给里昂商人,②或者交由当地的织毯匠进行再加工。据资料显示,1582 年罗芒有织毯匠 39 人,他们都不是富商,而是小本经营的手工制作者,无论买进羊毛或是售出毛毯,他们都得仰仗罗芒和里昂的批发商。人称球王的织毯匠让·塞尔弗是 1580 年参与同行们抗争的领头人,他本人不是富商,与

* 球王的原文 Paumier 源自 Paume,即老式网球。Paumier 指优秀的网球手。本书译为“球王”。——译者

② 加斯孔:《16 世纪里昂的大商业……》,第 1 卷,第 63 页。

14 世纪巴黎市民起义的领袖、富有的毛毯商艾蒂安·马塞尔不是同一类人。从参与造反的罗芒织毯匠，我想到了 1832 年里昂为反抗大商人而聚众闹事的丝织业作坊主，他们与罗芒的织毯匠非常相似，也是工匠兼作坊主。自从内战爆发以来，经济状况日益恶化，罗芒的织毯匠和纺线匠生计日蹙，几乎陷于活不下去的境地，所以他们有足够的理由感到愤懑。在整个 16 世纪中，他们出售的毛毯所代表的购买力，越来越赶不上他们用以果腹的小麦。[①]

罗芒的其他主要手工业（金属、皮革、食品），与纺织业这个支柱产业根本无法相提并论，根据搜集到的数字，这些行业的从业人员平均仅为 20 到 30 人，加在一起也不过百人左右，而纺织业的从业人员却多达 162 人。屠宰户和面包师傅人数不多，但在 1579—1580 年发生的由税收问题引起的抗争事件中，他们却发挥了相当重要的作用。

*　　　　*

如同古代意大利的神祇雅努斯一样，罗芒社会也有两张面孔，手工业是罗芒社会的一张面孔，农业是它的另一张面孔。农田耕作是把大资产者与小市民和农民联系起来的纽带，农民或是为富人耕作，或是在自己的小土地上劳作。很遗憾，罗芒的第二本地籍册[②]对这方面的记载既不全又较晚（1596 年）。尽管如此，我们所关注的 1580 年的情况，毕竟还能从中获知一些，诸如城内的房舍

---

① 加斯孔：《16 世纪里昂的大商业……》；M. 拉卡夫（M. Lacave）的文章，载《经济与社会史年鉴》（*Annales*），1977 年 11—12 月。

② 罗芒市档案，CC 4，CC 5，CC 6。

和店铺布局，城外属于罗芒的耕地分布情况等。

名列前茅的地产拥有者通常是资产者家庭，贵族极少，有的资产者往往是商人和公证人，家族历史相当悠久，大多拥有地产。这些家庭所拥有的大庄园既在本城，也在周边十几个村庄。[①] 我们只说第一种情况，即名副其实的罗芒显贵们的产业。据地籍册估价，在不免缴直接税的条件下（事实上不止一次免缴直接税），这些地产的价值大约为100、200、300乃至350埃居。热罗姆·韦勒师傅的遗孀有3大块粮田，估价为357埃居（以"地籍册法郎"计价）。教士鲁瓦隆拥有1所房屋、两个谷仓、18小块耕地、3个葡萄园，全部财产约值367埃居。贝托米厄·鲁瓦隆师傅拥有12块土地、1个葡萄园、1所房屋，全部财产约值276埃居。一个忠厚老实的商人拥有29块土地、8个葡萄园……全部财产约值294埃居。夏尔·若马隆先生拥有22块土地、1个葡萄园、1个马厩，全部财产约值280埃居。米亚尔、博尼沃以及其他曾经担任过执政官的那些人的情况大体上也是如此。家产不足100埃居，尤其是不足50埃居的人，构成了一个小小的小商人群体，他们所拥有的大多是城里的房屋和店铺，或多或少也有一些土地……城里人数众多的工匠和农民（他们通常都在地主和资产者的土地上耕作），在地籍册上大多排在家产20或10埃居的类别中，有的甚至不足10埃居，他们的家产只是1所小屋、1个葡萄园，充其量再加上1小块土地。有些寡妇的家产甚至只值1、2个埃居，顶多5个埃居。

478个罗芒户主住在城里，干的却是农活；之所以如此，当地

① 罗芒市档案，CC 11，12，13，14。

有一大片葡萄园是主要原因之一。这片葡萄园虽然归资产者所
有，但更大程度上也归广大民众所有。葡萄园围着护城河展开，在
以优质葡萄酒闻名的沙佩利耶平民居住区四周的高地上尤为茂
密。葡萄是一种费工的作物，需要大量劳动力为它培土、松土、剪
枝和采摘。罗芒人早在 1449 年就不无夸张地说，他们家乡的土地
26 贫瘠，他们之所以能在这里勉强过活，只因为他们“种植的作物几
乎全是葡萄[①]”。……1516 年的地籍册[②]对数百块土地的调查表
明，48.63％的土地种植葡萄，40.3％种植其他作物，7％为林木，
4.1％为草场。种植葡萄的地块较小，它们的主人都是些不起眼的
小人物；种植谷物的地块则较大，大多为富人所占有。不过，种植
葡萄的土地所占比重还是相当大的。

*　　　　　　*

通过以上社会学角度的快速审视，我们认识了食租资产者和商人，同时也认识了工匠和城市农民。这些农民都是城里人，有的在自己的土地上耕作，有的为他人耕作。那么，笼统意义上的穷人和严格意义上的穷人是什么样的呢？死于 1586 年瘟疫的罗芒人共计 4 096 人，超过当时居民总数 8 000 人的一半；其中只有 30 人是罗芒的两所济贫院（圣-尼古拉济贫院和圣-福瓦济贫院）的收留者。然而，济贫院中的杂乱拥挤与济贫院外的情形并无多少差异，所以济贫院内的死亡率与济贫院外一样高。30 位死者中除了被济贫院收留的穷人外，还有几位服务人员。这场瘟疫的死亡率若

① 德龙省档案，E 3608。

② 罗芒市档案，CC 2，CC 3。

以最低 50%计算，那就可以知道，1580—1585 年间住在济贫院中的穷人，最多只有 50 到 60 人，不足全城居民总数的 1%。与 18 世纪的大城市相比，这个比例实在太小了；例如，马德里至少有十分之一的居民收留在济贫院中；[①]1580 年前后的罗芒处于济贫院高速发展的前夜，大多数穷人虽然住在城里，但尚未被收留在济贫院里。这些城市贫民中，[②]有些是“职业”贫民，例如在街上和教堂四周乞讨，或是每逢节日或出殡时出来乞讨的乞丐。执政官试图对他们给予施舍，稽查队则试图驱赶他们。此外还有一些衣衫褴褛的一家之主，他们是“临时贫民”，而不是无家可归的流浪汉，他们或是住在出租屋里，或是住在自家的房舍中。这些穷困潦倒 27
的贫民属于两个下层等级（工匠和农民），1578 年，他们中的纳税人平均年纳税额为 4 弗洛林，即 0.8 埃居。1580 年事件之后被格勒诺布尔高等法院以“挑动骚乱”罪名判刑的平民，就出自这个年纳税额等于或低于 0.8 埃居的社会阶层，由此可知，造反派中坚分子的社会出身介于工匠和城市农民的中层和下层之间，既不是富人，也不是赤贫。

0.8 埃居是区分贫富的门槛。我发现，年纳税额低于 0.8 埃居的纳税人中，有 143 个户主是农民，106 个户主是工匠；换言之，每 6 个工匠中有 1 人（16.6%），每 3 个农民中有 1 人（29.9%）处于贫困线以下。在第一等级（资产者和食租者）的 52 人中，年纳税额不足 0.8 埃居的穷人只有 8 个，所占比例为 15.4%。在经济状

① 参阅雅克·苏贝鲁：《18 世纪马德里的贫民》（J. Soubeyroux, *Pauvres à Madrid au XVIIIe siècle*），未版国家博士论文，蒙彼利埃大学，1976 年。

② 参阅马克·韦纳尔的论文，第 1786 页。

况比较稳定的第二等级（商人）中，穷人的比例较低，仅为 12.4%。[①]我们现在只谈那些“双重下层”人，即社会地位属于下层等级（工匠和农民），经济上年纳税额不足 0.8 埃居的那些人。据我计算，这样的人在农民序列中有 143 人，在工匠序列中有 106 人，合计 249 个户主，其中多数是第四等级中的城市农民；从统计数字上看，他们组成了罗芒最贫困的人群。1578 年，罗芒共有 1 304 个纳税人，这 249 个“双重下层”纳税人所占比例就是 19.5%，也就是说，5 个罗芒居民中有 1 个是穷人，加上他们的妻子儿女，贫民总数约在千人上下。此外还有苟活在两所济贫院里的五十来人，因赤贫而没有登录在纳税花名册上的穷人（数量难以确定，但不会太多），再加上来自乡间的乞丐（他们沿街乞讨，靠市政当局施舍的蚕
28 豆汤果腹），这样算下来，在罗芒 7 000 到 7 500 名居民中，大约有穷人 1 300 到 1 500 人。不少穷人零零星星地参与了 1580 年民众造反的狂欢节事件，但是，他们在事件中没有发挥任何重要作用；真正发挥了关键作用的是工匠和农民的中下层，而不是赤贫者。我们将在第七章中对此进行详述。

*　　　　　　　*

除了上述的“等级”和“序列”以及贫富差别以外，还可以借助另一条“鸿沟”区分罗芒的人群，那就是房产主和租赁人。1583 年的户籍册 CC 5 提供了一批必需的相关资料，据这本户籍册记载，

---

① 据 1578 年的直接税册，在总数为 137 人的第二等级中，17 人的年纳税额低于 0.8 埃居。

1583 年罗芒共有 1 547 纳税人户主。[①] 这份纳税人名单当然包括所有房产主在内，其中大多数是工匠和农民等小民百姓，他们拥有的产业只不过是一所小屋，或是一小块菜园。不过，正如我在比较两种相关的户籍册之后指出的那样，也有大量租赁人出现在这份名单中。[②] 这些人没有土地和房屋，只有一些小零小碎的动产，被称作“卡帕热”（Cappage），但他们照样必须为“卡帕热”纳税。1583 年的户籍册 CC5 上有 595 位租赁人，其中经营小铺的工匠和商人约为 60 人，他们向房东租用店铺的一角或一个店铺做自己的生意。这些店铺在罗芒中心地区特别多，从雅克马尔到圣-巴纳尔，由北向南把罗芒从中劈成两块。位于市中心的这块有钱人居住的商业区，是秩序派的堡垒，在市政厅和圣-巴纳尔教堂附近有七八个小铺子，建筑物具有文艺复兴和晚期哥特式风格，每一间店 29
铺都租给不同的零售商。在这六十来个工匠和商人中，有的就是自己主要住房的主人，除此之外，其余 535 个户主（占所有纳税人的 34.6%）都是不折不扣的租赁人，更准确地说，都是没有财产的穷人。反过来也就是说，至少有一半以上乃至 2/3 的纳税人户主是自己房屋的主人；这就无可争辩地说明，这是一个“小资产者”结构的社会。在罗芒东部的圣-尼古拉街区，租赁人交付的房租大约为每人每年 2.3 埃居，略高于同一街区 1583 年每个居民缴纳的税金 2 埃居。对于房东来说，这份租金意味着，他的不动产每年有

① 罗芒市档案，CC 94，1583 年直接税册；罗芒市档案，CC 5（房客）。

② 罗芒市档案，CC 5，CC 94。

6% 的收益。① 租赁人租住的房屋各不相同,有人租一栋,有人租一间,有的介乎两者之间,租一层(楼上或楼下;16 世纪末的罗芒尚无高于两层的房屋)。顺便提一下,某些房东拥有低价出租的经济屋,尤其是在伊泽尔河岸边和城东的圣-尼古拉街区一带。此类出租屋往往分隔成若干小间,分别租给四五个房客……不过,一般情况下,租住同一个房东的房客只有一个或两个,租住的或是整所房子,或是一所房子中的一部分。最有钱的富绅拥有五六所房屋,每所房屋租给一个或两个房客。此类富绅中最具代表性的便是罗芒最富有的商业巨子安托万·科斯特,在 1580 年的狂欢节事件中,他成了民众攻击的靶子。

1583 年的 535 个房客中,有几个是兜里有钱的人,但是,他们却基本上把自己等同于真正的"无产者"。无产者房客中确有公认的穷人,但也有一些人并非穷人,其中有农民、伙计和工匠,从经济
30 状况看,他们既不属于城市上层,也不属于中层,甚至也不属于下中层;下中层是有自己房屋的工匠,造反派的头领大多来自这批人。535 个房客中有工匠、伙计和农民,总共 118 人,他们的职业都已查明。这批房客以梳毛匠居多,共 50 人,另有 5 个梳毛匠经查明是自己房子的主人。其次是 13 个耕夫,其实就是普通农民;若干单身妇女(住家女佣,贫妇);10 个织毯匠,他们都是工匠或伙计,不是身兼商人的织毯匠;6 个搬运工;5 个梳毛匠;此外还有其他行业的从业人员。

① 根据罗芒市档案,CC5 的平均值计算出的许多指数表明,就圣-尼古拉街区而言,一所估价 50 埃居的房屋的租金约为 3 埃居。

最值得一提的是，从事后的判决书中获知，尽管广大房客（尤其是梳毛匠）在1579—1580年的骚乱事件、公众游行和最终决战中，都是中坚力量和"基本群众"，却没有一个造反派头头是没有自己房屋的房客。1580年事件的全体被告中，只有1人被指认为房客，他就是从事农耕的路易·法约尔，其余被告都拥有自己的住房。（其中包括住在圣-富瓦医院街区的屠宰户弗朗索瓦·德勒韦、种田人让·特鲁瓦希耶、因参与反叛而于1580年被处死的铁匠安托万·尼科德尔[1]的遗孀、与贵族抗争的屠宰户让·泰罗、一位被处死的造反者的亲戚让·罗贝尔-布吕纳、新教徒或亲胡格诺派的资产者让·吉古，此人在1579年闹事时与造反者多有往来，第二年却转而反对造反者……）

让·吉古是资产者中的佼佼者，其他拥有自己住房并且参加过造反的男子或他们的遗孀，都只是小房产主而已。[2] 他们所拥有的这一点点财产，就足以使他们有别于"下层"亦即贫穷或半贫穷的房客。他们在政治方向上虽然牢牢控制着穷人，但在举行街头游行时，却仅能偶尔调动这些"下层"穷人。然而，以我之见，罗 31
芒狂欢节事件中彼此对抗的双方，一方是房产主-商人等罗芒社会的上层显贵，另一方则是在工匠中属于中层的小房产主，我在后面还将再次谈到这个问题（参阅本书第七章）。这个阶层在需要出头露面的重要关头，显示了引领非房产主下层平民（工匠和农民）的

① 在本书第七章中，安托万·尼科德尔（Antoine Nicodel）似乎不像是个自己有住房的人，但他的遗孀似乎有房。有迹象表明，她的日子过得还可以。

② 参见本书第七章，此章讲述1580年被判刑的工匠，这些人被视为小房产主，不算穷人。

能力,但却没能让下层平民在民众运动中发挥领导作用。平民领导几乎全都出自工匠的中层,这些人的富有程度足以拥有一所属于自己的住房。平民领导人几乎全都属于中层工匠这一事实,既是他们威望的源泉之一,也是他们软弱乃至陷于孤立的原因,因为到了紧要关头,富人们可以利用造反派领导人并非城市中的赤贫者房客这一点,把贫穷的无产者原本指向富人的怨愤,引向与富人作对的领导民众的中层工匠,化富人的敌人为穷人的敌人,从而使造反派领导人失去民众的支持。

*　　　　　　*

尽管存在着大大小小的差异,我们对于所有结成群体的工匠和农民应该有一个总体概念,因为,正是这些人为罗芒的平民运动输送了领导人和普通参与者。他们究竟是些什么人呢? 一言以蔽之:小民。维埃纳的文献显示,在 1579 年的反抗运动中,让·布尔格及其朋友们[①]所使用的就是“小民”这个称呼:“事先就预计到,在这种群情激昂的时刻,无人(指武装人员,资产者的民团)保卫城市是非常危险的;被扑灭的烈火一旦出现复燃之虞,小民就会激烈骚动。”在 16 世纪的多菲内,如同在 14 世纪的托斯卡纳一样,小民这个称呼意味着在这个人群之上有另一类富民,他们是一群人数不多的有钱人,其中包括商人、法官以及想要变成贵族的资产者,在罗芒城内发生的街头运动和舆论大战中,这些人很容易成为民众的对立面。

① 维埃纳地区档案,45 号,见卡瓦尔:《宗教改革和宗教战争在维埃纳》(Cavard, *La réforme et les guerres de religion à Vienne*),第 216 页(1579 年 3 月 17 日)。

*　　　　　　*

现在让我们看一看1578—1581年间罗芒的政权，从原则上 32
说，代表国王的总督照看着这座城市的命运。总督在当地的影响并不明显（在本书所涉及的这个时期之后，总督的影响大为增强[①]）。事实上，罗芒的政权由四个执政官（这四个执政官相当于今天的一个市长）和一个王家法官[②]共掌；四个执政官由一大一小两个市议会辅佐，那个王家法官便是躲不开搬不动的安托万·盖兰。盖兰的父亲起初只是一个走村串乡的货郎，后来成了罗芒城里的一个珠宝商，盖兰本人则是这个正在飞黄腾达的家族的化身。作为一名法学博士，盖兰在1560年代中期由该省代表国王的当局安排在罗芒的最高司法岗位上。作为一个暴发户的儿子，盖兰在当上法官之前已经结了一门好亲，他的岳父安托万·加拉尼奥尔是罗芒的前任法官，[③]盖兰是其岳父的继任者，而安托万·加拉尼奥尔的儿子则于1580年当上了圣-马瑟琳邑督区的副邑督，从此成了内兄安托万·盖兰的得力帮凶。盖兰肯定明里暗里花了钱才

① 1569—1580年间的罗芒总督是菲利普·菲利贝尔（Philippe Phlibert）。此人是塞维耶尔-圣-安德烈的领主，他没有发挥过任何影响。1584年的罗芒总督是沃纳的领主安托万·德·索里尼亚克（Antoine de Solignac），此人是盖兰的人。（参阅《德龙省考古和统计学会学报》，第8卷，1874年，第29页）

② 罗芒的司法权原则上由一名王家法官和圣-巴纳尔教士团指定的一名法官共同执掌，圣-巴纳尔教士团是罗芒的共主之一，它每两年任命一次法官。参阅布叙（Bouchu）1698年的文章，载《德龙省考古和统计学会学报》，1873年，第6页以及该文第一个脚注。这种安排似乎仅仅具有理论意义，全部司法权实际上都集中在盖兰一个人手中。

③ 阿尚日·德·克莱芒：《罗芒的胡格诺回忆录》（Archange de Clermont, *Mémoires pour...l'histoire de huguenots de Romans*），1887年，罗芒，第26页，脚注2。

当上法官的，但我们不知道他为此究竟花了多少钱。他后来又精心安排，确保在他死后由他的后辈族人继任这个职位。1579—1580 年间，盖兰已经坐稳了他的宝座，在采取司法强制措施方面，他一个人说了算，凭借这些权力，他通过手下的执达吏或其他下级官员，执行执政官们提出的各种要求。就此而言，盖兰执掌的司法权实际上也是行政权。

准确地说，罗芒的权力分配问题就是包括司法、行政和财政在内的权力归属问题，在我看来，1577 年 3 月 5 日的一个文件对此说得很清楚。[①] 这个文件是这样写的："罗芒的一个王家执达吏依据罗芒普通法庭（也就是依据法官盖兰所领导的罗芒地方和王家
33 高级法院）的规定，根据法学博士、前执政官热罗姆·韦勒的要求，命令"绰号萨斯纳日干酪"的让·马约支付给韦勒 40 弗洛林 30 苏，用以抵作 1571 年的 30 直接税。"换句话说，法官和公证人热罗姆·韦勒如同他的执政官同僚一样，也负有征收一部分王家直接税（在罗芒不同街区分别被称作 30 直接税和 20 直接税）的责任，等等。按照规定，韦勒的执政官任期只有一年，可是，六年以后，他竟然还在追收某些纳税人在他任内拖欠的税金。韦勒为迫使这些人补缴税金，向法官盖兰申请强制手段，并且不顾辖区内纳税人的死活，交由一位王家执达吏执行，而这位王家执达吏正是法官盖兰的直接下属。执政官的任期（市政权）为一年，但在追收税金时可以援引追溯权。法官（司法权）和执达吏（治安权）的任期并无明确规定，实际上他们永不卸任。

① 罗芒市档案，FF 1577 年 3 月 5 日。

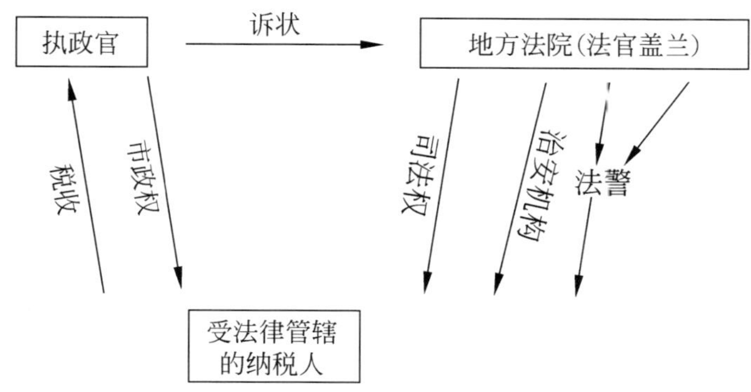

安托万·盖兰是罗芒的实际统治者，下面我还会谈到这一点；在本书所涉及的那个时期中，他控制着“机房”，与罗芒的各种政策息息相关的决定都是在这个“机房”里作出的。

这位事实上终身任职的法官身边有四个执政官，他们实际上
都在法官的掌控之下；这四位执政官指导和管理该城的政治生活。34
他们多少也做一些司法工作(起草市政条例)。领导军事组织(维修围墙，任命本城民团的指挥官和小队长)，收缴间接税和直接税，承包市政间接税(如市政税、屠宰税、面粉计量税)，管理生活用品、传染病和公共秩序，监管文化和宗教(管理教士团和宗教节日……)。执政官的四重唱反映了罗芒的社会结构中的四个层面。第一执政官是“过着体面生活的贵族或是穿长袍的人、律师、医生，以土地、房租或利息等收入为生的资产者”，他们不做生意，不经商。第二执政官是商人或司法从业人员(小讼师)。第三执政官是工匠。第四执政官是富农。[①] 执政官当选后任期一年。有两个市

① 德龙省档案，E 3598：1559 年 2 月 25 日格勒诺布尔高等法院关于罗芒执政官选举的决定。

议会辅佐四位执政官，小市议会有议员 24 名，大市议会有议员 40 名。两个市议会的议员都从罗芒的四个社会序列（显贵、商人、工匠、农民）中分别选出，每个社会序列各选小市议会议员 6 名（总计 24 名）、大市议会议员 10 名（总计 40 名），四位执政官则从这些议员中选举产生。我在前面已经交代了罗芒全城四类序列的统计数字。

在罗芒如同在多菲内省的其他城市一样，执政官和市议会的关系是互相遴选和你来我往。诚如布雷奇所说，政府遴选“握有最高权力的人民”“握有最高权力的人民”反过来遴选政府。在 1580 年事件中，市议会因对抗争者的行为不满而“解散”人民（其实就是镇压人民）。不错，在大小两个市议会中占有一半席位的工匠和农民，的确是从罗芒的工匠和农民中遴选的（条件许可时从这两类人的上层中遴选），但是遴选并非选举，所以说，议员不是人民
35 选出来的。[①] 在 16 世纪上半叶的多菲内地区，这种不民主状况日渐成为风气；在这段时间中，随着法国城市化再度兴起，中央集权的君主政体日益强化，地方寡头们的机遇与日俱增，人数日益增多的工匠平民们也随之越发成为危险因素，因而需要加以弹压。罗

① 一个人如果出生在第一等级和第二等级的资产者精英家庭中，当上执政官或多或少就是理所当然的事，比如吉古、科斯特等人就是如此。对于 1565—1585 年间的一个普通工匠来说，想要当上从第三等级（工匠）中遴选的执政官，那就必须具备两个条件。第一，与罗芒的“大老板”盖兰法官的关系良好，第二，有在行会中做事的经历，当然，若有在包税所做事的经历则更好。请看面包师让·马尼亚的情况。1576—1577 年，他是向罗芒的食品等行会收税的包税人；1578—1579 年（政治年结束于 1579 年春季），他就当上了罗芒的第三执政官。承担市政事务便能在城里成为一个红人（罗芒市档案，FF 19，1577 年，罗芒市档案，CC 353，马尼亚（Magnat）为他 1579 年担任执政官期间所做的管理账本）。

芒的选举在1536年基本上还算是民主的，四个执政官和大市议会的40个议员都是通过选举产生的。户主代表各自家庭出席在市政厅举行的全城公民大会，会上选出大市议会，然后由大市议会选出四个执政官。不过，虽然还不能指责公民大会有名无实，但是户主缺席率之高却多少能够说明一些问题，以1536年为例，出席公民大会的仅有71人，不足有资格出席者的7%。① 数年以后，大量缺席严重损害了罗芒的民选机制，准确地说是葬送了罗芒的民选机制。

1542年，格勒诺布尔高等法院的推事雷蒙·米莱，成了寡头和集权政治的化身。他来到罗芒这座手工业、工业和躁动不安在全省首屈一指的城市后，②以格勒诺布尔高等法院的名义指斥罗芒人的反叛、骚乱和愤懑。他打算接受执政官们根据王家官员的建议提出的要求，为罗芒制定若干规章；这些王家官员都是地方上有权有势的人以及官僚机构中的官员，他们试图联手扼杀掌握在人民手中的最高权力以及类似的权力。雷蒙·米莱凭借高等法院的法律地位公然宣布，从今往后禁止召开选举执政官的公民大会，由40名议员组成的市议会今后便是任命执政官的选举团，同时也是市政议政机构。1542年法令对此作出了明确的规定（这是一个令人不寒而栗的创举），市议会每三年改选一次，议员通过相互推举产生。1542年5月19日，公民大会（这是事实上的最后一届公

① 德龙省档案，E 3597，1536年3月25日。（据德龙省档案，E 3592记载，1366年出席会议的人数为430人）

② 德龙省档案，E 3596（1542年5月19日）。这份文件后来一再被证实，尤其在1622年（德龙省档案，E 3598）。

民大会)立即根据在场执政官的提名指定议员,组成市议会。在雷蒙·米莱和执政官们强有力的主持下,公民大会的此次会议当然
36 是在操控下举行的,公民大会之后就不复存在了。与往常一样,公民大会指定的 40 名市议会议员,分别从四个社会-职业集团中产生,10 名工匠,10 名农民,10 名显贵和 10 名商人;在 20 名显贵和商人中,不少人出身于名门望族,诸如韦勒、马尼希厄、布儒瓦(布儒瓦-莫尔内)、吉古、罗马内-波凡、若马隆、米亚尔。在此后的 40 年里,罗芒及其寡头政治集团一直在这些家族和另一些家族的共同掌控之下。让我们说下去。在当地黑社会势力的支持下,格勒诺布尔高等法院于 1542 年在罗芒成功地进行了一次小型政变。尽管这次政变并未消除既有的各种冲突,但对于各种力量的对抗毕竟起到了某些抑制作用,在早已过时却又不容置疑的罗芒民主政治中,人口在"美好的 16 世纪"中的增长,促使心怀不满的工匠阶级有了长足的发展,而正是这个阶级的壮大催生了各种冲突。

10 名显贵和 10 名商人都是有钱人,但是,商人们半公开地把食租者和贵族看作寄生虫,所以,这两伙人之间逐渐显露的紧张关系不容小视。[1]

不过,基本问题依然与过去一样。1542 年,彼此恶言相向的商人和食租者捐弃前嫌,结成了一个小集团,二十来个工匠师傅和富农作为二流人物也加入了这个小集团,这伙人对于罗芒过去只有一半控制权,如今则把整个罗芒掌控在他们手中。这个小集团此后通过推举头领进行自我更新。本书讲述的发生于 1579—

① 德龙省档案,E3737(1558 年 7 月 26 日文本)。

1580 年的罗芒城市起义，目的就是消除 1542 年小型政变所造成
的后果。1542 年夺权后产生的反民主的市议会，多次通过推举更
换其 40 位议员。1579 年初春，造反派工匠首领球王让·塞尔弗
取得了一次短暂的胜利，他迫使市议会接纳若干“为人民所赏识”
的市民，任命他们为市议会的“特别超编”议员。在那年春天的一
个群情激愤的日子里，这些“特别超编”议员在一片喧闹嘈杂声中
强行进入正在开会的市议会。[1] 在这批强行进入市议会的“特别 37
超编”议员中，有几个是最激烈的抗争派工匠头领和活跃分子（纪
尧姆·罗贝尔-布吕纳、球王让·塞尔弗、若弗鲁瓦·弗勒尔、雅
克·雅克、弗朗索瓦·洛宾、让·雅克），此外还有胡格诺派资产者
（让·吉古等人）。胡格诺派希望自己的宗教利益能获得支持，一
度与民众运动联手。但是到了第二年，让·吉古以第二执政官的
职位作为交换条件（工匠的抗争被镇压后，让·吉古于 1580 年春
季如愿获得了这个职位），转身投向盖兰法官和秩序派。在以后的
岁月里，让·吉古见风使舵，有奶便是娘，屡屡改换门庭。

1580 年对平民运动的最后一次镇压，最终结束了“特别超编”议员的任期。在 1579 年革命中，冲入市议会的平民对执政官们施加压力，执政官们尽管很不情愿，但不得不任命了一批忠于“人民”的人为里长，同时把为人民所痛恨的里长、富翁安托万·科斯特赶

[1] 罗芒市档案，BB 14，f°69 v°，70，71，v°71 v°72。这份档案是 1579 年 5 月或春季的市政会议辩论记录，被误编在 BB 14 卷中，其实这一卷在理论上应该始于 1579 年 11 月。这卷档案的一部分已被撕掉，但它完全证实了遭到一位历史学家错误攻击的盖兰证言（盖兰，第 34 页）；这位历史学家便是托梅·德·迈松纳夫，他发表在《德龙省考古和统计学会学报》1943—1945 年第 18 卷 219 页上的文章表明，他在这一点上所依据的资料是错误的。

下了台;[1]1580 年的镇压为这段插曲画上了句号,一切又恢复原状。1580 年的骚乱"阴魂"散去之后,1542 年建立的寡头和黑社会操纵下的相互推举制度在罗芒全面复活。罗芒曾经有过人民享有相对最高权力的机制,但在 1542 年被废止;1579 年的"特别超编"议员只不过是这一机制虽不完全却相当强势的复活而已。1580 年封斋期间,所有这些"特别超编"议员不但无一例外地被解除职务,而且不是被投入监狱,便是被送上绞刑架。镇压结束了短暂的"双重政权"局面;在双重政权并存时期,政权机构由两个临时组合而成的人群分别执掌,[2]阶级斗争就在这些合法的政权机构内部展开。这些在内部展开的斗争进程,就是本书将要讲述的狂欢节的奇迹。

*　　　　　　*

40 38 就政权谈了这些看法之后,就没有足够的篇幅详述罗芒的宗教和文化生活了,所以,下面关于 1580 年狂欢节的记述,也就构成了对城市文化的一种教学式的叙述。16 世纪初,罗芒在艺术和宗教方面颇有建树。《三位教士》(塞弗林、费利西安、埃克旭佩尔)是一出以传播甚广的基督教奥义为题材的戏剧,排练和演出这出戏主要是为了配合 1509 年圣灵降临节和 5 月的春季庆祝活动,同时

---

① 罗芒市档案,f° 69 °v°。任命里长原是市政会议的职权,但在 1579 年的革命时期,里长由"贫苦人民"指定,由"人民喜欢"的人担任里长。参见德龙省档案,B 1709 主件。

② 格鲁比(L. Gruppi)发表在《辩证法》(*Dialectiques*)1977 年第 17 期(冬季号)上的文章,第 40 页。参见福柯:《性史,I. 求知愿望 》(M. Foucault, *Histoire de la sexualité I. La volonté de savoir*),1976 年,第 123 页:"权力……并非某些人所拥有的某种强制力,它是给予特定社会中的一种复杂的战略态势的名字。"

也是为了祈求上帝驱除旱灾和瘟疫（肆虐于 1504 年、1505 年、1507 年）。这部戏的准备工作历时多年，在整个 1510 年代中动员了罗芒的大批财政、市政、宗教、精英和居民的有生力量。[①] 1516 年修建了一个耶稣受难的髑髅地，沿着一条十字架大道，仿造了耶稣在耶路撒冷受难的各个阶段的场景；修建在罗芒近旁的这个髑髅地，从此成为一个圣洁的地方，多次出现幼童死而复生等圣迹。[②] 这批文艺复兴的狂热分子出现之后，从相反的方向出现了一批新教改革派的狂热分子，这些人早在宗教战争发生之前的 1560 年，就已经扎根在罗芒了。[③] 在整个 1560 年代，尤其在 1562—1563 年和 1567—1568 年间，胡格诺派的影响因军事入侵而一度增强，在包括市议会在内的整个罗芒都占有压倒性优势；他们的教友让·吉古将胡格诺派的愿望转告市议会，他在这个机构中呼风唤雨，能量无限（必须说明的是，天主教神甫们曾多次惹恼当地民众，致使民众长期对他们心怀怨愤，就在 1550 年前后，他们还出卖弥撒和灵魂，就像肉铺子卖肉那样[④]）。

---

① 旱灾发生于 1504 年，瘟疫发生于 1505 年；《三位殉教者的奥秘》(*Mystère des trois doms*)于 1509 年圣灵降临节在罗芒演出。参见于利斯·舍瓦利耶：《1509 年罗芒的三位殉教者的奥秘》(U. Chevalier, *Mystère des Trois Doms à Romans en 1509*)全本，罗芒，1887。

② 关于此髑髅地，参阅后来的文献，罗芒市档案，BB 23, 7. 1. 1610；BB 24, 29, 1617 年 12 月；《德龙省考古和统计学会学报》，第 16 卷，1882 年，第 386 页（关于 1517 年的一桩圣迹的记述）；第 4 卷，第 476 页；第 9 卷，第 74 页及另外几处；第 15 卷，第 238-290 页；第 17 卷，第 218 页；第 18 卷，第 123 页；于利斯·舍瓦利耶博士：《罗芒髑髅地山史略》(Vlysse Chevalier, *Notice historique sur le Mont-Calvaire de Romans*)，蒙贝利亚尔，1883 年。

③ 阿尚日·德·克莱芒：《罗芒的胡格诺史》。

④ 同上。

不过，罗芒的胡格诺派为数甚少，在1569年罗芒总人口中约占12.4%，也就是说，在1 454个户主中，只有181个户主是新教徒，[①]以他们的职业而言，大多数是资产者，尤其是各类工匠、织毯
39 匠、纺线匠、裁缝、磨刀匠；在1579—1580年间的众多工匠起义领袖中，只有一位来自胡格诺派，那便是让·雅克；此外还有一位让·吉古，他后来在1580年代成了一个“反水”的资产者。1569年之后，新教的影响力明显下降，罗芒各区的“团总”博勒加尔等人，都俯首帖耳地听命于盖兰和天主教派的执政官，他们控制并弹压人数日益减少的胡格诺派。据1573年统计，新教徒户主仅剩128人，[②]不到全城户主总数的10%。向日内瓦的第一波移民潮、惨绝人寰的圣巴特洛缪之夜大屠杀、因害怕而放弃固有信仰，这些都是新教徒减少的原因。在1570以后的十年中，本地的胡格诺派教徒都被排挤出地方政权，但是他们还想碰碰运气，小心翼翼地与工匠中的天主教徒暗中结盟，在1579—1580年间的事件中，这些人都成了反抗分子。后来他们不再理睬这些地位低下的工匠，此举终于导致他们的“天鹅之歌”，至少对于罗芒的胡格诺派来说是这样。

*　　　　*

在罗芒这个城市里，罗马教会和天主教并非完全一致，有必要指出其间的若干差异。罗芒居民对天主教，或者说对那个类似异教的天主教极为狂热，罗芒人这种复杂的宗教情结在狂欢节中表现得淋漓尽致。狂欢节之后是封斋期，封斋期之后则是复活节。

① 德龙省档案，E 3668，第14号文件。

② 德龙省档案，E 11555(＝罗芒市档案，E 99)；参见本书第七章。

我们在本书中将会看到，罗芒狂欢节把神圣与戏谑糅为一体。我们不应忘记，自天主教会在第一个千年[①]创设封斋期起，封斋期的首要使命就是让初入教者（此前的“不信教者”）迎接复活节和为接受洗礼做好准备，同时也让已经迈入教门的教徒开始经受苦行的考验。为期四十天的封斋期是信徒们以苦行来净化自己心灵的时间。与此相反，对于即将在封斋期中成为教徒的人而言，封斋期前的狂欢节只不过是他们与另一些人一道，“埋葬他们的不信教者的岁月”的日子。所以，源自古罗马农神节和牧神节以及其他冬季节日的饕餮和充满不信教色彩的假面舞会，自然而然地成为狂欢节的一大标志；罗芒狂欢节的另一特色则是被严格地纳入当地天主教的节日系列之中，成为封斋期和复活节之前的一项重要活动。40
如果说，基督教和不信教者这两种成分有什么矛盾的话，那仅仅是一种“辩证”的矛盾。

且不论罗芒狂欢节所体现的是欧洲特色，抑或仅仅是罗芒的地方特色，可以肯定的是，狂欢节既是天主教徒的节日，也是不信教者的节日；尽管我们看到了这一点，但这并不意味着无需对1579年冬末和1580年初春罗芒天主教的具体状况，作一番更加精细、在时间上更加准确的观察。这么说吧，1560年以来的宗教改革和宗教战争，给多菲内地区的教会所造成的巨大创伤，此时尚未痊愈，教会真真切切地处于低谷时期。多菲内地区的教会变成了废墟和碎片，失去了一部分财产、一些修道士和教士，同时还部

① 博谢纳主编：《灵修词典·封斋期条》（Beanchène, *Dictionnaire de Spitualité*, éd. Art. *Carême*）（公元323年的尼西亚大公会之后才有封斋期一说）。

分地失去了感召力。与此同时,能够导致教会重新展示生机和活力的变动远未开始。直到1580年之后,多菲内地区的教会开始认真执行特兰托大公会议[①]的严格规定,这才实实在在地迈出了重振旗鼓的第一步。1579年冬末和1580年初春,尽管教会传布的宗教感情始终保持着完好的生命力,但罗马天主教会在罗芒的日子不大好过。正是由于这个原因,群众对狂欢节的热情此时尚未受到特兰托大公会议有关规定的影响;这次大公会议试图以僵硬和敌对态度强制推行的种种规定,对兼具神圣和戏谑特色的罗芒狂欢节最终产生了严重影响,不过,那是此后数十年中发生的事情。

在艰难的1579年、1580年这两年中,作为一个群体的教会人士在罗芒的社会生活中几近消失,尽管他们人还在。从1579年2月到1580年2月,无论是圣-巴纳尔的司铎,还是罗芒三个教区(圣-巴纳尔、圣-尼古拉、圣-罗芒)的本堂神甫和方济各会修士(罗芒的城市特征仰仗于他们的存在),在这两年间发生的各个"事件"中,都不曾扮演决定性的角色,教会人士对于这些事件袖手旁观,既不支持,也不反对。然而,在参与事件的各个阵营中均可明显地发现教会势力的存在,采取战斗性社会行动的行会声称自己得到教会支持,五花八门的狂欢节活动中兼有神圣亵渎宗教的成分,秩序派中的激进分子被认定是天主教信奉者。

当时人们所拥有的知识,基本上是宗教知识和传统知识,偶尔

① 有关此事的时间,参阅 M. 韦纳尔的博士国家论文《16世纪的阿维尼翁教会》,巴黎第一大学,1977年。

有一些占星术知识,①但是我们应该看到,为数不多的罗芒精英领 41
袖人物,已经从落脚在本城学校的教师们②身上汲取了一些新知识和新思想。这所初建于中世纪末期的学校由市政当局和圣-巴纳尔教堂的神职人员共管,各负一半责任。能够在这所学校里接受教育的年轻人,几乎全都来自贵族和资产者家庭……这所学校的教育成果如何,很难说得一清二楚。就更广的范围而言,在发生造反事件的 1579—1580 年冬春之际,难以在罗芒进行扫盲教育。我们充其量只知道,显贵们在市议会文件上的签名相当漂亮,③这似乎是理所当然的;不过,我们还发现,某些造反派头头(若弗鲁·瓦弗勒尔、纪尧姆·罗贝尔-布吕纳)的签名也很漂亮,而从为数不多的资料中看到,造反派中的大多数人都是文盲,这也在意料之中。参与狂欢节的大多数富人都识文断字,有的还会讲法语。参与狂欢节的穷人则目不识丁,至少化妆巡游队伍中的穷人都是文盲。文盲与非文盲的差异,对于 1580 年狂欢节象征性主题的选择具有重大影响。借助六十年以后的教区户籍册,④我们对当地居

① J.M. 科洛尼:《1575 的阿维尼翁,1582 年之前的预见》(J. M. Coloni, *Prévoyances...jusau'à 1582. Avignon:1575*)。

② A. 拉克鲁瓦:《罗芒与路桥收费站》。(A. Lacroix, *Romans et le Bourg-de-Péage*),瓦朗斯,1879 年,第 18 章。参阅德龙省档案,E11649(=罗芒市档案,FF 13 及 FF 15);同上,E11748 及 11749(=GG 45 及 GG46)。16 世纪法国城市中的学校后来被耶稣会学校和奥拉托里会学校所取代,关于这些学校的公立特点,乔治·于佩尔(Georges Huppert)正在撰写一部专著,驳斥 F. 德·丹维尔的《近代人道主义的诞生》(F. de Dainville, *La Naissance de l'humanisme moderne*),巴黎,1940 年。

③ 罗芒市档案,CC 491。

④ 罗芒市档案,GG 21:此件是最早的罗芒教区户籍册之一,上面有婚姻登记的签名。

民的文化程度进行了统计：1641—1644 年间，罗芒的文盲占总人口的 71%，其中妇女所占比重略高于男子。1580 年前后，文盲所占比重大约在 80%上下，因为此时的国民教育发展程度比不上此后的 1643 年。城市居民的文盲比例虽然很高，但与附近的乡村相比还算是较低的，在 1580 年前后，10 个成年乡民中 9 个是文盲。

* *

现在让我们谈谈乡村的情况。这些乡村位于罗讷河东面，四
42 周环以平川和山丘，与这些乡村毗邻的是罗芒、瓦朗斯、维埃纳、蒙特利马尔等抗争派控制下的城市，地处多菲内山地下方的格勒诺布尔也可以算作罗芒的毗邻城市。乡村将会从头到尾出现在本书中，罗芒狂欢节是一场声势浩大的农民战争展示在城市里的一个橱窗，或者说是一座建筑物的外墙。每当一座城市举行造反起义时，挺身而出与显贵们对着干的总是工匠，这些显贵基本上由资产者组成的。围绕着土地的斗争传统上总是在乡民和贵族之间展开，而城市斗争则是文艺复兴以来城市化的必然后果。就此而言，当时的城市斗争具有先驱性，它预示着近代以反对资产阶级为主旨的城市阶级斗争。反之，早在过去久远的岁月中，对立和冲突就已经扎根于乡村，只是由于近代的乡村斗争把矛头指向政府，有人便误以为乡村的对立和冲突肇始于近代。当我在思索乡村中的对立和冲突时，我把目光投向中世纪，尤其是中世纪初期，即第一个千年，那时几乎所有城市都消失得一干二净，我于是想到了菲斯泰尔·德·古朗治的见解，他写道：“农村庄园即使不是社会生活的唯一机构，至少也是社会生活中最强大的机构。一切社会劳动都在农村庄园中进行，财富在农村庄园中积累，贪婪和觊觎的目标也

是农村庄园。实力来自农村庄园，不同的阶级彼此相遇的地点也是农村庄园。人与人之间巨大的不平等就是为了土地和由于土地而产生的。”[①]事实上，在罗芒地区和毗邻的维埃纳地区，贵族庄园相当分散，那里的农民抗争后来相当激烈。16 世纪末，上述两个地区共有 271 个村庄，穿袍贵族、佩剑贵族和教会人士所占有的土地，几近当地土地总量的五分之二，即 38.45％。农民和在乡间拥 43
有地产的城市下层居民共同占有其余 61.55％的土地。罗芒四周的贵族和特权阶层所占有的土地略微少一些（34.12％）。事实上，维埃纳地区的大片土地（约占土地总量的 40.85％）享有免税特权，那里的土地问题因而表现为乡民和市民反对土地免税特权的斗争，这一斗争在 1576—1580 年间尤为激烈。从总体上看，贵族和教会所占土地的比例即使不算骇人听闻，也应该说是相当高了。我们不妨作一个比较：在大革命前夜的整个法国，各类贵族占有的土地最多不超过全国土地总量的 30％—35％，资产阶级占有 30％，农民占有 40％—45％。（在同一时期的英国，贵族和地主所占有的土地高达 80％！[②]）在这种情况下，多菲内省的维埃纳和罗芒居然有 38.45％的土地享有免税特权，这就不能不激起怨恨和敌意，在发生于 1579—1580 年间的反叛造反事件中，怨恨和敌意就起到了动员乡民反对特权阶层的作用，尤其因为这些享有特权的贵族和教会人士的人数仅为总人口的 2％，所占有的土地却接

① 菲斯泰尔·德·古朗治：《墨洛温王朝时期的自由地和农村庄园》（Fustel de Coulanges, *L'alleu et le domaine rural pendant la période mérovingienne*），巴黎，1889 年，1931 年再版。

② 布伦纳：《往昔与现今》（Brenner, *Past and Present*），1976 年，第 63 页，脚注 80。

近40%。在整个16世纪中,仅占总人口2%的这些人想方设法以资本主义方式扩大其庄园,他们捞到的便宜实在太多,所以,在社会矛盾激化时期受到乡民运动的威胁,也就不难理解了。[①] 还需要指出的是,在农民造反势头甚猛的维埃纳地区和罗芒地区,贵族地产所占比重为38.49%,远远高于整个多菲内地区的27.35%。在这两个发生骚乱的城市及其周围,凡是贵族地产比重大的地区,农民造反的势头就猛。[②]

44 现在让我们谈谈罗芒地区百十来个村子的领主税问题。在反贵族斗争中,庄园税起到了火上浇油的作用,因为93%的庄园主属于特权集团,不是贵族便是教会人士。[③] 罗芒的庄园税很轻,圣-巴纳尔教堂的修士就是本地的庄园主,他们对每条牛征收的屠

① 贵族和教会人士在总人口中的比重和我本人对1602年以前贵族的财产和1635以前教会人士的地产所作的统计,所依据的基本数字都是佩里耶(Perier)女士的大学第三阶段论文(DES)提供的;罗西(Rossi)女士提供了罗芒地区106个地方和维埃纳地区165个地方的选举资料。

公顷数	罗芒选区	维埃纳选区	合计
A) 贵族地产(1602年前) 教会地产(1635年前)	10 059.34 %A/C=34.12%	22 297.24 %A/C=40.85%	32 356.58 %A/C=38.49%
B) 纳税地产总数(包括1658年和1693—1695年间免税的地产)	19 420.92	32 290.33	51 711.25
C) 总计	29 480.26	54 587.57	84 067.83

更为准确的数字见于贝尔纳·博南(Bernar Bonnin)先生将要进行答辩的关于多菲内土地史的论文。这篇论文将使土地问题面目焕然一新,因而我就不在这里赘述了。

② 这组对比数字,由博南先生向我提供,见博士论文资料22号。

③ 博南博士论文资料21号。

宰税只是一条牛舌头，此外还征收采地税以及10%的采地转移税（采地易手时征收），加在一起也没有多少。所以说，罗芒社会抗争的对象，与其说是在新教改革中受到冲击的修士庄园主，不如说是家道殷实的显贵。在其他地区的乡村中，庄园主收取的税额远远高于罗芒地区。这一点在宗教战争期间的若干文献中有所反映，此后在1700年前后的“户数审定”记录中也有记载。[①] 从“户数审定”记录看，此时的情况与16世纪末相当接近，没有发生显著变化。与罗芒同属一个选区的北部106个村子便是如此，其中至少有57个村子乃至更多的村子，要向庄园主缴纳采地税和年金。采地税是按耕地多寡向农民收取的租金，数额很低，用货币或实物支付；年金则是农民向庄园主借债累积形成的永久性利息，庄园主即使过世，农民也不能免除缴付年金的义务。此外，这个地区至少有27个产权属于庄园主的公共磨坊，供当地村民使用，磨坊主从加工成品中收取10%，作为使用者支付的费用。此外还有14个产权属于庄园主的烤面包炉，使用费的收取标准不尽相同，有的收取面包的十六分之一，有的收取面粉的二十五分之一。在另外17个地方还有一种“半什一税”，征收对象是特别肥沃的耕地或新垦土地，税率恰如税名所示，即为此类耕地产量的二十分之一。涉及采地转移税的共有36例，税率为被转移（继承或出售）耕地价值的16.7%。在9个种植葡萄的村子里还征收葡萄酒销售税，庄园主借助此税垄断葡萄酒的销售，而销售季节则因地区而异，大致是在

① 下面的数字是我依据佩里耶女士提供的数据整理而成，偶尔也参考了罗西先生的著作。

45 5 月、8 月或封斋期的 40 天中。至少在 47 个地方，庄园税以收取黑麦、燕麦、母鸡等实物的方式征收；此外，领主税还以劳役方式征收，农民每年在领主的庄园里劳作两三天，用以顶替纳税。至少在 47 个村子里，实物税或劳役税都实行累进税制，税额因农户大小而不同。拥有 6 条牛和若干群羊者为大农户，拥有 4 条牛（即拥有两挂犁）者为中农户，拥有 2 条牛（即仅拥有一挂犁）者为小农户；此外还有境况较差的庄稼汉（有驴有骡甚至有马）、不拥有任何畜力农具的短工。短工需要缴纳的税金并不少，不过比起前面那几类农户，毕竟负担低些。从以上纳税情况看，农村社会大体上分为两个群体，一个是拥有耕牛乃至羊群的农户，他们之中有的是租种着大片土地的分成制佃农，有的是耕种着小块土地的普通佃农；另一个群体则是既无牛也无羊，全凭力气给他人帮工的各类短工；此外当然还有一些介乎以上两类之间的农民。是否拥有耕畜乃至羊群，或者说，家里是否有四条腿的活物，是区分农民社会档次的主要依据。来自领主的压力虽然轻重有别，却同时落在农民社会的上层成员和下层成员身上，所以，在危机到来时刻，这种压力就有可能起到动员各类农民抱成一团，一致反对这种压力的作用。村民们把矛头首先指向领主手下的各类官员，诸如负责司法的法官、负责文书事务的笔吏、负责军事和民事管理的邸堡大总管。

总体而言，多菲内的贵族领主们对农民的压榨比较重。[①] 采地税本身不算很重，但是，历年拖欠的采地税以及税率高达

① 我在下文中就多菲内贵族对农民的压迫所做的思考，很大程度上得益于我与贝尔纳·博南先生的交谈。

16.7％的采地转移税十分沉重，农民往往难以承受。再则，多菲内
地区的土地市场相当活跃，在一代人生命长度内易手的土地竟然
多达全部土地的三分之一……贵族和教会人士等特权享有者（贵 46
族甚于教会人士）利用这种土地转移的机会，在罗芒地区、瓦朗斯
地区和格莱维索当河谷，攫取下多菲内地区的平川和半平川上的
大量耕地。因获得贵族头衔而改姓唐森的法官盖兰的后人们，就
在格莱维索当河谷建起了漂亮的宅邸。苦于庄园税微不足道的领
主们因此而及时地获得了补偿，这种补偿虽然并未脱离庄园经济
范畴，但已经具有资本主义性质。

在拥有土地的那些贵族中，因其新贵族身份而享有免税权的那伙人构成了一个强势小集团。他们在成为贵族之前必须缴纳的税，如今都转移到其他农民身上了，所以农民非常嫉恨他们。① 这批新贵族小集团的确切人数以及他们在总人口中所占比重，都很难说清楚。1594 年的相关资料表明，在瓦朗斯地区和迪城地区，从 1523 年到 1594 年的六十一* 年间，贵族家庭增加了 50.6％……② 不错，在 1594 年的所有贵族中，能够有把握地认定为新贵族的仅占 4.4％。可是，前面提到的 50.6％新贵族并非全是新近移居过

---

① 有关因担任某个职务而成为贵族后享受免税待遇的资料，在档案中屡见不鲜。例如，罗芒权势家族的成员之一亨利·吉古在 1580 年获得审计署的审计长职务后，便被免除了纳税义务。1570 年代和 1580 年代的档案中不乏此类有关免税的记载（罗芒市档案，CC 354[1580 年]。参阅伊泽尔省档案，B 185—195）。

* 原文如此。——译者

② 勒内·瓦朗坦·迪谢拉尔：《瓦朗斯和迪城的领主动员令》（René Valentin du Chaylard, *Ban et arrière-ban. 1594. Valentinois-Dios*）。请比较伍德：《近代法国贵族的流动性》（James B. Wood, *Mobility among Nobility of modern France*），载《16 世纪学报》（*16th Century Journal*），4 月号，第 3 页。

来的贵族，而是包括在这61年中成为贵族的那些新贵族，而他们并未被官方统计在内……出身小民的新贵名声不大好，有人说，他们做事荒唐，公然在公墓里撒尿，还牛气十足，赖着不还账，动手殴打小民百姓等等。① 17世纪初在离罗芒不远的皮桑松，常常可以遇见这类刚刚由市民变成乡绅的新贵族，诸如盖兰（法官之子）、若马隆、韦勒、科斯特、鲁瓦隆，这些新贵族手上还沾着1580年起义
47 者的鲜血呢！皮桑松的土地总量为7 353赛特雷*，这伙人与另外几个人所占有的土地就多达3 438赛特雷（免税），比例高达总耕地面积的46.8%……②这足以引起民众的怨恨……其实，这种状况早在1579—1580年间就已经初露端倪。

新旧贵族和各类领主与在宗教战争中发了财的那些人沆瀣一气，侵害农民的利益。这些发了战争财的家伙在1560—1600年间从农民身上狠狠搜刮了一番，他们使用的手段是“以年金形式归还的贷款”，其实这就是一种有息贷款，只不过因改头换面而获得当时的教会和法律认可罢了。他们拼命从老实巴交的农民和可怜的债务人身上拔毛，拔得皮开肉绽还不肯罢休。③

* *

什一税倒是不算很重，原则上从每年农业生产的主要收获物

---

① 让·尼古拉：《18世纪的萨瓦》（*Jean Nicolas*，*La Savoie au XVIIIe siècle*），论文，第866页。

* 赛特雷（Sêterée），古时土地面积计算单位，相当于能播种150—300升谷物种子的土地面积，据本书作者估算，4赛特雷相当于1公顷。——译者

② 维埃纳市档案，CC 95等。

③ 肖梅尔（V. Chomel）个人向我提供的资料。

中抽取十分之一，从中获益的是教会人士，诸如主教、修士、修道院、本堂神甫等等。前面已经提及的1700年前后在多菲内地区所作的一次调查，涉及335个收税站或收税区，相当于维埃纳选区和罗芒选区的271个村庄，这次调查让我们对什一税的总量有一个比较精确的了解。16世纪末期的各类资料表明，1700年前后收集到的数字是可信的。据前面提及的335个收税站的调查，经我计算发现，对于谷物所征收什一税并非“什一”即十分之一，而是二十分之一，精确地说是1/20.1或4.98%。在罗芒地区的106个村子或126个收税站里，这个比例更低一些，约为二十二分之一（4.55%）。在维埃纳选区的165个村子或209个收税站里，这个比例略微高些，约为1/18.2（5.49%）。对于应该缴纳什一税的农民来说，这样的税率完全谈不上难以承受。[①] 多菲内地区的什一 48
税实在不算重，我们不妨与朗格多克地区和比利牛斯的科明热地区作一比较，那里的什一税率高达8%—9%甚至10%，也就是说，比多菲内地区高出将近一倍。正因为如此，在1579—1580年间，由于什一税远未构成重压，所以罗芒地区的农民并未因此而对教会展开激烈的抗争，仅仅偶尔发生过一些零星的抗争事件。[②] 总

① 本书所考察的这个时期的相关数字在此后的资料中得到证实。1579年，格勒诺布尔高等法院将当地的什一税率从6.6%降低为3.2%（伊泽尔省档案，B 190：瓦尔克鲁瓦桑教士（abbé de Valcroissant）与应向他缴纳什一税的农民的对抗事件）。维埃纳一位第三等级陈情书的执笔者（伊泽尔省档案，4 E，245/62）于1576年要求将什一税率统一为4.8%（十二分之一）。1576—1580年间的抗争运动表明，抗争的对象主要是贵族，而不是什一税。

② 伊泽尔省档案，B 190同上，1579年。1562年，胡格诺派也主张没收什一税，但并未要求取消什一税。（参见卡瓦尔《宗教改革和宗教战争在维埃纳》，第71页。）

而言之，教会在始于1560年的胡格诺和反天主教暴力活动中受到沉重打击，现在该让它休养生息了。少数胡格诺派农民的怒气，主要指向贵族和世俗领主，从天主教徒人群中迸发出来的这种怒火，很少以教会为目标。

即使是针对贵族和世俗领主的斗争，也不应过度解读。在1579—1580年间的反贵族斗争乃至反领主斗争中，世俗领主征收的领主税也并非农民的主要抗争对象，尽管领主税比什一税重得多。[①] 农民的矛头所指主要是领主和非领主贵族在赋税方面所享有的特权，贵族被免除的赋税都转嫁到第三等级头上，从而激起农民对这种不公正的极度愤恨。农民骚乱最初就是因为贵族免税而引发的，一旦形成规模之后，农民就无所顾忌地放火烧毁领主的邸堡和税册。[②]

*　　　　*

前面这些是本书的引言部分，在结束这个引言之前，我再说几句。罗芒狂欢节发生在1579—1580年间多菲内地区局势处于至关重要的时刻，这是一个堪称革命的时刻，我将在下面慢慢道来。一群又一群为数众多的农民纷纷揭竿而起，拿起武器，反对掠夺成
49 性的贵族，反对领主统治中的某些举措，尤其反对贵族享有的免税特权。城镇资产者在不同程度上也参与斗争，反对两个特权等级。

① 此前有关什一税的所有数据，都是我根据佩里耶和罗西女士向我提供的宝贵的数字资料计算出来的。

② 我有意把地主向农民和耕地收取的各种税收（国王税＋什一税＋领主税＋租金＋利息）的总量撇在一边，这个总量究竟占农业毛收入的四分之一或是三分之一？不是二分之一吗？贝尔纳·博南的论文对此作出了透彻和令人信服的回答。

城市中的工匠和小民百姓则与富有的资产者展开斗争。贵族内部因新教徒与天主教徒分道扬镳而出现分裂,团结一致的贵族不复存在。于是,劳伦斯·斯通所说的“革命形势”的各种元素便次第出现并聚合在一起,旧制度下的革命就此发生了:上层阶级与下层阶级展开斗争,精英内部因分裂而彼此恶斗。此外还有中央(国王驻跸巴黎或布卢瓦)与外围各省(例如以享受免税为荣的多菲内省)的冲突。反叛农民的起义被国王的军队镇压下去了,如果没有王家军队的干预和弹压,以削弱贵族免税特权为标志的某些重要社会变化就可能出现在多菲内。(这些变化后来以和平方式渐次出现于 1630 年代。)有一点无论如何不应忘记:多菲内紧邻瑞士,而瑞士的反领主和反贵族斗争,在过去的若干世纪中取得了实质性的成果。

50 第二章　税收：平民向贵族抗争

1579—1580 年冬春罗芒狂欢节期间发生的市民和农民反叛，是否起因于胡格诺派的阴谋？法官盖兰好像就是这样想的，至少他希望说服别人这样想；他留下的那些重要记述揭示了他的这个心思，尽管这些记述没有留下讲述者的姓名，但毫无疑问是出自盖兰法官之口。据他说，在下多菲内和维埃纳地区（当然是里昂南面的那个维埃纳），始终有一只不知疲倦的新教之手在操纵，他以虚张声势的口吻说道："下面的谈话涉及多菲内地区的各个阶层[①]，想要正确了解这份谈话的渊源和根基，首先就应肯定，在维埃纳地区发生的动乱中，所谓的革新教派（即胡格诺派）未能在该地区立足，尽管他们千方百计想要在该地区扎根，却实在无法做到，于是只能退而求其次，在维埃纳地区制造分裂，而维埃纳地区的那些人是与罗芒城附近的'乡村派'串通一气的。"胡格诺派单靠自己的力量，根本不可能在罗讷河谷和比利牛斯山实现他们的愿望，很大一

---

① 这里所说的阶层（élévation populaire），是指罗芒社会的上层和下层、统治者与被统治者等处在不同地位的人，这是盖兰法官和 1579 年年初任第三执政官的面包师傅让·马尼亚共同使用的术语，此外，诸如"小民"（peuple menu）、"向上爬"（Ascensionnelles）的欲望，也都是他们经常挂在嘴上的词语。所以，这些词语自然而然地被罗芒的资产者和普通百姓普遍使用。（罗芒市档案，CC353，A 29）

部分山民和平川的居民仍然信奉天主教。何况，在以“联会”（联会即使不是新造的词，至少也是一个赶时髦的词，因而肯定“令人讨 51
嫌”）形式发动和组织起来的民众骚乱问题上，胡格诺派内部的意见也颇为分歧；一些高级领导人认为“联会”具有很大的危险性，可能会把局势导向我们今天所说的“无政府主义”。年轻气盛的日内瓦起义民众领袖弗朗索瓦·德·莱迪吉埃便是这批“保守派”领导人之一。在谈及乡间起义民众时，这位不知疲倦的斗士在 1579 年 6 月 13 日写给古韦尔内的信[①]中，毫不犹豫地直言不讳，他说：“我们的消息不坏，联会的动静挺大，但没有行动。”（盖兰，第 29 页）[*]确实如此，让胡格诺派首领们不安的那些民众联会，都是极端天主教派雅克·科拉手下的蒙特利马尔地区的民众联会，这些人理所当然地不被新教徒看好。

这就是说，胡格诺派在这件事情上并非铁板一块。倘若不是由于民怨鼎沸，骚乱一触即发，单凭胡格诺派的活动是不可能在维埃纳地区和罗芒地区制造不和的。引发民怨的元凶是士兵的暴行；自从 1560 年新教和天主教的宗教战争打响之后，20 年来多菲内地区一直因士兵的烧杀掳掠而民不聊生。匿名作者（其实就是

---

① 莱迪吉埃：《书信集》（*Lesdiguiéres, Correspondonce*），第 1 卷，第 31 页。莱迪吉埃当时的活动基地在加普。应该看到，农民联会在此事中扮演的角色有时仅是小卒而已。胡格诺派莱迪吉埃“暗中与萨瓦公爵（天主教徒）和贝勒加德元帅联手，前者试图在多菲内地区扩大自己的影响，后者则为把邻近皮埃蒙特的萨鲁斯侯爵领地弄到手而频施诡计。”（迪塞尔的文章《卡特琳娜·梅迪奇与多菲内三级会议》（A. Dussert, *Catherine de Médicie et les Etats de Dauphiné*），载《多菲内科学院通报》（*Bulletin de l'Académie delphinale*），1931 年，第 130—131 页）。

* 这里指的是出版于 1877 年的一份匿名资料，本书作者勒华拉杜里认定是安托万·盖兰的回忆录。下文均以盖兰二字指代这份资料，敬请读者注意。——译者

盖兰)对这一点看得十分清楚,他说,胡格诺派以乡民们遭受欺凌和压榨为唯一借口,挑动反叛的乡民进行大规模的对抗,他们提醒乡民说,“过去这几年,一批又一批的丘八去了又来,来了又去,反反复复地烧杀掳掠,把他们的家乡糟踏得满目疮痍”。(盖兰,第29页)我在这里仅举一个算不得多大的小事为例:两年前(1577年),格里永、拉尔什和马蒂尼埃的队伍恣意劫掠当地的牲畜,然后转手倒卖。[①] 这些队伍准备经由罗芒向朗格多克进发时,罗芒的
52 领袖们作出决定,队伍只能一队跟着一队走。队伍经过罗芒时,居民们奉执政官之命,关闭店门,手持武器守卫在城门口和各自的岗位上。但这并没能阻止居民们把(罗芒的)好客和荣耀给予这支队伍。所谓好客和荣耀其实都是执政官们说的反话。

兵痞们强抢农民和市民(市民其实依然是半个乡民)的牲畜和粮食,但这并非牲畜和粮食大量损失的唯一原因,民众还被迫向官兵们供应包括肉类在内的食物,这些家伙不但大啖大嚼,而且还挥霍浪费,每人每年消耗肉类80公斤,比今天巴黎人的消费量还高。1577年7月22日,“司务总长穆瓦蒂厄先生下令,罗芒必须向戈尔德率领下围困蓬昂鲁瓦扬的队伍供应牛、羊、面包和葡萄酒。没想到,蓬昂鲁瓦扬突然解围,罗芒供应的4 500个面包用不着了,不得不以极低的价格出售。[②]”浪费比比皆是……就连金钱也是如此。1577年7月,为了赎回被武装人员拘押的两位执政官,罗芒

① 于利斯·舍瓦利耶《宗教战争期间罗芒编年史》(Ulysse Chevalier, *Annales de Romans pendant la Guerre des Religions*),《德龙省考古和统计学会学报》,1875—1876,第40—41页。

② 舍瓦利耶《宗教战争期间罗芒编年史》,第40—41页。

必须支付 600 埃居，否则，时任王家省督的戈尔德男爵就要进驻罗芒，他要求罗芒的居民每户缴费 20 利弗尔，用以维持他的队伍的伙食供应。①

在那个时期，税收之重压得老百姓透不过气来，所以他们干脆管税收叫“压榨”。1578 年 8 月，在整个多菲内地区，每户缴税 4 埃居，用以支付亏欠的税收和敌对双方（天主教派和胡格诺派）尚未清偿的债务。人人都得掏钱，就连上帝也认账。毋庸赘言，当敌对双方发现他们必须为工事那边的敌人还债时，胡格诺派不由得叫苦连天，天主教派同样连声抱怨。安托万镇上的公证人厄斯塔什·皮耶蒙，好斗的多菲内地区的这位“好兵帅克”*，他曾断断续
续地谈起这次缴税事件。据他说，每家每户后来都如数缴了 4 埃 53
居，而且并没有怨声载道。不过，很快又要求缴纳一种新的税，那就是必须在 1578 年 10 月缴纳的每户 2 埃居 40 苏。（皮耶蒙**，第 63 页）众人都老老实实地缴了。不久之后，又要每户缴 15 埃居 7 苏 3 锝，说是为了本乡事务，实际上就是供本地区和本省还债和开销。这次可是忍无可忍了。战争已经造成了这么多灾难，这次收税还如此紧逼，老百姓真的被逼急了。（皮耶蒙，第 63 页）激烈的冲突已经让人难以面对，居然还要出钱去维持这样的冲突，这不是为车轴润滑，而是火上浇油……在多菲内地区，和平的希望渐行渐远。自从 1577 年国王的和解敕令颁布以来，整个法兰西王国大

① 舍瓦利耶《宗教战争期间罗芒编年史》，第 36 页。

* “好兵帅克”，20 世纪捷克作家哈谢克笔下的一个善良、机智、勇敢的普通士兵。——译者

** 指皮耶蒙的《回忆录》，下同。——译者

体上处于平静状态，但是在大阿尔卑斯省，胡格诺派与天主教派的争斗依然你死我活。所以，多菲内地区某些城乡的民众便想到了借助陈情书表达自己的愿望；1577 年 3 月 16 日，多菲内地区第三等级的陈情书在布卢瓦向全国发布。寄托着人们巨大期盼的陈情书，不但要求负责为敌对双方征税的人员将所征之税如实公布，而且要求把所征之税款全部“吐出来”。陈情书还要求，对税款账目的审查应该在与本省没有任何瓜葛的专员监督下进行，唯有如此，才能消除审查人员与被审查人员乃至犯罪分子串通的嫌疑。

这些尚非民众的全部诉求。鉴于省三级会议（或称多菲内地区三个等级代表大会）不久将在格勒诺布尔召开，作为战争开支征收的王家税和其他税收数额巨大，招致各界民众的强烈反对，他们抱怨说，纳税人被榨得一干二净，留给他们的只有黄土和岩石。他们更加强烈的要求是让贵族和教会人士缴纳他们应该缴纳的税，免得让第三等级的平民缴纳不应该缴纳的税（陈情书执笔者略懂一点拉丁文化，他就是这样写的）。

当然，根本不可能提出三个等级之间实现平等的要求，须知那时是 1579 年，而不是 1789 年！不过，民众普遍怀有一个强烈的愿望，那就是由原来拥有大量土地和房产的资产者变成贵族的那些
54 人，不能因其新贵族身份而免除纳税的义务（这些新贵族被免除的税收，程度不同地自动转嫁到当地平民身上）。平民在陈情书中提出，城乡的第三等级不应超额承担纳税义务，贵族与教会应该为他们获得的“农村”土地（即贵族新近从平民手中购入的土地）缴税；

否则，这些土地就会由于归贵族所有而享受免税特权。整个地区的税收总额虽然并未增加，但相当大的一部分税收却因此而转嫁到非特权者身上，而他们的负担原本就已经十分沉重。对于第三等级的这个要求，贵族和教会当然一点也听不进去，那些刚刚摆脱卑微地位的新贵族尤其趾高气扬，以与平民一样纳税为耻。

在 1579 年春召开三级会议之前，正是这些诉求促成了起草陈情书的活动，时间是在 1578 年 8 月和 1579 年 2 月。陈情书的执笔者们打算将陈情书呈递给预定于 1579 年春天举行的该省三级会议。正如前面提及的那样，这些陈情书指斥特权享有者逃避纳税义务。鉴于战事紧迫，人人理应为捍卫本省的居民和利益尽一份力，必要时还应贡献武器，此时此刻逃避纳税义务格外令人不齿。（皮耶蒙，第 64 页）凡是能够断文识字的头领，都把这些诉求写成文字，以多菲内地区古老的特权为据，要求贵族和教会与平民共同担负纳税义务；这是以地区性的特权对抗社会性的特权，恰好是一种拨乱反正。这些头领自称属于第三等级，即为城乡的民众代言的城市和乡村的平民。可是，这里所说的平民并不包括其中最显赫的那些人，不包括第三等级中最孚名望的上层人物，即坐享年金的市民、殷实的显贵、富商和放债人，这些人或多或少已经倾向贵族，指望着福星高照，让自己或是他们的子女有朝一日变成新贵族。

*声嘶力竭地大喊再也难以承受的*这些“平民第三等级”的代言 55
人们，全力以赴进行公开和秘密的鼓动和宣传；把罢税乃至取消直接税的想法在民众中广为传布，“*他们持续不断地提出正当的诉*

求，告诉人们以后可以不再缴纳直接税了。”（皮耶蒙，第64页）自发担当起宣传任务的斗士们走村串乡，把陈情书的内容告诉民众，在民众集会上收集赞同陈情书的誓言，宣布罢税。在1579年4月的格勒诺布尔三级会议上，德布尔格宣布了此次罢税的原则。这次“客观”反叛的开端具有浓重的臣服于在位国王亨利三世的色彩，人们一群一群地秘密宣誓：向国王陛下进呈谦卑的谏言，为达到陈情书中所表达的愿望而生，为达到陈情书中所表达的愿望而死。

*　　　*

说到此处，有必要稍作停顿……大家已经看到，引发反叛的原因很多，不过，众多原因很快聚焦在税收问题上，聚焦在第三等级用以倾诉苦衷的陈情书上。在继续讲述酿成重大事件的罗芒狂欢节之前，我想先提两个问题。其一，15世纪70年代起义前夕特别是1758年，税收是否已经压得老百姓透不过气来，以致民怨鼎沸？其二，令普通百姓怨声载道的特权等级和贵族免税问题，究竟严重到什么程度？为更好地理解此次起义，可否对免税以及由此在普通民众中引起的敌对情绪作一番梳理？

第一个事实：毋庸置疑，多菲内地区的农民战争以及由此而在城市中引发的罗芒狂欢节事件，确实与加税密切相关，纳税人因加税后税收过重而高举义旗。1523—1589年多菲内地区的直接税变化曲线颇能说明问题（参见价格表），表内所示直接税是以实际值（此处为小麦）表示的。若以名义值表示，即把影响物价和税额

56

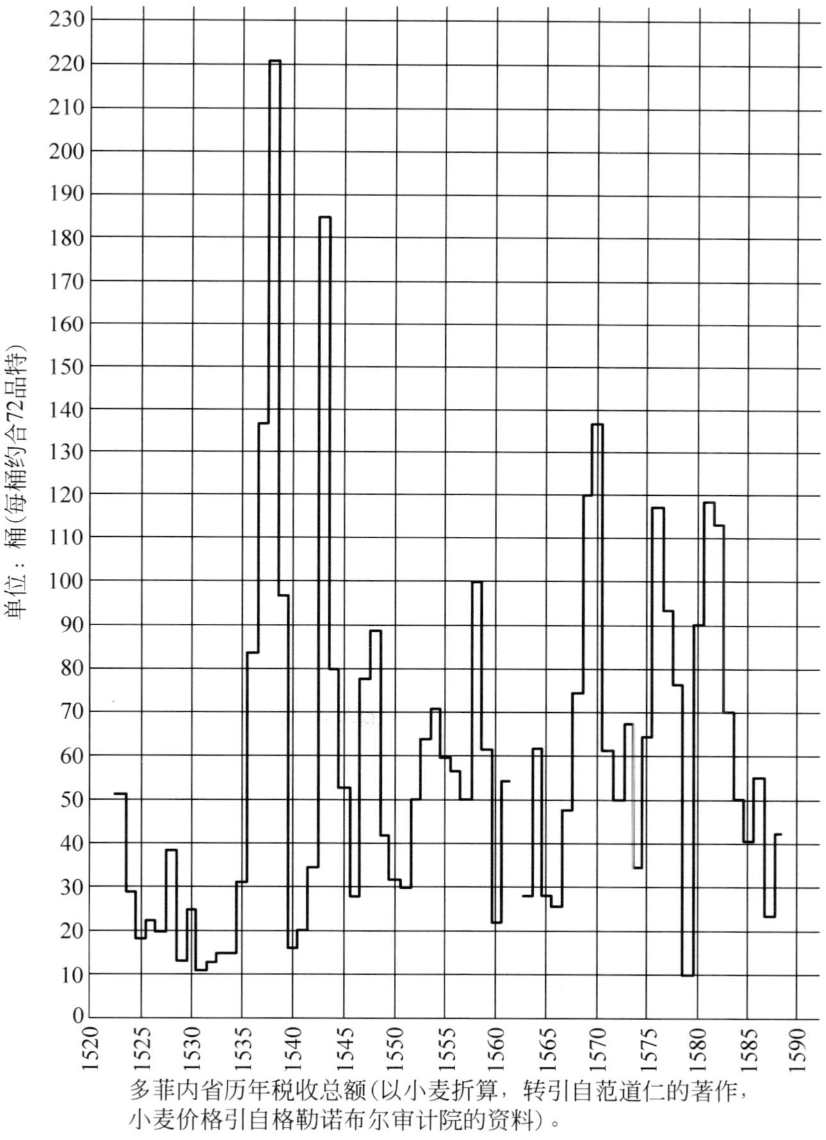

单位：桶（每桶约合72品特）

多菲内省历年税收总额（以小麦折算，转引自范道仁的著作，小麦价格引自格勒诺布尔审计院的资料）。

57 的通货膨胀考虑在内，表中的曲线就将是另一个样，那样的话，就会给人一种极其严重的错觉，以为税额持续不断地增高。

在16世纪的第一个25年中，多菲内地区税额的实际值在1566—1584年间出现了第一波大幅上涨。（参见表Ⅰ）1536年和1543年前后，弗朗索瓦一世进行的战争吃紧，亟须财物支持，此时的税务负担的确比较沉重。作为对国王的贡献，阿尔卑斯省承担了巨大的财政负担。然而，即使在此时期，税收依然没有超出可以承受的极限，因为，被文艺复兴和“美好”的16世纪所激活的多菲内地区，正在经历着一个人口和经济增长的相对繁荣阶段，大家缴得起税，而且尽管有些不乐意，还是一分不少地缴了。可是，与掌权当局有什么干系呢？此时不可能发生公开反叛。但是，在1566—1584年间，情况发生了变化。经历了十来年内战之后，多菲内地区的民众喜欢上了武器，或者说已经习惯于舞剑弄枪，不再是驯服地任人剪毛的绵羊了。何况，确实有许多理由令百姓心生怨恨。整个地区饱受战火、瘟疫和饥馑之苦；1560年之前，随着人口膨胀，纳税人的数量也与日俱增，1560年之后，纳税人数量不仅不增，反而日益减少（这种情况在罗芒尤为明显），能提供税收的财富也日趋萎缩。财富萎缩现象显现在各个方面，纳税人的家庭总收入和人均收入都呈现下降趋势。当局这次采取的却是违反经济规律的措施，在1566—1572年和1575—1578年间两度加重直接税（以小麦当量计算），超过1560年之前的16世纪繁荣时期（除了前面提到的因战事吃紧而增税的1536和1543年前后）。

与之相反，事实表明，1579年的起义确有实效，至少对于当时

而言是如此。1579 年是多菲内和罗芒起义的关键年份，1574 年和 1578 年税收节节上升的势头不但在这一年得到了遏制，而且大幅度下降，在 1523—1589 年间的 60 余年中，这一年的税收（以实际值计算）最轻。须知这是一个什么样的世纪啊！与此相反，起义遭到镇压后的 1580 年，魔鬼般的税收机器重新启动，马力超过以往任何时候，与税收减轻的 1579 年适成对比，因而在 1580—1584 年 58
间大大加重了纳税人的负担。

*　　　　*

现在再说第二个问题：引发平民怨愤的教会和贵族免税特权的扩大以及某些社会集团在税收方面享有或不享有的特权。在这个问题上，多菲内的第三等级长久以来持一种什么样的心态？我想效仿电影导演，对此做一个简短的倒叙。

尽管与现实并不相符，但是，多菲内的本地人都持有一种根深蒂固的基本观念，那就是：从 1341 年以来，他们都无需缴纳直接税，原则上也免除了缴纳其他税项的义务。多菲内统治者安贝尔二世在 1341 年卧病不起，在忏悔神甫们的一再纠缠下，他答应把蠲免税收的范围扩大到全体臣民，而在此前，多菲内地区的大多数城市已经依据作为施政基础的自由宪章享受免税。作为安贝尔二世的继承人，17 世纪以前的所有法国国王都正式承诺继续全面免税。然而，这只是极其虚伪的说辞而已，事实上，这些国王毫无顾忌地照样收税，只不过以“无偿捐献”之名加以遮掩罢了。然而，虚伪把善恶颠倒了。无论是 1550 年或是 1630 年，多菲内的平民都记得，1341 年安贝尔二世宣布的免税规定是多菲内地区享有的各

类自由之一，[①]只是这些自由如今都已不复存在。16 世纪的人们甚至抱有一种幻想，那就是免税能扩大到所有三个等级，而不是教会和贵族的特权。就此而言，仅仅就此而言，我们将要讲述的这次起义实际上抱有这样一种幻想，那就是回归“保守的往昔”。[②] 执掌政权的政治家们和君主政体中那些冷漠的官僚们所执行的，不但是务实的税收政策，并且意味着权力日益集中，起义者们回归往昔的幻想与这种务实政策南辕北辙。不过，下面我们将会看到，起义者们的这种所谓的保守性极其有限，与其说他们是在追求一种理想，毋宁说是希望看到一种事实；其实，他们既不想维持现状，也不追求幻想。他们是改革派，某些时候甚至是革命派。

59 直接税确实曾经在地方层面上被切切实实地免除过，享受到这一实惠的甚至是整个城市的全体平民，而且一直延续到 16 世纪中叶。蒙特利马尔就是一例，在那里，直到 1550 年依然实行免税。[③] 我们知道，30 年后在这座城市里爆发的抗税起义一开始就相当激烈。就在爆发起义的 1580 年，蒙特利马尔人依然清楚地记得，父母和亲戚曾经讲起过他们生活的黄金时代，那时候城里人是不必纳税的。

---

① 参阅迪塞尔(Dussert)的三篇文章:《14 和 15 世纪多菲内三级会议》(*Les Etats de Dauphiné aux XIVe et XVe siècles*)《卡特琳娜·梅迪奇与多菲内三级会议》(*Catherine de Médicie et les Etats de Dauphiné*),《百年战争和宗教战争期间的多菲内三级会议》(*Les Etats du Dauphiné de la guerr de Cents ans aux guerres de religion*)。

② 弗兰茨:《农民战争》(Frantz, *Bauernkrieg*);贝尔塞:《农民造反史话》(Y. Bercé, *Histoire des Croquants*),卷 II,第 679 页、第 680 页、第 687 页。

③ 迪塞尔:《百年战争和宗教战争期间的多菲内三级会议》,1922 年,第 43—46 页,第 282—285 页。

真正享受免税的仅仅是蒙特利马尔一个地方，而不是整个多菲内地区。尽管安贝尔二世早在1341年就宣布免税，事实上，多菲内人在中世纪晚期和文艺复兴初期照样纳税，而且税额可观，只不过换个名称而已，不叫税而叫“自愿奉献”。史称善人约翰的法国国王约翰二世1356年在战斗中被俘之后，多菲内便在翌年出现了第一宗所谓的“自愿奉献”，奉献的对象是王储查理的国库，用途是赎回被俘的国王。这宗“自愿奉献”体现了多菲内人的善意、自由和非奴役状态，同时也体现了他们的“诚意”和多菲内省三级会议的一致“同意”。请参阅马塞尔·莫斯（Marcel Mauss）的《论捐赠》（*Essai sur le don*）……

火药的第二个要素（准确地说是第二种成分，也就是说，有了木炭还需要硝石）就在这里。硝石就蕴藏在16世纪从罗讷河到北阿尔卑斯民众的抗税行动中。我在这里要谈一谈两个特权等级所享有的特殊免税权。免税是真真切切、实实在在的，完全不是虚幻的想象。据说，时间是在安贝尔二世1341年发布那项极为重要而且具有象征意义的免税令20多年之后，最晚不迟于在罗芒举行多菲内三级会议的1370年7月。从此以后，直至黎胥留时代，免税始终是一条得到切实执行的规定；不过也有若干例外，例如，贵族和教会在某些时候也会被要求缴纳这个税或那个税，但是，这种例外情况不被看作此后可以照此办理的先例。1370年多菲内三级会议颁布的那个法令，完全符合法国贵族的行事原则，所以在此后
数百年中一直具有不言而喻的法律效力，尽管当时颁布这项法令 60
仅仅出于一时之需。当时（1370年）之所以颁布这项法令，完全是为了争取多菲内地区的特权等级对法国国王的支持。（贵族免税

在整个法国始终是中央君主政权的一个副产品。)国王狡诈地故意混淆多菲内三级会议同意的“自愿奉献”和国王庄园的正常收益。[①] 国王因而需要在多菲内省的上层人物中找到一批同谋,于是乎,贵族得以享受免税,以便进一步在普通百姓身上榨油。

长期存在于多菲内地区的因抗税而产生的社会悲剧,从此埋下了日后将要发芽生根的种子。第三等级在16世纪展开了远比15世纪更为波澜壮阔的斗争,他们要求如同其他人一样享受免税。其余两个等级实实在在地享受着免税的优惠待遇,第三等级理所当然地拒不承认这种免税优惠的合理性和正当性。依据1341年法令的精神,平民们明确地坚持认为,任何人都无需纳税。否则,包括贵族和教会人士在内的所有人,都应无一例外地按照各自应当承担的份额向国王缴纳“自愿奉献”,这种做法的可行性或许更大。

从14世纪最后30余年以来,多菲内每年举行一次三级会议,第三等级与另外两个等级最严重的冲突就在多菲内三级会议上上演。这里有必要对多菲内三级会议这个庄严的机构说上几句,这肯定对于我们理解罗芒狂欢节何以闹出如此大的动静大有裨益。

多菲内三级会议在中世纪晚期和文艺复兴初期的16世纪是如何组成的?肯定地说,三级会议的结构远非稳定和固定,由于受1560—1580年间的宗教之争和内乱的影响,这个机构时而被推向正确方向,时而被推向错误方向。

---

① 迪塞尔:《14和15世纪多菲内三级会议》,1915年,第73页。

迪塞尔在他的著述中指出，[①]多菲内三级会议的名册上有：教会代表 36 人，贵族代表 270 人（这些人大多是拥有大庄园并享有司法权的乡绅），第三等级代表 115 人。第三等级代表包括各个城市的市议会议员、某些集镇的议会议员，甚至还有若干村庄的村民会议成员。这些地方中的大部分都位于国王和王储的直辖庄园中，有些地方则位于某些乡绅的私人土地上。由于遴选代表具有一定程度的随意性，某些乡村教区尽管直接隶属于领主乃至国王， 61
在三级会议中却没有自己的代表，而且在 1579—1680 年间却也参与了起义，罗芒北面的伐鲁瓦便是其中之一。从总体上看，三级会议无论采用何种投票方式，贵族始终在全省三级会议中占有等级优势，在人数上也压倒其他等级。[②] 贵族不但享有权威，还掌握着绝对多数！重要城市和处于优越地位的城市（即多菲内的“十大城市”，其中包括格勒诺布尔、维埃纳、瓦朗斯、罗芒）所选派的代表，在第三等级阵营里具有举足轻重的作用；其他城市和村镇也知道如何发声，如何倾诉自己的不满，提出自己的强烈要求，藉此与两个特权等级保持距离，同时也有别于十大城市中的那些“佼佼者”。

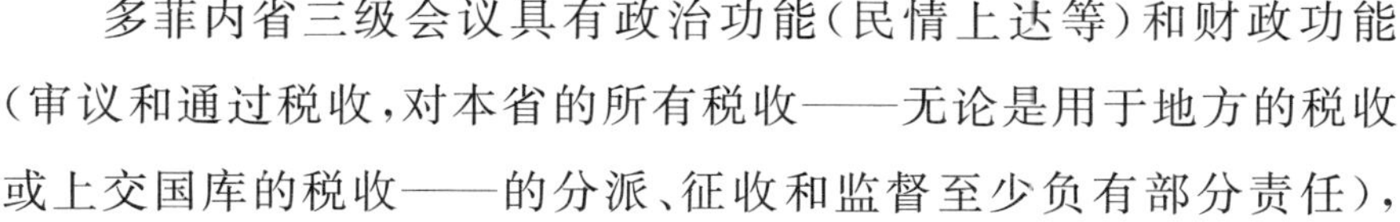

多菲内省三级会议具有政治功能（民情上达等）和财政功能（审议和通过税收，对本省的所有税收——无论是用于地方的税收或上交国库的税收——的分派、征收和监督至少负有部分责任），

① 迪塞尔：《百年战争和宗教战争期间的多菲内三级会议》，1922 年，第 XIV 页。

② 在毗邻的维瓦莱三级会议中，情况与多菲内相同。（参阅莫利尼耶的论文《旧制度时期的维瓦莱》（Alain Molinier，*Le Vivarais sous l'Ancien Régime*），巴黎，高等社会科学研究院，1977 年，第 41 页。）

此外还要审理军事、宗教和经济事务。[①]

税收很能说明问题，让我们先看看这方面的情况。在位于阿尔卑斯中部的多菲内东南地区，税收相对公平。在加普、昂布兰、布里扬松等地以及瓦桑山和某些伯爵领地，自古就有编造地籍册的习惯，无论城市或乡村，每个地方都有各自的地籍册。地籍册虽然不甚精确，但毕竟可以据此按土地的面积和肥沃程度征税。所以，除贵族的少量免税土地外，平民、农民和市民的土地以及贵族和教会的土地，都要根据面积和肥沃程度缴纳直接税。因而，这些
62 地方的税收冲突远远不像多菲内中部和北部那样尖锐。在格勒诺布尔和罗芒等地，以享受免税的贵族和教会为一方，以饱受税收之苦的城乡平民为另一方，双方严重对立，而在上面提到的阳光明媚的山区，则看不到这种对立。在这些山区，无论贵族或教会人士，一律都要足额缴税。造成这种良好状况的原因很复杂，三言两语难以说清楚。简单地说，多菲内南部的这些小地方的居民操奥克西坦尼语，与格勒诺布尔地区的法语普罗旺斯方言差异很大，而罗芒恰好处于这两种语言的分界处。因此，属于奥克西坦尼的多菲内南部与同属奥克西坦尼的普罗旺斯和朗格多克，在文化上具有共同特征，都有地籍册。

在普罗旺斯和朗格多克这两个省，地籍册的历史堪称悠久，到中世纪末期，南方的一些法律界人士又依据罗马法加以重整。这两个省的做法对于位处南方的多菲内理所当然具有感染力。从更

① 请对照莫利尼耶的论文《旧制度下的维瓦莱》第40页所提供的数字。从中看出，与多菲内毗邻的维瓦莱三级会议1562—1580年间的主要精力用于处理战争和税收，1743—1779年间则着重关注地方贸易、工业和道路桥梁的修建和管理。

大的范围看，整个法国可以区分为两类，一类是实行真实直接税制的南方，一类是实行个人直接税制的北方；真实直接税是对记载在地籍册上的实有土地（包括贵族实际拥有的土地）公平征税，瓦松山地区实行这种税制；个人直接税则因纳税人的身份不同而异，有人可以免缴（因为他们是贵族或教会人士），有的人必须缴（因为他们是平民），这种税制显然是不公平的。北方的个人直接税区与南方的真实直接税的分界线，斜向通过整个法国南部地区；正如前面所说，这条分界线也恰好穿过多菲内省。还应补充一点：瓦松山地区堪称名副其实的准瑞士类型山地共和国，那个地区的民意机构相当强大，在农民的严密监督下，贵族被迫不得不像所有人一样纳税。

这就是说，真正因税收而形成尖锐对立的地方在北部，也就是事实上实行个人直接税的地区，其中包括罗芒、维埃纳、格勒诺布
尔。税制不同的地区彼此相邻，对比鲜明，维埃纳和格勒诺布尔等 63
实行个人直接税地区的纳税人清楚地知道，同为多菲内人，几十里甚至几里以外的瓦松山人和加榜赛人就生活在公正的税制下，所以他们更为不满，冲突愈加激烈。就此而言，形势岌岌可危的多菲内省与北部的诺曼底和大巴黎地区不尽相同，那些地方的形势虽然也令人担忧，但尚未达到十分严重的程度；因为，那里的农民固然喘息在税收的重压之下，但毗邻地区的农民同样遭遇不公，贵族也都享有免缴直接税的特权。与毗邻地区的对比令多菲内农民愈加愤怒，以至于一触即发，北部的农民则因感受不到地区差异而不像多菲内农民那样怒不可遏。

*　　　　　　　　*

1578—1580 年的多菲内农民战争并未殃及该省南部地区，因为南部地区建有地籍册，征收真实直接税，所以在税收方面相对公平，纳税人怨气不大。1570 年代末，这个地区局部落入胡格诺派手中，随后便出现了一些特殊问题，这些问题迥然有异于与本书论及的那些问题。与之相反，罗讷河中游地区和下伊泽尔地区（蒙特利马尔-瓦朗斯-维埃纳-罗芒-格勒诺布尔）却在 1579 年爆发了范围广泛的起义，原因是与造成社会分裂的免税相关的各种问题日趋严重，因为在民众眼中，免税不但不公正，而且使他们倾家荡产。享受部分免税的人是城市居民，而乡间的纳税人则处于超额税收的重压之下；另一部分享受免税的人属于特权等级（贵族、教会人士、高官），与他们形成鲜明对比的则是承受税收重压的下层平民（包括农民和下层市民）。由此形成了两对敌对阵营，一对是城市与乡村，另一对是特权享受者与平民，两者相互对立，彼此争斗，城乡对立从 1530 年代起日趋严重，特权与平民之间的对立则从 1550 年代起日趋严重。

城乡对立率先在 16 世纪初呈现紧张状态，原因有两个：土地转移和税收。先说土地转移：文艺复兴初期的垦荒活动表明，此时人口剧增，日益稀缺和珍贵的土地，成为人们觊觎的对象……城市
64 显贵和贵族，特别是高官和资产者，纷纷肆无忌惮地从农民手中夺取土地，在人口中占多数的农民自然不想放弃赖以为生的田地，双方的冲突随之激化。双方的对立又一次显现在税收问题上。城市显贵受到税收打击的地方，不是在他们新近购置土地的乡村，而是在他们所居住的城市，例如瓦朗斯和格勒诺布尔。城市显贵们虽

然在乡间购置了土地，但是应纳税额是依据他们在城市中所拥有的财产计算的，因而无需为新近购进的乡间土地纳税。可是，他们在乡间购置的土地总得有人为之纳税。鉴于失地的农民不必再为失去的土地纳税，那些原本就负担沉重但并未失地的农民就倒霉了，城市显贵购置的那些土地竟然要由他们纳税！城市显贵因为不住在乡间，不必为自己在乡间购置的土地纳税，这部分税额被转嫁到农村中拥有土地的农民头上，这当然是巨大的不公。

这就是说，非农村居民每购买一块原来属于农民的土地，都意味着依然居住在村子里的农民要为卖地的农民多纳一份税。农民的愤怒因而在16世纪达到难以遏制的程度，此时正值人口、经济和城市大发展时期，城市显贵攫取农村土地的速度令人吃惊，绝非15世纪经济发展受阻时期可比。不管怎么说，纳税这件事让农民懂得要捂紧钱袋，因为他们毕竟有那么几个钱。1540年前后在格勒诺布尔城郊，1513—1515年间在罗芒周围，因此而造成的双方对立已经非常明显。1579—1580年间的罗芒是城乡冲突最显著的城市之一。就此而言，16世纪中叶的冲突犹如一颗定时炸弹，在这个世纪的最后25年间依然存放在罗芒地区。

上面借由税收问题所阐明的就是当时的各种矛盾，一边是生 65
活在家庭经济中的农民，另一边是城市显贵。人口增长导致土地分散和工资下降，随之而来的则是农民的贫困化。城市显贵在农村购置、攫取并整合土地，扮演着推进农村资本主义的角色。税收

在这个过程中起到了催化剂的作用。[1]

矛盾尖锐化的第二个原因是税收加重。多菲内与朗格多克有一个不同之处,那就是多菲内保存着被称作大事记的原始档案,税收状况的变化有清晰的日期和数字记载。在16世纪的头三十余年中,税收长期处于相对温和状态,1536年,弗朗索瓦一世与德皇查理五世再度开战,查理五世的军队侵入普罗旺斯后,税额开始显著提高。从1536年到1538年,无论以货币(图尔利弗尔)或是以实物(小麦)计算,所有直接税都疯狂地增长,每年的增幅高达5至8倍。税收压力此后虽然有所缓和和减轻,但始终没能回复到1536年之前的水平。高税收门槛已经最终设置完成。

1535—1538年间税赋疯涨,终于导致民众把压抑已久的怨气一股脑儿发泄出来,人们再也不能忍气吞声,再也不能忍受国王和本省征收的高额税赋了。某些人因享受免税而肥得流油,这种极度不公遭到严厉和狂暴的指斥。多菲内三级会议再度起草曾于1524年呈送给国王的陈情书,要求至少部分废除蒙特利马尔和加普所享受的免税优惠。1537年4月,弗朗索瓦一世在埃丹营地签发敕令,原则上认同多菲内三级会议的请求。这项规定迟至1550年才真正落实,蒙特利马尔和加普两个城市的免税特权终于被彻底取消,加普城当日钟声大作,似乎在痛苦地告知该城居民,从此以后,他们都得像其他城市的居民一样纳税。不过,多年之后的

① 范道仁:《1579—1580年的罗芒起义》(Van Doren, *Revolt...in Romans, 1579-1580*), *Sixteenth century journal*, avril 1974,第26—27页,第76页。

1614 年,两个城市的执政官还时不时地提起往昔的特权……①

然而在 1530—1540 年间,受到冲击的不只是蒙特利马尔和加 66
普这两个城市。农村对城市尤其是大城市普遍怀有敌意,原因之一是城市显贵购买的农村土地享受免税优惠,我们在前面已经谈及此事。城市放肆和无所顾忌的态度也是惹恼农村的原因。城市利用其在该省各个机构中的主宰地位,把城市的某些负担转嫁给农村,例如,拒绝军队在城市里驻扎,让军队驻扎在农村,不但花农民的钱,而且败坏淳朴的民风;讨还军队的住宿费用往往引发大大小小的纠纷。通过处理这些纠纷,农民领头人渐渐学会了如何在烦琐的算账过程中与城市显贵周旋。从理论上说,应该由"围墙中的城市"偿还"国王借款",可是,这些城市却往往改变此类借款的性质,转而让整个地区的城乡居民共同负担,也就是把债务分摊到所有农民头上。此类非法转嫁负担的做法产生于军需供应,在 1540 年代十分常见,虽然令人不快,却并非不可避免。但是,这种做法却触发了农民对城市的抗争,恰如"乌云带来暴雨"一样。②

此类司法和政治层面的抗争基本上是非暴力抗争,却因此而更为有效。这方面的农民暴力抗争出现于 40 年之后,其背景是那时宗教战争中的血腥和残忍。在 1540 年代的 10 年中,格勒诺布尔和罗芒的市议会中还有农民代表,他们所表达的是农村有钱人

① 范道仁:《1579—1580 年的罗芒起义》,第 15 页,第 27 页。本书表 I。迪塞尔《百年战争和宗教战争期间的多菲内三级会议》,第 43—46 页,第 183—184 页,第 214—215 页,第 282—284 页,第 331 页。

② 《百年战争和宗教战争期间的多菲内三级会议》,第 241 页,注 2;范道仁《1579—1580 年的罗芒起义》,第 21 页,第 25 页,第 27 页。

的意愿。农民还曾一度组织“公会”(一种非暴力的农民联会),把十几个乃至数十个村庄联合起来,齐心合力打官司,他们延聘若干胆魄过人的律师,例如路易·富尔,请他们在高等法院或由三级会议组建的省法庭上为农民的权益辩护(由此我们可以看到当时以法官和律师为基础的法国司法体系的效用,通过这个司法体系,无需借助危险的暴力斗争,农民的正当诉求不止一次得到传递。很显然,无论这个时期或其他时期的农民,都不是非但毫无生气而且
67 笨手笨脚的“一袋马铃薯”,很遗憾,卡尔·马克思在一次席间闲聊时,却正是这样议论农民的)。*

农村对于税收公平的诉求遭到城市反击,反击的手段是拉拢有影响力的法官,给他们送些糖果、甜瓜之类的小礼品。尽管如此,农民的诉求在 1540 年代依然部分地争取到了一些舆论支持,其中包括格勒诺布尔高等法院的部分法官和三级会议的部分成员。更为重要的是,在城市与农村的对抗中,城市并未自然而然地与贵族和教会站在一边。城市考虑到将来必定要展开针对贵族和教会特权的斗争,因而不愿在反对农民的冲突中卷入太深。国王亨利二世于 1548 年来到法国南方巡视时,农民的诉求终于上达于枢密院和国王。

在 1540 年代的十年中,总体形势有利于承认农民利益;1542 年为支持战争而增税(参见本书图表 I)的幅度超过 1536 年,1544—1545 年间生活资料匮乏,不公平的税收更加不得人心。城市有了发展,城市居民纷纷购置农村土地,这就促使“乡巴佬”更加关注被

* “一袋马铃薯”见于马克思《路易·波拿巴的雾月十七日》之七。——译者

购土地的免税问题。城市的扩展带来了就业机会,农民纷纷进入
城市安家立业,这一来,直接税给农村造成的重负显得更加不合情
理。[①] 1548 年,亨利二世采纳臣工的建言,作出了一个重大决定,
于 1548 年 9 月 30 日颁布里昂上谕:1518 年(即 30 年前)以来城
市居民在农村购买的土地,一律由购地者在农村纳税。这项政策
明显地减轻了农民的税务负担,看来国王政府是支持农民的;具体
的措施随之得到落实,受到普遍欢迎。从 1552 年开始,城市和乡
村的第三等级开始联手,为的是更好地对抗特权等级的免税优惠,
特别是教会享受的优待(此时胡格诺派开始骚动,反教会人员的议
题已经摆上日程)。1552 年,接受委托分别代表城市和农村的律 68
师和执政官,一致同意接受亨利二世在上谕中作出的规定,30 年
来凡是在农村购置土地的城市居民,一律照章纳税。只有市民购
地者受到这个决定冲击,农村的土地拥有者并不受影响。这个并
不困难的决定表明,城乡冲突并非不可调和与无法解决。与之相
反,由取消免税而引起的城乡平民与教会和贵族特权等级之间的
斗争,远比城乡冲突尖锐得多。[②] 这个斗争在多菲内地区肇始于
16 世纪中叶,在 1579—1580 冬春之际的暴力冲突后一度中止,嗣
后再度重启,在 1595—1639 年间暂告终止。

---

① 迪塞尔:《百年战争和宗教战争期间的多菲内三级会议》,第 241—243 页,第 296—297 页;范道仁:《1579—1580 年的罗芒起义》,第 21—19 页,第 32 页,第 38 页,注 103。

② 范道仁:《1579—1580 年的罗芒起义》,第 32 页,第 53 页,注 100;迪塞尔:《百年战争和宗教战争期间的多菲内三级会议》,第 297 页。

*　　　　　　*

1540年代的反城市斗争在1550年代和1570—1580年代演变为反贵族斗争，这个转变所具有的决定意义和典型意义，丝毫不亚于1788—1789年间法国公众舆论由反绝对王权向反特权等级的转变，反绝对王权指的是三个等级联手反对“国家”专断，而在反特权等级的斗争中，是否拒绝“一人一票”则是焦点。

单就16世纪的多菲内地区而言，斗争的第一阶段（反城市斗争）揭示出了某些此后长期存在的特点。第一，对立最初发生在多菲内省内最城市化、最开放和商业最发达地区的城市与乡村之间，伊泽尔河和罗讷河沿岸以及维埃纳、瓦朗斯、罗芒和格勒诺布尔四个城市之间的方形地段，都受到此次反城市斗争的影响；与此相对照，山区在这些斗争中都比较消极，例如北部的阿勒瓦尔、南部的迪城；原因或许不止一个，阿勒瓦尔是因为经济相对落后，迪城则因为有地籍册作为纳税的依据。第二，就在这个时期，萌芽状态的农民自我意识已经开始形成，应该组织起来的想法也开始露头，1550年农民向三级会议推举“村官”作为自己的代表便是明证，可
69 惜此举只是昙花一现。“村官”后来于1578年再度进入三级会议，而且不再是昙花一现，此事对于本书的主题相当重要。

美国史学家斯科特·范道仁所说的“文艺复兴时期的国家中央集权”，在此次事件中也起到了决定作用。1537年和1548年国王的实际干预既大胆又很有分量。然而，事件的主要部分虽然不是在多菲内省决定的，却是在那里发生的，而且是在多菲内省三级会议和三个等级的舞台上上演的。不管是否出于其本意，多菲内省三级会议以自己的名义征收并开支了大量税款，用以支持国王

进行的战争。可是,这批税款在当地征收,在当地开支,根本没有进入全国账单。1537—1538 两年间,以“专项费用”(用于阿尔卑斯前线的战事)的名目在多菲内省征收了662 000 利弗尔,却没有1 利弗尔跨过卢瓦尔河和塞纳河送到巴黎。多菲内的纳税人怒不可遏,巴黎盆地却什么都不想知道,什么都拿不到。在 1537—1538 年,巴黎和布卢瓦以为多菲内是一个不纳税的安乐之乡,而在格勒诺布尔人和罗芒人看来,多菲内却是一个税务负担十分沉重的地区。仅仅依据中央预算和全国收支,根本无法理解多菲内何以发生如此大规模的对抗,因为在这些账目中几乎一点也看不到多菲内的财政收支状况。多菲内因税收而引发的大规模对抗,其一是农民对城市的抗争,其二是平民对特权社会的抗争。

*　　　　*

1550—1556 年间是贵族与平民对抗的初始阶段,引发冲突的原因都是重大问题。下层民众中纵然有人私底下希望向原属贵族的地产征收直接税和其他税,但毕竟没有一人敢于公然表明这个主张,这种想法几近亵渎神圣,谁都会因怀有这个念头而深感不安;因为,这就无异于让国王从忠心耿耿的贵族身上割肉,根本不可能。当然,谁都知道,不少所谓源远流长的老贵族,其实只不过是百年之前某个宰牛的屠宰户或小酒店老板的后人……然而,有些神圣的物件在最初时刻是不能亵渎、不能碰的。事实上,贵族的脆弱性表现在另外一些方面。农民此时还沉浸在 1548 年取得的胜利之中,那一年他们成功地让城市资产者在农村购得的土地照 70
章纳税。现在他们希望再进一步,让贵族和教会也为他们新近购得的平民土地缴纳直接税，可是，城市平民对此进行阻挠，比较富庶的市民也是如此。农民还想让新贵族为他们从平民手中购得的土地缴纳直接税。新贵族和那些巴不得立即变成贵族的资产者，例如罗芒的法官安托万·盖兰，在1579年与起义农民的对抗中气焰最为嚣张。越是没有自信的人，越是想逞强。1553年贵族的中坚力量并未像1789年那样遭到非议，却由于那些最为人诟病的丑恶行径而遭到指责和攻击，诸如想方设法成为新贵族以及新近购买平民的土地等。16世纪所呈现的文艺复兴以来经济持续发展的势头，直到1560年之前方才中止，在这个势头的推动下，贵族争相攫取农民土地，城市里的贵族和新近由资产者变成的贵族对此尤其热衷。出现这个热潮的原因是城市的总体成长，而随着城市的发展成长，贵族更加希望在农村获得地产收益和粮食供应。导致这个热潮还有另外两方面原因，一方面是向领主缴纳的固定租金日益贬值，另一方面则是新近购置的土地无论由地主自己经营或是出租，其收益均与日俱增。还应提及的是，在这场波澜壮阔的反对新贵族和新土地贵族享受免税优惠的热潮中，每个城市的平民，也就是每个城市（且不说城郊和乡村），都表明了各自的诉求，甚至是相互矛盾的诉求。平民发出的声音常常很不协调，这也正是他们屡遭挫折的原因之一。譬如，格勒诺布尔居民希望让该城高等法院的王家律师也纳税。这些律师自以为既是格勒诺布尔高等法院的司法人员，自然就高人一头，享有免税特权是理所当然的事，格勒诺布尔的老百姓却对此忿忿不平。在瓦朗斯，民众的不满并非针对律师，而是当地的大学教授；因为这些教授以为，既然当上了教授，就理所当然地变成了贵族，自然也就不必缴税了。[1] 可叹的是，城市居民依然徒劳地两面出击。他们一边盯着农民，一边依然 71
对免税或减税抱有希望，在他们看来，农民在1548年提出的对城市资产者的农村土地征税的主张，对他们构成了沉重的负担。平民有不尽相同的主张，组织也不严密，所以，反对贵族的斗争一开始就先天不足；由于内部不统一，所以，虽然说起来都是平民的斗争，其实是好几类平民的斗争，其中包括城市与农村的斗争、尊贵的贵族与工匠的斗争、多菲内的二流城市与十大城市的斗争、瓦朗斯与格勒诺布尔的斗争，等等。分歧之多难以一一列举，以至于我们会情不自禁地这样想：作为一个有着完全统一概念的术语，我们是否可以在这里使用“资产阶级”这个词（与此同理，“贵族”一词也存在同样问题，贵族是个大筐子，各色人等都可往里装，当然毋庸赘言，王公在贵族中最为强劲）。所以说，“旧制度的名字就是纷繁复杂”。

整个1550年代的10年间，在平民与特权等级之间的关系紧张状态中，产生过许多“协议”和谅解，例如1553年三个等级之间达成的和解。1554年又有一个“协议”，这是贵族和教会的代表借助强力和恐吓，迫使胆小怕事或被收买的某些第三等级的代表接受的。最后还有一个1556年国王诏令，这个诏令一出，第三等级的第一阶段斗争便以失败告终。这个诏令宣布，无论新老贵族的地产，无论是否贵族新近获得的地产，凡是贵族的各类财产，一律继续享受免税特权。贵族继续享受免税特权意味着第三等级的重

① 参阅布林克：《16世纪蒙彼利埃的税收漏洞》（J. E. Brink, *A Tax Loophole, Montpellier, 16th century*），1975年。

大挫折，而第三等级却因此而卷入少数人的局部政治斗争，城市和农村的第三等级概莫能外。不过，第三等级终究还是让对方作出了某些让步，格勒诺布尔的王家律师和瓦朗斯的大学教授尽管依然享受着免税特权，他们的人数毕竟受到了限制；教会的免税特权也受到了部分限制，那是因为胡格诺派及其同情分子此时正在酝酿活动。精明狡诈的亨利二世相信，他对付教会的措施定能得到贵族和平民这两个等级的支持，于是放心大胆地对教会的免税特权作出一些限制，令教会颇感不快。

72 农民乃至城市居民提出的建立全省总地籍册的要求，被轻而易举地扔进了垃圾堆，如果建立了这个总地籍册，对贵族的地产征税就变得十分简单了。我们从中可以看到，第三等级的遭受挫折有多严重。应该说，在这种境况下，平民的积极性既不如从前也不如后来。在整个1550年代的10年中，纳税的压力一直比较轻（参见图表I），不如农民激烈抗争的1530年、1576—1580年和1560年那样重。在这十年中，第三等级没有受到直接税太大的伤害，暂时还可以忍受始终未予取消的其他等级享受的（唯独第三等级不享受）免税特权（享受免税特权的主要是各类贵族和新贵族）。平民在斗争中虽然遭受挫折，却充分展现了他们在地方上的实力。我想到了1550年前后在亲胡格诺派地区的一个“联会”，那就是迪城与18个村庄联合组织的以反对某些神甫的免税特权为目标的联会，这个联会提出的主张是对教会人员购置的地产征税，对教会人员从自己的平民家庭接受的遗产征税。联会的这些主张让迪城的教会人员大为恼火。

不过，这些仅仅是特例。从总体上看，农民有些过于乐观，以为向农村购置土地的市民征税的要求既然取得了成功（1548 年），向所有贵族普遍征税的主张也应该不难很快获得成功。然而，这个目标迟至 1639 年乃至 1789 年才完全实现。罗芒和其他城市的农民以及他们的市民新盟友们遇到了劲敌，想要抓住狼的耳朵，也就是取消贵族的免税特权可不是一件轻而易举就能办到的事。1550 年代遭受挫折之后，平民联会泄了气，而这一泄就是将近三十年。不过，他们的某些行动预示着将会发生一些事件。罗芒执政官加布里埃尔·鲁瓦隆出身于罗芒一个富有的资产者家庭，1550 年代，他被多菲内省各城市选作主要代表之一，前往国王宫廷去表达反对贵族特权、捍卫平民利益的意愿。外号球王的让·塞尔弗，后来成为 1579—1580 年冬春之际的起义领袖，他在 1560 年代初娶了鲁瓦隆家的一个女子为妻。塞尔弗这次联姻之举对于一个工匠来说有些异乎寻常，可是，塞尔弗与鲁瓦隆家族成员后来在社会政治层面上的联盟关系却不容质疑。[①]

在弗朗索瓦一世和弗朗索瓦二世先后在位期间，意大利战争 73
以及此后与查理五世的冲突，在局部地区产生了殃及自身的效应，就如同催化剂一样，为支持战争而增税的措施暴露了各种矛盾，扩大了各阶层之间和各阶层内部的差距，破坏了多菲内省的社会基础。战争和增税就像是一出魔力四射的戏，出演在三级会议常会和年会舞台上，城市、乡村、第三等级、贵族、教会等各个集团和各个等级纷纷登台，面对面地大唱对台戏。

① 迪塞尔：《14 和 15 世纪多菲内三级会议》，第 335—339 页。范道仁：《1579—1580 年的罗芒起义》，第 32 页及以下。

自1560年后，宗教战争开启了地区性抗争的第二阶段，焦点起初集中在宗教异端问题上。从1575年起，社会分裂变成了首要问题。这是一种总趋势，尽管具体条件不尽相同，巴黎的大联合所引起的变化也大体如此。

*　　　　　*

现在再来看看多菲内，究竟谁应该为这种向社会斗争转化的新形势负责？先来回顾一下此前的两次增税，即1567—1570年间和1576—1578年间的两次增税（此外还有1580—1582年间的那次增税，不过，这不在我谈论的范围之内，因为它发生在本书所记述的罗芒狂欢节之后）。在这两个时期中，地区直接税（以排除物价上涨因素后的实际值计算）重返1537—1543年的真实水平（或称购买力）。须知，出现这些情况的那个省份，已经不是16世纪30年代文艺复兴时代的那个肌肉发达、脸庞红润的多菲内了，内战及其灾难性的后果自1560年以来给多菲内省的经济和人口造成了极其重大的损失，特别是1567年之后的再度增税，构成了难以承受的负担（参阅图表I）。

两次增税的结果是让国王和地方政府养成了一种坏习惯。1567—1576年间税收持续增长，国王派遣的专员和省督（省督是
74 常驻多菲内省的国王代表）联手，采取了一些骇人听闻的新措施，既违背代表制，也有悖合法程序，这些官员未取得三级会议的正式同意，便擅自决定扩大直接税的征收范围，支持他们这样做的只有高等法院的法官，此外便是省督本人或是三级会议闭会期间的地方代表，这些地方代表事实上只是王家官员手中的稻草人。1578年10月，一个仿照国王枢机院的机构（实际上就是省三级会议的变

种）由格勒诺布尔高等法院的几个代表和从三级会议中胡乱找来的几个唯唯诺诺的人组成，[①]他们擅自做主，准予在全地区增加税收。平民认为，这些措施所体现的全都是不公平，因而反应极多，而且格外强烈。

*　　　　　　*

1576—1580 年间直接税所引起的冲突，依然保留着某些古老的面貌和结构。（第三等级对抗贵族，下层平民和农民对抗上层平民，同时也对抗城市资产者和正在变成贵族的司法官员。）如同16 世纪中期那样的各个等级的单纯谈判阶段，虽被保留下来，却已经过时。

谈判既然已经不再有效，那就诉诸武力，于是，从 1578 年起，终于开始了流血的对抗。有钱人不再执拗于宗教问题，放弃 1560 年代他们一度全力支持的胡格诺派，税收问题于是再度显现其重要性。不但如此，自内战开始以来，工匠们都自行武装起来，白昼带刀，夜晚佩剑，[②]从这时起，税收问题和金钱问题需要借助刀剑来解决了……

然而，谈判依然继续进行，而且煞有介事。说到此处，有必要把让·德布尔格请出来，他是维埃纳主教区法官、1576 年布卢瓦 75
三级会议的代表，从 1576 年的布卢瓦三级会议直到卡特琳娜·德·梅迪奇 1579 年巡视多菲内，此人始终是当地平民的一位重要代表人物。

---

① 范道仁：《16 世纪多菲内的战争、税收和社会抗争》（Van Doren, *War, taxes and social protest... in 16th century Dauphiné*）。

② 卡瓦尔：《维埃纳的宗教改革和宗教战争》，1950 年，第 125 页，第 183 页。

第三章 1576 年:让·德布尔格的陈情书

76 对于德布尔格本人及其家庭的早年情况,我们所知寥寥,他的名字最早出现在 1570 年代的档案中,我们对他的了解始于此时。德布尔格似乎出身于一个从事司法工作的资产者家庭(当然,这只是一种猜测,尽管并非毫无根据),也就是出了许多市政官员的那类资产者家庭,起初当工匠,后来经商。让·德布尔格的名字出现在档案中时,他已是维埃纳地位仅次于当地大主教的重要人物。德布尔格是法学博士,职业是律师,同时又是维埃纳大主教区的法官,而维埃纳大主教也就是该城的领主。1676 年 10 月,德布尔格被维埃纳三级会议选为代表,先后出席在格勒诺布尔和布卢瓦召开的会议。罗芒还有另一个名叫德布尔格的人,此人的全名是洛朗·德布尔格,他是该城的第一执政官。[①] 维埃纳就在德布尔格家族的掌控之下。让·德布尔格以多菲内省第三等级的名义,单独起草了一份准备递交给布卢瓦三级会议的陈情书,与另外两个等级的陈情书毫不相干,因为他很明白,要与另外两个特权等级联手起草陈情书,在当时那种条件下根本不可能。

① 卡瓦尔:《维埃纳的宗教改革和宗教战争》,第 175 页。

让·德布尔格呈递的陈情书是一件充满激情的文书，[①]用今天的术语来说，这件文书来自多菲内地区的“左翼知识分子”，反映了第三等级对两个特权等级的不满和诉求。不满的原因之一是免税。享受免税的是贵族和教会人士，其中包括与日俱增的新贵族，77
还包括托钵僧和修士，而按照教规的要求，他们应该坚守贫穷。德布尔格说，贵族和教士拥有“最美的财产”和全省最好的土地，照章纳税理应是他们分内之事，他们还应为粮秣仓库和储存物资（小麦、葡萄酒、肉、燕麦、草料、麦秸、蜡烛）的费用承担合理的份额，这些东西都是为军队过境准备的。可是，为此掏口袋的只有第三等级……可别忘记，还有烦人的旅费问题，因为格勒诺布尔离中央政权所在地（布卢瓦、巴黎）很远。本省各种代表团往返于其他各省首府的旅费由谁来支付？目前为此掏钱的还是只有第三等级。更加不可思议的是，来来往往的代表团中究竟都是谁？当然是某些贵族和教士，他们花着第三等级的钱到处游逛……德布尔格说，这种制度的毛病不仅仅体现在财务上，它还妨碍第三等级前去朝见驻跸在巴黎或布卢瓦的国王，妨碍向国王倾诉第三等级的愿望……陈情书表示，两个特权等级该缴而不缴的税费实在太多，难以一一罗列。这些不公现象的原因在于地方政权的体制有问题。派驻多菲内省三级会议的专任代表共有 8 名，其中 6 名是贵族，2 名是教士，没有一人是平民。这些专任代表与三级会议专闭会期间的专任代表沆瀣一气，忠心耿耿地为他们的贵族朋友或同伙

① 德龙省档案，C1023：一个包含 100 条的文件（1576 年 11 月 24 日，1577 年 3 月 16 日）。承范道仁好意借阅复印件，我对照原件进行了校核。

谋事。多菲内省三级会议属下的十大城市的执政官控制不了这种情况。所以说,第三等级在纳税问题上和政治上都受到歧视。这还不是问题的全部,国王专员和专任代表还无所顾忌地设法为自己免税,以种种借口从第三等级的口袋里掏钱。

德布尔格对此有什么高招吗?他要求允许排除两个特权等级,第三等级单独开会,这与 1789 年的做法恰好相反!两者相隔二百多年,战略目标却并无多大差异。不过,战术不尽相同。第三
78 等级希望在单独召开的会议上选出自己的专任代表,而章程并无此项规定;每个邑督区设置一个代表第三等级的地方专任代表,协助专任代表工作,这一职务当然也是规章中所没有的。三级会议中增加了这批拥有表决权的平民代表,第三等级就可以控制税费的分配,限制特权等级所享有的免税优惠。

*　　　　*

然而,德布尔格和他所代表的维埃纳和多菲内的第三等级,矛头所指不只是教士和新老贵族。作为一名城市法官,德布尔格的敌手还包括身居高位的某些司法界同僚,也就是高等法院的某些官员。他在陈情书的第 28 条和第 31 条中,指控格勒诺布尔高等法院挪用第三等级缴纳的税费,给自己发放优厚的工资。他还攻击新近设立的那些毫无用处的官职,他就此说道:这些官职代价高昂,却一点用处都没有,因为他们的职务与现有官员的职务完全重叠。

除了教会、贵族和某些高级司法人员之外,德布尔格的矛头还指向多菲内地区的财政管理人员;他提供的数字如果真实可信,那么,从 1566 年到 1576 年,多菲内省的各个城市负债总额高达

350 万利弗尔。他认为，应该让那些以不光彩的手段操控本省资金的人，把他们的非法所得全部吐出来，让坏账的债务人还清所有债务，拿这些钱来支付公共债务。德布尔格还抱怨“外邦商人”，他这里所指大概是来自瑞士和萨瓦的商人；在 17 世纪，这些商人被人叫作盐贩子，有的是出钱的老板，有的是跑腿的伙计；他们新近与法国国王的臣属签订协议，攫取了从朗格多克盐田向外国卖盐的合同，把盐贩运到阿尔卑斯山北面和东面与法国接壤的外国去。多菲内地区的盐商原先贩运的是产自南方的盐，现在被这些外国商人抢走了饭碗。遭到德布尔格猛烈攻击的还有格勒诺布尔的收税人员，这些家伙用五花八门的借口收取丰厚的佣金，而且直接从征收到手的税金中提取。每到征税时节，这些收税官抬高黄金和白银与图尔利弗尔的比价，把收上来的金银以税款的名义收藏起 79
来。德布尔格是个善于见机行事的人，他随即提出建议，在每个邑督区设置一位收税官，这样一来，就拉近了收税官与纳税人的距离，有利于纳税人对收税官进行监督。德布尔格在他的陈情书中，最后把矛头指向被他称作“金融大鲨鱼”的放债人以及本省和里昂的大钱庄。他主张把年利率定为 8%，10 年之内不得讨还本金（第 74 条）。

德布尔格把所有身居高位的人（特权享有者、贵族、教会人员、放债人、司法人员等）都当作攻击的靶子，他像英勇无畏的堂吉诃德一样，确信多菲内省所有城市里的桑丘・潘沙都会追随他。可是，农民支持他的这套纲领吗？

德布尔格当然也想过这个问题。他在陈情书的第 64 条至第 71 条中，对于新领主们以低价或以赠送名义攫取国王庄园中的部分土地一事，表示强烈反对。[①] 新领主们试图借助听命于他们的人，把攫取的土地名正言顺地归在他们自己名下。他们这种行为当然会侵害农民享有的某些公共权利，诸如放牧、砍柴、修建磨坊或鸽棚，以及面包烤炉、葡萄榨机的使用等。德布尔格相信，国王始终获得民众的拥护，陛下对待臣民肯定比新贵族老爷公正，所以他希望国王把新贵族们攫取的土地收回来。他还在陈情书的第77条中明确表示，要求新贵族老爷及其手下停止干预当地农民的各种集会。德布尔格虽然反对领主们在治安和司法方面对农民的不公正，但是，他在这方面对农民的支持极为有限，这一点很快就暴露出来了。农民在司法和领主权方面还有许多诉求，但是，德布尔格在陈情书中很少提及。作为一个城市中的资产者，德布尔格认定，他所属的阶级与乡巴佬的利益不尽相同。在陈情书第73条
80 中，他反对向在农村购置土地的城市平民征税，他在第89条中提出，纳税人应该在居住地纳税。这可是一个考验了！[②] 他的意思就是：城市资产者只应为他们在城里的土地纳税，而不应为他们在乡间购置的土地纳税。这就等于是要把沉重的负担压在农民身上。这种城乡差异孕育着彼此的冲突，在1580年起义最终失败时刻对第三等级平民造成了伤害。

① 这类攫取土地事件有一个实例，不过仅限于6年至9年，在1579年8月4日卡特琳娜·德·梅迪奇就加斯帕尔·德·拉瓦尔一事致亨利二世的信中。（卡特琳娜·德·梅迪奇书信集，第VII卷，70页）。

② 迪塞尔：《百年战争和宗教战争期间的多菲内三级会议》，《卡特琳娜·梅迪奇与多菲内三级会议》。

*　　　　　　*

尽管充满了在当时的形势下难以避免的矛盾,但这丝毫不会削弱德布尔格的陈情书的价值,它是第三等级的行动所引起的巨大反响,既有启示意义,也进一步壮大了第三等级的声势。德布尔格这位维埃纳法官简直可以说是16世纪的著名学者让·博丹的追随者,他属于文艺复兴时代,同时也关注拥有三级会议的那些地区的政治机构应该得到的尊重,他从前辈作家们的著作中汲取营养,支持和丰富他自己的政治哲学。在这些方面,德布尔格相当出色,与16世纪和17世纪的那些没有理论指导的大多数起义民众[①]相比,德布尔格远远走在前面。作为一个文化人,他为基层民众的革命行动涂上了一层理论色彩,他特别强调平等思想,在这一点上,他堪称18世纪民众呼声的先驱。他在陈情书中写道,创设地区三级会议的初衷,就是要保护第三等级与另外两个等级同样享有准平等。(陈情书第3条)在第5条中,德布尔格再次谈到平等,他认为,各个城市之间应该平等,纳税也应该平等。针对第三等级在税收中的不平等地位和特权等级享有的优惠,他提出自己的愿望:全社会所追求的平等应该得到尊重。每个人应该依据各自的情况轻松地纳税。(陈情书第51条)

当然,他所要求的平等远非卢梭所主张的那种人人应该享有的平等,那种人人生而自由,在权利方面与他人一样享有的平等。德布尔格所主张的平等,是社会内部各等级之间的功能平等。或

① 但也有例外。17世纪中叶投石党运动时期波尔多民众的行动,却是以前辈哲人的思想为指导的。见茹奥关于投石党和波尔多投石党运动的未版著作。

许因为他在学校受过相关教育，或许因为他后来读了拉丁作家的
81 某些政治著作，总之，他明确地把这种诉求与西塞罗的平等思想挂起钩来（陈情书第53条）。因为，正如西塞罗所说，谁若庇护一部分人民而鄙视另一部分人民，谁就损害和毁灭了后者。众所周知，可怜的第三等级以及前面提及的社会联合，就像是一棵树上已经枯死的枝条，再也不能（从树根）吸收到任何养分，而树根其实应该不加区别地为整棵树提供养分。第三等级从这个社会所得到的只有负担和抱怨。因此，结果便是第三等级处于显而易见的干枯死亡的危险之中……

让我们转到承袭自中世纪思想的器官比较学上来。整个社会是一棵大树，第三等级是一根巨大的枝杈，可是，大树的其余部分却拒绝给予这根巨大的枝杈以它所应得的赖以生长壮大的养分……然而，重要的是听听西塞罗是怎么说的，这里说的是契约思想和古代平等思想大师、《法律篇》第三部分的作者西塞罗。这位大师从人与人之间平等或根本对等的思想出发，提出了人类群体各个社会集团之间和谐平衡原则的理论。在中世纪的欧洲，从15世纪佛罗伦萨的人文主义[①]到格老秀斯，在卢梭问世之前的行会平等主义流行时期，所有值得一提的思想无不受到他的启示。德布尔格只是一个省城的普通法官，生活在受到拉丁文化浸润的维埃纳，但他却置身这股壮阔的思想洪流之中，与格老秀斯等著名的同道相比，德布尔格具有一个显著的特点，那就是他既有言又有行，把理论与实践结合起来；他希望看到主张各等级平等的平民思

① 勒福尔：《历史的诸形式》（C. Lefort, *Les formes de l'histoire*），巴黎，1978年。

想能在社会实际中得到体现。

德布尔格的思想深深扎根于当地的传统之中。半个世纪以来,多菲内的第三等级和城市村庄,以完善的实际经验为依据,或是单独行动,或是联手合作,持续不断地要求实现家庭、战争负担和税收方面的平等,主张各个社会阶层或社会集团根据实际支付能力纳税。弗朗索瓦一世在1537年就曾经表示愿意倾听这种要求平等的呼声。[①] 另一方面,德布尔格把他所接受并消化的传统 82
思想往上提升了一步,他针对社会赖以组成的各个等级之间的他所期望的平等,在古代思想家的基础上加以扩大,提出了一个整体的平等观念,他不但超越了前人已经达到的高度,而且高于他之后的某些杰出的思想家。25年以后,法国法学家和历史学家帕斯基耶成为多菲内第三等级的律师,他从历史和地理出发论证多菲内省必须过渡到真实直接税。他说,从总体上看,多菲内属于法兰西王国南部的真实直接税地区,纳税人依照各自的地产纳税,而不是如诺曼底和安茹那样依照"纳税人的人头"(个人直接税)纳税……但是,帕斯基耶[②]有别于德布尔格,他不像德布尔格那样徒劳地追

---

① 关于1530年至1560年间要求平等的呼声,参阅迪塞尔在《百年战争和宗教战争期间的多菲内三级会议》中引用的文书,第214页注1,第288页注2,第289页,第291页注2,第296页注3,注4,注197;还可参阅范道仁:《1579—1580年的罗芒起义》,第88页和注98。毫无疑问,国家为了改善财政收入,愿意推进税务方面的平等,即推进税务负担与依据地区、等级和社会集团的财力按比例平等分摊。黎胥留后来对此也有所觉察(参见本书第九章);关于多费内省,参阅皮洛尔热:《普罗旺斯的起义运动》(René Pillorget, *Mouvements insurrectionnels en Provence*),第355页,第358—359页,Paris,1975年。

② 德龙省档案,C 1024;拉克鲁瓦:《直接税诉讼》(A. Lacroix, *Procès des Tailles*)。

求以西塞罗的普遍社会本性原则为基础的那种平等。[①]

这种普遍性其实也是一种柏拉图式的空想。让我们审视一下德布尔格的时间观念和“内在”公正观念；在历史时间及其破坏性和腐蚀性的后果问题上，陈情书（第 52 条）表达得十分清晰，非常接近柏拉图的思想：说它们（两个特权等级）因长期形成的力量足以支配第三等级，这种说法没有任何意义，因为每当需要或必要时，没有任何一种习俗、特权、法律或谕令是不会变化或修正的，立法者们证实了这一点，柏拉图也谈到了这一点，他在《法律篇》第 4 卷中写道，对于人类的法律始终需要进行监视和调整，就像画作一样，时间一长，画面很容易老化或缺损，需要不时加以修补。德布尔格在陈情书的第 2 条中表达了同样的思想，并且加以发挥；他写道，随着磨蚀一切的时间不断流逝，三级会议的代表和专任代表也
83 会越出最初为他们所确定的权力范围（德布尔格认为，他们的职责是“维护第三等级与另外两个等级的准平等”），可是恰恰相反，这些人把自己变成法官和第三等级的对立面，不断地给第三等级施加无穷的痛苦和压榨，人民因专任代表的索求而不得不忍受痛苦和压榨。

引征柏拉图是非常典型的做法，德布尔格读过迻译为拉丁文或法文的希腊著作，因而深受希腊文化的影响。（他在陈情书的第

① 从相反意义来看，德布尔格没有主张普遍征收真实直接税，而帕斯基耶后来却以此为追求目标，就此而言，布尔格是有道理的，尽管不那么高尚。作为一个城市资产者，德布尔格并不反对直接税本身，但他不希望直接税的征收过于普遍化，否则就会损害城市居民的利益，因为，城市居民不得不因此为他们在农村的财富缴纳直接税。不难看出，德布尔格主张纳税人仅仅为他们在居住地所拥有的财产纳税。

76 条中把雅典的梭伦称为应该追随的典范，因为梭伦主张让压在人民头上的债务由全社会来分摊。）其实，柏拉图在《法篇》第 4 卷写道，“人类事务只不过是神、运气、机会和职业所主宰的纯粹的世事变迁。”“各种政治制度先后被战争、瘟疫和天灾所推翻”（后来在中世纪发生的是战争、黑死病和饥馑）。

在德布尔格看来，在时间的长河中，专制和暴戾的社会培育了坏习惯，忘却了在一个社会中人人应该祸福同当（第 54 条），所以，应该重建往昔优良的习俗，例如路易十二在位期间几乎不征税的黄金时代…… 倘若德布尔格的想法果真如此（陈情书的第 76 条等某些段落表明，他的想法确实如此[①]），那就如同某位历史学家所说，德布尔格的思想无非就是 16 世纪德国和阿基坦新教反叛者那种相对平庸的思想。有人说，他们只不过是一些逆流而动的人，他们所关心的仅仅是“拒绝国家现代主义，试图恢复旧秩序，有人因为旧秩序的象征和价值被打开缺口，继而因缓慢地被取而代之而黯然神伤[②]”。把德布尔格说成是这种人，似乎过于严苛了。其实，德布尔格的理想不只是对于那些留存在善良人们心中美好记忆的眷恋。他所真正追求的其实首先是公正（陈情书第 29 条），普遍、抽象和光芒四射的荣耀之中的公正，得到最佳正面体现的公正，所谓正面体现，就是既未被扭曲也不曾被腐蚀。要想让人得到 84
尊重，公正和主持公正的官员是不可或缺的，犹如四大元素之一一

① 第 76 条谈到教会人士时写道：“依据古老的特权，他们不享有免税特权。”看来德布尔格是以过去的好特权来反对现今的坏特权。

② 伊夫·贝尔塞：《节日与造反》（Yves Bercé, *Fête et révolte*），巴黎，1976 年，第 2 卷，末尾。

样，……人人都应谋求并期望公正得以成长和确立。可是，无人能够在没有四大元素的条件下生活和做事，所以，在公正不能发挥作用的条件下，没有人能够长期生活，甚至连生命都得不到保障。

如果保护所有等级的公正已经确立，犹如太阳（太阳把它的光辉普照在每个人身上和每一寸土地上）把它的功能分给每一个人享受一样，如果你们的司法官员和审计院由多菲内居民出资供养和维持是合适的，那么，让拥有大部分财富的第一等级和第二等级缴纳他们所应该缴纳的那份总额为34 000利弗尔的税款（用于支付高等法院的官员和审计员官员的工资），岂不是很合理吗？这笔税款正是三级会议的专任代表罔顾规矩和责任，新近批准强加在可怜的（第三等级）人民头上的额外负担。从陈情书中的这些文字我们不难猜到，德布尔格不但读过西塞罗、柏拉图，而且也读过博丹。

德布尔格既熟悉古代名著，也了解民众的热切愿望，尽管民众对于柏拉图和西塞罗的著作一无所知。在《农民造反史话》[①]一书中，伊夫·贝尔塞对1594年的阿基坦地区反叛者们在宣言中所使用的词汇做过统计，这些宣言是由深谙民众要求的市镇司法人员起草的。进入统计者视野的首先是与民众的道德感情和宗教感情有关的关键词，民众热爱理想的公正，愤怒地反对法院所实施的不公正。按照词汇出现的频率，列在排行榜前几位的是上帝（18）、公正（10）、显贵（18）以及显贵的对立面：盗贼和盗窃（14）。这就极为有力地说明，发生在16世纪最后二十几年的民众反叛，不只是对

① 伊夫·贝尔塞：《农民造反史话》，第1卷，第274页及以下。

于古老习俗的眷恋，它源于一种伦理-宗教价值体系，这种价值体系既为民众所默认，也为以古代古希腊-拉丁为渊源的古典文化所明示。

在布卢瓦召开的全国三级会议结束之后，德布尔格在 1577 年 85
和 1578 年两年当中一直默默无闻。[①] 可是，1579 年 4 月多菲内处于极度动荡不安之时，他来到格勒诺布尔参加三级会议。蒙特利马尔联会数周之前在沙托杜布尔之役中获胜，第三等级此时依然沉浸在喜悦之中（参见本书第三章）。德布尔格因此而底气更足，再次呈递了一通包括 44 条内容的陈情书（在布卢瓦呈递的那通陈情书共有 100 条），罗列了第三等级对于下一年的各种要求。更有甚者，4 个月之后的 1579 年 8 月，德布尔格向前来多菲内巡视的卡特琳娜·梅迪奇呈递了一份"致王太后简札"，对他在 4 月份呈递的那封陈情书中的 44 条做了补充。[②] 这 44 条尽管带有德布尔格鲜明的个人风格和色彩，但最初并非全然出自他的主张；44 条延续了 1576 年的 100 条的基本精神，同时也与当时民众要求民主的热情和起草陈情书的初衷（皮耶蒙，第 63 页）一脉相承。1578 年 10 月至 1579 年 3 月之间，起草和呈递陈情书的热潮在维埃纳地区的城乡已经兴起。

与此前同样由德布尔格起草的 100 条相比，1579 年补充完善

① 以下的叙述采自迪塞尔：《卡特琳娜·梅迪奇与多菲内三级会议》，第 134 页及以下。

② 这些情节采自迪塞尔：《卡特琳娜·梅迪奇与多菲内三级会议》。参阅巴黎国立图书馆，抄本部藏品：fr.，15561，第 22 页；此件由昂布兰大主教阿旺松叙述，他以中立的态度表述了第三等级的立场。

的 44 条缺乏哲学基础，看不到柏拉图、西塞罗和雅典的梭伦等思想家的影响，但是，44 条更加凝练，所提诉求更加具体。数月之后的 1579 年 8 月，当地贵族以及正在南方巡视的卡特琳娜·梅迪奇，都对这份包含 44 条的陈情书作出了明确的敌对和愤恨的反应（参阅本书第三章），载有这些反应的书面材料至今犹存。

从观念上看，德布尔格此时的思想更简洁，比三年前更大胆。44 条的开篇部分展示了对美好的往昔以及多菲内的自由传统的眷恋，也展示了对未来的信心和正面的期望。在他看来，不因时间而异的价值（公正、平等）比往昔的习俗（传统）更为重要。在这一点上，作为法学家的德布尔格的看法与作为哲学家的德布尔格的意见不尽相同。当代受到严重损害，与过去相比已经面目全非。恰如当代所要求，只要确有显而易见的明确需求，无论法律、规章、习俗和特权，没有一样不可以借助新的法规重新制定，法律条文也
86 正是这样规定的。

如同往常一样，陈情书的 44 条把矛头指向教会人士、贵族和官员先生们所享有的免税特权。[①]（是否纳税是一条分界线，包括高等法院的法官在内的高级官员无需纳税，因而属于特权等级，不享受免税特权的低级官员则依然忠于第三等级的兄弟们。）在这些问题上，德布尔格及其志同道合者们进一步完善了 1576 年陈情书中的 100 条。“就像在朗格多克、多菲内南部那样，我们将要制作一份农村和平民的财产登记册”。借此就可以对第一等级和第二

---

① 第 1—14 条，第 28 条，第 30—34 条，第 36 条（参阅迪塞尔：《卡特琳娜·梅迪奇与多菲内三级会议》，第 166 页及以下）。

等级新近在农村获得的土地征税；提出实行人们所期望的真实直接税制，在多菲内省全省范围内这是第一次[①]。与 1576 年的陈情书相比，这无疑是一个巨大的进步。1579 年的陈情书至少表明了这样的愿望：在过去的一百年中成为贵族的所有家庭都应缴纳直接税，而这类贵族的人数正在迅速增多。陈情书还主张，特权等级所占有的名义上仍属平民的土地也应纳税。（被贵族占有的这些土地实际上处于一种令人无法置信的状况，占有这些土地的贵族既不为这些土地缴纳原先由平民缴纳的税，也不缴纳应由贵族缴纳的国王出征税以及教会的什一税。）此外，他还主张，用于战争的军费今后应该由所有特权等级负担，其中包括一百年以前就是贵族的那些老贵族。德布尔格认为，从此以后，贵族不应又想“吃鱼”（享受本省为贵族提供的军事保护），又不考虑缴纳与此相关的税。不过，德布尔格的确也主张对教会下层人员给予照顾，他认为，凡是年收入低于 200 利弗尔的本堂神甫都可免税……无论老贵族或新贵族，全都反对德布尔格的这一主张，其实这不难理解（尽管有一些老贵族准备向新贵族作一些让步）。当时在多菲内巡视的卡特琳娜·梅迪奇，[②]在这些问题上随声附和特权享有者。在这位王太后看来，向整个贵族征税违背了法兰西的所有传统习惯（是什么习惯？是那个法兰西？朗格多克从 13 世纪起就是法兰西的一个地区了，而朗格多克的贵族是要纳税的！）从意大利嫁到法国的
卡特琳娜·梅迪奇不乏政治才智，可是，她在这一点上却显得相当 87

① 参阅迪塞尔：《卡特琳娜·梅迪奇与多菲内三级会议》。

② 同上。

短视。半个世纪以后，黎胥留的贵族"阶级意识"不像梅迪奇那样强烈，他对多菲内第三等级的平等纳税的诉求显示了理解的态度。然而，如果说黎胥留红衣主教对于未来的平等有足够的认识，那么，与此同时，他却利用时机一劳永逸地取消了多菲内三级会议，从而扼杀了该地区残存的若干自由。一只手给予，一只手收回，这就是黎胥留的做法。

对于有关权力问题的那些条文[①]和作为补充向王太后提出的谏言，以德布尔格和第三等级为一方，以贵族和王太后为另一方，双方既有共识，也有分歧；无论共识或分歧，都颇能说明问题。关于选举一名第三等级特别代表的提议，贵族和王太后坚决反对，因为这将导致第三等级倍增（准确地说是第三等级专任代表人数倍增，因为此举旨在促使第三等级专任代表的人数与来自特权等级的专任代表人数趋于平衡）；如果设置第三等级的特别代表，增加第三等级的专任代表人数，必将大大提高第三等级在省议会中的权力，这便是王太后和贵族表现出明显敌意的原因。相反，王太后和贵族倒是并不反对限制官员的人数和薪饷，可是，第三等级却不切实际地指望官员的数量能削减到路易十二在位时的水平，那时法兰西政府的官员数量最少……[②]

在从外国金融家手中收回盐税租约，把它交还给省三级会议问题上，全省意见一致；在 1547 年到 1574 年间，盐税就是由省三

---

① 包含有 44 条内容的那份陈情书的第 20、23、24、31、32、40 条。

② 肖努：《法国经济和社会史》，布罗代尔、拉布鲁斯主编（P. Chaunu，*Histoire économique et sociale de la France*，dirigée par F. Braudel et E. Labrousse），Paris，1977，第 35—39 页。

级会议经管的；第三等级认为，收回盐税租约可以为多菲内省提供一万个工作岗位……（?）

第三等级的某些诉求在前面已经提及，例如，有些原属国王领地的土地，现在已经变成私人地主（此类暴发户地主大多出身于平民）的土地，第三等级因而认为，这些土地上的领主司法权应该交还给王家官员。这个要求仅仅涉及少量暴发户，第三等级对这些人没有好感（这些人压迫第三等级），这些人也不得不到贵族的青睐（这些人成了贵族的竞争对手），所以，平民的这一诉求要求得到所有人的全力支持。不仅如此，农民还在 1579 年春天发动起义，对抗这些暴发户任命的坏官员。 88

44 条中还有一些与农民关系更加密切的诉求（第 18、33、42 条）。自从 1578 年设立农村专任代表以来，农民在第三等级中有了自己的代表，他们的声音从此能为人们听到。这些条文反映了农民迫切的诉求，农民要求拆毁毫无用处的城堡，禁止贵族在葡萄园和麦地里策马打猎，把领主从农民手中夺走的森林、沼泽和牧场归还给农民……值得注意的是，贵族，特别是王太后，对于第三等级的这 3 条诉求丝毫不曾表示反对。由此可见，造成特权等级和平民等级冲突的敏感问题，主要是第三等级的权力扩大问题，因为在贵族和教会人士看来，第三等级的权力扩大极为危险；此外还有免税问题，因为免税已经成了特权等级的经济来源之一。免税和掌控全省权力是当时特权等级赖以取得压倒优势的两个支柱。

*　　　　*

1579 年 4 月的三级会议并非毫无成果。当然，新老贵族都死死抓住免税特权不放，而且获得成功，其中的新贵族尤其起劲，因为他们清楚地看到，老贵族对这些新贵族可能遭遇的失败抱着幸灾乐祸的心情（参阅本书 73 页*）。然而，教会倒是显得比较好商量……第三等级则越发坚定不移。在 4 月 2 日的三级会议上，德布尔格代表第三等级正式宣布延期纳税，实际上就是名副其实的抗税。除非国王陛下对他们 1579 年包含有 44 条的陈情书作出回应，否则抗税行动将会一直持续下去……不止是抗税而已，[①]还有抗债，即拒不清偿应向本省债权人偿还的债款，例如腰缠万贯的里昂金融家亨利家族；同样拒不交纳的还有拖欠雇佣军头目的款项，这些头目曾带领部下为保卫本省而战。三级会议召开后不久，抗税行动的原则和事实就得到维埃纳市议会的确认，此次会议于
89 1579 年复活节星期一召开，为的是听取德布尔格代表三级会议所作的汇报。抗税行动也得到了维埃纳邑督区民众代表大会的支持，17 个地方的代表出席了 1579 年 4 月 24 日举行的这次会议，其中少数代表城市，多数代表农村。二十来位代表中有乡绅、社会贤达，还有公证人和邸堡总管（邸堡总管不是贵族，而是领主雇佣的负责管理邸堡和领地事务的平民）。依据 1578 年的决定，这次维埃纳民众代表大会选出了一名维埃纳邑督区的农村专任代表（即农民专任代表）。此人便是巴兰师傅（大概是一个小乡绅），他代表的是一半人口为农民的博尔派尔，这些农民大多是抗争派。

1579 年的这次三级会议由于自动拥有的多数，对于取消特权

---

* 指原书页码，即本书边码。——译者

① 卡瓦尔：《维埃纳的宗教改革与宗教战争》，第 217 页及以下。

等级免税特权坚定不移，因为对他们来说，这是神圣的原则（抗税行动由此而引发）。相反，在棘手的权力问题上，他们稍稍做了让步。他们同意设置第三等级正式代表，由各个邑督区选举产生，不久之后与另外两个等级的代表一同出席三级会议上，以他们的智慧帮助督军莫吉隆出主意。1579 年 4 月 24 日，维埃纳 17 个邑督区的民众代表大会选出了一个由 17—20 名代表组成的小组，他们受托集体朝见国王（真称得上是一队人马！），当面向国王陛下陈述他们抗税的原委。在这二十来位代表中，当然少不了让·德布尔格和维埃纳执政官克洛德·拉维奈尔，此外还有那位农村专任代表巴兰，这 3 人自然都围着多菲内省督军洛朗·德·莫吉隆打转。

与此同时，城市平民酝酿着一个一以贯之的政策，那就是反对当局穷兵黩武，主张解除城市的武装。瓦朗斯、罗芒、蒙特利马尔在 1579 年 2 月事件中把守军赶走，解决了这个问题（我将在后面叙述此事）。1579 年 2 月 26 日，维埃纳紧随其后，采取了同样的措施，当地的军事首长皮埃尔·德·圣-马克不是辞职就是被其部下赶下了台，他面带微笑挂冠而去。与此同时，德布尔格及其伙伴们惴惴不安地注视着维埃纳的贵族和图尔农伯爵正在进行的军事准备。这两伙人各自征召了 400 人，并筹集了军费，似乎准备打一场针对第三等级的反击战……

德布尔格及其伙伴们的警觉丝毫不具有革命性质。1579 年 90
5 月 9 日和 12 日，包括德布尔格在内的第三等级代表起而斥责罗芒的农民队伍焚烧邸堡和杀害贵族的行径。城市资产者与某些胆大妄为的农民之间就此出现了裂缝，这些城市资产者都是温和的改良主义者，而那些农民激进分子则准备以暴力抗击领主的权力。[①] 此外还有一个迹象：1579 年 5 月 19 日，维埃纳的显贵们拒绝了蒙特利马尔的农民-城市军队首领雅克·科拉提出的采取联合行动的建议，理由是这些建议具有叛乱性质，有引发内战之虞。科拉在德布尔格眼里是一个鲁莽汉吗？身为维埃纳法官的德布尔格主张通过和平法制之路，而不是经由战争解决问题……1630 年以后，直接税讼案终于以有利于第三等级，而不利于特权等级免税特权的结果告终，在很长很大的时段中，所有的人都会死去，但是，长时段证明德布尔格的主张是正确的。

*　　　　*

1579 年 8 月初，卡特琳娜·德·梅迪奇在她那次历史性的南巡中，到了蒙特利马尔和罗芒之后，在格勒诺布尔稍作停留。我们看到，她对于 1579 年 44 条陈情书中关于免税和第三等级的权力这两条重要的请求持否定态度。我已经说过，德布尔格基本上是个温和派，尽管温和中略有坚定。他与王太后的会见气氛相当紧张，王太后把他说成是一个乱党，要帮他洗脑（1579 年 8 月 4 日、5 日）。维埃纳的显贵们托付德布尔格去布卢瓦谒见国王，王太后没能说服他放弃这个使命，让王太后来解决问题。因为，王太后前去格勒诺布尔巡视时，并没有获得国王授予的全权。德布尔格表示不愿意任人摆布，以免白白浪费时间，所以他愿意直接求助于国王，而不是借助臣工和王太后……王太后视德布尔格此举为粗鲁

① 厄斯塔什·皮耶蒙：《回忆录》(Eustache Piémont, *Mémoires*)，第 74—76 页，再版，日内瓦，1975；迪塞尔：《卡特琳娜·梅迪奇与多菲内三级会议》，第 144 页。

无礼，对她构成了羞辱。德布尔格和王太后虽然表面上相互做了妥协，但最终还是分道扬镳，各自蛰伏在自己的营垒中。德布尔格坚持第三等级的各项诉求，王太后则迷恋于贵族的特权，拒绝德布尔格的各项诉求。

德布尔格尽管异常活跃，却远远不如农民团体中那些激进分 91
子的行动那样激进，王太后对此了然于胸。后来发生的一件事有力地表明，德布尔格的立场对于多菲内的各个城市具有极其深刻的影响。那天是 1579 年 4 月 4 日晚间将近 9 点，地点在格勒诺布尔，全城都在议论德布尔格的顽强和坚韧，他坚持要晋见国王本人，而不只是会见王太后。据传，格勒诺布尔的执政官们在这个节骨眼儿上背叛了他们的平民选民，与贵族沆瀣一气，支持王太后，反对德布尔格。“那天晚上，八九点钟的时候，圣-约翰先生、奥科塔维翁先生和特里奥尔先生（均为贵族）在多维尔先生和戈利先生（也是贵族）陪同下，来到格勒诺布尔的塞尔弗旅店，遇到恰于此时来到此处的格勒诺布尔外科医生巴斯蒂安，三位先生于是与巴斯蒂安医生交谈起来。圣-约翰对巴斯蒂安说，格勒诺布尔的执政官们以行动表明，他们是上流人士，反对德布尔格及其同伙；德布尔格及其同伙不希望王太后了解他们（第三等级与特权等级）之间的分歧。对于这一点，外科医生巴斯蒂安回答说什么也没干，问题是贵族应该出资负担本省的公共费用和其他费用，否则不需多久，就会发生难以想象的事情，倘若贵族不肯掏钱，成千上万的人就会丢掉性命。巴斯蒂安还说：

“别忘了那些瑞士人！”

巴斯蒂安把这句话重复了两三遍。此时，上面说到的那位圣-

约翰老爷勃然大怒，厉声喝道：

“你想干什么？想要像瑞士人那样滥杀贵族吗？”

外科医生巴斯蒂安回答道：

“我没说别的。”

另一位贵族戈利插嘴道：

“闭嘴！你妨碍他们玩牌了。”

因为多维尔先生和特里奥尔先生在玩纸牌。

过了一刻钟，外科医生对圣-约翰说道：

“别把我跟你说的想歪了，我是听加莫说的，他在城里四处散布，手里拿着一根绿树枝，吹着喇叭，招来了许多人，他高声说道：

92 “想着那些瑞士人！”①

巴斯蒂安又重复了两三遍。

这桩耸人听闻的事件迅速呈报给王太后，她怒不可遏，立即把第三等级的全体代表集合在莫吉隆的宅邸中，逼迫以德布尔格为首的所有在场的代表斥责巴斯蒂安和加莫那些带着血腥味的话（这是理所当然的）。那天，萨瓦公爵在一千名武装骑兵护卫下，正在格勒诺布尔进行巡视……于是，在王太后和萨瓦公爵的授意下，巴斯蒂安和加莫被投进大牢。加莫被当局判处死刑，不过，他向国王提出上诉后，得到了多菲内省各个主要城市（维埃纳、瓦朗斯、罗芒，或许还包括蒙特利马尔）的有力声援，最终获释。这些城市之所以声援加莫，是因为他所作所为是为了第三等级的利益，大家都

---

① 格勒诺布尔市立图书馆，抄本，R. 80，vol. XVI，fol. 64。卡瓦尔的《维埃纳的宗教改革与宗教战争》中收有这个文件，但不甚完整，见该书第 221—222 页。

知道他是一个热心为公众办事的上流人士。加莫被释放时，卡特琳娜・德・梅迪奇刚刚离开格勒诺布尔和多菲内，踏上归途。俗话说，猫一走，耗子就翩翩起舞……

加莫事件颇能说明问题。德布尔格后来虽然斥责加莫，但在他的脑子里和行动中，他都把加莫视作第三等级利益的捍卫者，既捍卫城市第三等级的利益，也捍卫抗击贵族的乡村第三等级的利益。加莫被认为是个可疑人物，有人说他被瑞士人派到多菲内来充当耳目。此人既参加抗争活动，也参加狂欢节活动，他把象征平等和农民革命的标志物，诸如绿色的树枝、耙子、葱头、瑞士式的木制号角等，高高举起，使劲挥舞；他还让人把这些东西每样制作数十件，配备给多菲内各地的民众。加莫是格勒诺布尔高等法院的检察官，他所代表的是下层小法官，而这些人全都认同第三等级要求平等的各种诉求。所有这些自然与高等法院上层法官们的想法背道而驰，他们带着武器、行囊和零碎物件站到了特权等级一边。加莫是个小民，是格勒诺布尔下层第三等级的首领，恰如罗芒的波米耶。他深受平民爱戴，上自执政官，下到伐鲁瓦尔的村民，各色人等都毫不含糊地支持他，执政官救过他的命，他在村民中煽动过针对领主的造反。那时候，威廉・退尔这个带有神秘色彩的主张 93
民主、反对贵族的人物形象，在瑞士广为传播，几乎尽人皆知，不但如此，这个名字还越出国境，开始在法兰西的多菲内和萨瓦地区民间流传。带着木号角、绿树枝和耙子的加莫，活脱脱一个从瑞士进口的威廉・退尔，他是穷人的威廉・退尔，是决心灭绝贵族的传奇性象征，而不是人民所真正需要的人物，然而，凡是以人民群众的名义呐喊的人，都把他当作一块红布拼命挥舞。

*　　　　　　*

让·德布尔格的个人行动至此告一段落。1579 年 10 月，维埃纳民众代表大会坚持 1576 年陈情书中的 100 条和 1579 年陈情书中的 44 条，顶着督军莫吉隆的弟弟莱鄀施加的压力，坚决反对特权等级的免税特权。莱鄀试图让维埃纳人忠实执行三个等级之间达成的和解，而实际上这是一个在王太后的斡旋下达成的脆弱的和解。几天之后，也就是 1579 年 11 月 14 日之前的某一天，德布尔格去世了。他若依然活着，多菲内骚乱的第二阶段，即 1576—1579 年兼具抗税和反贵族性质的那场骚乱，多半会在德布尔格的率领下进行。这场骚乱的第一阶段应该上溯到 16 世纪中叶，而第三阶段则在 1639 年以胜利告终，该省新近从平民手中攫取土地的那些新贵族被迫照章纳税，其他贵族也不得不与平民一样纳税。这个阶段持续时间相当长，经历了亨利四世和路易十三在位期间的大部分年头。从德布尔格在世时开始，所谓的撕裂就这样呈现在人们眼前了。在朗格多克、普罗旺斯、多菲内东南地区等地，地籍册上列有贵族的名字，他们与所有人一样纳税；毗邻的多菲内北部地区和西部地区终于如梦初醒，逼迫贵族同样照章纳税，这在法国尚属首次。发生此事的地区事实上依然是个实行半个人直接税的地区。多菲内终于在 1576 年开始觉醒，尖锐地意识到以往损害平民的税务不公。由此引发的起义，就其政治和哲学广度而言，远非乡巴佬造反和和“原始反叛”的惯常行动所能比拟，霍布斯鲍恩、波什涅夫、穆尼耶、贝尔塞、皮洛尔热等人笔下所描绘的那些起义，都不可同日而语。多菲内的起义展示的是高水平的
94 政治战斗性。在这场起义中表明态度的不只是维埃纳以及该城的

官员和四周的乡村，蒙特利马尔，特别是罗芒也有话要说，这些话一旦说出来，可就非同小可了。[①]

① 以上叙述所据为：《卡特琳娜·德·梅迪奇书信集》(*Lettres de Cathrine de Médicis*)，第VII卷，1577年，7—8月；卡瓦尔：《维埃纳的宗教改革与宗教战争》，第210—230页；迪塞尔：《卡特琳娜·梅迪奇与多菲内三级会议》；厄斯塔什·皮耶蒙《回忆录》，第72—85页。有关瑞士资料，可参阅前引著作，阿尔弗雷德·贝希托尔德等人《哪个威廉·退尔？》，洛桑，1973年(头几章)。

第四章　1578年：雅克·科拉
审慎的造反

95 在前一章中，我们谈到了弗朗索瓦一世在位时的多菲内、维埃纳，也谈到了德布尔格，这些似乎有些偏离主题的内容让我们隐约地看到，1578年就出现了盟誓的最初尝试，各个联会均以德布尔格在陈情书中所陈述的反税制和反贵族为目标。从严格意义上来说，这个新的抗争组织很难说是一个组织，实际上只不过是一种松散的帮派性团体，就地做出决定，就地采取行动；它所体现的更多的是一种精神状态，而不是一种机构体系。这个组织的名称也是现成的：联会。在16世纪80年代和90年代，巴黎的抗争者们也采用联会这个名字，巴黎的抗争者们以天主教信仰的名义，表达首都和外省若干"优秀"城市居民的意愿。稍后的1594年，佩里戈尔地区的造反农民也把自己的组织称为联会，[①]这些造反农民都忠于国王（亨利四世），与在巴黎翻云覆雨的狂热天主教激进派为敌。不过，如同造反农民一样，天主教激进派也组成联会，借以捍卫自己这个"人群集团"的团体利益。

1579—1580年间，在多菲内组织战斗联会的倡议最早来自蓬

① 贝尔塞：《农民造反史话》。

昂鲁瓦扬和蒙特利马尔。从蒙特利马尔这个城市及其四周的乡村开始，组织联会的活动如油渍般逐步向北部和东北部扩展；以显贵们的眼光来看，联会在瓦朗斯和罗芒的扩展的势头在 1579 年 2 月 96
前后遭遇了挫折。公证人厄斯塔什·皮耶蒙就此所作的记述写道（皮耶蒙，第 64 页）："民众的这种聚合形式叫做'联会'，最早出现在蒙特利马尔，接着出现在'瓦朗斯'和其他地方"。

组织联会的创举最早出现在蓬昂鲁瓦扬的一个镇子上。当地有个名叫布维耶的兵痞，好战成性，是个不折不扣的暴徒。1578 年四五月间，布维耶带领十几个士兵和同伙，在蓬昂鲁瓦扬偷袭并一度占据了一座邸堡。他企图以此为窝点，长期在附近抢劫，就像他的狐朋狗友拉普拉德在南面的沙托杜布尔一样。尽管天主教方面的莫吉隆和胡格诺方面的莱迪吉埃此时已经达成了脆弱的停火协议，布维耶依然想把沙托杜布尔和蓬昂鲁瓦扬联成一线，向往来于这条路线上的客商收取保护费。

这样做显然不曾考虑到胡格诺派在这个地区孕育的新生力量。蓬昂鲁瓦扬的居民大多是胡格诺派教徒或是受胡格诺派的控制，他们很快就获悉，布维耶的得力干将们杀死哨兵，攻下了扼守该镇的一个城堡。居民们一听到警报，立即赶到指定的邻村，与那里的村民汇合，联手把布维耶困在他刚刚攻下的那个城堡中。布维耶没有储存给养，所以很快就放弃抵抗，向民众投降，随后就撤离蓬昂鲁瓦扬。他的同伙拉普拉德闻讯后，派出队伍前来支援，但为时已晚。民团的第一次战斗就这样以速胜结束，这场战斗的意义在于它标志或宣告，农民战争从 1578 年春季就开始了，而这场

农民战争的重头戏，则迟至1578年年末和1579年年初才正式开场。[①] 有人指出，盗匪滋扰民众引起的强烈反感，在这个事件中起到了重要作用。其实，蠡贼芒德兰名声大振的时代尚未到来。其实，18世纪的蠡贼芒德兰是为穷人的利益而抗击政府，而布维耶和拉普拉德却肆无忌惮地压迫农民和商人。

97 然而，农民运动迅捷发展的地区并非蓬昂鲁瓦扬，而是蓬昂鲁瓦扬南面的蒙特利马尔城乡，农民运动不再时隐时现，而是持续不断地发展。蒙特利马尔是个重要的城市，不同于不起眼的小镇蓬昂鲁瓦扬，它能为初始阶段的农民起义提供一个城市所能提供的后勤支援。农民运动在蒙特利马尔展现新的发展之后，联会这个名称就随之于1578年8月出现了，从此以后，过去史学家笔下的公社一词（例如在谈及蓬昂鲁瓦扬时），就不再是唯一的称谓了。在当时的政治和宗教词汇中就有联会这个词，但这个词那时仅指1576—1577年间法国北部广泛的天主教联会或大联盟，即忠于教皇的巴黎和法兰西王国的北部地区。联会和大联盟这两个词很可能来自巴黎以北地区，经由口头和书面传到里昂以南地区，后来在1579—1580年间被多菲内人广泛使用。可是，多菲内的联会和大联盟，虽然也是建立在城市的职业行会基础之上，但是多菲内省在1579—1580年间建立起来的联会和大联盟，若与大巴黎地区相比，其行会性质已大为减弱。这些联会有时候具有天主教色彩，蒙特利马尔地区就是如此；在另一些地方则具有亲新教色彩，尽管其

① 蓬昂鲁瓦扬的居民此后遭受拉普拉德匪徒的侵扰，但是，莫吉隆起而抵抗，取得民众的信任，尽管他是胡格诺派。（德龙省档案、E 3671，№2，莫吉隆1579年1月9日的信件。此件承范道仁先生惠予提供线索）

成员大多是天主教徒，罗芒及其四周就是如此。不过，联会所捍卫的，与其说是他们的宗教观念，莫如说是城乡行会的利益，甚至是革命的利益。这种情形一直延续到 16 世纪 80 年代的某一天；那一天，吉斯和巴黎名副其实的天主教大联盟，即被称为“大猎兔犬”的大联盟，把它们的影响扩展到了多菲内。不过，这是另一则故事了……

1578 年夏季多菲内联会运动的初始动因，是对匪徒和税收的恐惧，在民众眼里，税收的可怕程度丝毫不亚于匪徒。从 1578 年 8 月开始，蒙特利马尔民心涌动，试图组织起来的迹象已经清晰地显现出来。夏季征税促成了抗税联会的建立，或者说，早已存在的抗税联会因夏季征税而现身，联会的领头人是家境贫寒的富尔，绰 98
号巴勒蒂埃。抗税即通常所说的反对国家征税，这个斗争传统在多菲内一直异常活跃，而且在此后的四百年中依旧如此。18 世纪有反对烟草税和关税承包的蟊贼芒德兰，20 世纪有反对“苛捐杂税”的热拉尔·尼库……1578 年，多菲内省的多个城市匆忙地同意向格勒诺布尔审计署缴纳 36 000 利弗尔，用于支付官员的工资，[①]这个决定在蒙特利马尔引发巨大不满。

就在这种群情激昂的气氛中传来了增税的消息：省三级会议宣布新的税收计划，每户应在 1578 年 7 月和 8 月缴纳 4（一说 6）埃居。按理说，这个消息并不可怕，因为税额不算大，可是，问题在于颁布这个决定的时间不对，而且此后再次增收的税额较大，因而

---

① 以下的叙述依据拉克鲁瓦：《蒙特利马尔地区》（Lacroix，*Arrondissement de Montélimar*），vol. VI，第 173 页。参阅让·德布尔格 1576 年呈递的陈情书。

更为不妥。从邻近地区的什一税水平来推测，蒙特利马尔的农业总产值位列倒数第一。这便是危机！新的增税计划遭到富尔—巴勒蒂埃新近组成的联会的抵制。这个联会主要在手工艺行会和普通百姓中间发展成员（罗芒和巴黎两地的联会后来也是这样做的）。1578 年夏季的征税官维达尔·博姆在蒙特利马尔市议会上说："让·巴勒蒂埃出头搞的联会中，有不少人一个子儿也不愿意缴。"[①]巴勒蒂埃并未取得成功，于是他转而采用法律途径，把增税一事诉至格勒诺布尔高等法院。法律途径始终是平民运动采用的一种手段，另一种手段则是直接诉诸非法的暴力。在高等法院法官面前，巴勒蒂埃要求查账，用今天的话说，就是对蒙特利马尔政府的账目重新进行逐项检查。格勒诺布尔高等法院对此作出了若干让步，原则上同意对账目进行一次特检，并且同意对夏季增税减半征收。蒙特利马尔的工匠和其他百姓在这次抗争中成功了一
99 半，这与后来罗芒人取得的胜利十分相似。没有人提出"增加工资"的要求，因为在当时的文化背景下，这个要求并无实际意义，虽然对自己的工作和生活条件颇感不满的工匠和短工至少有一部分是靠工资为生的穷人。不过，这次抗争无疑是对该省的上层官员提出的挑战，因为抗争者们不但拒绝全额纳税，甚至不切实际地要求免除所有税收。这次抗争对于一直在城市贵族操控下的蒙特利马尔的市政管理也提出了质疑。这些掌控市政管理的城市贵族被指控为损公肥私，用向穷人的税款装满自己的钱包。无论这些指

① 参阅古瓦和勒华拉杜理：《什一税计算方法的变迁》（J. Goy et E. Le Roy Ladurie, *Les fluctuations du produit de la dîme*）。

控是否符合事实，罗芒人反正会在下一年再度提出。

那时，蒙特利马尔人已经不再单独抗争了。1578年10月，在位于罗讷河谷的蒙特利马尔乡村中，激愤的民情一触即发，这情形与档案材料的记述毫无二致。驻扎在此地的一支亦兵亦匪的队伍，以其卑劣行径最终成了引爆骚乱的导火索。这些兵痞从当年8月起就在当地抢劫财物、欺诈百姓，奸淫少女，简直是无恶不作。同年10月，在惨遭匪祸的那些教区里，按正当途径选出的那些执政官们，在各个村庄之间彼此通风报信，从而组成了一个信息网(横向的网络，而不是上下之间有等级差异的网络)。他们招呼各自辖区内的农民，让他们组成武装小分队，保护自己的女儿、庄稼和牲畜，遇到带武器的地痞流氓，就地制伏。[①] 栋泽尔镇的镇议会也加入了这个大联盟，1578年10月镇议会决定，招募一批意愿良好的人员，让他们在农民队伍中当兵。栋泽尔人没有忘记胡格诺派头目蒙布兰(1575年)的恐怖威胁，这个家伙曾致函当地的天主教徒执政官说:“你们如果不向胡格诺派缴税，我就杀死你们的人和牲畜，烧掉你们的房屋和谷仓。”栋泽尔人希望能武装起来，免得再次遭受在下多菲内地区常见的这种恫吓。[②] 读了蒙布兰这封令人厌恶的信件，我们就不难懂得，天主教徒反弹的狂热在这个地区 100

① 德隆省档案，E 3378(1578年8月3日执政官博莱纳(Bollène)的信件)，栋泽尔市档案，见德龙省档案，E 6849，1577年6—10月。关于联会初期的帮派特征，参阅科斯东男爵《蒙特利马尔史》(Baron de Coston, *Histoire de Montélimar*)所载执政官索雷1578年10月19日的信件，第392页。并请对照贝尔塞《农民造反史话》，第1卷，第275页(阿奎坦的帮派)。

② 托梅·德·迈松纳夫，《德龙省考古和统计学会学报》，1943—1945，第113页及注25。

已经达到极端,正是这股狂热,把蒙特利马尔的领头人雅克·科拉推上 1578 年反胡格诺派的首领位子,后来又帮他在 1590 年成为天主教极端派的大联盟头目。

蒙特利马尔地区各村的民众和帮派组织,打算与富尔-巴勒蒂埃在 8 月间创建的城市联会携手,此事堪称合情合理,水到渠成。联合起来以后,这个同盟自然会把斗争“提到更高层次”(这个说法用在这里非常恰当)。作为市政团体(尽管并非没有内部分歧),其他大城市也随之投身其中。蒙特利马尔已然做了这件事,于是便从蒙特利马尔开始向北部发展,瓦朗斯,格勒诺布尔,特别是罗芒……[1]

1578 年 11 月 1 日,蒙特利马尔规模最大的市政全体会议在市政厅举行。这是一次扩大的全体会议,向该城的许多市民开放,也允许下层民众中的积极分子与会。据会议记录记载,富尔-巴勒蒂埃领导的城市联会有 80 位成员出席此次会议。这次会议就像是一次预演,同样的情景 3 个月后丝毫不差地重现在罗芒,只是结局迥然有异。

根据议程安排,已经组织起来并配备武器的各村大联盟的代表次第在会上发言。科斯特以这些代表的名义在发言中指出,1577 年的和解敕令迄今未在多菲内落实;代表们还揭露了天主教派和胡格诺派的士兵和歹徒在当地犯下的抢劫掳掠等罪行,尤其是胡格诺派在某些地方的劣迹。科斯特还说,大联盟中他的朋友

---

① 以下的叙述依据拉克鲁瓦:《蒙特利马尔地区》,第 VI 卷,第 174 页(关于蒙特利马尔的注释),科斯东男爵《蒙特利马尔史》,第 392 页。

已经派出代表向督军莫吉隆表示，希望把所有明抢暗夺的盗贼统统交司法官员处置，而他们自己则自愿接受高等法院的管辖。科
斯特接着说，莫吉隆接受他们的请求，并答应“转告其他城市”。各 101
个城市间的联系即将建立起来，罗芒、瓦朗斯和克雷斯特都已同意把运动连成一片。科斯特及其同伴还要求蒙特利马尔的市政机构人员投身这股大潮流。这个要求得到了富尔-巴勒蒂埃派的支持，也得到了科拉家族的支持，蒙特利马尔从此成为大联盟的一个组成部分。

我们从中看到，这是一个聪明的措施，至少就字面而言是这样。多菲内省乃至全国的正规机构和机制都被调动起来，至少也被点名提及了，其中包括和解敕令、莫吉隆、高等法院、有组织的司法机构、农民团体、城市网（多菲内省的十大城市早就组成并被承认为一个合法的整体）……维埃纳地区的情况也大致相同，主持其事的是邑督区的民众代表大会……

整个运动从此时开始分成两支，一支向北方发展（瓦朗斯、伐鲁瓦尔），这个分支尽管抱有极其善良的意图，后来在客观上逐渐变成为一支颠覆力量，甚至可以说是一支革命力量；在心怀不满的城乡天主教徒的支持下，这支力量主要在罗芒及其四周活动；这些天主教徒不惜败坏自己的名声，毫不迟疑地寻求与胡格诺派结盟，共同反对天主教派的显贵，他们为此公然采取各种残暴手段对付领主，威胁显贵。另一支力量是蒙特利马尔及其附近地区的天主教派，他们具有显著的反胡格诺派特征，形成这一支力量的主要因素大概是宗教信仰，因为在多菲内省的南部边缘地区，人们的宗教信仰依然非常传统和正统。时局也在其中起到了重要作用，在罗

芒和伐鲁瓦尔（联会运动的北方区段），居民面对的主要威胁来自天主教派的兵痞。蒙特利马尔和郊区平原地带则恰恰相反，莱迪吉埃手下的胡格诺派兵痞对居民构成了主要威胁。这些兵痞的活动地区主要在罗讷河谷东侧的山区地带、加普、迪城以及一些男爵领地……罗芒人因而显得极为激进，他们站在胡格诺派一边抗击当地天主教派中的头面人物。与此相反，蒙特利马尔显得比较温和，多菲内最南部地区的天主教派头面人物主动站出来，带领城乡
102 联会对抗胡格诺派……并试图让他们变得理智一些。于是，南方向北方发出呼吁：提高警惕，重整秩序；栋泽尔市政当局就是一例，它从 1578 年 10 月起就加入蒙特利马尔的大联盟运动，可是，到了 1579 年 2 月，尤其自 1580 年 4 月起，它却与罗芒地区的反领主斗争和亲新教运动拉开了距离。[①] 栋泽尔市政当局持反胡格诺派立场是有充分的理由的，它时刻警惕地注视着当地的青年新教徒，担心第三等级与贵族发生摩擦，对第三等级联手胡格诺派，并诉诸抢劫、杀人等过激行为，抱有很大警觉。从这份文件不难看出，从 1578—1579 年冬季开始，在多菲内的民众运动中就存在着两股势力：北方与南方，亲胡格诺派和亲天主教派。

* *

在蒙特利马尔，三十来岁的天主教徒雅克·科拉胆识过人，处境甚佳，大有可为，他不失时机地抓住了机会。他祖上是 15 世纪

① 据拉克鲁瓦《蒙特利马尔地区》，第 III 卷，第 128 页，1579 年 2 月 1 日栋泽尔议会辩论记录；参见拉克鲁瓦《蒙特利马尔地区》，第 V 卷，第 113 页；德龙省档案，E 6849，BB2，1577 年 6 月 14 日，1580 年 4 月 4 日。

的鞋匠和 16 世纪的鞣革匠，自从落脚在蒙特利马尔，就一直以祖上的手艺为生。[1] 科拉家族的社会地位缓慢而稳定地逐步上升，扔掉鞋箱，拿起提包，当雅克·科拉来到这个世界时，他的家人已经走进了市政府。雅克·科拉的父亲克洛德·科拉是位律师，他本人在 1572 年前后成为瓦朗斯大学的学生，后来成了这所大学的"青年王子"。获得这个称号的人必须是瓦朗斯当地的学生，对自己的家乡怀有一种亲切自然的感情。雅克·科拉的当选再次肯定了这条不成文的规则，而在以后的岁月里，这条规则还会经常发挥作用。所以，当我们试图厘清 1579—1580 年间多菲内起义事件的起因时，就应该从青年组织、民间聚会以及它们的领头人当中去寻找。

另一方面，科拉是个小混混的头头，性格暴烈，常常因打架斗殴而头破血流，这种人在当时那种动乱年代并不少见。他虽然是个名副其实的天主教徒，但绝不是温顺的唱诗班里的少年。卡特琳娜·德·梅迪奇在 1579 年谈及科拉时，说他"傲慢、狂妄"。能 103
说会道的科拉在学生时代虽因杀死了他的一个同学而以谋杀罪入狱，却依仗过硬的关系获得释放。1575 年，蒙特利马尔副邑督弃世，不到三十岁的雅克·科拉在其父扶持下花钱买下了这个空缺，当上了蒙特利马尔的副邑督。这个职位犹如联结省政府与地方政府之间的一条传动皮带，把格勒诺布尔和中央政府与蒙特利马尔地区的城市和乡村连接起来。1576 年，科拉作为多菲内第三等级

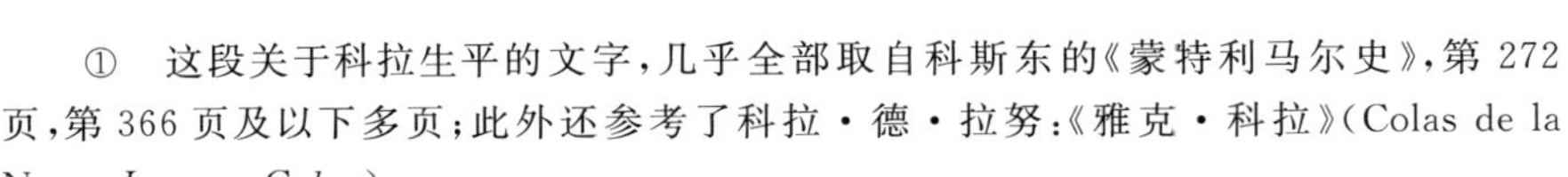

① 这段关于科拉生平的文字，几乎全部取自科斯东的《蒙特利马尔史》，第 272 页，第 366 页及以下多页；此外还参考了科拉·德·拉努：《雅克·科拉》(Colas de la Noue, *Jacques Colas*)。

的代表之一，出席了在布卢瓦举行的全国三级会议，在会议期间经常遇见德布尔格。他在此次会议上站在温和派一边，与以巴黎人韦尔索里为代表的极端派对峙。就像15年以后的科拉一样，韦尔索里是个狂热的联会分子，全心全意支持国王剿灭新教徒的战争，虽肝脑涂地也在所不惜。[①] 在一次会议中，科拉还曾与韦尔索里当面发生争执。会后科拉返回下多菲内。1578年在蒙特利马尔地区发生了多起事件(组建农民和民众的联会和大联盟)。科拉家族起初可能有些犹豫。雅克·科拉及其父亲克洛德·科拉是当地的台柱，对于富尔-巴勒蒂埃1578年8月在蒙特利马尔组建的平民集团，父子二人并不看好。不过到了关键的10月，父子俩突然改变立场，站到了富尔-巴勒蒂埃的联会一边，把蒙特利马尔投入反对土匪的联盟之中。真可谓迅雷不及掩耳！科拉后来就此说道："我成了他们的同伙，于是我就当了他们的头头。"凭借其副邑督这个职位所拥有的权力，科拉可以合理合法地掌控当地的大联盟运动，尽管他对这个组织在蒙特利马尔的创建毫无贡献。天主教信仰是不是促使他参与这个运动的原因呢？若能与当地胡格诺派的绅士-匪徒在宗教问题上一争高下，这种机会显然不会让科拉这位热情的天主教徒不高兴。不过，此时他还不是狂热的天主教联会分子，成为狂热的天主教联会分子是在他年纪更大一些之后。

104 恰如我们所见，雅克·科拉的作用就这样一步一步发生变化。1578年5月之前，他只是国王和解敕令的守护人，但是，前不久颁

① 科拉：《雅克·科拉》，第38—39页中引用的莱斯图瓦勒《回忆录》(L'Estoile, *Mémoires*)第1卷，第197—199页。

布的这通敕令在多菲内省内并未得到切实执行,[①]而副邑督的法定职务则要求科拉担负起斡旋和解的责任;他在执行这项任务时的表现中规中矩,绝对不是一个捣乱分子,尽管在他年轻时有人说他是捣乱分子,而且在后来那些日子里,也有人称他为捣乱分子。所以,当1578年8月土匪拉罗什胡作非为时,科拉深感不安;拉罗什这个得到胡格诺派支持的兵痞,以卢萨城堡为巢穴,恣意骚扰周边的居民。1579年2月,正当罗芒酝酿事变之际,科拉巧妙地组织民众对拉罗什实行军事打击。科拉率领1 200名联会会众包围卢萨,恰如当时常见的那样,三十来个乡绅前来增援卢萨匪帮;不过,4天之后,匪徒终于还是逃跑了,科拉因而轻而易举地取得胜利。从此之后,科拉就成了胡格诺派、贵族和匪徒的敌人。[②]1578—1579年冬末春初,卢萨和沙托杜布尔两个城堡被攻克,科拉这位大联盟的新首领功不可没(参阅本书第三章);先前占据这两个城堡的匪徒在胡格诺派明里暗里的配合下,把四周的村庄骚扰得苦不堪言。由于胜利攻下这两个城堡,雅克·科拉由此获得首领的地位。作为政治领袖和军事首领,他在反对领主的武装斗争中统筹蒙特利马尔城乡民众的力量,而民众也巴不得能得到科拉的领导。凭借攻克卢萨的成功经验,两周之后,他又拿下了沙托杜布尔。

在蒙特利马尔以北地区,农民为保一方平安的斗争演变成为

---

① 科拉:《雅克·科拉》,第157—161页。

② 托梅·德·迈松纳夫:《罗芒的市政自由》(Thomé de Maisonneuve, *Les libertés municipales de Romans*)《德龙省考古和统计学会学报》,1943—1945年,第111页。还应参阅拉罗什(德龙省档案,E 3387,1578年2—3月的档案)。

反对贵族的斗争，这种情况却并未发生在科拉的势力范围内。蒙特利马尔的民众组织在1578年10月是一个实行内部平等的组织，当年11月这个组织转归科拉控制之后，他就凭借自己的领导地位，把这个组织变成了上下等级分明并采取集中行动的组织，处于金字塔形顶端的便是其领袖雅克·科拉。

科拉把下多菲内的若干镇子拉到自己这一边，离孔塔不远的皮埃尔拉特便是其中之一。在此之前，皮埃尔拉特一直遭受匪徒
105 骚扰，被迫为匪徒提供养，以此换取匪徒对居民的保护。匪首拉罗什在皮埃尔拉特有人相帮，莫吉隆对此十分恼火，在1578年8月8日写的一封信中，他凶相毕露地威吓这些对匪徒忍让甚至与之合作的村民。事情后来变得越发糟糕。皮埃尔拉特的村民终于被拉罗什的种种无理要求惹火了，他们起而表示反抗，把一个匪徒痛打了一顿。自称村民保护人的拉罗什立即实施报复，放火烧了几所房屋。同一天(1579年2月21日)，他还给执政官写信，提出更多的要求。科拉立即抓住机会，主动向皮埃尔拉特伸出援手，帮助村民们抗击欺负他们的匪徒。1579年2月22日，科拉写道："我把我的一切都交给你们，就连我的性命，我也心甘情愿地交给你们。"卢萨被攻克之后，皮埃尔拉特的居民终于对科拉有了信心，从此不断为科拉的队伍输送兵员，帮他去打击制造骚扰的那些坏蛋。①

从1579年4月到翌年年初，科拉始终拥有双重身份：官方的副邑督、非官方的蒙特利马尔联会头领，他利用双重身份所拥有的权力，不断地向周围的村庄发送通知(手写)，要各个村庄提供兵

① 德龙省档案，E 3387，1578年8月和1579年2—3月的信件。

员，严防匪徒骚扰，在一些重要村庄举行各村派人参加的民众代表大会。他的这些活动尽管完全合法，贵族和省内的上层人士却并不高兴，在外省也得不到好评。卡特琳娜·德·梅迪奇在会见科拉后不久的 1579 年 7 月 18 日写过一封信，信中谈到科拉时不无恶意地说他说是联会的主要首领之一，生性傲慢、狂妄，难怪贵族老爷们对他非常反感。[①]

科拉虽然是第三等级一个温和的领袖，但他与贵族的关系却并不融洽。他的亲资产者立场虽然并不具有革命性，可是，当他面对两个特权等级时却并不因此而缺少坚定性。科拉在那个颇具尊 106
严的 1579 年 5 月“纲领性”文件中指出，王国、天主教会和新教教会所征收的用于供养兵员的税，大部分均由第三等级负担。第三等级作出的牺牲比贵族多得多，他们怀有更多的怨愤也不无道理，所以，为了让国王的敕令付诸实施，应该像忠于国王陛下的臣民那样，人人拿起武器。[②] 科拉以捍卫国王及其和解愿望的必要性，掩饰了号召人们拿起武器的真实意图。（可是，法国国王同意以他的名义煽动起义吗？我对此深表怀疑。）常言道，既然能做好事，也就能做坏事。对于科拉来说，平民既然享有武装起义的权利，那就意味着事实上享有自动聚集和自主决策的权利。在 1579 年 5 月广为传播的这份文件中，科拉宣称他意识到了一个重要事实：伐鲁瓦尔的农民起义造成了贵族不信任第三等级的后果。（也不再信任科拉。请看我在前面提到的卡特琳娜·德·梅迪奇所说贵族对科

① 《卡特琳娜·德·梅迪奇书信集》，第 VII 卷，第 49 页。

② 此文件见于科拉：《雅克·科拉》，第 181—185 页。

拉反感的话，此时是两个月之后的1579年7月。）不过，在科拉看来，第三等级想要消解贵族的不信任，完全不必低三下四。1789年的第三等级要求其余两个等级与他们站在一起，从而进一步显示其优于那两个等级的地位，雅克·科拉当然不可能预见到二百年后发生的事情，但是他却与1789年的第三等级一样，号召第三等级寻求与所有正直的人们携手，争取召开瓦朗斯、罗芒、克雷斯特、蒙特利马尔四个城市的民众代表大会，所有城市和乡村的执政官都应作为代表出席此次会议。按照计划，由三个对抗派城市（罗芒、瓦朗斯和蒙特利马尔）的资产者掌握主动权，把乡村领袖和小乡绅（执政官）聚集在城市精英旗下。城市和乡村中第三等级便可由下而上实现团结一致。从此以后，第三等级可以与经由他们精心挑选的贵族和教会代表接触，请这些代表召集这两个特权等级的朋友，与资产者一起讨论实现或维持和解的办法。这样一个计划虽然比较温和，但是第三等级的利益是放在首位的。

107 科拉的这些努力充分表明，当各种条件具备时，一个机智的能文能武的多菲内人在1579年能做些什么。在他所拥有的正常权力范围内，科拉除了本城支持他的领导层外，他还可以指望得到该地区城乡人民群众的支持，其条件是这些数量上占少数的群众愿意在他的领导下动员起来。因此，他可以充分展示第三等级的能量，借以与其他两个特权等级进行谈判，尽管这两个特权等级对于谈判非常消极。作为对比，科拉的这种作为可以使我们更好地懂得，蒙特利马尔以北地区（罗芒）究竟有哪些不同和特殊的问题。罗芒与蒙特利马尔的情况相去甚远，那里的城市工匠不但远未团结起来，而且彼此对立，甚至互以暴力相向。正因为如此，罗芒和附近地区的平民起义者领头人波米耶，采取与科拉迥然不同的策略。不管怎么说，波米耶与科拉不一样，他没有任何官衔，科拉头上罩着一圈法律权威的光环，波米耶什么也没有。于是，结果也就迥然不同，1580 年以后就再也没有波米耶了，科拉则不同，他用自己的智慧，在蒙特利马尔地区不但自己摆脱了困境，还帮助他的联会会众摆脱了困境。他制止了来自秩序派的国王和高等法院对他们的弹压，他甚至还成功地为蒙特利马尔争得了两个集市。他热衷权力，不会错过任何机会，马耶纳公爵和吉斯公爵以及其他重要的联会武装力量，对他具有巨大的吸引力。科拉终于超越他所属的平民等级，获得了贵族身份，既为了他自己，也为了他的后代，他成了圣戈班的领主，从此开始了一个新贵族的家族史！他向天主教极端派靠拢，加入他们的大联会，成为天主教狂热派国家党的一员。极端天主教派的民主行事方式并未让善于调动群众的科拉不高兴。后来他以贵族身份风风光光地再度结婚。最后他披着新贵族的外衣悲惨地结束了他的一生。他是在 1600 年的一次战斗中被打死的，他当时的身份很多，既是大联会的高级指挥员，又是皮卡第拉费尔的前省督，此外还是亨利四世的死敌和听命于西班牙国王的变节分子。

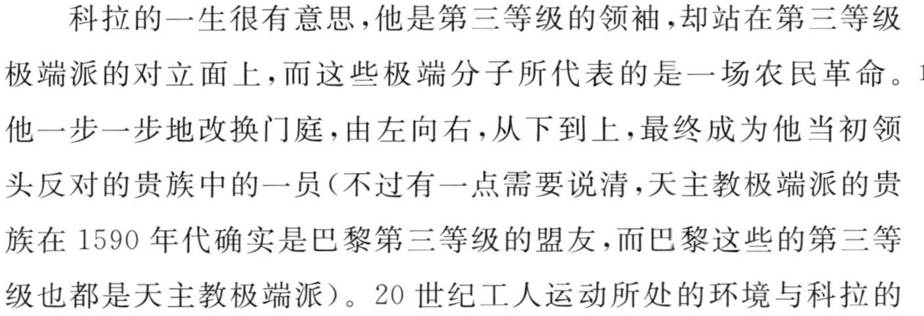

科拉的一生很有意思，他是第三等级的领袖，却站在第三等级
极端派的对立面上，而这些极端分子所代表的是一场农民革命。108
他一步一步地改换门庭，由左向右，从下到上，最终成为他当初领头反对的贵族中的一员（不过有一点需要说清，天主教极端派的贵族在 1590 年代确实是巴黎第三等级的盟友，而巴黎这些的第三等级也都是天主教极端派）。20 世纪工人运动所处的环境与科拉的生活时代截然不同，但是两者也有相似之处，20世纪工人运动中某些人的生活轨迹与科拉有些相似，乃至相同，他们一百八十度转身后彻底改变信念，他们的行为或许有某种内在的逻辑可寻，最初的民主后来竟然变为蛊惑人心；我这里想说的是雅克·多里奥、古斯塔夫·埃尔韦、马塞尔·德阿……[1]

让我们继续留在16世纪。在多菲内1579—1580年造反背景之下，科拉事件为我们提供了一次很好的机会，他让我们看到，在多菲内全省的城乡范围内，司法体系是分裂的，既有科拉和德布尔格这样站在人民运动一边的官员，也有盖兰（罗芒的法官）和格勒诺布尔高等法院那样以剿灭民众的造反为快的法官。这恰好说明，第四等级（司法）处在第三等级（许多司法人员来自第三等级）和第二等级（贵族，许多司法官员最终都因成为新贵族而成为第二等级）的夹缝之中，被这两个等级来回拉扯，成为它们争取的对象。维埃纳的资产者以及司法官员为什么觉得他们与第三等级资产者之间的距离，小于他们与贵族之间的距离，蒙特利马尔尤其是维埃纳的特殊状况大概可以对此提供解释，维埃纳并未发生过圣-巴特洛缪之夜那样的惨剧（在这一点上维埃纳与罗芒不同），况且手工业的重要性在维埃纳比较低。与之相反，罗芒当地的“精英”在圣-巴特洛缪之夜已经双手沾满了胡格诺派的鲜血，这些精英与当地人数众多的工匠抗争派的关系相当恶劣，所以，这些精英自然而然地倒向天主教极端派，也就是在1792—1793年间人们所说的贵族。

[1] 关于科拉的晚年，参阅科拉：《雅克·科拉》；科斯东男爵：《蒙特利马尔史》；布兰-杜朗：《多菲内人物志》(Brun Durand, *Biographie du Dauphiné*)。

第五章　1579 年:球王塞尔弗的首届狂欢节

从本章开始,我要讲述的骚乱发生在罗芒地区。 109

让罗芒地区农民担忧的不只是饥馑和战乱之类的天灾人祸,两年前又有一些不祥之兆让他们忧心忡忡,况且这些并非仅仅只有象征性。1577 年 11 月 8 日,出现在新月之夜的一颗彗星,像星星那样追随着月亮,在初升的旭日衬映下,熠熠生辉,彗尾长达 2 图瓦兹[1](皮耶蒙,第 56 页)连续一个月之久,这颗彗星夜夜出现在天际,只是亮度逐渐减弱。此事非同小可,众人都认为是不祥之兆,就连里昂的居民也惴惴不安。一个名叫弗朗索瓦·容克丹的人乘机在里昂一家书商出版了一本八开本的小册子,全书仅有 16 页,书名是《彗星将会带来什么威胁? 1577 年 11 月 12 日出现的这颗彗星至今依然可以在里昂和其他地方看到》。更糟的是,从 1577 年年末至 1578 年年初的这个冬季降雪量特大,而且直到 1578 年 4 月才开始彻底融解。致命的低温后果严重,核桃树和葡萄树都结冰上冻,核桃油大量减产,不由得令人为即将到来的葡萄收获量捏一把汗(瞎操心?)。于是,所有这一切都被视为厄运即将

① Toise,法国古代长度单位,约合 1.9 米。——译者

到来的前兆。这是灾难即将到来的警告和预兆，上帝要用造反、打仗、瘟疫、饥馑和其他灾祸来惩罚老百姓。

在接下来的那个夏季，好奇心强烈的聪明人又发现了一些令人不安的征兆，1578 年 8 月，樱桃树、李子树、苹果树和核桃树上
110 出现了蛇的图形。加上其他一些征兆，搅得老百姓一个个惊恐万状。有人说，鸡蛋和鲱鱼里都有小蛇。（皮耶蒙，第 62 页）有些人便再也不吃鸡蛋和鲱鱼……

不过，1578 农业年丝毫没有受灾，冬季寒冷，夏季炎热干燥，这种气候条件非常有利于小麦生长，对葡萄酒生产很合适，至少对于那些在 4 月份解冻后结蕊的葡萄没有害处。与当初悲观的预计相反，当年的谷物和葡萄酒产量都还可以，质量不错，价格不算高。葡萄酒 1 苏一桶，小麦 6 弗洛林 1 塞蒂耶[①]。只有水果让人窝心，因为干旱导致害虫旺发。

风调雨顺带来了一年的好收成，可是这不够，还得卖得好。麻烦偏偏出在这里。1577 年国王在普瓦提埃颁布了和解敕令，但是，1578 年罗芒地区的匪患依然相当严重。商人遭到攻击，伊泽尔河两岸的牲畜交易被迫中断。（皮耶蒙，第 62 页）货币流通很不顺畅，旨在制止通货膨胀的 1577 年 9 月敕令严格规定：1 埃居等于 1 图尔利弗尔，即 60 苏。若是局势平静，和平已经实现，来自墨西哥的西班牙银矿的白银肯定会对经济起到一定的刺激作用。可是，罗芒地区在持续动乱的条件下，无论国王的敕令还是来自墨西哥的白银，都无法充分发挥其应有的良好效用。

---

① setier，法国古代容量单位，约合 100—300 升。——译者

罗芒地区的民怨越积越深，联会运动因而得到强有力的支持，就地方而言，运动首先开始于马尔萨村的克莱里欧男爵领地，这个乡村教区的农民中有一部分人是新教徒，他们曾经受到罗芒司法机构组织的反新教迫害，罗芒的司法机构也对农村地区实施管辖。

血债要用血来还。在上一次战争中，马尔萨的一些新教徒被罗芒法庭判处死刑，村子里逃过一劫的家属们亟欲复仇，他们要让城里的官员为死者偿命，这是一种流传在乡间的习俗，往往是引发起义的缘由。

法官安托万·盖兰从一开始就首当其冲，因为凡是罗芒法院
的决定，他都是首要负责人。从此时直到罗芒狂欢节结束，这位重 111
要人物始终处在第一线。此外，马尔萨的反领主情绪十分激昂，如
同罗芒以北地区的所有农民一样。

起义发端于马尔萨，造反的教区很快就随之响应。首次大集会的参加者中，包括来自马尔萨的人和来自另一个名叫尚特梅勒地方的人，附近若干村庄的大量穷鬼应声前来参加大集会。（盖兰，第 30 页）

盖兰笔下的穷鬼二字告诉我们，大集会的参与者中有一批身处边缘的极端分子，他们并不能代表包括自耕农和为他人干活的长工和短工在内的农民的整体。另一方面，乡村中的胡格诺派虽然从一开始就与起义有涉，但并不等于这就是社会边缘人物的起义。恰恰相反，从 16 世纪开始，农村中的胡格诺派通常来自比较富裕的农民家庭。实际上，农村居民及其正常的政治机制（选任的执政官……此时或许已经被更富有生气的斗士所取代，他们抓住这个机会占据执政机构）从一开始就参加农村起义。这种造反与

那种暴力的“札克雷”相距甚远，札克雷通常具有贬义，指的是一群胡作非为的农民的起义。农村的政权组织开始很可能参与了起义，只是不能肯定，但在随后的日子里，则肯定参与了。盖兰指出，第一次大集会于 1579 年 1 月举行后，接着又先后举行了多次，方圆六法里以内的大多数村民都前来参加这几次大集会。（盖兰，第 30 页）这里所说的“大多数”是就民主意义上说的“多数”。盖兰把起义者说成是一小撮，对他们毫不客气，既然他说是“大多数”，那绝对不会错，肯定就是大多数。由此可见，农村民主确实存在。13 个月之后，公证人厄斯塔什·皮耶蒙在讲述罗芒狂欢节最终发生的屠杀事件时说，在罗芒四周，人们听到这个消息后，来自许多农村的一千五百来人迅速聚集起来，手持武器赶了过来。（皮耶蒙，第 89 页）

112 这次，农村的正规机构的表现与其身份相符，纷纷前来支援罗芒的农民群众。此次农民起义从一开始就包含着某些民俗成分，头几次群众集会是在 1579 年 1 月（盖兰，第 30 页），也就是说，那时即使尚未进入狂欢节时期，至少也应该说是狂欢节的节前时期了。在多菲内，从 1 月 6 日的三王来朝日开始，就会显现各种吉祥的征兆。[①] 马尔萨、尚特梅勒以及其他地方的村民大聚会是以同属一个 reynage 的名义举行的，reynage 是普罗旺斯方言中的一个

① 范热纳普：《法国民俗手册……》（Van Gennep, *Manuel de folklore français, ses Rites de passage et les Dossiers V. G.. conservés au Musée des Arts et traditions populaires*），狂欢节–封斋期卷。

词,其含义相当于法语中的royaume,即王国。夸纳尔说,[1]狂欢节期间要比武,比武中的优胜者将被宣布为青年王,由他领导青年直至下一年的狂欢节。这个说法可信吗?可以肯定的是,在马尔萨和尚特梅勒,起义者首次聚集的时间是在冬季比赛时节,参加比赛的是已达当兵和参与体育比赛年龄的青年。每年的比赛结束前,都要选出一位三王来朝节愚人王或狂欢节愚人王。天主教会对于在比赛中使用的各种仪式,担负起重要责任。

这场既戏谑又严肃和神圣的活动,从开始形成机制到配备轻武器(在起义的起始阶段还谈不上配备大炮)只有一步之遥,所以很快就跨过去了。离罗芒不远的圣艾蒂安-昂富雷既有兵器制造所,还有铁矿、煤矿,那里的铁匠干活就像不要命的魔鬼一样,挥动铁锤砸在铁砧上,把一把把利剑、一顶顶头盔和一支支火枪……打造出来。商人们高高兴兴地把兵器和其他军用器材贩运到罗芒,罗芒也算是一个首府,这里的种田人并不都缺钱,花点钱把自己武装起来,他们还是愿意的。富雷的铁匠和制造兵器的工匠把大量武器运到罗芒,罗芒的村民于是开始装备自己。(盖兰,第30页)

正在准备的这场农民战争,将在方圆六法里范围内进行,殃及的村庄多达100个左右,总面积约为1 800平方公里,相当于今日法国总面积的0.3%。据盖兰说,为此次战争而征召的火枪手多达14 000人,此话或许言过其实。(盖兰,第34页)这是一场规模相当大的农民战争,在此后漫长的17世纪中,法国还打了好几场,

① 夸纳尔:《唐森·盖兰家族》(Ch. Coynard, *Les Guérin de Tencin*),第26页;参阅本书第八章。

且不说此后的 20 世纪在阿尔及利亚和中国……还发生过更为波澜壮阔的农民战争。

113 购置武器预示着开战在即。起义第一仗在起义中心马尔萨村打响，攻击对象是国王的军队。国王军队的民愤很大，他们确实干了不少坏事，尽管其中有些或许只是传闻。起义发动时，村中教堂的钟声大作，富有阿尔卑斯山区和瑞士民间特色的木制喇叭吹响。[①] 此次起义在一队轻骑兵途经此地之时爆发。米尔的领主、昂布兰督军让·德布尔隆率领的这支轻骑兵，在开往弗兰德尔途中经过马尔萨，遭到农民猛烈袭击，多名士兵和数匹军马被杀，队伍乱作一团，慌忙逃进安茹夫人的亚西欧邸堡。（盖兰，第 31 页）过了一段时间，德布尔隆带领他的人马撤到里昂地区。农民联会在混战中夺取了不少武器和马匹，为分配这些战利品，甚至发生了争吵：在分配从轻骑兵手中夺来的战利品时，联会内部发生争执，有人甚至忿而离去。

很快就重归于好后，联会紧接着再次展开行动。攻击目标与上次那支轻骑兵不可同日而语，这次的目标是普罗旺斯省督率领的队伍，这位省督是亨利二世的私生子、后来死在阿尔托维蒂手里的法国大教士。[②] 这位大人物虽然是个私生子，但身上毕竟流着国王的血脉，可是，起义农民们全然不管这些，对他毫无敬畏之心，照样猛烈攻击。这支队伍中有不少出身贵族的官兵，他们尽力对农民展示善意，承诺以双倍价格购买农民提供的物资，试图借此停

① 我在沙莫尼博物馆见到过瑞士牧人使用的号角，这是一种圆锥筒形的木制喇叭，筒身长约 40 厘米，有的筒身上有用以加固的铁箍，筒身两头有孔。

② 关于此人，参阅巴黎国立图书馆抄本部藏品，ms. fs. 15561，f°185。

息农民队伍的进攻;但是,他们这些话说得太晚了,在起义农民的嬉笑怒骂和联会会众的义正词严的规劝下,大教士的队伍被迫从小路撤走。(盖兰,第31页)

直到1579年1月,至少在罗芒地区,形势尚在可控范围之内。114
部分乡村地区已经揭竿而起,只是声势并不大。处在附近农村包围下的罗芒城却依旧听命于国王陛下。无名的恐惧此时已经弥漫在这个城市中的显贵、乡绅和司法官员中间。这些享有特权的上层人物指望着,在大火烧旺之前,尽快以杀一儆百的手段,警告这些犯上作乱的暴民们;以此聊以自慰。可是显然已经太晚了,在这类情势下总是太晚。胡格诺派虽然是少数派,但也在一个似是而非的借口下蠢蠢欲动,只要有需要,哪怕只是轻微的需要,胡格诺派也不轻易放弃努力,设法把城市与农村连接起来。再说,农民每周乃至每天都要到罗芒城里去,或是赶集,或是到市场上去出售自己的牲畜和谷物;在公共广场上,小店铺里,小饭店里,酒桶边上,总是熙熙攘攘,人声喧嚣。农民起义对于城市里忿忿不平的小老百姓具有传染性,何况蒙特利马尔地区的市民骚动,若干时间以来日趋严重,此事似乎也在提醒罗芒市民。罗芒特别引人注目的一个特点是农村引爆了城市,而不是相反。直到起义最终失败,在罗芒始终是农村引领城市,要知道,罗芒城里有大量属于第三等级的自耕农。

不满现状的市民有许多是织毯匠、梳毛匠,这不奇怪,罗芒是一个纺织业城市,这些工匠自然很多。罗芒接连不断遭受经济危机,导致城市人口自1560年(内战初期)以后逐渐下降,工匠们因此而对时局更加敏感。男人们提高了对政治的关注度,考虑是否

应该发动地区性乃至全国性的抗议运动；妇女们则依然保持缄默。

手工业界情况比较复杂。从经济方面看，手工业界被控制在若干大商人（原料供应商、成品收购商）手中，他们倾向于支持秩序派。[1] 为数众多的工匠师傅，靠自己的家庭作坊和店铺为生，规模虽小，却颇感自豪。伙计是真正的无产者或“前无产者”。

115 资料清晰地表明，在城市里带头游行示威，率先揭竿而起的是工匠师傅，有时候还能带动他们所雇佣的伙计。对于胡格诺派的宣传，他们早在 20 年前就表示可以接受。1560 年前后，最早举杯哼唱马洛的《诗篇》的那些人，*就是罗芒和图卢兹的梳毛匠；最早传播“加尔文垃圾”的也是这些梳毛匠。罗芒其他行业的工匠和机器修理匠始终与他们保持一致，有时候很快就加入他们挑起的骚乱；支持他们的还有来自远近的外来户和移民，这些人来到罗芒是为了找活干，而他们所从事的通常是罗芒人不愿意干的脏活和累活。当地的显贵对他们毫无同情怜悯可言，他们当然也对显贵们极为不满，所以，煽动性的话语他们很能听得进去。在 1579 年 2 月的关键日子里，这批外来户就像一堆干柴，一点就着，接着便燃起熊熊大火。城里的大火迅速蔓延到乡间，村民们大受鼓舞，胆子一下子壮了许多，过去连想都不敢想的事，现在都敢干了。（盖兰，第 32 页）

在罗芒，一切始于 1579 年 2 月 3 日，那天是圣布莱兹节。罗芒是个大量生产毛毯的城市，而圣布莱兹是织毯的祖师爷，所以圣

[1] 参见本书第七章。

* 《诗篇》是《圣经·旧约全书》的组成部分。公元 15 世纪，法国著名诗人克莱芒·马洛（Clément Marot）用诗句改写《诗篇》，由此开启了胡格诺派的经典《圣诗集》的编辑和成书历史。哼唱《诗篇》者必定是新教信徒或新教支持者。——译者

布莱兹节也就是织毯节。罗芒织毯业的从业人员以及其他手工业者,在这一天共同举行集会,庆祝自己的节日。罗芒城里从事这个行业的人非常多,不但集会的规模很大,还举行了一个武装游行。就像往常一样,在这个一年一度的节日里,还选出了一位民团大队长,选定了一个徽标。直到此时,一切都很正常,没有任何违规出格的举动。节日盛况空前,吸引了许多农民前来参与和观赏,这都很正常。罗芒城里大约有二三十个富裕织毯匠,他们是这个行业中的上层人物,此外还有大量中小织毯匠和伙计。梳毛匠与织毯匠关系密切,因为他们使用的原料都是羊毛。节日大集会随后变成了武装游行。参加游行必须携带武器,罗芒的同业公会因袭中世纪行会的惯例,都拥有携带武器的权利,至少有权要求携带武器。在这方面他们与农民组织不同,农民通常不享有佩剑和携带火枪的特权。如果确有需要,他们可以向来自圣艾蒂安的商人购买一些刀具。

把大集会定在圣布莱兹节(2 月 3 日)这一天,在民俗方面是 116
有讲究的。盖涅贝先生在他那部充满想象的佳作中指出,圣布莱兹是个熊一样的人,是放屁能手;熊在每年的 2 月(2 月 2 日圣烛节)走出冬眠的洞穴,圣布莱兹节则标志着严冬已经结束,万物即将复苏。熊没有别的本事,它用以庆祝春天到来的手段只有一种,那就是放一个响屁。这样说可能有些离题,且让我们看看范热纳普是怎么说的。[①] 他认为,在阿尔卑斯地区的山民眼里,圣布莱兹

① 范热纳普:《多菲内人和萨瓦人对圣布莱兹的崇敬》(Van Geneep,*Le culte de Saint-Blaise en Dauphiné et Savoie*),载《人类学和民间传统评论》(*Revue de l'éthnographie et des traditions populaires*),第 5 卷,1924 年,第 136—148 页。

是一个神，主司纺织、农耕、肥沃和音乐。据说他曾遭受残酷的迫害，被铁爪、梳子和梳毛板刮得遍体鳞伤。所以，梳毛匠把他视为祖师爷并不令人吃惊，与梳毛匠关系密切的织毯匠于是也照此办理……他们把圣布莱兹节定为起事之日。

除了织毯业的从业者之外，种田人和农业工人也把人气甚高的圣布莱兹视为自己的保护神，一旦发生“扰乱公共秩序”的事端，这些人绝不会置身事外。在多菲内、萨瓦和下阿尔卑斯地区，大家在圣布莱兹节那天做弥撒，祈求丰收，为春天播撒的种子祈福（参阅下面关于1580年罗芒人跳连枷舞的记述）。种田人和牧牛人围着一张又一张的长桌吃带有十字标记的面包，然后拿着插花的松枝，排着长队献给圣布莱兹的雕像。土地的肥沃程度[①]与夫妇的生育能力相关，圣布莱兹向恭恭敬敬地为他祈祷的姑娘们眨眨眼睛，姑娘们向他献上供品，作为回报，他让每个姑娘喝一大口葡萄酒，来年还要给每个姑娘送来一个俊俏的小伙子。在医疗方面，圣布莱兹是治疗喉炎和咽炎的高手，擅长疏通咽喉的气流。谁播种风，谁收获风暴。对于罗芒人来说，圣布莱兹既然是生命之神，当然也是死亡之神。主管掩埋亡人的圣灵社奉他为祖师爷；[②]圣灵社位于罗芒的东部平民区，以圣富瓦教堂为依托，1580年起义失败后，圣灵社坚定地站在起义者一边。所有圣徒都是劳动者的好朋友，因为每个以圣徒命名的节日都是休息日。所以，圣布莱兹也

① 关于多菲内地区2月份和3月份与农业相关的节日，参阅皮洛·德·托雷《多菲内人的习俗和节日……》(Pilot de Thorey, *Usages, fêtes...en Dauphiné*)格勒诺布尔，1882，第136页及以下。

② 范热纳普，前引文。

是起义者的同志。

*　　　　　　*

1579 年的圣布莱兹节像是一个举行军事检阅的日子，同时还 117
呈现出一番民众节日或闹王国的气象。随后还有一项堪称大胆的新活动，工匠们要在节日里为织毯匠的民团选出一个团总，他们大概还推举了一位“国王”，以便庆贺他们自己的“王国”；不但如此，他们还要让他们的政治领袖登上王位！除了惯常的选举（选出团总）之外，他们还选出一位领袖，不是让这位领袖替他们个人做些什么，而是要他担负起让人民得到安宁和减轻痛苦的责任。（盖兰，第 32 页）

公证人皮耶蒙记述了 1579 年 2 月举行的这次选举。[1] 皮耶蒙的记述直截了当。据他说，参与这次选举的不只是织毯匠，还有罗芒的其他普通百姓，换句话说，很可能是一大群来自各个行业的工匠，说不定其中还有农民；来到城里参与集会的那些人，有的是应各自所属的行会之召而来，有的与行会没有关系，是自己主动来的。

荣幸当选的是团总让・塞尔弗，外号球王。据厄斯塔什・皮耶蒙说，塞尔弗是蒙米赖人。[2] 这就是说，塞尔弗即使并非农家子弟，至少也自幼生活在农村，青年时代才来到城市里。这种背景使

① 据匿名者（盖兰）记载，这一天是 1579 年 2 月 9 日。据皮耶蒙公布的一份文件记载，这一天是 1579 年 2 月 10 日。托梅・德・迈松纳夫则称，依据盖兰的记载，这一天是 1579 年 2 月 11 日。迈松纳夫显然搞错了。《德龙省考古和统计学会学报》，1943—1945 年，第 164 页。

② 皮耶蒙：《回忆录》，第 65 页。皮耶蒙有个亲戚，名叫纪尧姆・皮耶蒙，大家都用地名称呼他，叫他蒙米赖。（罗芒市档案，CC 92，1578 年税务卷宗，第 3 等，f°16 v°）

他有别于那些以自己是城里人为荣的显贵精英。不过，球王后来当上了织毯师傅，这就是说，他在自己选定落脚的罗芒混出了模样，有了一定的社会地位。

他的名气绝非仅仅因为他的本行干得不错，更因为他在体育和军事上都很出色。1575 年 9 月，让·塞尔弗与一批自称胡格诺派的不三不四的人干了一仗，[①]他中弹负伤。1579 年年初，也就是
118 刚才谈到的圣布莱兹节之前，拥戴他的人把他推举为“火枪王”。这个头衔是否表明他的枪法娴熟，百发百中呢？罗芒的火枪射击比赛由来已久，是从早年以鸟形箭靶为目标的射箭比赛演变而来的，罗芒的这项比赛在气候宜人的 5 月举行，有时也放在 1 月 20 日圣塞巴斯蒂安节举行，因为圣塞巴斯蒂安是中箭而死的圣徒，又是防范黑死病的保护神。过去用箭，现在用子弹，这一天的比赛是射高高挂在柱子上的一只鸟、一块木头、一块肉或一块土疙瘩。射击比赛为罗芒人提供了一个社交机会和场所，既具有军事性质，又具有宗教和民俗性质。在瓦朗斯和罗芒这两个城市之间展开的这项比赛，体现了一种体育竞赛的精神，也是一次军事实力的检视，这对于内战时期两个城市的结盟应该说相当珍贵。[②] 球王因火枪而闻名，他曾被击中，却又是优秀射手。不过在后来发生的一系列事件中，他却并不热衷于打仗。尽管如此，他毕竟是当地

① 布兰-杜朗：《多菲内人物志》，第 349 页。

② 皮洛·德·托雷：《多菲内人的习俗和节日……》，第 12 页。请对比阿居隆：《埃克斯的火枪技艺……》(Maurice Agulhon, *Jeu d'Arquebuse à Aix*...)。还可参阅罗芒的射击比赛，罗芒市档案，BB 23，1611 年 6 月 12 日，1612 年 3 月 25 日；BB 24，1614 年 4 月 28 日，BB 27，1628 年 4 月 1 日等。瓦朗斯市档案，BB9，1579 年 7 月 13 日：参加罗芒射击比赛的火枪手对瓦朗斯的访问。

的一员体育健将，网球打得非常棒，故而获得了球王这个外号，这对他来说是实至名归；大家都管他叫球王，久而久之，他的真名塞尔弗竟然被人遗忘了。

让·塞尔弗本是来自农村的一个小青年，在罗芒几经闯荡，当上了织毯师傅和商人，他取得了令人刮目相看的社会地位。他的惊人之举首先是在 1560 年娶安托瓦奈特·托梅为妻，当年 2 月 27 日举行婚礼。托梅家族颇有来头，其家族成员原先以经商为业，后来成为司法官员，在整个 16 世纪的罗芒法院以及格勒诺布尔高等法院中都担任过重要职务。[1] 在罗芒狂欢节中，托梅家一位最负盛名的成员与球王塞尔弗产生了小小的对立……婚后不久，妻子安托瓦奈特不幸夭亡，留下一个女儿，小名莫尼伊。1562 年 11 月 20 日，球王第二次结婚，新娘玛格丽特也出自名门，是罗芒的资产者鲁瓦隆家的千金。[2]

从税单来看，球王并非富翁，当然也不是穷人。[3] 罗芒的工匠特别是织毯匠们之所以如此抬举他，除了他有体育天赋，既是球王
又是火枪好手之外，更因为在 45 岁上，他就成了手工业从业人员 119
中最出色和影响最大的人之一，他在平民百姓中人缘颇好，与上层社会的关系也相当不错。

球王的威望以及他的领袖素质不但为罗芒市民所赏识，而且越出城墙，为农村和邻近的城市居民所认可……盖兰也不无遗憾

① 托梅·德·迈松纳夫发表在《德龙省考古和统计学会学报》，1943—1945 年，第 18 卷第 219 页上的文章，第 223—224 页。

② 布兰-杜朗：《多菲内人物志》，第 350 页。

③ 参阅本书第六章。

地承认塞尔弗在乡村和郊区的影响。他就此写道：他通过公开结盟和秘密结社吸引了瓦朗斯城里的一批居民，从而在瓦朗斯公民中间制造了分裂；他还吸引了罗芒郊区的村民，利用自己的声望在伐鲁瓦尔招募了一万四千多名火枪手，为他们配备武器……（盖兰，第34页）1579年7月8日，途经罗芒的卡特琳娜·德·梅迪奇，也领教了塞尔弗的声望之大。她在当天写给她的儿子亨利三世的信中说：他们那个外号球王的团总是个毛毯商，他在此地的联会中享有极高威望，他只要一句话，整个罗芒及其近郊就会应声而动。

敌对方对球王的评论是：此人之恶劣和粗野无法想象。（盖兰，第33页）一个极端无礼之徒，对王太后毫无敬畏之心，总之，他是一个没有教养的臭小子，一个恣意妄为的无赖，跟狂欢节上假扮的野人和熊一模一样。

还有人说，他是被人操纵的，看似威风凛凛，其实只是一个弄臣而已，只配当个小丑。他的敌手还说，他自己没有任何主意，只会照主子的意图行事。当然，这些都是用来攻击民众领袖的陈词滥调。

实际上，球王是个敢说敢干的人，他既然肩负如此的重要职务，当然就应该这样。不过，一些毋庸置疑的事实表明，他在一些紧要时刻的表现却又比较温和，甚至温和得过头，有时候还犹豫不决，这与盖兰对他的描述很不一样，据盖兰说，他是一个粗鲁和暴
120 烈的汉子。至于有人所说的在幕后控制或操纵他，把他当作傀儡耍弄的那些主子，没有任何证据能证实这些人确实存在。有一点倒确实并非流言蜚语，而且盖兰就此所说的那些若明若暗的话也

基本与事实相符，那就是，球王在多菲内省内各地，包括格勒诺布尔、瓦朗斯和蒙特利马尔，都拥有广泛的人脉，得到许多人的同情和支持。在罗芒的东北方、东方和南方，他与胡格诺派的交情使他得以和里昂地区的新教核心分子保持着不错的关系，（皮耶蒙，第65页）尤其是尚索尔、特里埃伏、某些男爵领地、瓦朗斯的某些地区、迪城和加普（莱迪吉埃在那里是天下无敌的）的新教据点，总而言之，在天主教受到迫害、神职人员的财产和收入被加尔文派分子强行夺走的阿尔卑斯山区小地方，塞尔弗更是如鱼得水。[①]

*　　　　　　*

在盖兰笔下，塞尔弗"掌权"初期的情况令人毛骨悚然。他开始掌权便无法无天，畜牲不如，没有一人不怕他。（盖兰，第34页）有人说他恣意破坏市政厅，搞了一次"雾月十八日"政变。一开始，他就闯进罗芒市议会大厅，召开市议会，把原来担任市议员的上流人士统统赶走，换成追随他的那些乌七八糟的人，让这些家伙坐在市议会的议席上，就好比鞋匠当了最高法院院长一样。（盖兰，第34页）这段话中提及的"鞋匠"、"上流人士"、"高等法院院长"并非随便说说，而是确有其人，这些人分属两类，一类是织毯匠、皮革匠之类的工匠，另一类则是有教养的人，他们小心翼翼地聚集在由法官、官员、贵族、富有的资产者、殷实的不动产拥有者和大商人所组成的核心周围。总之，一边是小生意人，一边是显贵。当然，罗芒公民当中也有一部分工匠和农民并不追随那些自称与他们同属一

① 所有这些记述所据均为皮耶蒙《回忆录》第65页和罗曼《卡特琳娜·德·梅迪奇在多菲内》(J. Roman, *Chaterine de Médici en Dauphiné*)，第7页。

个社会阶层的领头人，他们基于帮派观念，继续消极地支持控制着城市管理权的显贵集团。

对于塞尔弗的革命活动或者说抗争活动，厄斯塔什·皮耶蒙
121 虽然不像盖兰那样强烈反对和敌视，但是态度与盖兰一样明确，毫不含糊。关于1579年2月事件，皮耶蒙是这样说的：老百姓把球王选为团总……从把守城门的卫士和团总安托万·科斯特以及其他负责守城的显贵们手中把钥匙取走。（皮耶蒙，第65页）

皮耶蒙还说，罗芒百姓还解除了若干上层人物的职务，尤其是在战略上对该城负有责任的那些人，诸如执政官、执政官任命的守卫城门的提督；据皮耶蒙说，两相对比，瓦朗斯的情况略有不同，那里的联会会众虽然也相当粗暴无礼，该城资产者的精英元老却保住了他们的职位。（皮耶蒙，第65页）这就是说，瓦朗斯民众比较温和，不像罗芒的民众那样咄咄逼人。

1579年2月10日，在罗芒市政厅的一个大厅中，民众与市政当局发生了第一次面对面的冲突。这是一次吵吵嚷嚷的常规答询会，由市政官员接待对市政当局有意见的民众。那天到场的民众多达一千余人。来到法官先生和执政官先生们面前的民众，包括工匠和种田人在内，至少也有一千多人。[①] 大厅容纳不下一千人，好几百人只得站在大厅外面的大街上。罗芒全城的青年和成年男子最多不超过两千人，来到会场的一千人自然是比例很高了，可见参与之广泛绝非一般，这说明，百姓积怨甚多，同时也说明民众的

① 皮耶蒙：《回忆录》，第65页，摘自1579年2月10日罗芒市政会议记录中的注解（已佚）。

组织程度很高。文献表明，民怨主要来自工匠，也来自“城市农民”，正如我们所知，这些人在罗芒全部人口中的比例超过三分之一。参加游行示威的多个人群要求，在省三级会议下次会议（1579 年 4—5 月）召开之前，按规定从 1 月 3 日开始每户应缴的直接税 15 埃居，连同增补的 3 埃居，应该暂停征收。[1] 这项 15 埃居直接 122
税点激起了城市居民的愤怒，点燃了民众骚乱的导火索。[2] 罗芒人在抗税和抗争这一点上，与多菲内省其余地方的民众完全一致。示威者们强烈要求，此前规定的直接税（有人说是 18 埃居，有人说是 6 埃居或 7 埃居）应该缓缴，到 7 月 18 日再予以考虑。在群众运动中，伙计和小工是工匠和小老板的脊梁骨，这四类人有一个特殊要求，那就是：“大家希望，罗芒生产的商品不再缴纳特别税。[3]”（特别税是市政当局对各类产品征收的税。）他们这一特殊要求并未被忽视。总之，税制必须改变，罗芒的生产者不能再眼睁睁地看着自己的劳动成果全都变成各种各样的税。1579 年 11 月，罗芒的面包铺和肉铺也举行罢市，抗议对面包、牲畜和肉类增收间接税。在三个月之后的 1580 年 2 月爆发的罗芒狂欢节大起义中，屠

[1] 这段记述来自托梅·德·迈松纳夫《德龙省考古和统计学会学报》，1943—1945 年，第 18 卷，第 218 页。登录在 1582 年罗芒直接税税册上的纳税人为 1335（罗芒市档案，CC93），其中农民为 484 人。这个数字有助于我们理解，罗芒的抗议运动为何最终通过农民的民俗活动得以表达，而不是通过新教徒工匠来表达。

[2] 皮耶蒙：《回忆录》，第 65 页，页间注释，摘自 1579 年 2 月 10 日罗芒税册 BB（已佚）。

[3] 参阅托梅·德·迈松纳夫：《德龙省考古和统计学会学报》，1943—1945 年，第 18 卷，第 218 页。

宰户若弗鲁瓦·弗勒尔就是领头人之一。[①]

罗芒这样一个小城的革命，发生在相互熟识的人们之间，彼此之间的仇恨激烈、炽热，而且是个人对个人的。某些平民所怀有的仇恨是弱者对强者的仇恨，远比简单而又抽象的“阶级意识”具体得多。弱者的仇恨指向那些依仗权势对公共财政做手脚的富人。上千个愤愤不平的市民于是提出要求，由市议会书记员记录的这项要求是这样的：“对1564年至今的公共开支重新查账，参与查账
123 的人应由公众选出，借以制止对穷人的压迫。”[②]这里提到的1564年，恰好就是安托万·盖兰开始以他的法官身份统治罗芒的时候……

负责预算的地方官员受到渎职指控，并非罗芒才有。格勒诺布尔的“大钱包”，也就是以欺诈为能事的财政官员以及其他大腹便便的官员、各类专员以及商人和包税人，总之，形形色色的贪官奸商把多菲内省的首府搞得乌烟瘴气，人人痛恨得咬牙切齿。这伙人当中有一个人尤为出格，此人便是圣安德烈。三级会议的财政总监塞巴斯蒂安·德·利奥纳写道[③]：人民抱怨财政管理得不好，谴责操弄财政的官员，全部或大部公帑进了格勒诺布尔三四个人的口袋，其中圣安德烈先生的口袋最大，此外还有一些专员和其他当地官员……(三级会议的专员们似乎也在地方财政中大捞好

① 罗芒市档案，FF，19；德龙省档案，E 3743(57)，1579年11月12日(罗芒市政会议记录，由范道仁提供)。另见本书第三章和第四章。

② 皮耶蒙：《回忆录》，第65—66页，摘自1579年2月10日罗芒市政会议记录中的注解。

③ 盖兰，第32页，注1。

处，参与分赃……）

尽管通货膨胀已经好几年乃至好几十年（为放债人带来了好运），多菲内省和各个城市以及各地的乡村，依然积累了巨额债务。有人以为，若能从财政大鳄手中收回资金，就可以用来偿还公共债务。（皮耶蒙，65页）该地区一些头脑发热的人声称，只要把圣安德烈先生的财产拿过来，把它卖掉，就可以还清部分债务……[①]由此不难想见，债务对于多菲内省来说，无疑是挥之不去的魔症。其实这不难理解，多菲内省背负的债务重压是5万埃居（15万利弗尔），每年要向债权人里昂银行家亨利家族支付14%的利息。[②]

降低国王和本市征收的税额，重新审查被官员们中饱私囊的本市预算、声讨格勒诺布尔和里昂的那些强盗一样的金融家……这些要求实在是再普通不过，再正当不过了，无非是民众的抱怨和牢骚而已，其实根本不会严重扰乱公共秩序……

在罗芒如同在其他地方一样，实现纳税平等和取消贵族免税 124
特权的要求被提了出来，特权享有者特别是其中的新贵族对此十分恼火。1579年2月4日，被激愤的民众弄得焦头烂额的罗芒执政官们竟然也挺身而出，抗议即将享受免税特权的罗芒人让·苏弗雷，此人被任命为额外所得税的收税官，他一旦当上这个小官，就能获得自动免税的特权。[③] 16世纪晚期的一段时间里，小安托万·德·马尼希厄的无理叫嚣一直响在罗芒人耳边。此人是当地

① 盖兰，第32页，注1。参阅本书第一章中有关布尔格的陈情书的记述。

② 罗曼：《卡特琳娜·德·梅迪奇在多菲内》，第9页；《伊泽尔省统计学会通报》，1890年，第316页。

③ 罗芒市档案，CC 491，(58)。

一个享有盛誉的贵族，他的先祖违背贵族不得经商的古制，不顾身份地做起了生意，就像教堂的塔尖把雷击引下来一样，马尼希厄因先祖经商而不得不纳税。他就此事说了下面这番话：我的先祖纪尧姆·德·马尼希厄生了 17 个孩子。他的儿子大安托万·德·马尼希厄不得不投身商业，否则就无法养活这许多弟弟。大安托万·德·马尼希厄的长子让·德·马尼希厄，竟然生了 25 个孩子！为了他众多的兄弟，让·德·马尼希厄只得继续经商。不过，我的父亲纪尧姆·德·马尼希厄为国王做事，一生高贵，就像我一样。[①] 小安托万为此还引用了亨利三世写于 1576 年的信件。于是，“我们马尼希厄家就不必纳税了……”由于政治地位的改变，马尼希厄家族由平民变成了贵族，这个家族原先缴纳的税就要由全体罗芒居民来负担了，我们完全可以想象，老百姓怎么能听之任之呢！何况，民众的要求往往引发街头游行，而街头游行往往如秩序派所愿，与起义相去不远。

“麻烦制造者”有一种武装自己的强烈倾向，因而他们的活动越发成为严重问题。他们没收了各个城门的钥匙，钥匙到手之后，他们在不阻挠行人进出的前提下，对城门严加控制。掌控城门的人可以制止盗匪和兵痞进城对民众实行劫掠和迫害，此外还有一点私心杂念，那就是可以借此与罗芒四周村民中的联会朋友建立联系。

125 毗邻的城市也正在酝酿起义。在瓦朗斯，为我们留下了一部《回忆录》的皮耶蒙对民众大加赞扬，称他们温而不火（皮耶蒙，第

① 罗芒市档案，FF 24；参阅罗芒市档案，FF10，FF 11，FF 15，FF 49。

65页）、头脑清醒，让这座城市中最重要的显贵人物保留在他们的职位上。皮耶蒙内心是联会的同情者，至少是其中温和派的支持者，那么他是否有意为瓦朗斯涂上一层玫瑰色呢？事实上，罗芒“事件”的最后一幕过去五天之后的1579年2月15日，瓦朗斯的形势开始严重恶化，只是尚未酿成悲剧而已。球王的密探潜入城里探听消息。（盖兰，第34页）罗芒郊外半法里处的阿尔邦磨房的磨坊主博尼奥尔，已经把局面牢牢控制在手中。

1579年2月爆发的瓦朗斯骚乱，与一支骑兵卫队驻扎在城里有关。[①] 多菲内省督军洛朗·德·莫吉隆麾下的这支卫队，除骑兵外，另配三个步兵连，分别由尚帕、拉巴斯蒂德和德特里奥尔指挥。且不说这支骑兵出于什么考虑驻扎在瓦朗斯，单是官兵时不时造成的祸害，就已经足以令瓦朗斯的老百姓十分恼火，何况这支队伍的维持费用还要由瓦朗斯百姓负担。1579年2月4日是罗芒人过完圣布莱兹节的第二天，狂欢节的前期热身从这一天就开始，瓦朗斯的执政官们委婉地向莫吉隆提出，请他把骑兵卫队撤离瓦朗斯城，移驻到一处能更好地为国王效力的地方去。[②] 他们的真实意思是：国王当然要好好侍奉，但不是在我们这里。执政官们在这种场合下的说辞有点虚伪，真正的原因是驻扎在瓦朗斯城里的是一支骑兵。瓦朗斯城街道狭窄，街面是黄土或石块，一年到头脏兮兮的，派步兵来驻守可能比较合适……说干就干，1579年2月15日，瓦朗斯城的部分居民（大概是第三等级中的工匠和种

① 瓦朗斯市档案，BB，1579年2月4日，第5页，注2。

② 罗曼：《卡特琳娜·德·梅迪奇在多菲内》，第57页。

126 田人），在磨坊主博尼奥尔的率领下行动起来，要把国王的军队赶出瓦朗斯。市民们请求农村联会支援，农民没让城里人失望。（盖兰，第35页）盖兰夸大其词，不怀好意地写道：农民的各个联会倾巢而出，对国王的士兵大开杀戒。

其实，根本没有发生任何滥杀事件。瓦朗斯城里的起义民众在农民的支援下，客客气气地把驻扎在城里（分别由莫吉隆、尚帕、拉巴斯蒂德和德特里奥尔指挥）的四个连队请出瓦朗斯。（皮耶蒙，第64页）只有一位指挥官试图抗拒，拉巴斯蒂德先生被要求撤出瓦朗斯，但他不愿意走。这回他可有好瞧的了，还好，不算太厉害…… 这可不是逞能的时候，他的胳膊被戟刺伤了。（皮耶蒙，第65页）这次小小的接触之后，国王的队伍全都撤走了。此后，城市就不再有军人驻守，全靠居民自卫了。“行动必然要付出代价。”

官兵们被赶出瓦朗斯之后，麻烦并未因此而了结。他们离开瓦朗斯地界后便分头行动。（盖兰，第35页）骑兵凭借事先准备的阵地且战且退，撤退途中必须借道罗芒，他们满心以为人员和马匹肯定能在罗芒得到粮草供应。（盖兰，第35页）罗芒的城门钥匙已经易手，这对他们来说实在太糟糕了，这些钥匙比任何时候更具有战略意义……盖兰为了向摄政王卡特琳娜·德·梅迪奇献媚，特地为她写了一份材料，编造罗芒人驱赶国王军队的故事，这份材料就像是在说笑话：“罗芒的叛乱分子残暴成性，迫使军队不得不从城外绕道而过。”盖兰的意思是说，罗芒的起义者不让军队进入罗芒，让他们在民众的嗤笑声中灰溜溜地绕城而过。起义者们不提供一口袋燕麦喂马，也不让士兵们喝一口葡萄酒解渴。可笑的是，起义者们一边骂着脏话，一边向骑兵挥舞他们的戟柄。这种以嘲

讽为礼和社会身份颠倒的状况，已经或多或少有了一些狂欢节的色彩，我们在下一年真正的狂欢节上将会看到，这种讽刺挖苦、主宾易位、尊卑颠倒的情况发展到了极致的程度。

罗芒人真实的“残暴”(?)并不血腥，仅发生在城墙之外。借助在乡下各个教区活动的线人，城里的起义者们让村民们敲响教堂的钟，莫吉隆的骑兵队伍顿时溃散得七零八落。(盖兰，第36页)从这时起，这支有不少官兵是贵族出身的骑兵队，被农民游击队打 127
得抱头鼠窜，幸好农民手下留情，官兵们才得以在教堂的钟声中作鸟兽散。骑兵们“化整为零”，各自逃命。他们被迫分散成许多小队，连夜赶路，而且专拣那些不熟悉的荒径小道。不知道走了多少冤枉路之后，这些累得上气不接下气的骑兵，终于在偏僻无人的地方发现了几所房子，于是停下来喘一口气，让他们的马匹也歇一会儿。

这次交手其实不值得一提，因为实际上并没有发生真正意义上的战斗，可是，它却是联会的第一场胜利。有一个细节颇能说明问题:莫吉隆的骑兵连里中有一位贵族出身士兵瓦兰，在离罗芒一公里处拥有一所庄园;起义农民不但不让他到自己的庄园去“凉快凉快”，还阻止他与佃户和仆役见面。(盖兰，第36页)这个细节以迂回曲折的方式，揭示了罗芒农民起义的反贵族色彩;这个特点此后更加突出，尤其在罗芒郊外的那些农民联会会众身上，所以说，替特权阶级种田的农民是否依附于特权阶级，是一个值得重新审视的问题。

*　　　　　　　　*

罗芒与瓦朗斯一样，1579年2月的形势处于半起义状态，谈判还在继续进行。罗芒的执政官们信守自己曾向示威者做出的承诺。他们派出一个代表去会见莫吉隆，向他递交市民和工匠的要求。2 月 13 日，莫吉隆以温和的语气做出书面回答，大意是："请带一位人民代表（你们中间的一位平民）一同来见我。现行纳税项目是我的前任戈尔德制定的，错不在我。我愿意让所有多菲内人都高高兴兴，我深深地热爱生活在这块土地上的人民，因为，四十多年来在这里主政的那个人就是我的父亲。"这封包含着一项正式承诺：目前不再对罗芒民众征任何税。[①]

128 王家督军莫吉隆只是多菲内地区的掌权者之一，并非始终是最重要的人物。最重要的决定是由格勒诺布尔的三级会议和高等法院作出的。由特权等级掌握的这两个机构忧心忡忡，担心罗芒的义民与占据着加普山区的莱迪吉埃手下的胡格诺派联手，与伐鲁瓦尔和下维埃纳的那些已经成为义民帮凶的农民联会并肩战斗。这种情况如果发展下去，就会造成严重后果：王权失控，多菲内的南部和西部落入抗争分子手中。

不管怎么说，发生在罗芒的意外事件令多菲内省的三级会议和省督助理措手不及，可是，对这股来自基层的运动采取强势反击的时刻尚未到来，因为此时正处于各地民情鼎沸之时。当局若是采取行动，反而可能招致反击，以至于一败涂地。三级会议的专员巴塞于是致函罗芒的执政官和居民，[②]他在这封写于 1579 年 2 月

① 德龙省档案，E 3744/2（1579 年 2 月 13 日）；托梅·德·迈松纳夫，《德龙省考古和统计学会学报》，1943—1945 年，第 221 页。请与刊登在《伊泽尔省统计学会通报》上的罗曼的文献对照，1890，文件 n°177—178。

② 德龙省档案，E3744（3）。

13 日的信中，语调温和地说道："我们亲眼看到贵市群情激昂……兹派米歇尔·托梅(原籍罗芒，时任格勒诺布尔高等法院执事)前往贵市，以贵市同乡身份带去老友之情谊……期以最佳方式纾缓形势。"

将托梅作为全权代表派往罗芒，以便把罗芒当局控制在正道上，这是个不错的主意。这位高等法院的使者是出身于罗芒的一个有名的家族，从这个 1484 年以来世代为官的家族，走出过法院院长、国王驻罗芒法院的检察官等大小官员。[1] 米歇尔·托梅本人长期积极参与以罗芒及其人民和资产者为一方，以他们的共同领主(另一位领主就是法国国王)、圣贝尔纳大教堂的教士为另一方的争斗。这场斗争以罗芒获胜告终，圣贝尔纳大教堂的教士们费尽心机，最后不得不向罗芒的资产者屈服。当罗芒的资产者面对的不再是教士，而是怒气冲冲的下层民众时，托梅·米歇尔对于自己的使命似乎胸有成竹。这位全权代表与义民领导人球王让·塞尔弗是姻亲。事实上，这位格勒诺布尔高等法院的官员来到故乡罗芒巡视，此事本身就像是在政治上率先取得的明显胜利。[2] 129
1579 年 2 月 16 日，罗芒市议会在市政厅的大议事堂欢迎这位全权代表，陪同他的是格勒诺布尔高等法院的另一位原籍罗芒的推事让·拉克鲁瓦，此人是本城一位铸币师傅的后代。在拉克鲁瓦和托梅身边，还有多菲内省三级会议的代表让·拉博以及安托万·盖兰。在以后的日子里，盖兰始终是罗芒显贵们的恶魔，屠杀平民

① 托梅·德·迈松纳夫，《德龙省考古和统计学会学报》，1943—1945 年，第 223 页，注 49；1941—1942 年，第 78—80 页。

② 同上，第 221 页，第 224 页。

百姓的恶棍。安托万·盖兰是罗芒法院的王家法官，也是天才的作家和历史学家；这是一个狡诈之徒，早在1572年的圣巴特洛缪之夜事件中，作为一个间接杀人犯，他的双手已经沾上了胡格诺派的鲜血。

当着格勒诺布尔派来的官员的面，罗芒市议会举行全体会议，四十来位议员和四位执政官出席会议，他们行使自己的权力，听取了米歇尔·托梅有关罗芒的长篇演说。

托梅的演说四平八稳，他为宗教战争带来的灾难痛心，称赞国王、莫吉隆、高等法院的善良意愿，说他们都想尽量减少税务负担带给人民的痛苦。他赞扬罗芒人彼此和谐的良好品德。他的最后几句了无新意的话竟然让听众们感动得热泪盈眶：*我的老家在罗芒，我出生在你们中间，我是你们的同乡，是你们中的一员。*

托梅堪称三百年后能说会道的农业促进会会员的前驱，他这番动人的言辞确实达到了他的目的，话音刚落，议会大厅里群情激动，为这位来自格勒诺布尔的演说家鼓掌喝彩。[①] 不过，托梅的演说还是遭到塞尔弗派的两位代表的反驳，一位是检察官安德烈·费里埃，一位是织毯匠纪尧姆·罗贝尔-布吕纳，他是织毯行会的利益的捍卫者，并与球王一起领导抗争运动。

在1579年2月那些动荡的日子里，政权不是在市政厅里，而
130 是在大街上，至少是同时存在于市政厅和大街上。*罗芒的官员们热情接待托梅，对他殷勤有加，可是，被托梅视为乱民的那些人却没有给他好脸看。他竭尽全力让民众回归正道……可是，这些反*

① 托梅·德·迈松纳夫：《罗芒史》。

叛分子却百般凌辱他,于是他不得不返回格勒诺布尔。(盖兰,第 36 页)除了开头略有成效,托梅的此番使命并无成就可言,这让盖兰感触颇深,就像阿尔卑斯山在他心中不再巍峨一般,他对制止骚乱不再抱有任何幻想:恰如无法阻止湍急的河流冲垮挡住去路的任何堡垒一样……失控的民众根本不理会米歇尔·托梅推事先生的忠告,他们已经无法自制了……

高等法院的尊严扫地,米歇尔·托梅内心装着乱民们泼在他身上的脏水,手中并没有什么具体的成果,悻悻地踏上了返回格勒诺布尔的归途。盖兰在后来的记述中也不掩饰他对米歇尔·托梅的鄙夷,在他看来,贵为高等法院法官的托梅,其实只是个懦夫…… 游戏在继续,在罗芒人之间继续,也在罗芒人与邻近的乡下人之间继续,这些乡下人的希望之火已经被联会点燃了。

托梅在罗芒期间毕竟还是促成了一项妥协,根据罗芒人民的要求,罗芒的司库以及经手该市财务的官员,必须就该市的财务状况提出一份报告。格勒诺布尔高等法院同意这项请求。(皮耶蒙,第 65 页)于是,罗芒和其他市镇就没完没了地查账,查账成了一个祸害,被乱民们利用来进行反贵族和反政府的宣传……罗芒的形势甚至因查账而紧张起来。随着形势变化,罗芒的有钱人在这个问题上分裂成若干派别,分别采取不同的对策。

其中一些有钱人极度气馁,因为他们看到,这支造反队伍[①]的胡作非为由于没有得到惩罚而日益壮大,司法当局缺乏足够的力

① 笔者在书中有时候借用出现在文献中的“造反”或“反叛”这类词,这些词虽然不能说不妥帖,但并不一定十分确切。

量惩治他们。这些气馁的上层人物于是选择外逃，至少也得出去
131 躲一躲。他们离开自己的城市，有的逃往格勒诺布尔，有的去往局势不像罗芒这样失控的地方，他们要换一换空气，无奈地等待着上帝的恩赐，让他们的城市恢复秩序。（盖兰，第 35 页）他们无可奈何地企盼着返回罗芒的那一天……

法官盖兰的一些家人选择出走，他和他们一样，与以塞尔弗为首的那伙人势不两立，只是与决定出走的那些人相比，盖兰更有政治头脑，也更有勇气。当他觉得自己实力雄厚时，他就变得更加残暴，绝不妥协。当下他所寻求的是调停，找出一个双方都能接受的方案……他对罗芒不弃不离的决心毋庸置疑，罗芒后来在 1586 年闹瘟疫，全城居民死了一半，就在那种情况下，他也没有当逃兵。

反叛队伍的粗暴行径让盖兰伤心，在他这位善良的圣徒看来，这支队伍根本就是一群乌合之众。（盖兰，第 35 页）这伙人不分白天黑夜，随时来到市政厅，来到科德里埃修道院里的大堂（这是一个宜于举行大型集会的场所）里，对市政厅的大小官员施加令人难以忍受的压力。盖兰亲眼见到了这些反叛者的霸道行径，这些家伙全都只说一句话，个个高声喊叫："我们要……"，盖兰对此十分无奈，没有任何办法改变这种状况。在这种如狂欢节一般的混乱嘈杂声中，根本无法通过相互沟通达成彼此理解，除非在这些人当中指定一个代表，有可能的话，此人应该比塞尔弗和善，并懂得节制。盖兰在一些显贵的帮助下，采用各种方法，兼以略施小计，力图从这伙人当中找出一位能代表他们说话的人来，借以操弄反叛者队伍，但未获成功。盖兰接受过拉丁文教育，大概还隐约记得罗马的保民官们如何为民请命，他认为，如能选出这样一个人，就能

在一片混乱之中改变群龙无首的老百姓七嘴八舌,甚至恶言相向的状况。尽管显贵们竭力试图加以引导,民众最终选出的又是一位织毯匠(上次选出也是一位织毯匠,即外号球王的塞尔弗),他便是本地人纪尧姆·罗贝尔-布吕纳。(织毯业行会在动员工匠方面,无论从哪个方面看,显然最负责任,最具影响力。)在盖兰看来,纪尧姆·罗贝尔-布吕纳头脑相当灵活,他若是把自己的才干用到正事上,肯定可以解决不少难题。换句话说,盖兰希望罗贝尔-布吕纳能够取代塞尔弗,充当盖兰与"下层"民众沟通和联系的桥梁。132
可惜,这个希望落空了。不过,他费尽心机想要达到的目的不久之后终于实现了,他找到了一位他所中意的民众领袖,此人便是塞尔弗以往的好友、搓线匠拉罗什。盖兰在布吕纳身上算是彻底失败了,这位织毯匠非但不去抑制阶级斗争,反而为这场斗争煽风点火,火上加油。

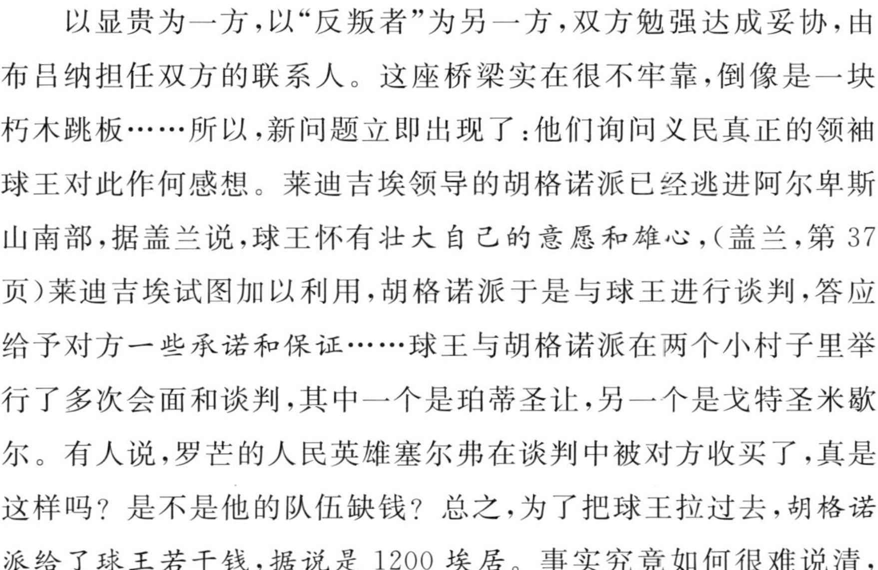

以显贵为一方,以"反叛者"为另一方,双方勉强达成妥协,由布吕纳担任双方的联系人。这座桥梁实在很不牢靠,倒像是一块朽木跳板……所以,新问题立即出现了:他们询问义民真正的领袖球王对此作何感想。莱迪吉埃领导的胡格诺派已经逃进阿尔卑斯山南部,据盖兰说,球王怀有壮大自己的意愿和雄心,(盖兰,第 37 页)莱迪吉埃试图加以利用,胡格诺派于是与球王进行谈判,答应给予对方一些承诺和保证……球王与胡格诺派在两个小村子里举行了多次会面和谈判,其中一个是珀蒂圣让,另一个是戈特圣米歇尔。有人说,罗芒的人民英雄塞尔弗在谈判中被对方收买了,真是这样吗?是不是他的队伍缺钱?总之,为了把球王拉过去,胡格诺派给了球王若干钱,据说是 1200 埃居。事实究竟如何很难说清,

不过，罗芒的天主教派显贵们纷纷传言，说他们的对手胡格诺派确实是这样干的。天主教派中的坚定分子乃至忠贞的天主教徒（这两类人并非一回事）对于胡格诺派的这笔交易非常担心，他们认为这是丢失罗芒的最有效方法。换句话说，来自日内瓦的胡格诺派以支援球王为幌子进据罗芒，从此成为该城的主人，最好的办法莫过于此。

本来已经相当混乱的形势因匪首拉普拉德的干预而变得更加复杂。① 人称拉普拉德大队长的安托万·德·拉萨勒，出生在罗芒近处的一个人脉广泛的家庭中，特里奥尔庄园主的夫人克洛蒂娅·德·拉萨勒是他的本家。拉普拉德年轻时皈依新教，后来在莱迪吉埃的队伍里当兵，与自称改革派的信徒们保持着良好的关
133 系。他早在1577年就离家当兵，既是兵也是匪，打家劫舍，拦路抢劫，只要拿得到钱，样样都干。1577年国王的和解敕令人误以为和平即将实现，拉普拉德也以为自己即将被军队辞退，弄不好还可能进监狱。不知道他通过什么途径，竟然把多菲内省最坚固的城堡之一沙托杜布尔弄到手，平常就在城堡中过日子，时不时出击一次，活动半径不算小。他就用这种办法羞辱临近的那些城市：罗芒、瓦朗斯、蒙特利马尔。他不光抢劫，还绑架商旅做人质，索取赎金，把无力支付高额赎金的人质关在城堡里。

拉普拉德与罗芒人的第一次摩擦发生在1578年3月12日。拉普拉德绑架了一个富商让·吉古，此人出生在一个资产者和执政官之家，被绑架时正在为萨瓦公爵办事。（一个罗芒显贵与临近

① 以下的记述均采自布兰–杜朗《多菲内人物志》，拉普拉德条。

地区一个最有权势的贵族之间的关系令人瞩目。）拉普拉德在瓦朗斯地区和下维埃纳地区造成的局势，在 1578 年和 1579 年年初已经变得相当严重。由于他以城堡为依托拦路抢劫，沙托杜布尔周围地区的商业已经全部或部分陷入瘫痪。在这种情况下，商人们只得与工匠和农民一起对付这伙强盗。1579 年 1 月，胆子越来越大的拉普拉德居然渡过罗讷河，占据了右岸维瓦赖的苏瓦扬城堡，进而试图占领皮佩城堡，借以控制维埃纳…… 维埃纳的执政官们获悉之后，立即采取行动，粉碎了这个强盗头子的预谋。

拉普拉德在维埃纳失算了，但在别处却得手了。1578 年 5 月，几位瑞士使者在法国南方完成外交使命后，归国途中穿越多菲内，被拉普拉德截留；纳伐尔国王（即后来的亨利四世）闻讯大怒。当地平时势不两立的两位最高权威督军莫吉隆和胡格诺派头 134
头莱迪吉埃，这次居然联手请求拉普拉德息事宁人，为此还称他为“好兄弟、好朋友”。尽管这封求情信给足了拉普拉德面子，这个强盗却并不领情，因为他有足够的理由相信：莱迪吉埃和他的胡格诺派兄弟们与他分道扬镳，只是为了装装样子，内心深处还是把他视为自己人，不但莱迪吉埃如此，其他自称胡格诺派的强盗也是这样。①

在这种暧昧而紧张的氛围中，球王及其同伙不得不面对的问题有点棘手，那就是以什么态度对待拉普拉德。球王此时正在与胡格诺派讨价还价，而拉普拉德这个胡格诺派，正确地说是前胡格

① 莱迪吉埃：《书信集》，1 卷，第 13—15 页，第 33 页（莱迪吉埃就科拉拘禁卢萨的抗议）。

诺派，依然对胡格诺派惺惺相惜。

事情似乎是这样：罗芒的义民和沙托杜布尔的土匪往来密切，共同制订了一个计划，按照这个计划，拉普拉德手下的土匪将要与农民联会、球王手下的罗芒义民以及胡格诺派联合行动。

传言是否确实无法验证，罗芒的资产者听到之后寝食不安，他们一想到沙托杜布尔的强盗头子拉普拉德已经承诺，要作为首领进入罗芒，便心惊肉跳。（盖兰，第37页）此事让罗芒的商人们又有了惧怕强盗的新理由。他们的恐惧有道理吗？看来，许多商人确实聚集在沙尔佩商讨对策，此外还有工匠、种田人和球王联会（罗芒和农民的联会）中的其他属于第三等级的人，此外还有拉普拉德队伍中的若干队长和士兵。（盖兰，第37页）土匪与联会一旦结成联盟，当地就有变成一片废墟之虞。盖兰写道：上帝不愿看到这种惨祸，于是急忙赶过去援救显贵。民众联会的大多数成员是农民，这与人口结构大体相符，农村人口在总人口中的比例约为85%。据说，联会中的火枪手多达一万四千人，这个数字或许有些夸大？这支七拼八凑的队伍的一个显著标志是帽子上没有带子。各个教区的放牛人需要相互招呼时，就吹响他们特有的木喇叭，在格勒诺布尔人加莫的建议下，他们制作了三百支木喇叭，用来召集
135 队伍。可是，即使出于胡格诺派战略上的考量，上千个装配极差的农民也不打算听命于拉普拉德，因为他是一个拦路抢劫的强盗，一个土匪头子，一个集悲喜剧于一身的城堡主。

一些农民领袖与球王在这一点上意见不同，他们对拉普拉德的桩桩劣迹耿耿于怀，因而拒绝与拉普拉德称兄道弟。拉普拉德出于极度愤怒，或者因为缺乏自信，害怕中埋伏，或是干脆就是因

> 为抢掠成性的恶习不改，他迅速集合马队，直奔沙尔佩村，杀死了至少一百到一百二十人，其中有不少妇女和儿童，与此同时还大肆劫掠，家禽家畜、板凳桌椅，还有粮仓里的谷物，不是抢走，就是糟蹋。（盖兰，第38页）

拉普拉德和球王的交情就此结束（但是，这并非最终的分道扬镳；出于策略考虑，球王同意并怂恿农村民团去攻击拉普拉德，他自己则躲在一边，并不直接参与）。

球王与拉普拉德的分手大体上已是事实，这就为盖兰集团铺好了路，使他得以与自己的对手球王协作，一起控制罗芒。盖兰恨球王，也讨厌胡格诺派，但是，血腥的圣巴特洛缪之夜始终萦绕在他脑际，所以他很怕胡格诺派。

在这种条件下，联盟关系进行了调整，组成了一个对付匪徒的神圣联会，这当然是纯属战术性的调整。球王虽然是盟主，但他多多少少有点置身事外，他劲头十足地以他的精明注视着事态发展。

1579年2月末，农民联会的一些会众被拉普拉德滥杀无辜的行径所激怒，发兵攻打拉普拉德。团总（文献此时称塞尔弗为“下多菲内地区运动总队长”）球王指挥下的伐鲁瓦尔、瓦朗斯等地各路人马迅速集结，前去包围大盗拉普拉德及其同谋，彻底制止这帮匪徒的罪行，让多菲内省不再遭受劫掠之苦。（皮耶蒙，第66页）需要指出的一点是，遭受匪患的各个村镇的民众和他们的总队长球王，实际上已经取代了督军莫吉隆所代表的孱弱无能的国王当局。厄斯塔什·皮耶蒙语带讥讽地说，无论是国王的和解敕令还 136
是莫吉隆先生，都没能制止拉普拉德的强盗行径。

联会定于1579年3月1日在罗芒举行集会，这里是球王的总部，也是下多菲内地区农民运动的总部。到了这一天，四千个联会成员果然如约来到罗芒这座织毯业名城，其中包括在头头和队长率领和指挥下的民兵。这一大群几乎不带任何武器的人，从罗芒去往沙托杜布尔，好像拉普拉德一见到他们就会立即投降似的。（皮耶蒙，第 66 页）联会在球王主持下作出的决定造成了一个既成事实，对莫吉隆和罗芒的资产者和变成资产者的市议会来说，都非常尴尬。这次集会之后的第三天，即 1579 年 3 月 3 日，一再犹豫的罗芒执政官们终于决定支持农民与匪徒对抗。

促使罗芒的官员们采取这一新措施的原因很多，首先是不久前以特别超编议员身份进入议会的那几个人，他们都是球王的朋友；其次，这些官员意识到，身为国王官员的莫吉隆为防止农民越轨酿成革命，将要成为围困沙托杜布尔的指挥官。在这种情况下，不全心全意地忠于国王能有什么好处呢！尽管球王依然受到仇视，然而还是应该毫不犹豫地立即站到恨得咬牙切齿的球王一边，服从国王，这或许是最佳选择。[①] 更何况，围困沙托杜布尔的联会会众们，正等待着罗芒市政当局前来支援呢。总起来看，与匪徒对抗的决定没有多大风险，因为，小心翼翼地在天主教派和胡格诺派之间进行斡旋的罗芒元老们看到，拉普拉德毕竟并未得到那些自称改革派的认可。（事实上，胡格诺派对他半信半疑，他若是能够打败联会分子，莱迪吉埃肯定就会毫不犹豫地重新利用他。）不管形势究竟如何，不管胡格诺派内心深处到底是怎么想的，罗芒市政当局这个纠结不清的决议决心摆脱拉普拉德，终究不是一件坏事，

① 罗芒市议会 1579 年 3 月 3 日会议记录。见皮耶蒙：《回忆录》，第 66 页，注 1。

须知，拉普拉德不只是乡下人的敌人，也是城里人、商人的敌人，还是近在咫尺的人民安宁的破坏者。罗芒市政当局于是作出决定，137
利用一切手段，尽最大努力，把罗芒最优秀的人员和马匹集中起来，配备必要的武器，前去参与围攻。执政官们为此挑选了两位本地人担任队长，一位是指挥骑兵队的博勒加尔，他是当地莫古维尔-邦古维尔修道院（这是资产者搞的一个所谓的修道院）的核心人物；另一位是更为重要的步兵队指挥官拉罗什，他是罗芒的工匠。[①] 拉罗什可不是随随便便挑选出来的，他是民众联会中的一位有影响的人物，可是，他所代表的却是罗芒第三等级中的工匠中的温和派。拉罗什起初是球王的朋友，后来变成了仇敌，在一年以后的一个关键时刻，搓线匠出身的拉罗什倒向显贵，给义民造成的损失至为惨重。

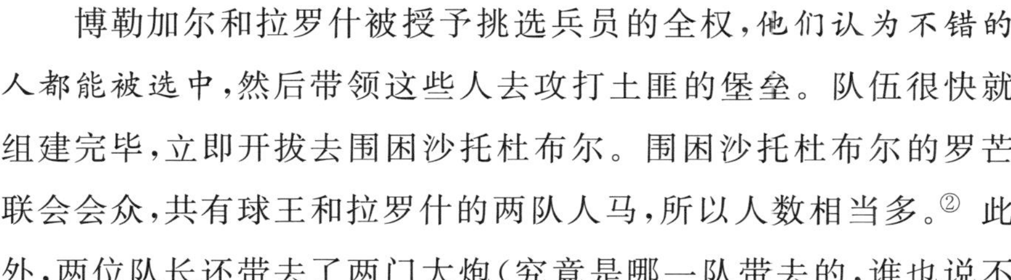

博勒加尔和拉罗什被授予挑选兵员的全权，他们认为不错的人都能被选中，然后带领这些人去攻打土匪的堡垒。队伍很快就组建完毕，立即开拔去围困沙托杜布尔。围困沙托杜布尔的罗芒联会会众，共有球王和拉罗什的两队人马，所以人数相当多。[②] 此外，两位队长还带去了两门大炮（究竟是哪一队带去的，谁也说不

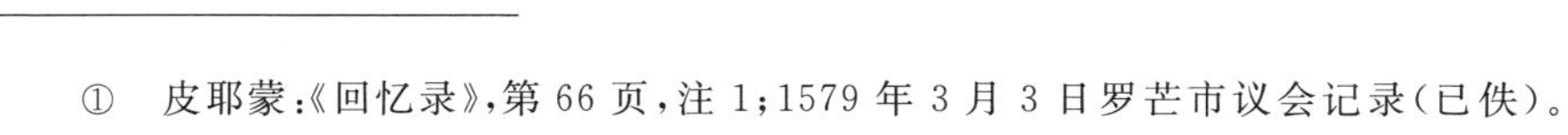

① 皮耶蒙：《回忆录》，第66页，注1；1579年3月3日罗芒市议会记录（已佚）。参阅市档案Chabeuil，CC，2-2(42)（承范道仁惠赠）。

② 令人奇怪的是，负责为出征沙托杜布尔的队伍准备粮草的执政官是属于第三等级的面包师傅让·马尼亚，这笔费用由市政当局和民众联会共同负担。罗芒的财政制度非常古老，四个执政官各管一摊，所以才有这种情况出现。之所以如此，另一个原因是面包师傅马尼亚至少部分同情工匠和小商贩的联会，这种同情心是在球王启发下产生的，球王当然比马尼亚更为激进（罗芒市档案，CC 353，1579年春季。让·马尼亚及其三位同僚的一年任期将于当年的3—4月届满。）

清楚），这是前任督军戈尔德（1578 年亡故）应罗芒市民之请留在罗芒的。[①]

朝着结成神圣同盟的第二步很快就迈出了，这一步其实很简单，无非就是莫吉隆出兵参与对沙托杜布尔的围困而已。[②] 莫吉隆去了，不过用现在的话说，是“在群众压力下”去的。他的托词，
138 或者说他为自己打圆场的借口很有人情味，而且应该说不无道理。莫吉隆是为国王当差的多菲内省督军，他心里明白，如果国王的军队即“正规军”不能把沙托杜布尔牢牢控制住的话，拉普拉德就会把这支临时拼凑的联会队伍打得溃不成军。拉普拉德虽然与胡格诺派结盟，但他并不愿意老老实实听莱迪吉埃的话，联会的队伍一旦被击溃，拉普拉德绝不会给莫吉隆这个天主教极端派好果子吃。莫吉隆想到的是，倘若除了这批联会分子，没有其他外人参与其事，事情肯定就会搞糟，拉普拉德一定会大开杀戒，让人一辈子都忘不掉。（盖兰，第 38 页）联会会众没有把莫吉隆视为敌人，他们希望莫吉隆能带领一批职业军人前来支援他们，以尚武精神闻名的当地贵族自然也会随他同来。所以，莫吉隆到达时，老百姓显得非常高兴。他们请求莫吉隆与他们在一起，把他手下的贵族和士兵带来，把沙托杜布尔拿下，把拉普拉德抓住。（盖兰，第 38 页）

其实，围困沙托杜布尔的几支队伍互不信任，像监视敌军一样监视友军。莫吉隆不是天才，但不缺常识。他试图充当此番行动

① 盖兰，第 40 页，注 1。关于戈尔德，参阅皮耶蒙：《回忆录》，第 563 页。

② 沙托杜布尔是由多个教区组合而成的一个城堡主管辖区的行政机构所在地（参见布兰-杜朗《德龙省地形测量词典》）。关于莱迪吉埃与拉普拉德结盟中的困难，参阅皮耶蒙：《回忆录》，第 67 页，注 2。

的领袖，防止围攻土匪转变为一场内战。联会分子的动机也并不纯洁。拿下沙托杜布尔只是他们的第一步目标，他们的最终目标是否是拿下格勒诺布尔？我们手中两份来源不同的资料都表明，他们的目标不单是袭击匪徒拉普拉德，而且还要袭击多菲内省的关键机构，诸如格勒诺布尔高等法院、市政当局的司库和其他财政官员；在联会分子眼里，纳税人的钱被这些官员装进了腰包。一旦攻下沙托杜布尔，他们就要去攻打格勒诺布尔，推翻政府和司法机关……不让司库逃走。司库想要逃走的原因一点也不难理解：一想到要清理账目，他们就心惊胆战。

联会攻打格勒诺布尔的计划只是一个不切实际的想法而已，
不过，这个计划并不像它表面所显现的那样虚幻。在检察官加莫
的领导下，格勒诺布尔这个重要城市也有民众和工匠帮派，联会会
众对它寄予期望，犹如对特洛伊木马寄予期望一样。他们对这支 139
为义民作帮凶的队伍抱有高度期待，这支队伍已经在多菲内省首
府开始反叛，更严重的是，它已经打出了反对高等法院的旗子。[①]

在球王塞尔弗近乎疯狂的攻克格勒诺布尔的计划面前，沙托杜布尔显得无足轻重了。塞尔弗还是个颇有些战略头脑的人，他尽管在体育竞赛中屡屡崭露头角，但对于打仗似乎并没有多大兴趣，否则他何以驻留在他的大本营罗芒，等待良机到来呢？他是个狐疑不决的人吗？他是个消极等待机会的人吗？他让联会中的农民和罗芒朋友作为他的部下在沙托杜布尔执行任务，而他自己却

① 关于此前的记述，参阅盖兰，第39页；还可参阅刊登在《伊泽尔省统计学会通报》上的罗曼撰写的文献，1890，第305页。

留在罗芒，球王让联会会众的其他人马在沙托杜布尔上演闹剧，他和他的同伙头头们却不愿离开罗芒。（盖兰，第 39 页）

下定决心之后，莫吉隆于 1579 年 3 月 5 日率领自己的部分人马离开格勒诺布尔，（皮耶蒙，第 67 页）这支队伍携带的两门炮，在行军的第一段路程中经由水路沿河而下。莫吉隆的炮队虽然不大，但在中世纪末期已经足以攻克堡垒了。莫吉隆在副手索萨陪同下抵达沙托杜布尔，发觉情况有些麻烦。此时正值葡萄冬季修枝时节，参与围困城堡的士兵中，有许多人是临时加入的农民，种葡萄才是他们的本行。在这个季节，他们只有一个念头，那就是赶紧回家去给葡萄剪枝，这种时候他们应该要弄的不是火枪，而是修枝剪。他们不愿在沙托杜布尔再多待一天，巴不得立即回家去为葡萄修枝。（盖兰，第 39 页）更加糟糕的是部队的给养供应非常糟糕，简直可以说根本就没有给养供应。许多士兵全靠自己从家里带来的粮食充饥，部队根本不向他们提供伙食。所以，很快就有不少人开小差。他们没有想到也没有配备围困所需的物资，只有自己带来的粮食口袋，口袋里的粮食一旦吃完，他们就不顾一切，返回家园。（盖兰，第 39 页）说起来真是有些匪夷所思，被围困者未费吹灰之力便解了围，因为围困者一个个饿得前胸贴后背，仅仅几天之后，围困便难以为继了。事实上，这些士兵（在沙托杜布尔城
140 下）围困了两天之后，就自行溃散，趁着夜色回家去了。[①] 联会会众的队伍毫无严明纪律可言，头目们对于逃亡现象也采取视而不

① 皮耶蒙：《回忆录》，第 67 页，盖兰，第 39 页，两者的记述相同。这种现象也曾出现在旺代。（雷蒙·阿隆：《克劳维茨》，第 II 卷，第 107 页）。

见的态度，连封锁道路这样的举手之劳都懒得做。（盖兰，第 39 页）否则，这支队伍或许不至于逃散。总之，这支队伍的乱象实在是无以复加……

正当此时，被当作摩西一样期待的莫吉隆终于来了，可是，他的到来险些加快了溃散的速度。联会中的温和派担心由于追随强硬派极端分子而被督军处罚，强硬派也打算溜之大吉，免得被莫吉隆责骂……莫吉隆担心发生骚乱，于是拿出一副外交官的气势，与所有官兵进行心平气和的谈话，（皮耶蒙，第 67 页）围困这才得以继续。

督军莫吉隆还接手沙托杜布尔的给养供应，加以妥善解决，他把一切都安排得井井有条，军粮和兵器弹药都不再匮乏。（盖兰，第 39 页）

莫吉隆来到沙托杜布尔之前，罗芒等城市传统上的领导人虽然没有失去权力，却已经遭到挑战，莫吉隆的到来让大家放心了，社会的正常秩序也因此而得到维持，因此之故，这些领导人理所当然地全力支持对拉普拉德的攻击。同样，胆小怕事或是行动缓慢的维埃纳等城市、圣安托万等集镇，过去曾经拒绝与联会合作，现在看到莫吉隆认可民众的意愿，于是立即改变态度，派出增援部队支持对拉普拉德的攻击，并开征新税供应莫吉隆的部队，为每个 100 人编制的连队征收 333 埃居（按每个士兵 9 利弗尔或 3 埃居计算）。[①]

① 皮耶蒙：《回忆录》，第 67 页，注 2，罗芒市议会 1579 年 3 月 10 日会议记录；皮耶蒙：《回忆录》，第 68 页，《伊泽尔省统计学会通报》，1890 年，第 309—310 页。

1579 年 3 月 10 日，多菲内省各市镇民众的在罗芒举行盛大集会，各个市镇和村落由各自的执政官或代表出席。[①] 这是神圣的联合，也是机制化的联合，会议决定再接再厉，攻下沙托杜布尔。
141 不过，会议也没有忘记陈情书和关于取消贵族免税的正当要求。全省沉浸在一片兴高采烈的气氛之中，人民的激情得到充分的释放和展现。

联会与国王以及省、市当局之间完美的携手就像是蜜月一般……格勒诺布尔高等法院也为此推波助澜，再次派遣其推事托梅前往罗芒，鼓励罗芒的居民们履行他们对莫吉隆的义务，尽管罗芒的执政官员们在如何对待和处理球王问题上依然存在分歧。[②]

总而言之，拉普拉德此时有点撑不住了。胡格诺派几乎已经把他扔在一边，如今他只能躲在沙托杜布尔的围墙后面，听凭莫吉隆的炮火对他进行轰击。莫吉隆的炮声一响，拉普拉德就泄了气，立即投降，时间大约是在 1579 年 3 月 15 日。拉普拉德没有任何希望获得支援，于是向莫吉隆老爷交出了(莫吉隆接受了)这座城市(其实是一个村庄)和沙托杜布尔城堡，他和他的同伙得以保住性命，武器装备和行装也完好无损。(皮耶蒙，第 69 页)拉普拉德越过阿尔卑斯山向东撤退，带着一小撮同伙躲进萨鲁斯伯爵领地，依靠几位隐匿的胡格诺派朋友的帮助，一度在那里逗留，与多菲内省的胡格诺派颇有情谊的贝勒加德元帅接待了他，并让他守卫一处要塞……几个月后，贝勒加德派人把拉普拉德刺死，他究竟犯下

① 德龙省档案，此日的 C 1023。参阅《伊泽尔省统计学会通报》，1890 年，第 307 页。

② 皮耶蒙：《回忆录》，注 1，2；第 68 页，注 1。

了什么罪行，至今不明。[①] 厄斯塔什·皮耶蒙就此说了一句富有哲理的话：这就是强盗的下场。[②]

长久以来，被土匪占据的沙托杜布尔令四周的乡村深感恐惧，这次沙托杜布尔为此付出了代价，出于安全的考虑，莫吉隆下令把（沙托杜布尔）城堡夷为平地，把城墙打开了好几个缺口[③]（便于与邻近的村子往来）。

攻克沙托杜布尔之前不久，匪首拉克洛什的老窝、土匪在这个地区的第二个堡垒卢萨先行被攻克，[④]这个功劳应该归于蒙特利马尔的让·科拉和追随他的农民兄弟（参见本书第二章）。剿灭拉普拉德的胜利，标志着猖獗的匪患就此终结。 142

*　　　　*

多菲内各个社会政治集团在思想上和实力上的极端复杂性以及它们之间的对立，显现在沙托杜布尔和卢萨事件中。我们不妨审视一下，究竟有哪几个社会政治集团。首先是该省东南部的胡格诺派，胡格诺派内部因对待莱迪吉埃的态度不同而分为两支，一

① 布兰-杜朗：《多菲内人物志》，拉普拉德条；皮耶蒙：《回忆录》，第69页，盖兰，第38—39页，注1。

② 关于拉普拉德之死，还有一种错误的说法，见肖里耶：《多菲内通史》（N. Chorier, *Histoire générale de Dauphiné*），第II卷，第657页，见于皮耶蒙：《回忆录》，第69页，注1。

③ 盖兰，第40页；皮耶蒙：《回忆录》，第69页。攻克沙托杜布尔引起巨大反响，事后不久就有人写了一首法文歌曲讲述这个事件。歌曲赞扬了小老百姓和第三等级（歌词可在科拉所著《科拉》中找到，此书引用的是勒鲁·德·林西的著作）。参见勒鲁·德·林西：《法国历史歌曲集》（Le Roux de Lincy, *Recueil de chants historiques français*），巴黎，1842年，第II卷，第383—388页。

④ 盖兰，第38页注释；参阅本书前几章。

支亲莱迪吉埃，一支反莱迪吉埃。其次是农民联会。再次是城市民众联会，这一派中有一些胡格诺分子或亲胡格诺分子（主要在罗芒地区），而南部地区（蒙特利马尔）的城市民众联会则大多是比较坚定的亲天主教分子；在罗芒地区，这一派又明显地分成两支，一支是以拉罗什为首的温和派，一支是以球王为首的激进派。此外，在农民联会和城市联会内部，参与骚乱的农民有着他们自己的特定目标，有时会把运动扭向意外的方向，把目标对准土匪或领主。最后，包括大中城市的显贵和贵族在内的高层，虽因税务问题而产生分裂，但出于对社会秩序混乱的憎恶，有时也会搁置内部分歧，依附当地的最高权威，即格勒诺布尔高等法院和多菲内省督军府。莫吉隆的督军府当时控制着该省的部分武装力量。球王在这些集团之间游刃有余，可是到了第二年，情况就大不一样了。他施展复杂的手腕，起先与胡格诺派谈判，甚至也与剪径劫舍的强盗谈判；后来在农民朋友的压力下，他又转过身来打击土匪。最后，当他那派的头头们与当地的王家官员和格勒诺布尔当局以及城市显贵结成脆弱的同盟时，他听之任之，放手不管，尽管对于他个人和他的政策来说，与之结盟的这些人无一不是天敌。在最后时刻，即圣经所说的第十一个时辰，球王及其手下与他们的盟友决定联手，对拉普拉德实施打击。

*　　　　*

143　在莫吉隆和显贵们看来，攻克沙托杜布尔的意义仅仅在于，此前数月中忘却了自己“义务”的农民、工匠和联会，重新回到正常状态，去做他们应该做的事。

这正是莫吉隆希望看到的结果，他曾为此而努力，在一段时间内他似乎成功了。沙托杜布尔的围墙已被摧毁，莫吉隆在临时住所里召开了一次会议，与会的有联会和各个村落和社区的头领和队长，莫吉隆在讲话中对与会者给以抚慰。（皮耶蒙，第 69 页）对于他们的善良愿望，对于他们为家乡的解放和自由而不顾生命和财产的热忱，他表示感谢。不过，原有的分歧并未因此而消弭。虽然协同一致剿灭了拉普拉德，但是莫吉隆依然不能忘记，围攻沙托杜布尔的决定最初是由市民和农民作出的，并未得到政府方面的认可。因此，莫吉隆在讲话中说，以后若是没有国王的旨意和命令，你们不要再动刀动枪，不要再打仗。他对付这些乡下人的办法就是大棒加胡萝卜，他说：你们自作主张决定围攻沙托杜布尔，这是胆大妄为，很不好，这次原谅你们了，以后再也不能这么干了（除非得到国王当局明确无误的准许）。现在我准许你们统统回家，好好过日子，听长官的话，上帝就是这样要求你们的。①

莫吉隆的这番话并没有让联会分子服软，头头们（我们至今不知道他们的名字）先后发表讲话，对莫吉隆作出回应。他们礼数到了，但毫不含糊，表面上作出让步，实质上寸步不让。我们拿起武器不是与国王的政府作对，而是为国王的政府效力。我们想要做的无非就是让国王的和解敕令得到遵守。（皮耶蒙，第 69—70 页）他们这番话如果是可信的，那就是说，他们追求和平的愿望遭到了当地驻军的阻挠，同时也遭到了拉普拉德匪帮及其帮凶的阻挠，在这种情况下，他们不得不采取行动……

① 实际上，出于和解的考虑，国王方面向联会表示了歉意。联会发动 1578—1579 年的起义虽然有罪，但是在剿灭沙托杜布尔的匪徒之后维持了社会秩序却是有功的。（舍瓦里耶，见《德龙省考古和统计学会学报》，1876 年，第 42—43 页）

面对尚未解除武装的联会会众，莫吉隆变得如同天鹅绒手套那样柔软（不过，他很快再度施展铁腕），双方最后达成了妥协。联会方面要求督军向他们这些第三等级的平民提供帮助，支持他们
144 在陈情书中提出的请求，把部分赋税负担转移到贵族和教会身上，这样做符合多菲内省的规章和传统的特权，也符合多菲内省的自由，别忘了前不久让·德布尔格的陈情书……

莫吉隆被逼到了墙角，他（含糊地）答应在即将召开的下一届多菲内省三级会议上，为这些要求进行辩护。最后他说的还是那几句话（皮耶蒙，第70页）：珍惜和平，相互善待，耐心等待下一届三级会议。

*　　*

莫吉隆是当地人，能讲一口普罗旺斯方言，懂得什么话才能让当地人开心。他的能说会道使他得以在一段时间内解除民众的敌意，不过持续不了很久。他还试图凭他的三寸不烂之舌对付罗芒人；罗芒是所有运动的堡垒，如同往常一样，莫吉隆来到罗芒城时，让格勒诺布尔高等法院的推事托梅作陪。

莫吉隆在市议会上老调重弹，对沙托杜布尔被围之前的流言和新的骚动深表不满，①他着重指责球王手下的工匠反叛者从护城官手中抢走了城门钥匙，剥夺了他们的职守。（皮耶蒙，第70页）在城墙上凿开的城门平时是由这些护城官负责开关的，钥匙当然是由他们保管的。大得吓人的钥匙控制着罗芒的各个城门的开关，城门一旦打开，联会的村民们就可以堂而皇之一直走到市中

① 皮耶蒙：《回忆录》，第70页，注1。

心……沉重的钥匙又一次成了我们政治争论的中心……

如同往常一样，罗芒人受到的指责是态度极端，情绪偏激。莫吉隆就此对罗芒人说道，瓦朗斯人连想都不敢想的事，你们干了，你们居然撤换了保管钥匙的护城官……真是无法无天了……

莫吉隆来到罗芒之后，默认了罗芒存在着两个政权这一事实。一边是球王、工匠的“总督”、自称罗芒主人的塞尔弗团总，他确实掌管着城墙、城门和一些居民区，还有市议会中“人数特多”的那一派。

另一边是现任执政官、罗芒法院和社会政治体系的灵魂盖兰 145
法官。盖兰和执政官们坚守在他们的精神据点市政厅和科德里埃区里。

好极了，就在市政厅里，当盖兰被要求以扩大的市议会的名义回答莫吉隆的质问时，他低三下四地要求莫吉隆原谅大家的错误和对他的指责（其实，盖兰及其同僚与这个错误毫不相干，因为他们曾竭尽全力维持街上和人们头脑中的法律和秩序）。这件原本无关宏旨的小事，竟然变成了一件实质性的政治大事件，扩大的市议会的全体与会者庄严地举手向上帝宣誓：忠于国王，忠于莫吉隆，永不拿起武器反对国王的派遣机构和本省当局。①

关于莫吉隆和球王的会见，我们所掌握的材料很少，只知道莫吉隆虚情假意地向球王表示敬意，感谢他为罗芒争得了荣耀，感谢他对国王的臣服。（皮耶蒙，第 70 页）球王真诚地一口答应莫吉隆提出的所有要求，不过，这位机灵过人的织毯匠立即表示，他所领

---

① 皮耶蒙：《回忆录》，第 70 页，注释（1579 年 3 月 16 日罗芒市政会议记录，已佚）。

导的联会的活动，就像他的伙伴在沙托杜布尔所做的那样，目的仅在于让人民根据国王的意旨，追求他们希望享受的正当权利，除此之外，他们没有任何其他愿望。这里说的当然是享有多菲内省的自由，或者叫做平民心目中纳税权利，依据这种权利，贵族和教会同样应该纳税，第三等级愿意纳税，但不能仅让第三等级的小老百姓纳税。可见，球王在实质问题上并未作出让步，这一年，他再次表现出了既灵活又坚定的特点。他捍卫过德布尔格起草的1579年多菲内省的陈情书，四个月之后，当着卡特琳娜·德·梅迪奇的面，他采取了同样的态度。可是对球王来说，1580年的运气不大好。

*　　　*

莫吉隆和球王握手言和，注定只是一时的表面现象，尤其因为
146 多菲内首府的形势出现了变化。常言道，离开老窝等于丢掉老窝。莫吉隆与联会联手攻打沙托杜布尔城堡时，带去了一些平时驻扎在格勒诺布尔的正规部队。格勒诺布尔的执政官们虽然都是遵守法律和秩序的官员，不像球王那样激进，但是当这座首府成了暂时没有任何军队的空城时，他们就下手把它占领了。1579年3月15日，执政官们把老百姓武装起来，市民们奉市政府之命时刻带刀佩剑，随时做好战斗准备。[①] 一支300人的民团于当月19日组成，本市的四个资产者担任这个民团的指挥官。1579年3月27日，当地流传的小道消息说，莫吉隆即将返回格勒诺布尔。执政官们听到消息后毫不慌乱，就在莫吉隆的鼻子底下以多数通过决议，拒

① 皮耶蒙：《回忆录》，第71页，注1。

绝任何由职业军人组成的军队在城里和近郊驻扎（恰如沙托杜布尔被攻克前一模一样）。瓦朗斯在当年 2 月 5 日所作出的就是这样的决定，格勒诺布尔这次只不过是步其后尘而已。尽管如此，格勒诺布尔的执政官们依然放心不下，他们担心莫吉隆以运回大炮为借口，派兵随同大炮进入城内。执政官们于是向莫吉隆提出，如确有必要，他们愿意派人到沙托杜布尔去，把大炮运回格勒诺布尔，一切费用由该市负担。[①] 所有这一切都是以大联盟的名义提出的，这个大联盟不只包括乡村的联会，而且也包括城市的联会，其中还有不少城市的合法或非法的权力机构，诸如瓦朗斯、罗芒、格勒诺布尔等。大联盟还把部分资产者和工匠拉到了一起，而这两类人此前在罗芒早已各走各的路了……

刚刚返回格勒诺布尔的莫吉隆被城内的景象惊得目瞪口呆，他回到城里时发现，属于大联盟的当地居民在街道上值勤，带着许多鼓和全套装配，不由得怒火中烧。（皮耶蒙，第 71 页）他思考了整整一夜，第二天召集执政官和该市大会（是市议会还是居民大 147
会？我们不清楚）开会。会议在大厦（法院？）前面举行。不知疲倦的莫吉隆在讲话中甜言蜜语，向与会者指出，百姓如果手持武器对抗合理合法的君主，该有多么危险。看起来，莫吉隆并未把自己管辖下的民众不忠于王室的表现看得十分严重……他这样做对吗？说完国王不可冒犯之后，他又说到了高等法院，他对与会者说：你们不能在格勒诺布尔这座城市里这么干，它是高等法院所在地，而高等法院是国王的枢密院。（皮耶蒙，第 71 页）格勒诺布尔的资产

① 皮耶蒙：《回忆录》，第 71 页，注 1。

者确实攻击过高等法院中因法官身份而成为新贵族的官员。就其实质而言，此次莫吉隆在格勒诺布尔发表的演说完全是老调重弹，同样的话在沙托杜布尔和罗芒都说过，这次只不过依据格勒诺布尔的具体情况做了一些小小的变动而已，算起来，同样的话已经说了三次了。莫吉隆这位职业军人变成了一个经验丰富的拳击手，他认认真真地把演说当作一件正经事来做，活脱脱就像一位政客，更像是当今为自己拉票的候选人。我觉得，这位督军并不像他的许多对手所说的那样愚蠢。

在格勒诺布尔这座人口众多、躁动不安的城市里，他的演说不大可能引起多大反响。在大厦前举行的这次大会上，当场选出的一位代表对莫吉隆的演说毫不含糊地作出了否定性的回应。这位代表明确要求格勒诺布尔继续留在大联盟中。（下一个冬季发生的事情使得这种隶属关系成了问题。）这位代表说：格勒诺布尔是维埃纳、瓦朗斯和罗芒等城市的大联盟的一个成员，大联盟的目标是摆脱驻军，遵照国王的和解敕令平平安安地过日子。这位代表在讲话中还向莫吉隆重申格勒诺布尔人最主要的两个要求，其实这也是多菲内省其他城市的要求，即让他们作为优秀的爱国者（这里说的爱国者不是热爱法兰西，而是热爱自己的乡土）守住自己的城市，坚持他们的正当要求，也就是那些已经写入人民陈情书中的要求。（皮耶蒙，第 71 页）用简洁一些的话说，那就是：把令人生畏的驻军从他们的土地上撤走，让贵族和教会纳税。总起来就是两条：一是和平，二是公平纳税。应该说，这是两条相当温和的要求，其特点是这两条要求都与德布尔格及其陈情书相关。

面对格勒诺布尔人民坚定的决心，莫吉隆心里明白，继续抵抗

不会有任何效果，他于是放下身段，作出让步，答应在下届省三级 148
会议上实现各个对立社会集团之间的和解，希望在下届三级会议上，能实现三个等级的和解，按照原来应该做的那样彼此承认。（皮耶蒙，第 72 页）总而言之，针对遍及全省的激烈的阶级斗争所引发的严重问题，莫吉隆的对策是提倡互相拥抱，相互拥抱吧，善良的人们！他在格勒诺布尔和沙托杜布尔发表演说时，都是这样对听众说的。

*　　　　*

形势动荡，变化很快而且极度紧张，在某些地方已经常出现了革命的前兆，其中尤以罗芒及其近郊为最，出于谨慎行事和耐心等待时机的考虑，莫吉隆竭力让自己少安勿躁，以便见机行事。

在罗芒，尽管盖兰和球王在莫吉隆的斡旋下握手言欢，可是，追随球王的工匠和种田人并未放松警觉，球王身边始终围着许多人，有人估计多达数百，还有人说可能不止一千；这些追随者积极性极高，随时可以上街举事。盖兰的消息灵通，据他估计，1580 年年初，罗芒有 750 个联会会众，（盖兰，第 171 页）这个数字如果可靠，那就说明球王能够动员的民众在总人口中所占比例相当惊人，要知道，罗芒的成年男性总共不会超过 2 000 人。1579 年的罗芒处于“革命”之中，这是千真万确的事实。

联会的成员们因攻克沙托杜布尔而颇感自豪，盖兰对于反叛者们的举动始终不敢掉以轻心，（盖兰，第 40 页）他就此写道：他们回到罗芒之后，以功臣自居，趾高气扬，有人连瞧他们一眼都不敢。我们不妨想象一下，一大群衣衫褴褛的胜利者昂首挺胸，走在罗芒的大街上的样子。他们剿灭了这个地区最大的土匪之一，立下了了不起的功劳。当地的资产者只有老老实实待在一边的份儿……联会会众们毫无顾忌地把两门炮留在城里，据他们说，这两门炮原本就是罗芒的财产，他们在围剿沙托杜布尔的拉普拉德时，用车子把这两门炮运了过去，打了胜仗后又运了回来。大炮应该归谁这个问题，后来在罗芒引发了极其严重的纠纷（我不由得想到了
149 1871 年的巴黎公社）。他们竟然大言不惭地说，大炮是他们的。

更为严重的是，骚乱的矛头转而指向领主，变成了“反贵族”、“反权贵”的骚乱。正如我们将要在后面看到的，带有理论性质的各类宣言早已隐约地表明了这种倾向，当然，更多的是以危险的方式表现在实践中，表现在日常行为中。罗芒的联会会众，尤其当他们从沙托杜布尔凯旋时，（盖兰，第 40 页）公然威胁绅士们，说是要把他们的豪宅推倒。盖兰在记述此事时，引用了联会会众的话。不管怎么说，贵族以及若干可以代表贵族的绅士，为剿灭盘踞在沙托杜布尔的拉普拉德，为剿灭农民们恨之入骨的土匪，还是做出了贡献的。可是，感激归感激，它与政治感情不是一回事儿。社会上的各个阶级，哪怕是处于底层的阶级，有时候也像魔鬼一样冷酷无情。联会和农民不承认贵族在沙托杜布尔事件中为他们做的好事。（盖兰，第 40 页）

以绅士乃至领主制度为对象的口头攻击和超越口头的攻击，在罗芒城里与日俱增。在罗芒和近郊农村里，就连最不起眼的小人物也相信，他也是老爷，一点也不比他的老爷差。（盖兰，第 40 页）盖兰记下来的这两句话十分珍贵，这是地地道道农民的话，很不容易听到。

*　　　　　　*

反领主情绪四处蔓延，罗芒以南的蒙特利马尔也不例外，只是不像罗芒那样强烈，那样毫不掩饰，并未因此而发生骇人听闻的事件而已，若与罗芒近郊相比，那里的联会没有什么雄心勃勃的目标。1580 年夏季，玛撒纳的居民和执政官想要推选一位代表，他们的领主路易·德尔·东希厄给他们泼冷水，这位领主曾任普罗旺斯省督军，与多菲内省和普罗旺斯省的许多望族过从甚密，他就此事写信给执政官们，冷冰冰地让他们回到正常秩序上来：我相信你们不会像联会（村民）那样办事，不会把属于你们上司的东西强拿过来；你们应该听从好心的劝告，听我的话，照我说的去做，别被 150
无法无天的胡思乱想所迷惑。[1] 路易·德尔的这封信是写给执政官和玛撒纳村政府中的知识精英（书记官之类）的，这些精英虽然是玛撒纳村的正式代表，但其中一些人实际上与村民有所不同，他们更像是城里的资产者，能读会写，而且能用法文书写。在这种情况下，被抓个正着的反对者就是从上到下整个村子的村民，他们对村子里的领主的权力和领主庄园的财产提出质疑。实际上，被视为最激进的玛撒纳村及其邻村，与科拉和该地区联会温和的领导层都有些小矛盾。尽管这些村子似乎都遵从科拉的指示，但科拉还是为这些村子过激的反贵族倾向担忧，在他看来，一小撮无赖对许多善良的士绅构成了威胁。有迹象表明，科拉曾试图下令以残忍的手段杀害联会中的左派村民[2]……由此可见，以反贵族的口

① 德龙省档案，E 6414。

② 拉克鲁瓦：《蒙特利马尔地区》，第 5 卷，第 111—114 页所引文件。

号开始其政治生涯的科拉，在反贵族问题上远远不如他的许多追随者激进。

路易·德尔在信中指责玛撒纳村执政官时所使用的那些词儿很有意思……无法无天的胡思乱想……你们的上司……听我的话……早在1562年，下罗讷河地区和尼姆的塞文山地区的胡格诺派贵族就使用过这些词儿。当时，信奉新教的农民以福音书为借口不分青红皂白，一股脑儿地反对领主征税，反对采邑、领地和什一税，这些胡格诺派贵族告诫这些农民说，不能这么干。[①]

* *

在罗芒，工匠反对贵族（司法部门的贵族、经商的贵族和政府部门的贵族）的斗争，从未酿成流血事件。然而，1579年春季前后，附近农村中断断续续的反领主斗争却比较“野蛮”，不但杀人，

151 有时候还先拷打折磨一番，然后才把人杀死。[②] 罗芒的实际情况与记录中言过其实的激烈阶级斗争相去甚远。（不过，形势在最后阶段却发生了急剧变化……）盖兰以他特有的文笔记下了城乡之间的这个分歧。（盖兰，第42页）他就此写道：村民们烧房杀人，干的坏事罄竹难书，比之（罗芒）城里人，其罪恶有过之而无不及。在距罗芒不远的克莱里厄男爵领地是一座规模很大的庄园，这座庄园的管理机构，也就是具有代表性的政治和司法机构（法官）、军事

---

① 勒华拉杜里：《朗格多克的农民》(Le Roy Ladurie, *Paysans de Languedoc*)，第393—394页。

② 参见罗芒市档案，CC 491(64)，1579年5月12日巴塞的信。巴塞在信中就罗芒的良好社会秩序向执政官们表示祝贺，并以乡间发生的暴行作为对比。巴塞写道：良好的秩序有助于罗芒人在陈情书中提出的要求得到满足……

机构（城堡总管）、行政管理机构（书记员）首先遭到攻击。这个庄园的行政管理机构其实小而又小，可能仅仅只有一个负责各类文书及资料的书记员……在克莱里厄男爵领地里，他们穷凶极恶地杀害了法官、城堡总管和书记员，这些人只不过在履行各自的职责，却被他们残忍地凌迟处死。（盖兰，第 42 页）造反农民拷打并杀死了这些贵族的雇员之后，把矛头直接指向贵族老爷们，成群结队冲进他们的宅邸抓人；促使农民们这样做的原因不止一两个：担心贵族酝酿阴谋、长年积累的敌意、对新贵族的仇恨、不公的贵族免税特权……他们的意图很明显：纵然不能彻底砸烂领地制，也要把它搅得难以原封不动地继续存在。

1579 年 4 月 19 日，贵族多尔班老爷被杀，他的邸堡被焚，此事把这次骚乱推向顶点。我们掌握的有关此次血腥事件的文件有两个，通过这两个文件的对比，事实真相更加清晰。出自盖兰笔下的文件当然极度倾向贵族，反对农民；出自皮耶蒙笔下的另一个文件则倾向农民，不但敌视多尔班和像他一样的贵族老爷，而且敌视所有乡绅。

盖兰在他的记述中始终没有提及多尔班这个名字，只是用“乡绅”指称。他写道：一位乡绅与几个农民结下了仇，一大群农民冲进他家，他拔剑自卫，杀死了几个农民。

盖兰在他的记述中对所涉及的人都不指名道姓，这个做法引人瞩目。因为他想把他的记述作为官方文件呈递给卡特琳娜·德·梅迪奇或是宫廷大臣？因为他不愿意因指名道姓而招惹麻烦？因为他觉得，对于中央一级的官员来说，真名实姓这种细节并无多少实际意义？他以此防止将来有人核对事实，以免不利于他

所捍卫的反农民的理由？如果盖兰上述寥寥几行关于此次事件的
152 记述真实可信，那么，多尔班之所以遭难，原因就在于由来已久的农民对乡绅根深蒂固的敌意……

皮耶蒙把事情倒过来说，……他把事情的原委娓娓道来：1579 年 6 月底（他记错了，事情发生在 4 月份，[①]盖兰对日期的记忆比皮耶蒙准确）有传言说，多尔班老爷把一群乡绅和新贵族招到他家，讨论如何复仇。各村的农民闻讯聚集起来，前往多尔班老爷府邸。

在皮耶蒙的记述中，农民从一开始是无辜的，事端是新贵族们惹起的。新近获得贵族身份的新贵族们享受免税特权，这些暴发户一个个趾高气扬，从而招致第三等级的仇恨，由于他们热切希望公正，所以对于不公正现象特别敏感。与此同时，在事件发生的原因上，皮耶蒙的说法也与盖兰不同，他把责任归咎于贵族的复仇，而不是农民的仇恨。

正如我们在前面看到的，盖兰对此事的记述非常简要，这样做有利于他事先设定的结论：罪魁祸首是农民。他只用一句话讲述村民的袭击和多尔班的正当防卫：为了自己不被杀，他不得已才杀死了几个参与袭击的农民……

皮耶蒙对此事的记述比较复杂，大概也比较准确，这对于多尔班及其帮凶，也就是那些新老贵族来说，当然就相当令人遗憾了。皮耶蒙写道：听说（农民）来了，多尔班慌忙离家出走。（农民的）队伍发觉他不在家，就各自返回自己的处所，并通知各村民众。

---

① 皮耶蒙：《回忆录》，第 74 页，注 1；盖兰，第 42 页。

我们看到，皮耶蒙在记述中使用了“各村民众”这个词，这说明参与其事的不单单是农民个人，而是还有集体，或许是各个村子的官方代表机构，例如村官等人，这个词还意味着，参与其事的可能还有作为农村联会组成部分的武装小分队。

在这种情况下，略微显得天真但相当诚实的皮耶蒙，如何看待伪君子盖兰为偏袒多尔班而说的“正当防卫”呢？ 153

皮耶蒙接着写道：当天夜里，多尔班得知（农民）队伍已经撤离的消息后，便领着自己的队伍回家商量，若是（农民）队伍回头再来，他们该如何自卫。（皮耶蒙，第 74 页）

直到此时，没有任何不正常的事情发生。可是，接下来的事情就复杂了，多尔班的名声就要大受损伤了……几个农民就要一命呜呼了……

多尔班一回到家，立即叫来了三几个邻居，他们都是惯常在多尔班家里干粗活的零工。

这几个邻居一到，多尔班就问他们：

到我家来的都是些什么人？他们是从哪里来的？

三位邻居回答说，他们（骚扰者）来的人太多，记不清楚。

多尔班心里明白，他们（零工）见到了在他家聚会的乡绅，他们（零工）知道他家里有什么秘密，于是把他们（零工）叫到屋外，狠劲毒打一顿后，把他们扔在那里，以为他们已经死了。

零工中的一人被打得只剩一口气，但是活下来了，逃回家中两天后才死去。临死之前，他讲述了事情的经过，在动手杀人的那些人当中，他认出了迪布瓦和多尔班的另外几个邻居。（皮耶蒙，第 75 页）

由此可见，盖兰短短一句话“他拔剑自卫，杀死了几个农民”，其实有许多值得细究之处。事实是，令人望而生畏的多尔班不动声色地让他的朋友和花钱雇来的帮凶以及他的同谋迪布瓦，杀死了为他自己干活的零工，只因为他担心这些人会损害他的利益，泄露他的秘密，给他带来危险。多尔班的罪行被揭发之后，农民们恨得咬牙切齿，随后，除了皮耶蒙在前面讲述的防御性反应之外，农民们还作出了惩罚性反应。

分别出自盖兰和皮耶蒙笔下的两份记述，从此时开始基本上相互吻合，只是皮耶蒙比盖兰较为详细。皮耶蒙无需掩盖任何真相和细节，而盖兰则不同，他始终惜墨如金，不愿对此事多说一个字，为我们提供的信息极其有限。

154 事情看来大概是这样的：没被打死的那位零工逃回家后，杀人的消息就传开了，联会的队伍和各村民众再度动员起来，誓为死者复仇。老百姓听到消息后立即商量如何报仇。（皮耶蒙，第 75 页）教堂钟声响起，大家赶来集合。（盖兰，第 42 页）赶来的人有八九百之多，他们掉转头去包围多尔班的宅邸。（皮耶蒙，第 75 页）

多尔班事先得到了这个可怕的消息，他当然不会坐以待毙，于是拔腿就跑。农民们没能杀死他，于是把他家劫掠一空，接着一把火烧了他的房子；大家喝着葡萄酒，嚼着从屋子里拿出来的食物。（皮耶蒙，第 75 页）农民的复仇行动就是以牙还牙，复仇最终变成了“大红公鸡”*。乡绅（多尔班）眼看大批人马（农民）来势汹汹，而且莫名其妙地越来越多，于是想方设法赶紧逃命，却无法带走他的财物和房子了。最后，财物被抢，房子被烧，所有一切都化为灰

* 14 世纪法国南部农民称火灾为大红公鸡。——译者

烬。（盖兰，第 42 页）

多尔班的房子被烧了，杀死三个零工的帮凶迪布瓦的房子也没能幸免于难，一把火烧得片瓦无存。（皮耶蒙，75 页）盖兰接着写道，（农民）怒气未消，又烧了住在多尔班近旁的另一个乡绅的房子，接着，人群浩浩荡荡地上路，去烧另一个乡绅的房子……（盖兰，第 42 页）

*　　　　*

恰如我们刚才所见，盖兰在他的记述中试图让人相信，“大红公鸡”生来就有传染性；那么，怒气冲天的人们手中拿着的火把，会自发地把火从一处城堡烧到另一处城堡吗？确实如此。他们放的第二把火虽然很不应该，但多少还有一点点“合理性”，皮耶蒙注意到了这一点，他强调迪布瓦是多尔班的帮凶。两个元凶暂时毫发无损，可是他们的哥儿们却倒了大霉了。

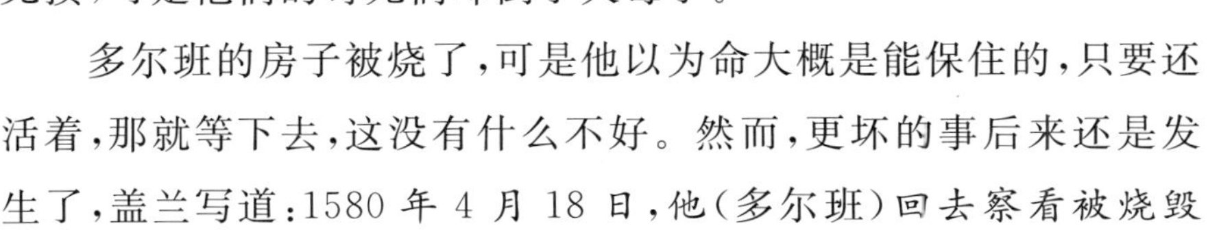

多尔班的房子被烧了，可是他以为命大概是能保住的，只要还活着，那就等下去，这没有什么不好。然而，更坏的事后来还是发生了，盖兰写道：1580 年 4 月 18 日，他（多尔班）回去察看被烧毁的自家宅邸时，被农民用火枪打死。（盖兰，第 42 页）

盖兰讲述多尔班被杀这件事时，冷漠而不动声色，就像是一件普通的社会新闻；他竭力把它说成是农民骚乱的负面效应，借此在巴黎的读者和高层人士心中抹黑农民骚乱的形象。和以往一样，他的做法既准确（在事实方面），又片面（在动机方面）。关于乡绅
被杀一事，他有意避而不谈前因后果；杀人固然是犯罪，可是，也可 155
以看作是农民为了替三个被杀的零工兄弟报仇而采取的报复措施。更为重要的是，盖兰闭口不说多尔班是一个有前科的人，在此

次事件之前就有犯罪记录。皮耶蒙与他不同，他只想告诉我们事实真相，尽管他对于多尔班死亡的日子记忆有错。据他说，多尔班是一个弑父者。传言纷纷，都说多尔班老爷是个叛乱分子，被从罗芒回来的一些人在某个地方杀死了……有人说，多尔班就是在这个地方杀死了他的亲爹。（皮耶蒙，第75页）

总之，盖兰的记述在事实和日期方面不能说不准确，尽管他为人虚伪，但并不妨碍他在某些时候说实话，然而，他善于花言巧语，讲述事实时或是添枝加叶，或是三言两语……皮耶蒙笔下的日期有时会出错，但是，他所讲述的农民与多尔班及其同伙对抗的起因，可信度肯定高得多。格勒诺布尔高等法院虽然对农民联会偏见很深，但事实表明，在多尔班事件上，高等法院采信的是皮耶蒙而不是盖兰。1580年高等法院惩治罗芒狂欢节中的联会会众和他们的农村同伙时，法官们凶相毕露，先后严厉处置了多个事件：1579年2月18日抢劫佩兰的加斯特事件，1579年4月杀害佛沃纳的克莱里厄的法官、城堡总管和书记员事件等。[①] 可是，对于"抢劫并焚毁多尔班先生和迪布瓦先生的房屋"案件和杀害多尔班先生案件，高等法院的法官们却并未追究，更没有就这两个案件作出处理，尽管这些法官都忠于贵族的利益，维护法官与贵族共享的特权。农民对多尔班所采取的敌对行动，明显属于破坏公共秩序的行为，法官们居然连提都不提。这说明，他们相信皮耶蒙所揭露的多尔班的恶劣行径，而不相信盖兰的有意隐瞒。多尔班对农民

① 皮耶蒙:《回忆录》，第75页，注1；伊泽尔省档案，B2339，f°6800，1579年5月，11日，20日；迪塞尔:《卡特琳娜·德·梅迪奇与多菲内三级会议》，第152页；范道仁:《16世纪多菲内地区的战争、税收和社会抗争》，第60页。

的伏击并不是盖兰干的，他却要替多尔班隐瞒，由此不难想见，后来他本人对伏击球王一事矢口否认，那就是顺理成章的事了。

有些显贵并未感到春天的农民起义对他们的威胁，他们并没有就此认真考虑，但是他们做好了更坏的准备。1579 年 6 月，图 156
尔农伯爵组建了一支 400 人的队伍，准备对付任何不测事件，[①]第二年，他果然在镇压农民起义中大显身手。

*　　*

1579 年春天先后发生了多起骇人听闻的暴力事件：杀害克莱里厄男爵领地的管理人员、抢劫加斯特、焚烧迪布瓦家的房屋、洗劫多尔班的宅邸等，不过，农民干的这些杀人放火之类的极端事件，全都仅限于罗芒地区一带，唯有这一点让显贵们感到一丝实实在在的安慰。三级会议专员巴塞在一封写于 1579 年 5 月 12 日的信中说：(多菲内省)其他地方的农民都很有节制，这让我们感到宽慰。他还叮嘱执各个城市的执政官们多加小心，防止发生新的骚乱，制止此类野蛮行径。[②] 罗芒及罗芒地区再次成为飓风眼。

*　　*

透过杀害领主和火烧宅邸等过激行为，是否可以认为农民的怒火所向其实更是领主强加在农民头上的各种税费和其他义务呢？反叛的农民毫无顾忌地攻击官方文书，而在这些官方文书中，农民认可他们应该缴纳的税费负担和其他义务，况且，文书的名字就叫“承认书”。被农民烧毁的名为“土地赋税簿”(这是一个来自

① 卡瓦尔：《维埃纳的宗教改革与宗教战争》，第 221 页。

② 罗芒市档案，491(＝德龙省档案，E 11534)。

法国北方的法律用语)的登录册中,收集了农民的所有“承认书”。农民的反抗蜕变或升华为对“土地赋税簿”的攻击,有时还伴随着杀人或其他暴力行径。据盖兰的记述,球王的人马或是自称是球王人马的农民,杀死了蒙吕埃尔队长,此人租种着布沙日伯爵土地,正打算为布沙日伯爵在奥特里夫村更新“土地赋税簿”。农民们抢劫了布沙日及其助手们的钱柜以及他们的外套、剑和铠甲,最后找到了“土地赋税簿”,一把火烧个精光。(盖兰,第 42 页)

157 焚烧领主的登录册具有非同一般的意义,因为,领主的税费收缴系统原本相当随意,而且不甚准确,“土地赋税簿”则意味着书面文件和近代计算方法开始进入领主的税费收缴系统,对农民来说,这种方法效果较好,但也比较危险。在法国大革命前夕,“土地赋税簿”遭到强烈的攻击。著名的革命家巴贝夫原本就是一个“土地赋税簿”的制作人,他转而革自己的命,成为一个为城乡居民呐喊的著名激进革命家。人们不太知道的一件事是,在多菲内-萨瓦地区,也就是今天的罗纳-阿尔卑斯地区,在 16、17 世纪,“土地赋税簿”的制作成为农民激烈反抗的对象,但是,掌权的上层人物当时对农民的这种反应,错误地没有给予足够的重视。只是在 1579 年发生农民战争的特殊情况下,盖兰才记录了农民对于“土地赋税簿”的制作者蒙吕埃尔队长的激烈行动,其实这样的事件绝非仅此一件。1680 年前后在萨瓦,农村中针对“土地赋税簿”的斗争也非常激烈,有时还非常精彩。一些贵族家庭用文字记录了当时面对此类事件时的惊恐万状;历史学家让·尼古拉正是在此类私人文书中,发掘出了相关事件的记录。[①] 司法档案也为我们提供了东

① 让·尼古拉:《18 世纪的萨瓦》,论文。

南部各省一些有用的相关资料，其中包括一些对于此类事件的记述。然而，恰恰是这些当局认为无足轻重的事件，揭示了一种双重的近代化进程：其一是开始使用纸质文书所展现的领主对领地管理的近代化，其二是焚烧此类文书所表明的农民所对抗的近代化。

*　　　　　*

极端反常的天气极大地加剧了农民对抗贵族的势头，而在平常年头，坏天气造成的后果不至于如此严重。1579年4月16日，突然刮起了凛冽的寒风，在这个季节里十分反常。（皮耶蒙，第72页）次日，即4月17日，不单寒风劲吹，还下起了大雪，这下可糟了，已经开始灌浆的葡萄和胡桃都冻了，而多菲内恰恰是个盛产葡萄和胡桃的地区。这一来，葡萄和胡桃即使不是颗粒无收，至少葡萄酒和胡桃油肯定严重减产。由此造成的结果是：复活节前一周
每桶14锝的葡萄酒，复活节那天（雪冻之后）陡然涨到每桶36锝， 158
到了收葡萄季节更是涨到了每桶48锝。每磅胡桃油从6里亚*涨到4苏。不难看出，投机商们（也就是囤积葡萄酒待价而沽的那些商人）在葡萄收获前就预计到收成肯定不好，于是从春天就开始抬高葡萄酒的价格。

不种葡萄却又喜欢喝葡萄酒的人，当然只能花钱买，天气反常造成的葡萄歉收着实让他们倒霉了。一个嗜酒如命的铁匠因酒价猛涨而火冒三丈，大声呵斥道：我要是能肯定是上帝把葡萄冻坏了，我就像打铁一样把他的脑袋放在砧子上锤打。4个小时后，这个恣意亵渎上帝的铁匠吐血不止而死。市民骚动、农民起义、农业

* 古币名，相当于四分之一苏。——译者

受灾，这就是多菲内省当时的局势，该省三级会议就在雪冻发生后的 1579 年 4 月 19 日在格勒诺布尔召开。第三等级的代表或者说“人民”[①]的代表，在会上展现出气势逼人的斗志，他们在某些时候所显现的愤懑，令人想到 1789 年多菲内省平民的强烈反应；他们与两个掌权等级对着干，而这两个等级的反应却不尽相同。教会人士在德布尔格[②]的安抚下准备作出一些让步，他们虽然依然坚持享有免税特权，但是他们同意为新近从平民手中买来的财产缴纳直接税。这样一来，平民只需依然为他们所有的那些土地纳税，而不必为他们已经出售给教会的那部分土地纳税了。

教会的态度与贵族不同，他们毫不讲理，寸步不让。在纳税问题上，贵族与第三等级的矛盾在于两个方面，一是显贵从农民手中购买的被称作“乡地”的土地；二是新贵族享受的免税特权。对于第三等级的纳税人来说，新贵族所享受的免税特权当然令人不齿。原本属于第三等级的土地被以往同属第三等级的人买走，而这些买了地的人因此而变成了新贵族，从此无需纳税；但是，卖地的农民不但要为留在自己手中的土地纳税，而且要为已经卖给新贵族
159 的土地纳税，税率自然比卖地之前高多了，负担也就相应加大了，这就让农民们怒不可遏。

贵族在这两个问题上捍卫他们的利益，拼死拼活的劲头与恶魔无异。在省三级会议上，对于让他们为新近在农村获得的土地

① 参阅本书第一章；巴黎国立图书馆法国文献部，15-561，f°22；科拉在其《雅克·科拉》中公布的资料，第 179—180 页，引自《多菲内学术通报》(*Bulletin Académique delphinois*)，1846 年，第 1 卷，第 561 页。

② 参阅本书第一章。

纳税的要求，贵族竭力进行阻挠，新贵族们则使出浑身解数反对一切针对他们的要求。（皮耶蒙，第 73 页）新贵族们的这种举动并不令人吃惊，他们好不容易刚刚摆脱了平民身份，解除了纳税负担，当然无论如何也不愿再像平民一样承担纳税义务。这就像常言所说，混血儿的种族主义有时甚至比白人更甚。

可是，第三等级并不团结一致。三级会议中温和的显贵代表在反对贵族和教会免税特权这一点上非常坚决，但是他们不能容忍农民起义；球王这类激进派自称是第三等级中平民的代表，他们与温和的显贵代表之间存在着很大分歧。1579 年 5 月 12 日，第三等级代表中主张依法办事的秩序派向他们的委托人发出了一份声明，对于近日发生在罗芒附近村子里骇人听闻的杀人行为，表示痛心。声明强烈谴责发生在克莱里厄（男爵领地）的杀害法官、城堡总管和书记员的罪行，痛斥焚烧城堡以及放火烧毁多尔班老爷、迪布瓦和加斯特的房舍等暴行。这些强烈谴责农民暴行的秩序派，为农民的无序行为不曾扩展到罗芒地区以外而感到庆幸，尤其因为罗芒向来是极端派的急先锋。这些秩序派犯糊涂了吗？他们想要欺骗选派他们为代表的平民吗？其实他们认为，把破坏社会秩序的行为限制在一定程度，是第三等级在陈情书中提出的要求最终获得成功的积极保障。[①] 他们指出，在国王及其派驻多菲内的督军、格勒诺布尔高等法院、司法机构，换句话说也就是国王陛下、莫吉隆老爷、法院的各位法官老爷、其他官员这四重最高权力之下，最低程度的和谐应该得到保障。巴塞在这份寻求调和的文

① 参阅皮耶蒙：《回忆录》，第 73 页；第 74 页，注 1。

件上签名副署，他所代表的是本地各个政权机构的执政官，其中主
160 要是城市执政官，这些城市都向三级会议派出了代表，其中最主要的当然就是多菲内省的“十大城市”。

*　　*

第三等级（或是其中的少数人）的三个阵营即使尚未成形，至少也已经现出了清晰的轮廓；其一是城市中的显贵，其二是城乡平民中的工匠，其三是一旦失去控制时的农民。农民若是失去控制，就会出于仇恨或为了复仇而去打劫并烧毁领主的城堡。工匠和农民之间勉强维持着相互支持的关系；城市里的显贵和城乡平民之间，虽然在反对贵族和教会免税特权时相互携手，但是，这两种人终究不可能同属一个阵营。

*　　*

第三等级内部的关系紧张和裂痕不难解释。随着乡村的反抗日益激化，农民的行动也越来越粗野，但是并非人人都变得越来越激进。多菲内省的城市尤其是其中的“十大城市”，说到底是地租养活的，通常要靠从农村提取的钱和物方能生存，而这些钱和物又是通过显贵们的捐赠或开销投放到全体市民中来的。在这种条件下，城市自然对乡村中的农民起义毫无好感，因为，农民起义的火焰会烧毁农村供应城市的一切渠道：什一税和领主税，乃至地租……

即使在农民内部，也有人对于那些坚定分子以联会的名义烧杀劫掠的行为心存恐惧。法官盖兰以其惯有的灵敏嗅觉很快就闻出了气味，于是对这种促使农民内部分化的因素充分加以利用。他写了一封博得城市起义者欢心的信。（盖兰，第 42 页）成功地让

若干联会会众平静下来,阻止了一次焚烧领主邸堡事件。

罗芒的情况也是这样,火烧领主邸堡的烈焰在罗芒城里就能远远望见,大联盟或是联会中的温和分子也不赞成这类过激行为。1579 年夏初,工匠中间就开始出现分裂迹象。有人(大概就是盖兰和他的同伙)略施小计,挑唆罗芒的一个名叫拉罗什的士兵与球王作对,让他在球王眼里成为里最卑鄙无耻的小人。拉罗什原本 161
是一个搓绳匠,按职业来说,与织毯匠球王塞尔弗同属于纺织业。两人中的一人以教父身份参加了另一人的孩子的受洗礼,从此以后,拉罗什和球王这两位罗芒人就成了“哥们儿”。拉罗什和球王从小就是好朋友,一起打过仗。他们共同创建了当地的大联盟(联会),并成为其重要成员。1579 年年初,在一个练习射击的会社里,球王塞尔弗被选为火枪王,拉罗什则被任命为塞尔弗的侍臣(副手)。[①] 得益于这两个人之间的个人情谊,球王领导下的平民联会与拉罗什领导下的资产者居住区中的半手工业者建立了同盟关系。可是,这种联系在 1580 年一次动乱中破裂了,这次破裂正是发生狂欢节惨剧的前兆。

拉罗什逐渐变得温和,越来越倒向显贵,心甘情愿地让盖兰玩弄于股掌之中。球王虽然与拉罗什出身于同一社会阶层,[②]却始终坚持他的极端立场,与罗芒的大佬们在几乎所有问题上都不合

① 德龙省档案,E 3620。

② 罗芒市档案,CC 92。搓绳匠弗朗索瓦·罗沙(François Rochas)即拉罗什在 1578 年缴税 7 弗洛林。球王和布吕纳这两位造反派领袖此时已经变成了拉罗什的敌人,可是,他们的纳税数额却处在同一水平上,布吕纳缴纳 5 弗洛林,球王缴纳 11 弗洛林 3 苏。(资料来源同上)

拍。这两位工匠抗争派的领袖终于分手的直接原因，是拉罗什的一番话让球王听了很不高兴；拉罗什被农民的暴力行动吓坏了，他说：造反派如果继续像现在这样杀人放火，将来被绞刑处死的人不知道会有多少，到那时，臭味就会充溢全城大街小巷。（盖兰，第43页）

这几句话让球王大为光火，他担心（并非没有道理）自己将是第一批被显贵送上绞刑架的人；他在盛怒之下威胁拉罗什，或许还曾试图买凶杀掉他。联会会众中的一群温和派（同时也是秘而不宣的秩序派成员）帮助拉罗什逃过一劫，躲过了这场暴风雨。拉罗什凭借城里一群朋友的帮助进行抵抗，显贵们也助他一臂之力。（盖兰，第43页）显贵们能找到与球王作对的拉罗什，自然喜不自禁，因为拉罗什还可以成为他们的一个隐蔽（但并非秘密）的线人，通过他把一只脚伸进敌营。在他们的帮助下，拉罗什悄无声息地从罗芒消失了，一连十几天听不到他的一点消息。接下来的事情
162 就有点麻烦了。拉罗什不久回到罗芒，继续进行此前的活动，与他原来派别中的强硬分子的关系丝毫不见改善，后来终于再次发生具有决定性的正面冲突。

1579年春天发生在罗芒抗争运动内部的分裂是一件个案，但是在当时城市中的温和派与激进派之间普遍存在隔阂的氛围中，却是一个非常典型的个案。在农村的小乡绅和不受控制的农民之间，这种隔阂是否不如发生在城里的两派之间的隔阂那样明显呢？远远谈不上有什么神圣同盟，乡绅与联会会众之间也远非同心同德……在沙托杜布尔被攻克之时，这两部分人确实曾经热烈拥抱。人民运动如今即失去了贵族盟友，也失去了自己内部的和谐一致。

贵族开始比以往任何时候更加疯狂、更加怒火满腔地反对人民运动了。（皮耶蒙，第 75 页）大联盟或联会的领袖们责备曾经参加火烧多尔班宅邸的头头们，这些头头因此而失去了热情，联会的领袖们还威胁他们说要给予惩罚，但并未付诸实施。联会总部利用这个时机重申，应该通过完全和平的防御性行动来达到他们的根本目标；这就是：保护自己不受敌人的侵害，以十分谦恭的姿态（皮耶蒙，第 76 页）争取德布尔格在陈情书中所申明的各种要求得到满足。

*　　　　　*

正如皮耶蒙所记述的那样，农民起义分子的过激行动导致大
联盟的主要领袖们产生分歧，而此时的城市骚乱却逐渐形成气候，
就连罗芒也是如此；带头攻击执政官等官员的是球王集团的那些
人，他们人数（这里说的是男人，妇女在这场运动中几乎从未出现，
这确实有点奇怪）很多。骚乱最初是由官员非法敛财引起的，据
说，某些官员在一些富人的怂恿下，非法占有公帑，因而侵害了穷
人和纳税人的利益。皮耶蒙认为民众的指控属实，盖兰却认为不
实；（皮耶蒙，第 88 页）其实不一定不实。指控涉及的数额相当巨
大，盖兰就此写道（盖兰，第 40 页），此事开始沸沸扬扬时，矛头指
向罗芒的执政官和市政管理机构，这些人被指控隐匿了两万多埃 163
居。[①] 两万埃居就是六万利弗尔，在那个年代，这可是一大笔钱
哪！骚乱的参与者们要求把这笔钱拿回来，用来清偿罗芒的债务。
罗芒的这笔巨大债务中的一部分借据，掌握在格勒诺布尔和里昂

① 参阅皮耶蒙：《回忆录》，第 88 页：“富人们觊觎机会，想要拿回来……”

的金融家或大财主手中。民众通过新近任职的市议员任命了几位审计官，新上任的审计官对账目逐项细抠，因而与掌管或操控该市预算的那几个显贵关系很僵。这几位临时任命的审计官对前任执政官步步紧逼，而这些执政官彼此不是好友便是亲戚，关系相当密切。颇有社会学家气质的法官盖兰谈及这群执政官时说，他们几乎已经当了二十年执政官，其中大多数是罗芒的商人和资产者显贵；（盖兰，第 41 页）20 年前即 1560 年前后，也就是宗教战争刚刚开始的那几年，这场战争把罗芒推进深重的危机之中，由此引起的民众强烈怨愤，纷纷指向税赋和市政厅中那些渎职的官员。

新上任的审计官找前任执政官们讲理，要求他们为那笔隐匿（或据说隐匿）起来的款项支付利息，双方对峙的结果是陷入僵局，而且长达数月。审计官们无法让对手把吃进去的钱吐出来，便拒不结束查账。于是，一片疑云就罩在显贵和前任执政官们的头顶上，更要命的是怀疑并非没有依据。群众运动中头脑发热的那些人，于是就打算到那些靠掠夺穷人致富的秩序派家里去抢劫或打砸，至少也得强迫他们退赃。这些强硬的要求，尤其是退赃，对那些富人构成了巨大的威胁，这也正是 1580 年 2 月爆发罗芒狂欢节惨剧的缘由。在这一点上，皮耶蒙为盖兰的说法提供了佐证。

不但有城市平民的压力，还有农村和农民的压力。双重压力源自球王被两个运动都视为领袖的双重地位，一个是城市和工匠运动，另一个是乡村和武装运动。盖兰对于城乡联手形成的威胁
164 有非常清醒的认识。在城市的财政问题上，城乡联手的形势也开始隐约地显现出来，用来动员群众的便是打倒“骗子”之类的口号。盖兰就此写道，对于反叛者们来说，仅有市民对难以了结的审计抱

有期待，那是远远不够的，还得让乡村中的农民觉得，有希望通过查账找回许许多多钱来。所以，正如盖兰以鄙夷的口气所说，反叛者可以一起动手，提出一个理由，让农民与他们一起去实现他们那个卑劣的意图。（盖兰，第 42 页）总之，他们始终抱着这样一个念头：一定要用大骗子们退回来的赃款去偿还各个村子的债务……①

农民不以怀疑城市的财务管理有问题为满足，反叛者们在逼迫前任执政官和财务官员的同时，还攻击司法官员，推翻对罪犯的判决，把犯人放出监狱，砸坏罗芒法院办公处所的门窗。（盖兰，第 41 页）这些恶劣的暴力行为无异于向城市中的领主式的司法体制挑战，或者如同有人所说的那样，向国家司法挑战。② 这是一个何等沉重的机构啊，法兰西王国以尚未亲政的国王名义，把这个机构压在多菲内省身上，压在罗芒这座小城身上。罗芒的圣-巴纳尔的司铎们从前是罗芒强大的领主和共主，如今早已丧失了大部分司法权。他们所丢失的，正是国王所得到的。从中世纪末期开始，国王渐渐变成了罗芒的领主和共主，在罗芒城墙以内拥有最高司法权，把这个并非始终宽厚仁慈的最高司法权交由他委派的代理人安托万·盖兰来行使，这位罗芒法院最高官员的使命便是打击地方司法权，③阻挠诉讼，释放罪犯，砸碎法院办公处所的窗户，破坏社会秩序中的关键部位；其实，这个社会秩序既是王国的秩序，也

① 德布尔格在他的陈情书中表达的也是这层意思，参阅本书第一章。

② 请比对 1783 年发生在维瓦赖的“武装假面人”针对司法人员的造反事件。见于索南歇尔：《1783 年维瓦赖的武装假面人》（Sonenscher, *Masques armés 1783 en Vivarais*），第 254—255 页；莫利尼耶的论文《旧制度时期的维瓦赖》，第 914 页。

③ 关于罗芒的司法机关以及国王与司铎们的关系，参阅托梅·德·迈松纳夫《德龙省考古和统计学会学报》，1941—1942 年，第 78—80 页。

是领主和社会的秩序。法官盖兰是众所周知的亲执政官派的领
165 袖，这个派别在面对街头骚乱时作出的让步极其有限。盖兰以他的权威掌控着这个派别，他希望成为这个派别名副其实的首领，成为上帝为罗芒送来的保护神。他属于资产者，属于罗芒市政府，属于官僚机构，他把手指头伸进每一块奶酪，然后舔一舔每块奶酪的碎屑，尽管有时带着血。

多菲内起义初期，司法机构频频遭受攻袭击。领头起义的马尔萨农民就以袭击罗芒法院作为举旗起义的开端。他们攻击的其实是盖兰，因为在圣巴特洛缪之夜期间，盖兰悍然下令，处死了他们的若干亲属。就在罗芒城里，人们也没忘记 1572 年发生在本城的那场与圣巴特洛缪之夜十分相似的惨剧，大家嘴上不说，心里记得很清楚。有一个没有留下姓名的人把罗芒监狱熏得到处都是烟，十来个碰巧关在监狱里的胡格诺派，那天被戴假面具的人杀死了。大家都猜测，这个没有留下姓名的杀人犯是盖兰，因为在狂欢节上戴假面具的人就是盖兰，放烟熏人的也是盖兰……有了这个背景，我们就不难理解，这次滥杀无辜事件的七八年之后，罗芒的胡格诺派为何决定审慎地支持球王派，与盖兰派对抗。盖兰虽然曾经也是胡格诺派分子，但他曾残忍地杀害本派兄弟和本派的同情分子……在罗芒狂欢节事件中，双方都不乏变节的叛徒……

总而言之，无论是罗芒的圣巴特洛缪之夜的死难者，或是在马尔萨被处绞刑的罪犯，罗芒城里尤其是法院的高墙后面，确实有太多的尸体存放在太多的存尸柜里。这些尸体缓慢地散发难闻的臭气，无声地控诉罗芒法官盖兰的罪行。真是令人不解的司法机关，令人不解的利益集团！倒也不错，这个机关、这个集团毕竟做了一

件好事,正是它激怒了平民示威者,正是它激怒了把当地所有司法机关打得落花流水的老百姓!

*　　　　　　*

罗芒既然同时存在着两个政权,抗争派当然就不可能把这座城市的资产者和真正的主人——也就是盖兰和由主宰罗芒的寡头们选任的那些忠于盖兰的官员——赶下台。其实,球王很可能已 166
经胸有成竹,只是暂时严守秘密而已。他心里明白,他不可能单靠一己之力获得成功,因而企盼着胡格诺派的山大王莱迪吉埃能取胜。球王一直对他颇下功夫,即便在基层的联会会众挤压胡格诺派盟友时,两人也没有闹翻。球王深知莱迪吉埃出色的军事才干,期待着莱迪吉埃的队伍有朝一日从迪城和加普下山,击溃莫吉隆的天主教派的队伍;然后在罗芒城里建立一个政权,取代原有的市政机构,这个政权机构应该是一个联合体,包括胡格诺派中的资产者,信奉天主教但反对盖兰的工匠和种田人,盖兰则应该被赶走或杀死。

球王的盘算并非没有道理。[1] 在一伙天主教徒的支援下,莱迪吉埃后来在 1590 年的某一天,替亨利四世拿下了整个多菲内省。不过此时球王已经死去多年,当然不可能从这次胜利中捞取便宜了。不但如此,即使球王一直活着,也无法肯定莱迪吉埃会让他分享胜利果实。莱迪吉埃虽然有时会利用一下小老百姓,但他并不喜欢这些过于不安分的乌合之众。更何况他后来改宗天主教了。

---

① 皮耶蒙:《回忆录》,第 65 页;盖兰,第 29 页。

在等待山上的胡格诺派发起攻击并取胜的时候，罗芒必须组织起来，否则难以继续存活。平民显然没有能力把敌方驱逐出去，那么，是否谁能坚持到底，谁就是罗芒的主人呢？办法就是一点一点消耗敌方的力量，这个办法虽然目前有效，但是面对着安托万·盖兰这样一个魔鬼似的对手，这个办法不单有风险，而且不足以把他击垮。与盖兰相比，球王在关键时刻的表现，天真得就像是唱诗班的孩子。

罗芒城里的联会会众于是试图占据一些比较低级的职位，这类职位很多，在城市生活中不可或缺，而且即使不是富人或才华出众的人也可以担任。联会会众准备担任的职务包括收税员、什一

167 税管理员、市政财务管理员等等。他们把能够找到的最好斗的工匠安置在市政管理职位上。（盖兰，第41页）

群众于是积极着手本城的军事和准军事队伍的组建工作。长久以来罗芒一直有一支由本城伙计组成的民团。该城的射箭和射弩爱好者有一个叫做“修道院”的组织，这个组织的成员或多或少也可算作民团的成员，这个“修道院”虽然不是真正的宗教组织，但有一些类似宗教的仪式，不过，这些其实只是一些世俗的仪式，而且与修道院毫无关系；仪式在市政当局指定的场地上举行，主要内容是以鸟形靶为目标的射弩比赛，得胜者被授予“弩王”称号。随着热兵器在16世纪下半叶逐渐普及，拥有弩王称号的人又添了一个火枪王称号，或是由弩王改称火枪王。（我们知道，球王在罗芒狂欢节事件之前当了一年火枪王，获得这个称号的人既非市政当局事先选定，事后也无需市政当局批准；这个称号为球王在民众中赢得了声誉，他的社会政治地位因此而大幅提升。）

配备火枪手的民团绝非装装门面的摆设,尤其在宗教战争开始以后。入室打劫的强盗,拦路抢劫的土匪,路过的散兵游勇,都需要事先提防或是事后惩罚,除非这些为非作歹的家伙人数太多,气势太盛,以至于实力不济的民团难以对付。此外,为了防止传染病患者和外乡人进入城市,城墙和城门也需要派兵守卫。总队长和看守各座城门和各区的大队长手下各有一个小队,只是这支队伍总体上并不让人看好。民团的这些负责人原则上由罗芒的执政官或市议会直接或间接任命。[①] 但是到了 1579 年,违抗军令事件在民团中大量发生。有些来自工匠的士兵并非职业军人,他们有时甚至自带火枪来当兵。这些人不止一次把队长赶走,另选他们喜欢的人当队长。[②] 他们聚在一起与队长作对,把队长赶下台。(盖兰,第 41 页)1580 年 2 月,市政厅中忠于盖兰的人发动反击, 168
把民团重新控制在手中。

一些平民在 1579 年干的坏事太多,谁若想把这些事记录下来,需要花费很多时间。(盖兰,第 42 页)但是,罗芒并没有全然听凭骚乱制造者随意行动。1579 年 4 月,亨利三世来信安抚罗芒的执政官们,[③]其实,这几位执政官在过去的 4 个月中竭力避免陷入“各种运动”太深。国王为沙托杜布尔的攻克向他们表示祝贺(在攻克沙托杜布尔事件中,执政官们扮演的角色其实是“最后时辰的雇工”)。国王对罗芒的混乱和无序表示原谅,并向他们承诺永不提及发生在罗芒的所有骚乱。

---

① 德龙省档案,B 1709(17 世纪初的罗芒)。

② 参阅本书第一章。

③ 参阅《德龙省考古和统计学会学报》中舍瓦里耶的文章,第 42—43 页。

除此以外，在风和日丽的5月到来之时，在罗芒分别代表国王、格勒诺布尔高等法院和本地司法机构的三巨头莫吉隆、托梅和盖兰，试图重新控制该城，力图使形势趋于稳定。大概是在盖兰的操授意之下，托梅宣布全城实行宵禁，禁止诅咒上帝，不许吵架斗殴。他还要求居民特别是客栈老板和家有外来客的主人，凡有外来者到来，必须向盖兰报告。必须在陌生人进入罗芒一小时内向盖兰报告，并立即拿起火枪，即使外来者是接待者的亲戚，也概不例外。[①] 之所以作这样的规定，显然是为了防止城里的联会会众与他们在农村和小镇以及临近小城里的亲戚朋友进行串联。客栈和旅店是流动人口的落脚点，所以最可疑。

与此同时，作为满载显贵的这艘破船的主子，盖兰倒是十分笃定，一副牢牢控制着局势的模样。他不顾羞耻地逼迫市议会授权给他，由他为市议会挑选了二十来位新议员。他还以年久失修因而有坍塌之虞为借口，拆掉了市议会中供民众旁听市议会会议的公众席。他企图割断市议会与民众的联系，把它变成死水一潭，关起门来开会。不过，他的这些企图没能得逞。球王没能控制市政
169 机构，盖兰看到了球王这一点。不错，1579年的抗争分子们成功地更换了守卫各个城门的队长，还成功地让他们的许多头领(塞尔弗、布吕纳、弗勒尔、罗宾)成为市议会的特别超编议员，进入市议会与议员们平起平坐。他们本想将罗芒市政机构中最重要的执政官制度朝着有利于他们的方向改变，可是这个愿望没能实现。来自前两个序列的执政官贝尔纳丹·吉古和让·托梅是在1579年

① 参阅《德龙省考古和统计学会学报》中舍瓦里耶的文章，第44页。

事件之后被任命的，他们都来自主宰罗芒的寡头群体，是这个群体的组成部分。来自第三序列（工匠）的执政官是皮埃尔·菲利波，1579 年 11 月积极追随抗税的面包师傅们当然是盖兰这一派的人。属于第四序列（当地农民）的执政官是安托万·维内，他与皮埃尔·菲利波一样，在盖兰对市议会进行大清洗之后，依然担任原有职务。这次大清洗恰好发生在 1580 年大镇压悲剧之后举行的选举之时。维内和菲利波都被盖兰拉过去了……所以说，1579 年革命对罗芒的政权机构没有造成多大损伤，仅仅擦了一个边，受影响较大的倒是居民区的民团大队长和市议会的特别超编议员。[①] 从某种意义上说，罗芒曾经存在着两个政权，但并没有发生过政权易手。

*　　　　*

是否可以因此而认为，罗芒是几伙人为鸡毛蒜皮小事而上演闹剧的一座城市呢？可是，事实确是罗芒影响了全国的政治局面。1579 年 7 月初传来消息：王太后（卡特琳娜·德·梅迪奇）正在前来多菲内的途中。（盖兰，第 43 页）其实，王太后从 1578 年 9 月就开始了巡视南方的行程。她有意养得胖胖的，身材虽然有些臃肿，但是对于一个六十来岁的老妇人来说，举止还算相当灵活。她好疑，甚至可以说无知（一位意大利大使说她从来不知道什么是信条）。她似乎生来就是一个进行调解的好手，但是强烈反对进步，竭力维护贵族的免税特权。在这次南巡中，王太后充分发挥她的

① 上这段记述所据为对罗芒市档案 BB 15 中执政官和议员名单对比研究结果（1580 年春季组成的新市议会全体会议），以及 BB 12（登录册结尾部分；1579 年 3 月 23 日全体会议文件，但被误置于 BB 12 中）。

170 个人魅力和作为一个斡旋者的才干。对于她来说,消弭一场战争绝对不像把大海喝干那么困难。但是,南方饱受宗教冲突和阶级斗争之苦,想要取得调停成功,恐怕并非易事。

王太后绕着弯来到罗芒,她先去了西南部的内拉克(今属洛特-加龙省)。罗芒狂欢节之火开始点燃时,她已经与她的女婿纳伐尔的亨利以及追随他的胡格诺派分子签订了一项和解原则协议。亨利答应不再闹事,王太后送给他一份薄礼作为回报,允许他在半年时间内使用 14 个安全据点,其中 3 个在吉耶纳地区,另外 11 个在朗格多克地区的塞文山区。[1]

在此期间,王太后会见了多菲内省的胡格诺派代表索弗雷·德·卡利尼翁,向他作出了不少让步(1578 年 12 月)。一个月后,亨利三世予以批准。[2] 经由卡利尼翁的中介,她与莱迪吉埃和多菲内省南部阿尔卑斯山区胡格诺派的大本营[3]进行了首次接触。[4]

---

① 保罗·范迪克:《卡特琳娜·德·梅迪奇》(Paul Van Dyke, *Catherine de Médici*),第 II 卷,第 250 页及以下;伊迪思·西奇尔:《卡特琳娜·德·梅迪奇》(Edith Sichel, *Catherine de Médici*),伦敦,1908 年,第 316 页;马里耶若尔:《卡特琳娜·德·梅迪奇》(J. H. Mariejol, *Catherine de Médici*),巴黎,1922 年,第 290 页;伊雷娜·马霍内:《卡特琳娜·德·梅迪奇》(Irene Kahoney, *Catherine de Médici*)纽约,1975,第 248 页(很详细);伊沃·鲁札蒂:《卡特琳娜·德·梅迪奇》(Ivo Luzzatti, *Catherine de Médici*)米兰,1939 年,第 376 页;让·埃尔蒂耶:《卡特琳娜·德·梅迪奇》(Jean Herttier, *Catherine de Médici*)巴黎,1959 年;卡斯泰尔诺:《卡特琳娜·德·梅迪奇》(J. Castelnau, *Catherine de Médici*),巴黎,1954 年,第 204 页;梅泽雷:《法国史》(Mezeray, *Histoire de France*),1844 年,第 I 卷,第 468 页。

② 巴黎国立图书馆,ms. fs. 3319,第 123 页。

③ 罗曼:《卡特琳娜·德·梅迪奇在多菲内》,载《多菲内科学院通报》,1882 年 11 月 1 日(1883 年发行)。

④ 据罗曼上文第 7 页,占有这个堡垒意味着在以下地区占有局部优势地位:加普、尚索尔、特里埃伏、男爵领地、迪城;在瓦朗斯则占有相当大的优势。

王太后从内拉克转往卡尔卡松。几天后,她来到蒙彼利埃,这座城市的居民大部分倾向胡格诺派,给予她的礼遇让她有些尴尬:王太后从排成两行的火枪手前面走过,枪口几乎顶到了她乘坐的马车……

卡特琳娜在埃克斯昂普罗旺斯体验到了民众对她不友善,接着来到多菲内省时,这份体验更加深刻,以至于说出“毒汁在尾部”这样的话来…… 1578 年和 1579 年,社会斗争和农民运动引发的内战席卷普罗旺斯的许多地区,同时还蔓延到多菲内的山区和平原地区。埃克斯昂普罗旺斯的接待官员向王太后报告,发生在普 171
罗旺斯省的冲突已经达到相当广泛的程度。两个不同派别捉对厮杀,依附卡塞斯伯爵的天主教极端派被人称作“修士派”,另一派被人叫做“光头派”。光头派中包括胡格诺分子,还有一部分温和的天主教徒和一些参与抗争运动的城乡民众,其中主要是工匠和农民。光头派很像德布尔格和球王在多菲内分别组织的联会,不过这个组织中还有若干贵族。光头派士气高昂,1579 年在一个名叫卡拉的村子里还闹过札克雷式的农民造反。[①] 当地的领主欺压农民,农民愤而把他杀死,但是农民内部并非完全一致,除了杀死领主的那一派,另外还有两派,一派支持领主,一派支持领主的儿子;这三派农民在卡拉村的村议会里都有代表。这种情形令人想起圣西蒙笔下路易十四的宫廷,不过宫廷不像卡拉村这样血腥。

因纳税而民情骚动的地方不只是普罗旺斯,还有埃克斯周围

① 布里厄:《卡拉老爷谋杀案》(J. C. Brieu, *Assassinat du sieur de Callas*), 1868—1869 年。

地区、马赛和多菲内省以及分布在法国南部和北部的那些保留着三级会议的地区。普罗旺斯的乡绅和第三等级打了一场直接税官司，起因还是贵族免税问题。其实，与格勒诺布尔周围以及瓦朗斯相比，普罗旺斯的税务负担相对要公平一些，但是依然未能避免利益不同的双方严重的对立……

在埃克斯和阿维尼翁，王太后竭尽全力撮合卡塞斯派、光头派和当地农民，好歹有一点点成效……然后她继续北上，在那里遇到了十分棘手的问题。[1]

* *

1579 年 7 月 16 日，王太后离开南面的阿维尼翁，来到阿尔卑斯山区的大省多菲内，第一站是该省的首府蒙特利马尔。前来迎接王太后的是当地的军方、社会各界和宗教人士中的大人物，其中有督军莫吉隆和格勒诺布尔主教纪尧姆·德·圣马赛尔·达旺松，此外还有迎驾委员会中的几位格勒诺布尔高等法院的官员。
172 莫吉隆带着一批当地贵族和一群绅士朋友，主教则既敌视新教徒，也不支持农民联会。

甫抵蒙特利马尔，王太后就接见当地联会的头领雅克·科拉。此人对胡格诺派咄咄逼人（在这一点上，科拉有别于球王和更北一些地方的联会，这些联会都愿意与胡格诺派联合行动）。

王太后以寥寥数语敷衍科拉，在她眼里，科拉是个傲慢、狂妄的家伙，是多菲内贵族的死敌；她说，科拉及其追随者以及联会会众和整个多菲内省的第三等级，想要让贵族被税赋压垮；这让王太

① 《卡特琳娜·德·梅迪奇书信集》，第 III 卷，1579 年 7 月的信函。

后感到匪夷所思，尽管她有意在各个阶级之间确立和解和团结。她维护贵族特权的意志坚如钢铁。她把这层意思当面告诉专程前来向她请安的瓦朗斯的联会和村镇的主要头领，让他们头脑清醒些：平民们，只管缴你们的税，别想让贵族也缴税，不许驱赶我的守城卫队，要与他们和平相处。这就是她离开蒙特利马尔继续南巡之前对来自瓦朗斯的头头儿和蒙特利马尔人所说的四句话。[①]

王太后下一站来到瓦朗斯，她受到的迎接表面上热热闹闹，实际上颇为不敬。王太后写道：那些会打仗的人居然没有露面，他们担心我与贵族合谋，控制瓦朗斯，所以，他们整夜站岗放哨……她在这里说的是前一年年初曾把正规部队赶走的当地武装平民。

1579 年 7 月 18 日，卡特琳娜·德·梅迪奇抵达罗芒。此时，球王仍然占据着罗芒的街道和城墙，市政府大厦则在盖兰手中；球王与同伙商量是否应该阻止王太后进城。（盖兰，第 43 页）不让王太后进城并不难，因为城门钥匙从盖兰手中溜走了，如今掌握在球王一伙人手中。为了把王太后挡在城外，罗芒联会的成员们甚至招来了城郊的农民朋友，一大群街坊邻居，请他们帮忙固守城门。不让王太后进城的想法很快就放弃了，因为罗芒的工匠们发现，他 173
们高估了自己的力量。于是发生了一百八十度大转弯，决定给予王太后最佳接待。卡特琳娜在 1579 年 7 月 18 日这一天写道：罗芒人成群结队前来迎接我，许多人带着武器；他们的团总球王是个

① 《卡特琳娜·德·梅迪奇书信集》，第 VII 卷，第 50 页。

织毯商,[①]他当着我的面发表了一通简短的欢迎词。从王太后的这番话来看,球王的名望和影响此时如日中天;卡特琳娜接着写道,我跟你说,球王在联会会众中享有极高的声誉和权威,他只要一句话,就能调动全城和近郊的所有人……我很高兴将要与他交谈。王太后很快就与球王见了面。卡特琳娜问球王:你为什么要反对国王——我的儿子?平民领袖球王的回答简直就是漂亮的演说,根据现存两份各自独立但彼此印证的记录,我们很清楚他说了些什么。[②] 在皮耶蒙的记述中,球王说,我是国王的仆人,但是,人民选举我捍卫被暴政和战争所折磨的穷人,让我谦卑地继续追求在陈情书中提出的请求。在盖兰的记述中,球王是这样说的:第三等级选我为首领,让我提出他们的要求,这些要求已经写在陈情书中(但愿能被接受),送到格勒诺布尔了。根据这两份重要的记述判断,球王很可能说的是法语,因为他讲话时用的稿子是用法语书写的;对于陈情书所反映的平民的主要意愿,他支持德布尔格提出的请求:让贵族纳税。盖兰说,罗芒的一位贵族恭恭敬敬地跪在王太后脚下,接着便说,(盖兰,第 46 页)球王狂妄之极,不把王太后看在眼里,尽管所有在场的老爷们(王太后的随从)多次大声喊叫:

---

① 布吕纳-杜朗在他整理出版的厄斯塔什·皮耶蒙《回忆录》的第 80 页中,错把商人(marchant)写作坏人(mechant)了。我查阅了收藏在巴黎国立图书馆第手稿原件(ms. fs. français 3319),将这个字改正过来。其实,卡特琳娜提及球王时要比提及科拉和德布尔格时客气多了,她指斥科拉"狂妄",称德布尔格为"骚乱分子"。球王在当权者眼里并不那样令人厌恶,倒是恰恰相反……不过,盖兰不在此列。

② 盖兰(盖兰,第 44 页及以下);皮耶蒙:《回忆录》,第 78 页及以下;卡特琳娜·德·梅迪奇写于 1579 年 7 月 18 日和 20 日的信。这三份资料惊人一致,从而赋予皮耶蒙和盖兰的记述以极高的价值,尽管盖兰有时候难免有些倾向性。

跪下！他始终拒不在王太后面前下跪。几个星期后，贝勒加德元
帅在觐见王太后时，丝毫不曾犹豫，双膝着地跪在她面前。当然， 174
这位元帅有许多事情要请求王太后宽恕……

王太后也对球王进行了训斥，但球王并不以为然。王太后倒是没有像训斥科拉和德布尔格那样指斥球王为狂妄和乱党分子，说不定她还觉得球王挺温顺。她办成了两件大事：一是让球王手下的人把城门钥匙交还给盖兰的人，因为这些人大多是罗芒的官员，有的是执政官，有的是法官；二是从联会手中把德戈尔德留在罗芒的两门大炮拿走，送往里昂。王太后的这个决定让球王有点遗憾。办完这两件事，王太后就离开罗芒，移驾格勒诺布尔，在那里逗留了好几个月，在此期间，她不但并未处理平民关于纳税平等的要求，还一度把像瑞士人那样热情捍卫城乡平民利益的加莫拘押了一阵子。

第六章　1579年：抗税和债务

175　王太后的罗芒之行抑制了罗芒民众试图造反的欲望，不过仅仅只有一段时间，而且也不是完全受到抑制。王太后从7月18日到7月20日在罗芒逗留，在这3天前后，三千农民在球王的配合下非法进入罗芒，夜间在大街上和十字路口举行集会，外套里面藏着出鞘的剑。就像在瓦朗斯一样，此事让当地的显贵和王太后的随扈十分不安。

王太后离开罗芒之后，形势愈发趋向恶化，罗芒郊区农村中弥漫着一股浓重的即将发生农民起义的气氛。1579年收获季节过后，农民拒不缴税，连不算沉重的什一税也没有缴齐。农民们现在谈论的话题是来年怎么办，他们打算彻底拒缴什一税和领主税，一个子儿也不缴。盖兰在记述中所引用的村民们的原话极其珍贵。农民用脏话和惹人生气的话诅咒贵族和城市显贵。（盖兰，第150页）近郊的乡民拒绝向领主缴纳各种税费，与此同时，他们也拒绝向城市中的富人还债。乡下人来到城里向司法官员扔石头。1579年的夏季和秋季，球王的“匪徒”们在罗芒城里四处游荡，威吓显贵。他们把被市议员让·托梅投入监狱的一个罪犯放了出来，还威胁要割托梅的喉咙……这就是说，罗芒的司法官员在同一个时间内全都受到攻击。城里的显贵们听说，球王的战友们拉出了一

个名单,上面是他们打算族谋杀的五十来人,新贵族们忧心忡忡,
生怕自己已被列在名单中。农民和工匠在罗芒的市场上碰面,在 176
这里挑选民团队长。1579 年 9 月的第一周,有人议论,既然已经掌控了罗芒、瓦朗斯和蒙特利马尔,到了考虑夺取格勒诺布尔的时候了[①]……

*　　　　*

局面已经相当混乱和危险,各派之间偏偏还要在大大小小各种事情上相互指责,因而形势真的是岌岌可危了。事实上,罗芒食品业的所有从业人员都在同一时间参加了抗税行动,面包师傅、肉店老板,谁也没有袖手旁观……关于这些人,我们还需要略作倒叙。1576—1580 年间,罗芒的肉铺和面包铺都得向本市财政部门缴纳一种间接税,财政部门不能没有这笔税款,因为从执政官替国王征收的什一税中抽取的份额不敷所需,何况这点钱还到不了财政部门手里。缴纳这项间接税的大户似乎是屠宰业。罗芒实行统一屠宰,宰杀后把肉分到各个肉铺去销售,屠宰业是严格意义上的公营资产,是市属"社会主义"部门。除了一年一度的供需双方签订合同期间,市政府严格禁止肉商彼此竞价。(尽管存在着一些不痛不痒的规章,在绝大部分时间里,谷物市场实际上存在着激烈竞争,19 世纪的经济学家们却视而不见,小生产者(出售者)和小消费者(购买者)放手让供求规律充分发挥作用。)罗芒每年的肉食供应都由一伙屠户承包,他们负责购进牛羊(羊为主,牛为辅),屠宰分割后按照合同规定的价格销售,基本上不会做违规的事情。他

① 卡特琳娜·德·梅迪奇写于 1579 年 9 月 6 日的信件。

们按屠宰牲畜的数量折算成货币，从利润中分出一定数量上缴给市政当局。从 1545 年起，屠宰税就是市政当局所征收的最丰厚的间接税，[①]每年高达 369 弗洛林，与此相对比，每年征收的过桥税（市政当局向通过伊泽尔河桥的商品所征收的费用）为 180 弗洛
177 林，每年征收的外来葡萄酒入城税为 220 弗洛林，等等……

屠宰户之间之所以发生冲突，主要原因之一需要从屠宰业按屠宰牲畜的头数向市政当局缴税这个方面去寻找。征税者希望多收，纳税者希望少缴。

对立是从 3 年前的 1576 年 9 月 9 日开始形成的。那一天，雅克玛尔钟楼上传来号角声和钟声，要召开一个罗芒全城的户主大会，其实这是一个扩大的市议会，与会者中包括四位执政官、40 位正式市政议员，60 位特别超编议员。在这种条件下，对立双方都有机会表达各自的忧虑，即使没有发言也能让对方感到。[②] 与会者大多是工匠、工薪劳动者，甚至还有农民。在这许多人中间，被称作“先生”和“大人”的只有市议会中来自前两个社会序列的 20 位议员，他们不是贵族就是资产者或商人。在 60 位特别超编议员中却只有一位“先生”！可见这 60 位特别超编议员完全属于另一个世界，也就是平民。这 60 位特别超编议员中倒也有一些人物（工匠），他们在 3 年之后的狂欢节上成了有名的骚乱分子，其中一位是著名的织毯匠造反者纪尧姆·罗贝尔-布吕纳的近亲让·罗贝尔-布吕纳，此外还有另一个织毯匠弗朗索瓦·罗宾，家

① 罗芒市档案，534（＝德龙省档案、E 11 577）。

② 罗芒市档案，FF 19(BB 13、f°273 及以下)。

境比较好的则有两位:屠宰户若弗鲁瓦·弗勒尔和弗朗索瓦·德勒韦。根据不甚详细的会议记录所载,这4个人都没有张嘴说话。鉴于4年之后他们在这次事件的后续发展中所起的积极作用,他们的沉默其实也是一种表明态度的手段。执政官在这次扩大会议上宣布,该市的债务约为五万到六万利弗尔,所以必须提高屠宰间接税的征收额度,用以支付这笔债务的利息。这就是召开此次全城户主会议的原委。(由此证明,市政府即使是在小集团的控制下,想要让工匠们多纳税,还得设法取得他们某种程度上的认可才行……)市政官顺水推舟接着说道,所以,只能增加屠宰间接税,具体地说,屠宰业向政府缴纳的间接税要提高3倍,一头牛的间接税由原来的4苏增为12苏,一头小牛的间接税增为8苏,一只绵羊的间接税由原来的半苏增为2苏,一只猪的间接税增为4苏,一只山羊的间接税增为2苏……使用公共面粉称重站的费用提高5倍,每塞蒂耶*须缴1苏。(富甲罗芒安托万·科斯特对这个决 178 211
定引提出了强烈抗议,因为这位资产者从负债的市政府手里临时买下了这个面粉称重站。)糕饼业和面包业的间接税提高3倍,每塞蒂耶面包的间接税由原来的6锝增为2苏;过桥税翻了一番,每个轮子须缴1苏,即每辆两轮车须缴过桥税2苏。商人离不开的公共磅秤的使用费也提高了两倍,外来葡萄酒的磅秤使用费提高了三倍……所有这些决定都在扩大的市议会上获得通过,没有明显的反对意见。不过,这只是表面现象而已。两天以后的1576年9月11日,屠宰户和面包师傅提出要求,为了补偿提高后的间接

* 塞蒂耶(sétier),古时谷物容量单位,约合150—300升。——译者

税，应该准许他们提高肉和面包的价格。这些人真会算账。[①]

在罗芒引起反弹，进而引发事变的主要原因就是这些挑衅，或者说某些人感到的挑衅。所谓挑衅，首先是指让人难以承受的本省征收的重税，其次是1576年以本市税收名义向工匠和小店老板征收的各种间接税……

1576年的扩大市议会就像是一颗定时炸弹，最终在1579年引爆了屠宰户和面包师傅的大规模抗争。1576年9月是一个意义重大的日期。从政治上看，全国三级会议于当月在布卢瓦召开，也就是说，维埃纳的德布尔格从此时开始行动，前面已经谈到，此人对于1579年的抗争运动在意识形态上发挥了极为重要的作用。从经济上看，从十几年前开始的物价上涨浪潮，在1576年达到惊人的程度。[②] 1549年至1564年间，格勒诺布尔的小麦每4卡塔尔*的价格大体上在100锝到150锝之间，1566年和1567年涨到200锝甚至更高，到1574年(饥荒年)则高达310锝。物价上涨是在整个16世纪这个长时段中从未中断的现象。在本章审视的十年(1566—1576)中，与物价上涨相对应的，是终于显露出来的从南美洲输入的贵金属对货币的影响。1576年罗芒执政官要求增税的真正原因，也就是物价的急剧上涨。但是不得不说的是，这样做
179 是要付出代价的，由物价上涨而引起的社会效应反映在受间接税增加之害的那些行业中。心存怨愤的面包师傅和屠宰户加入到了织毯匠和织布匠的行列，(食品业和纺织业的联会有多厉害!)很快

① 罗芒市档案，BB 13、f°230 V°。

② “惊人”是就16世纪的低标准而言的，若是放在20世纪来看，那就是正常上涨了。

* 计量单位，约合27古法斤。——译者

就成为"社会效应"之一。不久之后,这些工匠就携手走上街头,参与暴力行动。

*　　　　*

1577年2月,工匠、屠宰户和食品业从业人员的愤懑已经难以抑制,此时距1576年罗芒市议会扩大会议专横地决定增收间接税仅仅3个月。有一件事很能说明问题:就在2月份,出身于显赫的市政官员家庭的法官热罗姆·韦勒(韦勒家的一个人后来在1579年死于起义农民刀下),被指定为一个涉案人做笔录,[①]这个涉案人恰好就是外号球王的织毯匠让·塞尔弗,他后来成了造反派头头,而韦勒家的那个人就是被这伙造反派杀死的……塞尔弗把让·布儒瓦臭骂了一顿。布儒瓦是执政官手下的一个小吏,奉执政官之命,前去拆除一座教堂和新教徒公墓四周的篱笆,国王的和解敕令颁布(此处所说的和解敕令,大概是指1576年5月7日由亨利三世颁发的敕令,通常称作博利厄敕令,这通敕令对新教胡格诺派相当有利)后,所有新教徒的葬礼都可以使用这座教堂和这个公墓。[②] 这件事的真相不明,不知道球王在这件事情中对胡格诺派持什么态度,是反对还是支持;反过来看,他的对手市政府对此事持什么态度,同样也不明朗。我们从中所看到的仅仅是:胡格诺派悄然介入地方纠葛,全国三级会议此时在布卢瓦召开,这两件事对罗芒的气氛起到了加温作用。此事表明,作为一个善战的英雄和地方领袖,在平民相对集中的新教教堂地区,球王对民众已经

① 罗芒市档案,GG 44。

② 迪塞尔的文章《卡特琳娜·梅迪奇与多菲内三级会议》,第123页。

相当有魅力(既充满友好情谊又令人胆战心惊)和影响力;而球王臭骂布儒瓦只是一件不值得一提的小事。12 个目击者被要求为球王辱骂布儒瓦作证,竟然没有一人提供不利于球王的证言;结果这 12 个证人为球王图一时之快而破口骂人付出了代价,他们被关在大牢里面整整两天,因为球王让执政官们很不高兴。

日历上的 1577 年 2 月是举行狂欢节时节,要说 2 月还不算
180 “热”,但是抗争的气氛至少可以说是已经相当紧张了。法官韦勒在同一份档案中记述了另一宗案件,涉案人是名叫阿达梅·布瓦耶的织帆布工匠,执政官任命的一位收税员前来收取直接税时,布瓦耶拒不缴纳。一位执政官闻讯前去查扣布瓦耶的帆布,布瓦耶抄起叉子把执政官给打了,当时在场的让·瓦里耶是布瓦耶的一个哥们儿,外号矮胖子。韦勒于是把布瓦耶抓起来,投进大牢……可是,不多会儿,他又不得不让布瓦耶保释出去,因为,布瓦耶是民团的一个班长;把他关在大牢里,谁能顶替他派人站岗呢……?就在这一周又发生了第三宗事件,家境富裕的科斯特队长在罗芒算得上是一个不大不小的人物,想不到竟然遭到一位面包师傅的辱骂,面包师傅名叫安托万·弗伦,外号白面包(这位白面包可不是一般人,他后来是 1579 年抗税运动的一个领袖,也是狂欢节之后在 1580 年被处绞刑者之一)。他毫不畏惧地对科斯特说:

> 坐在市政厅里的那些家伙(执政官、市议会)全都是强盗,大把大把侵吞全市的钱,负责我那个居民区的执政官若是敢来跟我要直接税,我就揍他……

执政官们认为此事相当严重,决定全力支持韦勒法官对此进行调查……

这就是说,引燃1579—1580年狂欢节重大事件的干柴,早在1577年狂欢节期间已经码放好了,滥征税费,市政府那些奸党分子的贪腐和饕餮,[①]无一不引起民众的满腔愤懑,工匠中的织毯匠和织布匠、面包师傅以及民团中的下级干部(班长),都已经开始采取集团行动,反对罗芒的权贵,拥护球王和白面包这样的非官方领导人。球王和白面包已经具备足够的号召力,可以动员平民参加斗争,只不过,此时的斗争还处于零星和分散状态。

*　　　　*

到了1579年,事态变得更加清晰。想要理解工匠的抗争后来何以变成抗税斗争,只需读一读纪尧姆·罗贝尔-布吕纳1579年5月16日写给格勒诺布尔高等法院诸位老爷的信件就足够了,织毯工匠罗贝尔-布吕纳在这封极其重要的信件[②]末尾签下自己的名字前,骄傲地写上"为了人民"几个字。此时的布吕纳是大队长, 181 
也是球王的谋士,(皮耶蒙,第89页)简直就像是一个保民官,不但为工匠所认可,就连盖兰也能容忍。在这封信中,布吕纳也提到了罗芒的债务问题,他的看法虽然可能有些偏执狂的味道,却得到支持他的民众的认同,这一点很重要;他的看法不同于1576年执政官集团所提出的建议。布吕纳在信中写道,罗芒负债了,这不是天

① 人民的愤懑全都有理,看看1580年2月在市政厅举行的盛宴和舞会就知道了。

② 罗芒市档案,FF 19(77)。

灾，是人祸，应该归咎于（从 1579 年前推 20 年的[1]）前任执政官们，他们的行为不那么光明磊落，手脚不那么干净。他接着说，从前（1579 年以前），前任执政官们从罗芒的居民和乡民手中拿走了不少钱。（他们是通过征收合法的间接税获得这些钱的。）他们没有把收上来的税款用于本城的正常开支，这类开支通常包括上缴给国王财政的款项和本城的日常支出，相反，这几位执政官把钱放进了自己的口袋，用于他们的个人花费。造成这个结果的原因不只是执政官们的不老实，还因为罗芒的会计制度过于陈旧，陈旧的程度哪怕在当时也令人难以相信。罗芒的会计制度不是当时蒙彼利埃所实行的那种集中管理，而是 4 个执政官各管一摊，每个执政官都兼管收和支。某一位执政官分工在某一个居民区征税，然后用收上来的税款去支付另一个居民区的某一位员工的工资。这种稀奇古怪的混乱状况就像一团乱麻，简直就无法梳理，这样一来，不正当行为就很难避免了。[2]

在善于把事情简单化的布吕纳看来，事情很清楚，一目了然。布吕纳指出，1578 年以及此前若干年的历任执政官留下了大笔债务，罗芒抗争者查账的结果表明此事属实，那次查账是在 1579 年春季进行的，费了很大力气才争得格勒诺布尔高等法院的允准。所有执政官都对政府的经费做手脚，都在各自的权限范围内捞好处。这样一来，罗芒市政府的收入就大大减少，于是不得不因缺少
182 经费而举债，借以弥补被（贪腐的）执政官们拿走的钱。而且还得

① 罗芒市档案，FF 19(77)。

② 罗芒市档案，CC 353，4 位执政官之一贝尔纳丹·吉古 1579 年的账册，他还收取罚金等（共计 211 埃居）；他给看门人和学校老师支付工资（315 埃居）。

支付利息。1579 年的抗争者们指控执政官—资产者—商人二十年来的财政管理时，曾提到市政府 20 000 埃居[①]的债务问题，这个问题此次重新被提了出来。[②] 在他们看来，之所以出现问题，原因不在通货膨胀，而在于市政府的官员贪腐。

如果布吕纳所说不误，如果社会上越传越神的流言可信，那么，这些前执政官的劣迹就远不止这些。这些官员本身的过失致使市政府出现资金短缺，这些官员于是把自己的钱借给市政府，让市政府向他们支付利息，而利率之高令人咋舌（10%甚至更高！）市政府倘若不能到期还债，他们就要收取复利，也就是利滚利，致使市政府债台高筑。若是官员们没有这种贪婪行径，如果前任执政官们能规规矩矩，上面那种事就不可能发生。头年的执政官不但疏于职守，没让前年的执政官把吃进去的钱吐出来，而且效仿前任，把自己在任期中捞到的钱借给继任者，一茬接一茬，就像一台泵，这头把钱吸进去，那头把钱吐出来，几年下来，罗芒市政府的债务竟然超过了 50 000 利弗尔。

布吕纳认为，补救的办法有两条：1）在任期中欠债的前执政官向市政府还本付息；2）未让前任还清欠款的继任执政官应对失职承担责任，替前任向市政府还本付息。

格勒诺布尔高等法院慑于罗芒的民情，企图在表面上满足民

---

① 1 埃居＝3 利弗尔。

② 盖兰（盖兰，第 40—41 页）；盖兰对事件的记述虽然具有非常明显的倾向性，但关于此次事件的记述倒并非如此，与罗芒市档案 FF 19 对比的结果表明，他的记述符合事实。此外还可参阅本书中盖兰提供的罗芒牲畜种类清单，经与格勒诺布尔高等法院的一份档案对比，证明盖兰所记不谬（伊泽尔省档案，B2039，见皮耶蒙：《回忆录》，第 89 页，注释）。

众的要求，于是佯称接受布吕纳的建言，重新审查账目，清偿各种债务；至少从原则上来说，这些事本应切实做好，[①]可是，在法官盖兰的操控下……(也就是说至今尚未做好！)

183 布吕纳的这封信等于告了罗芒市政官一状，在钱财问题上将了他们一军，这不啻是向他们宣战。

从执政官名册来看，罗芒掌权集团中包括若干前不久曾任执政官的家庭成员：巴尔纳丹·吉古、让·托梅、让·德·索里尼亚克(贵族)、马尼希厄家的多人、安托万·科斯特、热罗姆·韦勒，此外还有让·德·吉利埃、加斯帕尔·若马隆，当然还有罗芒首屈一指的大人物、法官安托万·盖兰……从名册上看，掌权集团成员的家庭所缴直接税，在1583年的该城直接税总额中所占比重相当大，普通百姓在1583年的纳税额平均约为2—3埃居，而这10个显贵家庭(不包括享受免税特权的真假贵族)的纳税额最低为10埃居，平均为18—20埃居，[②]相当于罗芒人平均纳税额的6—10倍。

罗芒的工匠根本不可能把显贵从掌权集团中赶出去，他们所能做的，充其量是寄希望于莱迪吉埃的胡格诺派，他们若能战而胜之，就可以把政权交给胡格诺派中的资产者(资产者仅是工匠的战术朋友……)。其实，织毯匠布吕纳、屠宰户弗勒尔以及他们的朋友们所追求的目标并不宏大。对于市议会建立在社会等级基础上的四个序列(显贵、商人、工匠、农民)，他们并不想提出质疑。他们

---

① 1579年5月18日菲斯捷(Fustier)在高等法院以宫廷名义签署的文书可资证明(罗芒市档案，FF 19)。

② 1583年直接税册，罗芒市档案，CC 94。

质疑的不是价值体系，而是组织体系。他们的雄心壮志就是让大量特别超编议员进入市议会，从而使市议会再也无法一意孤行，这些特别超编议员大多是工匠的领袖。1579 年 3 月 23 日这一天，[1]织毯匠球王塞尔弗、织毯匠纪尧姆·罗贝尔-布吕纳、职业不明的弗朗索瓦·罗宾（与塞尔弗和布吕纳一样，罗宾在 1580 年的狂欢节之后被判处绞刑），都以特别超编议员的身份出席市议会。他们当然不足以构成议会的多数，却可以影响议会的讨论和决议。他们之所以要到他们本不应该来的这个地方，唯一目的是让法官盖兰冷汗直流。

他们真的到市议会来了，怎么样！[2] 而且直到当年年底！68 人出席了 1579 年 11 月 22 日的全体大会（实际上是市议会的

扩大会议）。除了执政官和四十来位分别代表四个社会序列的议 184
员外，还有 22 位特别超编议员排在名单的末尾，其中包括球王让·塞尔弗、纪尧姆·罗贝尔-布吕纳、若弗鲁瓦·弗勒尔、雅克·雅克、弗朗索瓦·罗宾、让·雅克。1579 年 11 月 5 日，出席议会一般性会议的只有 3 位执政官和包括球王让·塞尔弗在内的 11 位议员。议题挺重要：小麦被人垄断，谷物从罗芒输出引起的不满，屠宰户和面包师傅的抗税行动。球王塞尔弗、若弗鲁瓦·弗勒尔和雅克·雅克轮流出席 1579 年 12 月 11 日、14 日和 26 日的会议。1580 年 1 月 11 日和 14 日讨论本城的债务问题，纪尧姆·罗贝尔-布吕纳和若弗鲁瓦·弗勒尔出席会议。2 月 10 日和 12 日

① 罗芒市档案，BB 12 fol 250、1579 年 3 月 23 日（这是一份 1579 年的会议记录，被误钉在另一年的合集中）。

② 下面所述均源自罗芒市档案，BB 14，日期已在文内标明。

已是狂欢节期间，就在生死冲突发生的前夜，球王让·塞尔弗（他炫耀地披着一块熊皮）和另外几位抗争派人物雅克·雅克和安托万·尼科德尔参加了会议，他们的身份是工匠序列的议员。此次会议要讨论的议题有：关闭由各区队长（他们通常都是平民的好友）守卫的城门，再就是每次必定讨论的本城债务问题。在整整一年之中，直到1580年2月中旬血腥镇压之时，平民领袖们自始至终出席市议会，这为他们提供了获得各种信息的机会，也让他们有机会在某些问题上对议会施加压力，诸如纳税、扶助贫民、选派出席三级会议的代表、重新审查账目、粮食供应，当然还有尽人皆知的债务问题。[①]

按理说，这几位全心全意为“人民派”着想的特别超编议员，应该设法在财政和资金方面做文章，让富人、前执政官和实力派人物掏腰包，清偿本城的债务（总数已达55 000—60 000利弗尔）。这算不得“革命”，但却足以耗尽现有的资金（清偿60 000利弗尔债务可不是小事一桩，因为，罗芒富人的富只是相对于当地下层民众
185 和穷人而言的）。一想到要被迫清偿市政府的债务，资产者吓得头发都竖起来了。在1580年狂欢节上，穷人实际上只围着一个主题跳舞，那就是让富人把不义之财吐出来。（皮耶蒙，第88页）鼓声、号声、铃铛声汇合成震耳欲聋的嘈杂声，扫帚、剑、搂草耙、连枷和丧服在空中飞舞，宣泄着人们的心绪，以盖兰为首的显贵们面对这种极度狂乱的场面，有他们自己的解释：穷人要我们把财产交出去

① 关于从1579年11月到1580年2月这段时间中有关议会的情况，参阅罗芒市档案，BB 14。

（确实如此），还要我们把女人也交出去，他们要杀死我们，要吃掉我们……这当然是歪曲事实的解释。债务、高利贷、永久性有偿贷款等这些困扰着 16 世纪农村社会的问题，远比我们今天想象的严重得多。这些问题让穷人觉得威胁从四面八方袭来，进入他们集体无意识中最可怕的区域，不但如此，富人也忧心忡忡，他们在冥冥之中似乎感到巨大的恐怖日渐临近，嘴里咬着刀的人来了……

*　　　　　　*

我们看到，布吕纳及其织毯匠朋友的举措，其实与德布尔格的做法并无二致。1579 年罗芒人的说辞，完美地复制了 1576 年多菲内人的说辞。1576 年德布尔格建议，用格勒诺布尔的蛀虫们在民众的压力下吐出来的钱，偿还整个多菲内各个城市所欠的高额债务。[①] 布吕纳在 1579 年照搬两年前德布尔格的做法，试图在较小的范围内做同样的事，也就是仅让罗芒显贵们把吃进去的赃款吐出来，用以偿清本城的债务。但是，德布尔格的主张所涉及的社会集团，与布吕纳想要对付的社会集团不尽相同，德布尔格通过逼迫地区财政当局还债，受到打击的是包括贵族和教会在内的整个特权等级；就此而论，他的做法堪称 1789 年多菲内省战斗行动的前奏。然而，罗芒抗争者的矛头所指，仅只是这座小城中的资产者而已。

说过了市政府的债务，回过头来再说间接税。正如我们前面已经说过的那样，自从罗芒市议会于 1576 年通过了那个灾难性的 186

① 参阅本书第一章。

决议之后，间接税就让罗芒的工匠坐不住了。为了清偿那些臭名昭著的债务，资产者执政官决定把当年向手工行业征收的间接税增加一倍、两倍乃至三倍。这样一来，工匠们便下定决心跟这些家伙们较量一番。1579 年，织毯匠布吕纳提出建议，把这些家伙非法捞取的钱直接从他们口袋里掏出来。屠宰户若弗鲁瓦·弗勒尔于是宣布拒缴新增的间接税，因为在他的朋友布吕纳看来，增收间接税并非清偿本市债务所必需。

拒缴新增间接税的是屠宰业和面包业的从业人员。屠宰业冲在前面，这个行业控制着全城的肉食供应，与公众的日常生活息息相关；他们抗争的对象主要是本城的财政机构和政治机构。他们的这种态度很合理，若是在这一点上指责他们心胸狭窄，把他们比作 19 世纪的"布热德主义"*，那是荒谬的。屠宰业一年一度的租赁合同于 1579 年 4 月 7 日签订，于 1580 年 2 月 12 日续签，狂欢节事件此时即将终结。在第一个合同上代表出租方签名的是执政官，代表承租方签字的是屠宰户若弗鲁瓦·弗勒尔，他的花体字相当漂亮，他也是狂欢节后被处绞刑的人犯之一。另有一些人以承租人身份出席合同签字仪式，其中包括泰罗大家族中的几个屠宰户和面包师傅，这几位泰罗大概都是文盲，其中一位名叫克洛德的，也在狂欢节后的 1580 年 3 月被处死。1580 年 2 月 12 日合同续约时，这些人大多都到场了，代表名单上虽然有弗勒尔，但他并未出席，此时正忙于指挥狂欢节的各项活动，况且他不想出现在资

* 1956 年法国爆发群众运动，领导人皮埃尔·布热德主张保护小商人和手工业者利益、反对征收重税；他的主张被称为布热德主义。——译者

产者执政官的身边。

合同的有效期原则上从当年封斋期前三天到下一年的封斋期前三天,这一天是个吃肉的节日,屠宰户们为大家准备了牛肉、羊肉和小牛肉,此前一天,他们已经按照 1576 年增税后的新标准缴纳了间接税。牛肉的售价为每磅 15 锝,包括猪肉在内的其他肉类每磅 18 锝。在封斋期间,他们以每磅 22 锝的价格向病人出售各种肉类。他们不卖不干净的肉类,他们以每磅 3 锝的价格把牲畜的油脂卖给本城商人制作蜡烛。执政官在合同中以本城的财富作 187
保,许可他们垄断本城的牲畜屠宰;屠宰户们在合同中则以他们的财产和人身作保。直到此时,双方似乎都还满意……

卡特琳娜·德·梅迪奇王太后来到罗芒之前,困境是否已于 1579 年 6 月底开始显现?很可能确实如此。7 月 2 日,盖兰和两名被指定监督肉铺的市议员,下令让本市(屠宰税和面包税等)的间接税收税员向执政官偿还他所欠的 192 埃居。收税员表示抗议,说他只欠 100 埃居。[①] 据 1579 年 6 月 27 日的检查结果显示,若弗鲁瓦·弗勒尔欠执政官 16 埃居 50 苏。弗勒尔单打独斗的抗税行动此时或许已经开始……

1579 年 9 月 10 日,[②]当年 7 月王太后巡视罗芒留下的记忆几乎消失殆尽,彼此和谐相处的诺言已经被人遗忘,抗税行动正在如火如荼地展开。就在此时,一股激烈的骚动发生在罗芒城乡各地的市场上。选举民团队长,挑选首领,这些活动都是为了准备夺取

① 罗芒市档案,FF 19(1579 年 7 月 2 日)。

② 罗芒市档案,FF 19(1579 年 9 月 10 日)。

格勒诺布尔[①]……在这种半起义状态下，屠宰户和面包师傅胆子壮了，他们拒不缴纳1576年市议会决定的新增间接税。执政官们大为恼火，他们指出：屠宰户和面包师傅其实从价格中获利多多；十几年以来，肉类和面包价格一直随着整个物价在上涨；屠宰户和面包师傅抗税的对象不只是间接税的增加部分，而是全部间接税本身。在这种情况下，富人们在1580年狂欢节期间把对手工业从业者的指斥集中在食品价格上，这就丝毫也不令人惊奇了。笑话暂且说到此处。1579年9月，倒霉的执政官们（没能向屠宰户和面包师傅把丰厚的间接税收上来）牢骚满腹，他们无力偿还本市的债务，无力支付学校老师的工薪，无力维修城墙、路桥、水泉、报时钟和市政府的房舍，按照沿用已久的各位执政官在各自分管的区域内收税的制度，上述各种费用本应用直接来自间接税的经费开
188 支。执政官们只得谦恭地央求掌握司法大权的盖兰，请他向拒不缴税者发出必要的命令。盖兰对此求之不得，他立即下令抗税者遵守法纪，按章纳税！结果却是全然徒劳，难道盖兰的命令不管用了？

1579年10月30日，再次向屠宰户下达缴税命令，屠宰户中至少有15人抗税，他们都是春天的合同签名人或负责人。这15人中有两位是后来狂欢节骚乱和节后镇压中的著名人物：克洛德·泰罗和弗朗索瓦·德勒韦，德勒韦是个屠宰能手，他宰杀过342只绵羊。

据1579年10月的文献记载，抗税行动开始于夏季，也就是

① 卡特琳娜·德·梅迪奇的信件，第VII卷，第120—121页（1570年9月6日）。

圣-让节和圣米歇尔节之间的那些日子里,但也有一个地方的抗税行动开始于春末。每个屠宰户平均拖欠的税额为 7 埃居。(拖欠总额至少可达 100 埃居或 300 利弗尔上下,对于罗芒这样一座小城来说,这个数字可不是小数,它大体上相当于一个平原地区的城市一年的谷物什一税的总额。)在夏季 3 个月中,每个屠宰户平均宰杀 201 只绵羊,1.5 头牛,3.2 头小牛,2.7 头母牛,4.7 只 branco 或 bravo*,以此为据进行计算,每年 11 个月(不计封斋期所在的 2 月),11 个屠宰户至少要为罗芒人提供 11 055 只绵羊、82 头公牛、176 头小牛、148 头母牛,258 只 branco。换句话说,每个罗芒人(不计婴儿)一年之内要吃掉两只绵羊、十分之一头牛;这可不是一个小数字……(我们都知道,城市的肉类消费量高于乡村)。由此可知屠宰业在 16 世纪有多么重要。这些参加抗税行动的屠宰户,无论是识字的还是文盲,彼此都有较多的亲属关系;参与抗税行动的屠宰户中,有三人姓奥利维耶,两人姓迪孔塞伊,两人姓蒂博,四人姓泰罗。所有屠宰户都依据与市政当局签订的同一个合同经营,不但如此,他们往往紧密合作,两人合伙屠宰,好多人都是你半头母牛,我半头小牛,这样一来,他们就结成了一种合伙屠宰的关系。

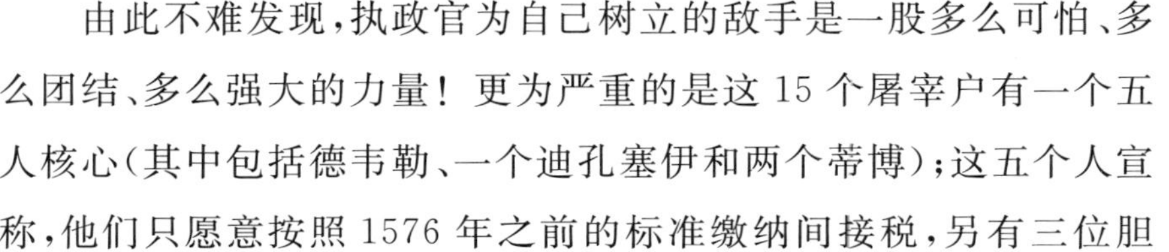

由此不难发现,执政官为自己树立的敌手是一股多么可怕、多么团结、多么强大的力量!更为严重的是这 15 个屠宰户有一个五 189
人核心(其中包括德韦勒、一个迪孔塞伊和两个蒂博);这五个人宣称,他们只愿意按照 1576 年之前的标准缴纳间接税,另有三位胆

* 由于原始资料书写不清,作者无法断定 branco 或 bravo 是什么牲畜。——译者

子比较小的屠宰户表示，愿意缴纳自己的那份间接税，但要等别人缴了，他们才缴，或者表示“以后再说”。

作为屠宰户的好朋友和好兄弟，面包师傅们也在 1579 年 11 月开始抗税。[①] 他们同样拒绝接受 1576 年的间接税标准。（其实他们与屠宰户一样，在 1577 年和 1578 年接受了这个标准。可是现在局势变了，他们的态度也随之变了。）在这些倔强的面包师傅中，我要特别说一说另一位克洛德·泰罗，他大概是控制着罗芒的屠宰业和面包业的那个泰罗家族中的一员。据我们所知，参与抗税的面包师傅一共 9 人，他们反对对面包征税，也反对对面粉过磅收费。9 人中的 8 人主张恢复 1576 年以前的税率，即每塞蒂耶缴税 6 锝，而不是现行的 2 苏或 24 锝。余下的那一位要求不高，他表示愿意接受现行标准，但以别人也缴为前提。最基本的要求是恢复 1576 年以前的“老规矩”。在这一点上，面包师傅都比当年的德布尔格更加老派……

1579 年 11 月和 12 月，抗税行动持续不停！执政官们束手无策，于是请法官盖兰出面干预。盖兰向屠宰户和面包师傅发出公函，以不容分说的严厉口气重申，必须恢复正常状态，照章纳税。[②] 可是依然无人理睬……

1580 年 1 月，狂欢节日渐临近，抗税分子派出代表前往市政厅。1 月 25 日，前去市政厅的是面包师傅和点心师傅，领头的是

① 罗芒屠宰户和面包师傅的抗税行动，已为 1579 年 11 月 12 日的文献所证实。（德龙省档案，E3743，文件 57，f°2 r°；此件承范道仁先生提供复印件。）

② 面粉磅秤站的租赁人也拒缴增加后的税费。见罗芒市档案，CC 491(52)，1579 年 12 月。

马特兰·德米尔，此人后来在 11 月被处绞刑。德米尔的炉子既烤面包，也烧陶罐。面包师傅和陶器工匠们向执政官表示，他们不愿成为税费上涨的牺牲品，要求全城的所有纳税人都分担税费增加 190
所带来的额外负担（这就意味着拥有地产的资产者也要分担），而且对所有商品无一例外地增收税费……若是把他们的这些要求束之高阁，面包师傅和点心师傅就拒绝按照 1576 年之后的税额缴纳税费……

毫无疑问，在几天之后（1580 年 2 月）开始的狂欢节上，屠宰户和面包师傅既是主要的领头人，也是主要的参与者。在狂欢节的最终悲剧中，他们的损失也最大，弗勒尔、马特兰·德米尔等人都被送上绞刑架，胜利者盖兰绝对不会放过他们。2 月 26 日，绞刑即将执行，盖兰居然还要把多名抗税领头人作为罪犯惩处，其中包括德米尔、弗勒尔、白面包的妻子（终于连女人也不放过了！）、克洛德·泰罗、纪尧姆·加兹等人。执政官们则如同 1579 年 9 月一样，于 1580 年 2 月强调指出，食品业的抗税行动与烦人的债务问题密不可分。他们说："由于拒不缴纳间接税，金库已经空空如也，我们再也无法清偿本市的债务了。"如果绞索套着脖子的弗勒尔和德米尔还有机会说话，他们大概会这样回答执政官："贪官们，该由你们来还这笔债，只要把你们贪赃枉法捞走的钱拿出来就足够了。[①]"

① 这些记述所据均为罗芒市档案，FF 19（尤其是 1579 年 9 月 10 日和 1580 年 2 月 22 日）。

*　　　　　　　　*

屠宰户和面包师傅的抗税行动并非 1580 年 2 月事件的缘起和动因。在 1579 年秋季和跨越 1579—1580 年的冬季，整个多菲内地区都发生抗税行动，而且范围更广。从 11 月初开始，一个不良的预兆让罗芒居民心头一颤，皮耶蒙就此写道：1579 年 11 月 9 日星期一夜间，狂风暴雨，电闪雷鸣，很是吓人。这时是冬季。在离罗芒不远的拉克鲁瓦德弗勒德，就在雷声隆隆、电光闪闪的时
191 候，三个瓦朗斯人来到拉克鲁瓦德弗勒德，进了罗芒城里，其中两人使劲画着十字，另一个讥笑他们说："瞧把你们吓成这个样子，魔鬼绝不会让你们这样做的。"话音未落，一个响雷炸开，这个亵渎神明的家伙一头栽倒在地上，立马断了气，另两位吓得什么也没干。有人说，让雷劈死的那个家伙是新教徒，以前参与过捣毁（罗芒的）圣-巴纳尔教堂的活动。此事触动了皮耶蒙，他的感想颇有一些哲理："对于在任何情况下画十字的人，祈求上帝的人，都不能讽刺挖苦，这就是一个极好的实例，足以让我们牢记。"（皮耶蒙，第 85 页）与抗税相比，这个事故实在算不得什么。抗税行动越闹越大，参与其事的不只是屠宰户和面包师傅，还有罗芒城里城外的大批民众，他们拒绝缴纳的是直接税。11 月初，格勒诺布尔决定：凡拒不缴纳每户 15 埃居 10 苏直接税者，必须立即缴纳；此外，每户还应再缴 2 埃居 40 苏，以供本省所需。（皮耶蒙，第 86 页）可是，当年因天灾减产，可怜的老百姓已经在挨饿了。（1579 年 10 月，暴雨肆虐，冲毁了已经播下的种子，不管怎么说，明年的收成肯定好不了；今年秋天的葡萄采摘后，农民本来可以用出售葡萄酒得来的钱去缴税，可是，春季的倒春寒冻死了葡萄花苞，结果葡萄歉收，农民不

但没有赚到钱,反而亏了。)因此,人民通过他们的代表向三级会议申述,他们无力缴纳这两种直接税。事实上,除了此类惯常的怨言外,反对贵族免税、争取纳税平等的要求再次浮出水面,犹如魔鬼从匣子里钻了出来一样;第三等级的代表们说道:国王倘若允准我们在陈情书中提出的要求,我们希望,人人承担缴纳自己那份税的义务(他们其实是要求特权等级也纳税)。然后,我们就缴纳双重直接税。

面对平民的这一挑战,格勒诺布尔高等法院这个现行法律和贵族免税特权的捍卫者,最初作出的反应是强力压制,高等法院关押了所有在格勒诺布尔抗税的民众,强迫他们托人替他们纳税。平民不但毫不退让,而且打算举行起义:他们根本不听法院的警

告,反而在私下酝酿举行起义。在这种情况下,法院释放了被关押 192
的抗税民众。高等法院交替使用软硬两手,硬的一手没有成功,于是改用软的一手。1579 年 12 月 4 日,在格勒诺布尔开会的三级会议展现出比高等法院更加灵活的姿态,向伐鲁瓦尔派出“农村专员”蒙塔尼耶先生(皮耶蒙,第 86 页,注 I)。蒙塔尼耶的任务是改善村镇的财务状况,安抚民众的情绪,他告诉民众说,每户缴纳的直接税 2 埃居 40 苏是用于维护乡土安全。这位农村专员负有双重使命,一则要保护这些村庄,一则要向村民传递政府的指令,给药丸抹一点糖。

如果接着没有发生大恐怖现象,农民的情绪大概已经渐渐趋于平静。伐鲁瓦尔一直是一个民众极易激愤的地方,这次又发挥了推波助澜的作用。那时候,伐鲁瓦尔的民众听到消息,说是图尔农正在聚集他的马队和步兵。图尔农是个杀人不眨眼的坏蛋,他

一下令集合队伍，百姓就人心惶惶。图尔农恰好也是这个城市的名字，伐鲁瓦尔在罗讷河的左岸，与图尔农的居民隔河相望，图尔农的队伍一聚集，伐鲁瓦尔的居民就惴惴不安。他们大多是抗争派农民，贵族老爷图尔农自然不会拿他们当朋友，他们当然也不会拿图尔农当朋友。他们还清楚地记得，图尔农威胁他们说，要踩着他们的身子走过去。(皮耶蒙，第 86 页)伐鲁瓦尔居民纷纷武装起来，守卫罗讷河左岸，试图阻止图尔农渡河到他们的土地上来欺负他们。伐鲁瓦尔民众虚惊一场，他们搞错了；图尔农是个虔诚的天主教徒，他的目标只是拿下右岸维瓦赖-阿尔代什地区的一个被胡格诺派盘踞的小镇。

按下葫芦浮起瓢。这边图尔农刚被忘掉，那边的芒德和迈尔勒又让人不得不提心吊胆。1579 年圣诞节之夜，土匪头子迈尔勒强行占据洛泽尔省的芒德，此人当时依然是个天主教徒，却替胡格诺派卖力；为了出奇制胜，他选在半夜望弥撒时采取行动，芒德人被堵在教堂里面，有人立即敲响那口名叫“天下无双”的大钟，响亮的钟声居然盖住了迈尔勒这伙歹徒弄出的响动。这是一个什么样的圣诞节啊！这一夜发生在芒德的屠杀向人们宣告，新教徒和天
193 主教徒之间的战火即将在整个法国南部重新点燃。[①] 与此同时，有关一场社会战争的流言也反反复复地在各处传播，这不啻是火上加油。征兆确实不好。1580 年 1 月，15 日是圣保罗皈依节，这一天晴空万里，却刮起了凛冽的北风。照古老的谚语说，这是即将

---

① 皮耶蒙：《回忆录》，第 87 页；克洛德·德维克、雅克·维赛特：《朗格多克通史》(Claude Devic et Jacques Vaissette, *Histoire générqle de Languedoc*)，XI-I，第 679 页；蓬布里昂：《迈尔勒队长》(A. Pontbriand, *Le Capitaine Merle*)，1886 年，第四章。

打仗的征兆，要打仗了……比任何时候更加残酷的战争来了。（皮耶蒙，第 87 页）就在这一个月，多菲内的民众听到消息，当地的贵族已经组建了好几个步兵团，要把第三等级统统杀光。老百姓听说屠杀已在谋划之中，人人惊恐万状……

*　　　　　　　　*

若说有什么谋划，采取进攻姿态的其实是第三等级。联会运动取得广泛的发展，从罗讷河左岸蔓延到右岸，从东边发展到西面，从“帝国”渗入到“王国”，从多菲内扩展到维瓦赖。这场运动已经进入瓦朗斯，到达图尔农控制地区的南部，越出了他镇压农民的势力范围。

2 月 3 日，盖兰有点沉不住气了，向他的老搭档、格勒诺布尔高等法院院长奥特福报告说“这几天维瓦赖的民众群情激愤[①]”：两个教派的大量民众开始大规模行动，声称要抵制一切对人民征收的税费……事实确实如此，有人拒缴直接税，有人扬言要杀死收税员，而所有这些消息，都由富尼耶这类人到各处去广为传播，他的活动范围在普里瓦周围，抗税和放话要杀人之类的行动，从 1579 年 10 月开始一直没有消停。[②]

和惯常一样，这场农民和两个教派的运动矛头所指是对维瓦赖的军事占领，反抗的激烈程度尚称理性；军队驻扎在维瓦赖的城市和城堡中，恰如多菲内的情况。在罗讷河两岸，人民的和平愿望

---

① 《伊泽尔省统计学会通报》，1890 年，第 384 页。

② 沙尔东：《维瓦赖的宗教改革和内战》(V. Chareton, *Réforme et guerre civile en Vivarais*)，第 85 页及以下。

看来是最基本的要求。瓦朗斯主教夏尔·热拉·德勒伯隆为他的城市和他自己的交椅心惊胆战，他在 1580 年 2 月 2 日(圣烛节)那天写道：这些人都是维瓦赖的联会会众，他们集合起来闹事，逼迫所有拒绝和平的人接受和平。[①] 维瓦赖是朗格多克的一个教区，
194 那里的贵族也纳税，所以情况有别于多菲内，贵族免税在这里并非民众抗争的中心问题。

多菲内省的联会会众大多从工匠或资产者中选择领袖，维瓦赖的联会会众在这方面比不上多菲内，他们的首领大多是具有魅力的领主圈子里的人，他们以"义气"之类的言辞迫使当地贵族出山领导他们的运动，例如圣塞尔日先生、皮埃尔古德先生；这个做法此后慢慢成了习惯。[②] 夏尔·热拉·德勒伯隆主教写道，一个乡绅带领他们，他们强迫他当他们的头领，我记得，他叫圣塞尔日。狂欢节开始之初，这些联会人数很多，组织得很好。

从罗讷河左岸的瓦朗斯城墙，可以望见对岸阿尔代什土地上整齐的联会队伍。夏尔·热拉·德勒伯隆主教写道，下午三点左右，我们(在右岸)看到，在格朗日和克吕索之间的平川上，一支五百人左右的火枪手队伍正踩着鼓点，队形整齐地前进。鼓声通常是联会出发的信号，不过这次的鼓声似乎还有更多的意义。傍晚或是晚间，瓦朗斯对面的一座山崖上的克吕索城堡，被乡下人的队伍放火烧了。克吕索这座堡垒式的城堡，先后被胡格诺派(1573年)、忠于法国国王的天主教徒(1579—1580 年)占据，从此片瓦无

---

① 《伊泽尔省统计学会通报》，1890 年，第 383 页。

② 参阅拙著《朗格多克的农民》(*Paysans de Languedoc*)，1966 年，I，第 607 页及以下(1670 年维瓦赖的贵族鲁尔领导的反叛)。

存,再也不能以贵族和地主出征的名义敲诈农民了。[①]

维瓦赖的联会有其与众不同的特色,诸如贵族任头领,市民群体在联会中的影响力较小,目标相对狭窄,以争取和平为主,较少涉及社会问题等。1570—1580 年间维瓦赖抗争运动的这些特点说明维瓦赖比多菲内温和,这些特点一直保持着到 17 世纪。尽管如此,法官盖兰依然对维瓦赖不放心,尤其对维瓦赖农民联会与胡格诺派的联会(尽管只是出于战略考虑而结成联盟)忧心忡忡,因为胡格诺派既反对天主教,也反对国王在地方上的政权机构。罗
讷河左岸的动荡丝毫不亚于右岸,从左岸注视着对岸的盖兰写道, 195
许多人感到震惊,维瓦赖联会的行动居然会从天主教徒地区和支持国王的堡垒(克吕索)开始。[②]

*　　　　　　*

罗芒狂欢节拉开帷幕时,整个罗讷河河谷两岸的民情都在升温。瓦朗斯也已经蓄势待发。盖兰写道,蒙特利马尔联会的温和领袖雅克·科拉,思想赶不上他的部下,他已经感受到了民众的怀疑和不信任。盖兰写道,雅克·科拉发觉后十分恼火,悄悄回到蒙特利马尔。[③] 瓦朗斯主教夏尔·热拉·德勒伯隆虽然也有此意,但他比不上科拉,没有办法离开动荡的城市回到故乡去,他只得留在他的教区所在的城市里,支持显贵们对付"小老百姓",也就是工匠和种田人。在一段时间中,煽动、代表和引导这些"小老百姓"的

① 德维克:《朗格多克通史》,XI-I,第 564 页;《伊泽尔省统计学会通报》中的盖兰,1890 年,第 384 页。

② 同上,XI-I,第 668—669 页。

③ 《伊泽尔省统计学会通报》,1890 年,第 385 页。

是磨房主博尼奥尔、“上校”富蒂纳·德多尔纳和市议会的议员纪尧姆·萨维纳。1579年2月26日，萨维纳要求莫吉隆的留守人员撤出瓦朗斯。[①] 1579年3月19日，在征得执政官们的勉强同意后，瓦朗斯的“小老百姓”举行集会，选举精于舞抢弄刀的富蒂纳·德多尔纳为“上校”和统领，挑起保卫本城的责任。[②] 1579年4月30日，磨坊主博尼奥尔（此人的真实姓名是弗朗索瓦·舍瓦里耶）和另一位名叫桑格拉尔的人，试图把来自维埃努瓦省的武装人员也就是农民联会的会众领进瓦朗斯城。不但显贵们无法容忍联会会众进城，就连一部分“小老百姓”也不能接受这样的事实，一个名叫安托万·莫埃的人为此向市政府告发曾是他同志的博尼奥尔。[③] 由此看来，在瓦朗斯联会中，博尼奥尔这类强硬分子和莫埃这类温和分子之间出现了裂缝，这情景就像罗芒的球王塞尔弗和和拉罗什分道扬镳一样。两派的分歧在是否让农民队伍进城一事上暴露得淋漓尽致，农民队伍虽然是城市抗争分子中激进派的盟友，但是，农民进城往往可能带来打家劫舍的后果。

196 1580年2月初，瓦朗斯的局势远远没有稳定下来，瓦朗斯主教夏尔·热拉·德勒伯隆一面监视着罗讷河对岸维瓦赖的情况，那边被焚毁的克吕索城堡还在冒烟；一面伤心地看到，可怜的百姓（瓦朗斯的民众）听不进劝告，在新教分子的怂恿下，抱着嫉妒心开始与显贵们对抗。本城的新教分子人数依然很多，超出了我的意愿。他甚至担心局势会更加严重，我险些遭到他们的虐待，与我一

① 瓦朗斯市档案，BB 9 f°251。

② 同上，f°257和259。

③ 同上，f°256。

样的那些显贵也险些遭到他们的虐待。[①] 主教大人向头昏脑热的那些人发出呼吁,他终于在他的主教府所在地让大家安下心来。所以,在整个狂欢节期间,瓦朗斯一直处于相对平静的状态中。

*　　　　*

罗芒的所有事情都是先纠结,再解开。莫吉隆在 1580 年 2 月 2 日写给国王的信[②]中就是这样说的:不过,我所担心的唯有罗芒。瓦朗斯在一个上流人士的治理之下,他就是陛下忠心耿耿的仆人、当地的主教。可是,罗芒的分裂让我十分犯难,十分害怕……

此时的罗芒如同往常一样,岂止是罗芒而已,它还意味着北部农村,而这些农村从去年开始,就已经对抗争行动习以为常了。它还意味着马尔萨、尚特梅勒,以及隐匿在事件背后的伐鲁瓦尔。

在马尔萨,1579 年 2 月所发生的一切于 1580 年 2 月再次出现。村民们以士兵们的胡作非为理由或借口,在 1580 年圣烛节这一天,举行一半是自卫、一半是传统民俗的集会。盖兰的话如果可信,那么这次集会的军事气味很。他在一封信中写道,上星期二圣母节(圣烛节),邻近的村民们带着武器和鼓到马尔萨来举行集会,分列成十五六"旗",并未造成任何混乱。盖兰所说的十五六"旗"如果属实,那就是说,参加集会的农民大约有一千五百人左右,来自好几个教区。[③]

1579 年的伐鲁瓦尔动荡不安,秋季如此,冬季依旧,人们时刻 197

① 《伊泽尔省统计学会通报》,1890 年,第 382 页。

② 同上,第 391 页。

③ 富尔芒托:《财政》(Fourmenteau, *Finances*),第 3 卷,第 405 页(据《里特雷词典》),每"旗"约有 100—120 人。

准备拿起武器抗击敌人，无论是真实的敌人还是假想的敌人，也不管是天主教徒的队伍还是领主的队伍，几位本地的坚定分子再次被派往罗芒。盖兰对此事的记述是这样的：圣烛节（1580 年 2 月 2 日）那一天，从伐鲁瓦尔来了好几个人，想要举行集会……而且迫切希望尽快举行，他们的话语充满威胁，几个人的愤激程度各不相同，我（盖兰）使出浑身解数加以制止。①

法官盖兰凭他三寸不烂之舌试图说服来自伐鲁瓦尔的这几个农民，过了一会儿，这几个伐鲁瓦尔人却因在召集会议过程中发生误会而自行解散了；就在此时，罗芒城里却发生了另一件怪事：球王塞尔弗把自己装扮成一头熊。

① 皮耶蒙：《回忆录》，第 86 页；《伊泽尔省统计学会通报》，1890 年，第 385 页中有关盖兰的记述。

第七章　1580年：罗芒的民俗大师安托万·盖兰

罗芒的1580年一如1579年，一切又从头开始：2月2日的圣
烛节，2月3日的圣布莱兹节。在罗芒的城里和乡村，这两个日子 198
标志着熙熙攘攘的狂欢节已经开始。

从1月末开始，罗芒狂欢节的准备工作就进行得热火朝天，1月30日和31日，依据民间的习俗，织毯匠们决定大显身手，骑在马上大声叫喊着穿城而过，召唤民众照往常那样，佩带武器和护具，上街游行，接受检阅。（盖兰，第152页）今年的狂欢节不只是为了欢乐，罗芒人还要借此为从国王直接统治下取得半独立一周年而举行庆祝，具体地说，所谓半独立是指罗芒存在着双重政权的现状，球王控制着城外四周，盖兰控制着城市中心地段。在庆祝活动中，织毯匠们要佩着刀剑骑马列队游行，就像是贵族的骑兵队，球王塞尔弗既是民众领袖，自然要领头走在前面，他倒是一点也不发怵。别忘了，骑在马上的人当中有一个是球王塞尔弗。（盖兰，第152页）在狂欢节的这几天里，天天响着抑郁的军鼓声，盖兰写道：从那时起，他们带着武器在鼓声中穿行于城内各处。

球王装扮成圣烛节的熊，带着他的朋友们频频出入罗芒市议会（市议会的记录表明，1580年1—2月这段时间里，他经常在会

场上露面）。[1] 有人看到，球王穿着熊皮袍子来到市议会，落座在
199 他不该坐，而且他平常也不坐的那一行的那一个位子上。（盖兰，第153页）在盖兰看来，球王抢占座位这个举动意味着他企图争夺权力，这当然是非法行为。这就让目光最敏锐的那几个人想到，他们早就怀疑他（球王）可能要有大动作。（盖兰，第153页）如同往常一样，盖兰这番话既夸大其词，又信口开河，球王其实并不以荣耀为意，盖兰却把他描绘成一个“泛多菲内”野心极度膨胀的人：球王竟然当众宣称，他要让人知道，整个多菲内省没有任何人能对他发号施令。更严重的可能是盖兰说的另一件事，据他说，球王与胡格诺派私下有约定。这么说来，隐藏在熊皮下面的是一个新教的密谋。于是，罗芒的显贵们决定严密注视球王及其同伙的行动；包括联会首领在内的大多数人，都是上面说到的胡格诺派，此事比任何其他事情更让（显贵们）不能安心。（盖兰，第153页）其实，联会的首领根本不是胡格诺派，不过，他们与胡格诺派的密使有来往倒是事实。他们当中的让·吉古一年以前就是胡格诺派的密使，此后他归顺了盖兰。

2月2日是圣烛节，传说这一天是熊出窝的日子；2月3日圣布莱兹节是打谷工和梳毛匠的节日，因为圣徒布莱兹殉难之后，遗体被梳毛机扯得乱七八糟。那天（圣布莱兹节），干那个活的工匠来了六百来人，都带着刀剑和护具。（盖兰，第152页）六百个罗芒的织毯匠？盖兰说的这个数字显然又夸大了……不过，六百来个工匠倒有可能，只是并非都是梳毛匠，而是各种各样的工匠都有，

① 罗芒市档案，BB，14，1580年1—2月。

其中包括工匠和粗工在内的一百来人确实是织毯和梳毛行业以及其他工场里的工匠。织毯匠、梳毛匠以及其他独立劳动者、小老板和雇员等组成的游行队伍全部都是男性,人数约为六百上下,人人佩带武器。是政治示威和军事恐吓吗? 盖兰是这样想的。他并非全然错了,即使他如同往常那样总是习惯于把事情简化成一幅漫画。他写道,球王和他的同伙们得意扬扬,以为实现他们谋划的那一天已经近在眼前了。所谓谋划,当然是指彻底推翻显贵们的政权,这个计划甚至可以说是盖兰免费为球王制订的。并不是说球王丝毫没有这种意图……而是说,在我看来,球王没有糊涂到这种
程度,以至于在没有任何后援的情况下去进行这种冒险。所谓后 200
援,就是莱迪吉埃,就是胡格诺派。

圣布莱兹节的活动内容很重要:像去年一样,织毯工匠的游行队伍组成一个"王国",众人一起追赶一只绵羊。这个节目从 2 月 3 日开始,在以后几天中继续进行。游行队伍中的一些人,其中主要是青年人,一起狂奔,追赶一只绵羊,谁跑得最快谁得奖,由于时而有人作弊,所以获奖者其实不一定就是真正跑得最快的人。奖品是一只母绵羊或是骟过的公羊……众人扔出镰刀,把被追赶的那只羊杀死。[1]接着便是所谓的"王国"游行,其实就是群众游行,所谓"王国",是由群众当场挑选出的一群人组成的一个假想"王国",最后可能还有一场盛宴。"国王"身边有时还跟随着宰相、修道院院长等人,游行队伍中所有的人都化装成各色各样的人物或动物。"国王"通常是一位民众领袖或名声显赫的人物,但是我们

① 皮埃雷特·克鲁泽:大学第三阶段第一年结业论文,出版。

并不了解这方面的详情。盖兰的记述中“像去年一样”这几个字表明，1580 年狂欢节就跟往年一样，完全依照传统的习俗举办，欢乐、热闹，至少在开始阶段是非暴力的。

事实确实如此。就在 1580 年 2 月 3 日当天，盖兰写了一封信，谈到了狂欢节当天的情景，[①]看到游行群众兴高采烈，他一点也不担心。他倒是对瓦朗斯的动乱很不放心，因为雅克·科拉被瓦朗斯人赶到蒙特利马尔去了；此外，马尔萨和伐鲁瓦尔的农民隔三差五地闹事，也让他深感不安。罗芒民众的狂欢游行，至少从目前来看，只不过是传统的民俗而已。后来，随着事态出现新的发展，随着他自己的阴谋渐渐趋于成熟，他对狂欢节的初始阶段作出了新的诠释。

绵羊“王国”仅仅是圣烛节狂欢节目中的一个，主要活动在圣
201 布莱兹节进行。2 月 3 日以后几天里还有许多活动，其中有一种当时叫做“扭摆”的集体舞蹈，这是一种主要在工匠居住区里跳的群舞。盖兰对此也有记述：他们在城里跳“扭摆”舞。其实，“扭摆”舞也有好几种，不知道盖兰看到的是哪一种。有一种是这样的：敲着瑞士鼓，脚上绑着小铃铛，手里拿着出鞘的剑。（盖兰，第 152 页）这显然是一种剑舞（是否有模仿把人刺死的动作?），在多菲内的许多地区以及德国和意大利都能看到。[②]绑在脚上的小铃铛让人想到中世纪愚人的铃铛，想到拉伯雷小说中的人物和故事，想到高康大在狂欢节上把教堂的大钟摘下来的情节，想到教堂广场上

① 《伊泽尔省统计学会通报》，1890 年，第 383 页。

② 保罗·托希：《意大利戏剧起源》（Paolo Toschi, *Le Origini del teatro italiano*），第 275 页及以下，1963 年。

报时的大钟、西班牙人狂欢节上背在背上的钟……罗芒人玩得疯狂的时候就把铃铛绑在脚上。总之，乱七八糟的铃和钟，把时间颠倒过来了。嘈杂的瑞士鼓声夹杂着这些铃声、钟声和刀剑相击的噼啪声，所有这些无不隐含着一种政治意义，向人们昭示强大而雄伟的瑞士式民主，而这些被视为反叛的人们，恰恰被指控为企图把这种民主引进到多菲内省来。鼓声代表着一种具有三个意义的代码，在世界上的许多地方和许多民族中都能找到与此等同的东西。声音代码、日历代码和社会代码。悲凄的鼓声以其震耳的嘈杂敲出了时间（一年一度）的割裂和（罗芒）社会的割裂。

圣布莱兹节的另一组舞者人数很多，跳法不同：另一些人（舞者）有另一种跳法，有人手持耙子，有人手持扫帚，还有人手持打麦的连枷（盖兰，第 152 页）……有人穿着丧服。

让我们看看这些道具的象征意义。盖兰的这份匿名文献的出版人罗曼写道：扫把和耙子可能表示应该把显贵们赶出去，连枷表示应该狠狠地打他们，丧服则表示应该埋葬他们。[①]这些说法未必都不准确，几个月之前格勒诺布尔的一位抗争派检察官加莫被捕，卡特琳娜·德·梅迪奇说，他拿着耙子煽动老百姓。赤色分子用连枷打死显贵的故事，后来成为海明威的《丧钟为谁而鸣》中的一个著名段落。19 世纪的多菲内农民发现自己的女儿行为不检点时，就用扫帚轰她们回家……

攻击性并非这种舞蹈的唯一意涵，在小麦生长期的最后阶段， 202

① 盖兰，第 152 页，我搜集到一个口头证言：直到 1938 年，罗芒人在庆祝圣灰星期三时依然跳鳞甲舞，依然烧模拟人像，可惜这是一个孤证。

农民们也要跳一种舞，也要以耙子、连枷和扫帚用作道具。那时的罗芒及其周边地区，依旧使用连枷打麦。（就谷物脱粒方法而言，从南边的下罗讷河谷地区开始就进入地中海地区，那里的脱粒方法是在夏天用马和牛拉碾子压，而不是用连枷打。）罗芒地区在冬天打麦，一群人手持连枷反复锤打小麦，使麦粒脱离茎秆。圣布莱兹节的节日舞蹈就源于打麦劳动，道具也都是劳动中使用的工具：耙子、连枷和扫帚。先把麦捆解开，接着耙散，然后拍打，使麦粒与茎秆分离，最后用扫帚把麦粒归拢。谷物的生长周期和生命至此结束，预示着新的生命即将随着春天的播种开始。在多菲内狂欢节中，圣布莱兹始终是春天播种谷物的主宰者。从播种、生长、收获，直至最后死亡（脱粒），舞者所表演的谷物以一年为期的最后阶段，既是谷物的死亡，其实也是人的死亡。“人们……扛着连枷，穿着丧服，和另一些人一同行进，嘴里喊着：三天之内，基督徒的肉以每磅6锝的价格出售。”与表演打麦技术的舞者走在一起的，还有狂欢节初始阶段表演传统丧葬的游行行列，这支游行队伍具有某些特点和特殊意义。从文献（盖兰，第160页）中得知，罗芒狂欢节中身穿丧服的人，是圣灵会的告示人，他穿着红蓝色丧服，走在即将埋葬的灵柩前面。圣灵会的前身是法国东南部乡镇中一种古老的农村组织，它的主教堂便是罗芒东北部的圣富瓦教堂，离中下层居民区很近；在中世纪，圣富瓦教堂是那里的核心机构，当地的行政管理机关就是从这座教堂衍生出来的。[①]圣灵会负责向穷人分

① 迪帕克：《圣灵会》（P. Duparc, *Confréries du Saint-Esprit*），载《法国和外国法律史评论》（*Revue historique de droit français et étranger*），1958年，第161—163页。

发赈济品。它的一个独特之处是它把活人和亡人聚合在一起，只要生前交了一笔特殊会费，死后就可以继续留在会里好几年；遇有会友举行餐会时，亡人可以由穷人代为出席，坐在摆满菜肴的桌子边上就餐。正是由于这个圣灵会（它的头领是圣布莱兹[1]）的存在，工匠、穷人……和亡人得以在圣布莱兹节携手并肩走在大 203
街上。

某些颇费琢磨的意图在这些阴郁的仪式中得到显现。参与游行的圣布莱兹会的成员对显贵们构成了一种亦庄亦谑的威胁，与此同时，他们请参与游行的人吃死者遗体的肉，这当然只是一种黑色幽默，因为作为会友，他们承担着为死者举行丧葬仪礼的使命。吃掉死者的遗体，意味着创造新的生命。[2]

圣布莱兹节的民俗礼仪实际上包含三种礼仪：狂欢节群众舞蹈中的武士们挥舞利剑，农民们挥舞连枷、耙子或扫帚，负责圣灵会宗教仪式的工作人员舞动覆盖棺材的罩布。

圣布莱兹节最初面对的主题是死亡，处理这个主题的三种原始方法（战、农、圣）是这个节日的主要内容。圣布莱兹是织匠们的保护神，织匠们曾经把他殉难后的遗体撕碎；作为保护神，圣布莱兹还有另外一些次要和附加的功能，这些功能在1580年2月3日的罗芒狂欢活动中也有所展现；尽管从理论上说，游行主要是织匠们的圣布莱兹会和圣灵会的活动，而农民（包括活着的和死去的农民）最初的核心组织就是圣灵会。我们不应忘记，1580年农民在

① 范热纳普《奥弗涅的民俗》，1942年。

② 吃死人肉多半是虚幻的想象，然而有时候却也真吃。这种出现在民众极度亢奋下的场景不容忽视（参阅拙著《朗格多克的农民》，第Ⅰ卷，第398—399页）。

罗芒总人口中的比重是36％……

织匠们织出的是旧世界的裹尸布，他们挥动裹尸布，就像挥动棺材罩一样。农民和工匠在圣布莱兹节跳的舞蹈，原本只是一种民俗而已，但很快就被赋予政治意义，在圣布莱兹节过去之后的一周时间里，大家还继续跳这种舞。对于节日舞蹈的政治化，盖兰是这样评论的（盖兰，第152页）：他们在全城四处跳街舞……所有的
204 舞蹈只有一个目的，那就是告诉大家，他们要杀人。[①]有人会说，盖兰虽是目击者，他的这番话却是信不得的。可是，讲话比较客观的皮耶蒙确实也说过，跳街舞已经不仅仅是单纯的民俗展示。他说（皮耶蒙，第88页），在狂欢节期间，也就是从圣布莱兹节和圣灰星期三之间，罗芒的联会和大联盟的人组织各种“王国”时，跳各种各样的街头舞蹈，举行假面舞会，在整整一周的街舞和假面舞会中，他们说，罗芒的富人都是靠压榨穷人致富的……

穷人们在狂欢节上说的这些含沙射影的话，让显贵们听得后背发凉。有钱的显贵或商人，虽然其中有些也是联会或大联盟的成员，听了农民的那些话很受刺激，担心农民会让他们把吃进去的吐出来，于是就企图把那几个最危险的人（工匠中最厉害的那几个人）干掉，为此，他们联络那些反对第三等级的人，在星期一封斋期开始的那一天，在市政府门前组织了另一个“王国”……（皮耶蒙，第89页）

现在谈谈这另一个“王国”，它是富人们在2月9日星期三搞

① 盖兰这份资料的整理出版者罗曼错将杀（tuer）认作拿（tenir），我依据巴黎国立图书馆的手稿予以改正。

起来的。不过，首先要指出的是，穷人们在圣布莱兹节跳的那些舞包含着多种意义（借用语言学的术语就是一词多义），而这正是民众在节日里的行为和欢庆活动的特点。工匠要求富人“归还”，在一定程度上是阶级斗争现象，工匠的这种要求体现了狂欢节活动的主题：募捐和财富的重新分配，把成年人的财产分给青年，把富人的财产分给穷人。罗芒狂欢节过去之后的 17—19 世纪，一代又一代的多菲内青年人成群结队去参加狂欢节，他们跳街舞，举行假面舞会，走进一家又一家，向安居乐业的已婚男女和其他户主募捐，得到的往往是鸡蛋、香肠、糕点和钱币……这种传统世代相传，绵延不绝。

从 1580 年 2 月 3 日（圣布莱兹节）到 13 日星期六，在十来天时间里，圣布莱兹节以“归还”为主题的舞蹈、乱扭和假面舞会，在罗芒的大街小巷始终不曾停歇，只是热闹的程度时高时低。（皮耶蒙，第 88 页）

民众的这些活动远非狂欢节的全部，在 2 月 6 日星期六或是 7 日星期日前后，第二个“王国”显身了。就在这时，雅克玛尔门居
民区的一群人决定另组一个“王国”，追逐一只公鸡。（盖兰，第 205
153 页）

这群人都是雅克玛尔区比较富裕的居民，在联会中属于温和派，与联会中强硬派的关系渐渐冷却，至甚翻脸，原因是强硬派坚持承认球王的霸权。

至少从表面上看，两派开始交恶并不意味着公鸡“王国”的政治化。在富人这边看来，一切都依然是民众的欢娱。追逐公鸡比赛的获胜者是在雅克玛尔区小有名气的年轻人，名叫莱格勒，（莫非是事先安排的?)听起来像是一只猛禽*……所以,雅克玛尔区的富人们说起这只“老鹰”时,不吝赞誉阳刚之气的言辞。莱格勒因此而获得了双重阳性:其一是男子,其二是老鹰,于是他就像一只骄傲的公鸡,不断打鸣,他用大公鸡的羽毛和鸡冠把自己装饰起来。不过,这只贪婪的大公鸡,这位雅克玛尔区的节日之王仅仅风光了两天(2 月 8 日星期一和 2 月 9 日星期二)。莱格勒在两天里尽情享受他能想到的各种欢乐和消遣,在他主宰的这两天时间里,除了戴假面具、跳街舞、打猎等,他几乎没有谈到过别的事情。(盖兰,第 153 页)坐落在细长的钟楼脚下的雅克玛尔区,在莱格勒临时主宰的 48 小时中热闹非凡,假面舞会、筵宴、舞会和乱蹦乱跳,乱哄哄的闹得不亦乐乎;作为狂欢节最“原始的”核心特征之一,射礼也是民众欢娱的节目之一。[2]从表面上看,并未出现派系斗争的那种沉重气氛,不但如此,彼此还相当热情,假惺惺地相互拥抱。球王或许由于轻信,或许因为他以马基亚弗里自况,对于莱格勒和公鸡王国的各种行径,装出一副毫不在意的样子。球王和他的同伙并非出于假装,既不嫉妒,也不怀疑。(盖兰,第 151 页)2 月 9 日为庆祝国王莱格勒的最后“胜利”而举行群众游行,队伍当中有不少用羽毛装饰的服饰和物件,还有格斗之类的体育表演。(盖兰,第 155 页,第 162 页)所有活动最终以公鸡王国的一场晚宴收场,当晚最显赫的贵宾不是别人,正是球王塞尔弗本人;他以“邻
206 居”和体育健将的身份前来参加公鸡国王的盛宴。作为民众领袖,

* 法语中的老鹰写作 l'aigle,读作莱格勒。——译者

② 保罗·托希:《意大利戏剧起源》。

球王此刻似乎并未想到，狂欢节的这位国王不久之后就是屠杀他和他同伴们的元凶之一，并且因此而成为罗芒资产者富人们眼里的大红人……不过，球王并非单枪匹马前来参加这场"国王"盛宴，据盖兰记述，球王从他的同伙中挑选了几个凶神恶煞般的壮汉，陪同他前来赴宴。

不久(2月9日星期二)，球王来了，后面跟着几个他的人，脸色相当难看，他们一起向老鹰国王莱格勒举行晚宴的地方走去，莱格勒今天胜利了。(盖兰，第155页)

我们注意到，在盖兰的记述中，莱格勒国王变成了老鹰国王，由此可见，盖兰是用看待民间传说的眼光来看待这一系列事件的。

透过老鹰-公鸡这一层羽毛织成的薄薄的帷幕，政治并不遥远，战争也并不遥远。就在老鹰国王取胜(1580年2月9日)的前一天，2月8日胡格诺派向格勒诺布尔发动进攻，但未能把这座城市拿下。这支队伍不甘心于攻城失手，转而对准一些较小的目标，骚扰格勒诺布尔周围的一些城镇维齐尔、圣康坦、拉莫特-韦尔迪耶等地，而且小有收获。这些小型武装冲突，粗粗一瞥似乎无足轻重，实际上却预示着新教徒和天主教徒之间的"情人之战"，尽管这类"情人之战"依旧是不值得一提的小型冲突，可是在1580年，这些冲突却对法国南部造成了不大不小的骚乱，在多菲内省引发的冲突性质更为严重。依据天主教徒的一面之词(他们的说法并非永远不可信)，从新教徒一边来说，这些"手持刀剑的馋虫"弄出来的小打小闹，是他们总体计划中的一部分，这个总体计划则是他们在塞文的昂迪兹城里举行的一次胡格诺派大会上制订的，根据这个总体计划，胡格诺派要把他们的势力集结在罗讷河谷两侧。这是莱迪吉埃及其同伙作出的努力，也是农民联会在维瓦赖和整个

罗芒地区的行动。在罗讷河东侧，胡格诺派的队长布维耶刚刚当上了一支由五百多个农民组成的武装部队的首领，并且夺取了好几个城堡。里昂奈督军弗朗索瓦·德·芒德洛赶紧收拢手中不多的兵力，与莫吉隆和格勒诺布尔高等法院在军事和政治上结盟，准备对付来自胡格诺派的威胁。芒德洛尽力争取多菲内省三级会议代表的支持（6 名教会代表，6 位贵族代表，12 位第三等级代表）。
207 一些拥护国王的天主教徒士兵和数百名手持武器的显贵整队出发，准备作战。城乡第三等级中的平民听到消息后深感不安，他们不相信在格勒诺布尔三级会议中以他们的名义说话的人，不相信这些人确实代表他们的利益。（皮耶蒙，第 94 页）

莫吉隆为罗芒特别担忧。罗芒刚刚经历的一连串深刻危机至今尚未结束。多菲内省的其他城市或是在主教的掌控之中（例如瓦朗斯），或是在权贵的掌控之中，都没有出现过与罗芒相似的危机。

罗芒狂欢节开头那几天，莫吉隆就在罗芒开始行动，此前他已经悄悄地把他的兄弟派到了罗芒，并通过这个兄弟和法官盖兰以及另外几个绑在他的战车上的显贵在罗芒进行活动。1580 年 2 月 12 日，莫吉隆在写给国王的信中说道：我（在罗芒）找了几个显贵和天主教徒，他们愿意监视每一个人，查清新教分子的秘密行动和情报。老鹰-公鸡王国的组建表面上是清清白白的，但是，莫吉隆却在其中发挥了某种诡秘的作用。（这个王国的组织者在罗芒的地方机构中占据了一个政治上的“沼泽”，盖兰毫不迟疑地在“沼泽”中浑水摸鱼。）

在老鹰-公鸡王国之后的另一个王国，即完全由资产者和权贵组织的山鹑王国中，[1]莫吉隆的影响更加明显得多。

*　　　　　　*

1580年2月9日星期二，也就是老鹰-公鸡取得最后胜利的那一天，罗芒城里最有名望的几个人聚集在广场上，议论着要搞一个王国。（盖兰，第153页）他们想搞的是一个追山鹑比赛，也就是组织一伙人追赶一只山鹑，最先追上者为胜，得到的奖品便是一只山鹑。从罗芒的街区分布来看，这个“山鹑王国”的成员大多来自大广场和伊泽尔桥区。将要组织的这项活动，形式是民俗，内容却是政治，活动的中心地带是全城资产者最多的地区，即大广场周围 208
以及与桥相连的那个地段。架设在伊泽尔河上的这座桥，把罗芒与河对岸的布尔德佩阿日郊区连成一片。

盖兰本人也是山鹑王国的组织者之一，这些人只是为了与他们的邻居和朋友老鹰-公鸡王国进行一场友谊比赛吗？法官盖兰是这样说的，或许他并没有撒谎，不过他只说出了部分真相。皮耶蒙有时会把日期记错，但是，作为联会的同情者，他对于罗芒资产者要大开杀戒的预谋却是心知肚明。他明白无误地指出，山鹑王国代表着显贵们的反扑，其目的就是大肆屠戮。在富人们的眼里，工匠的民俗活动中隐藏着某种可疑的意图，显贵们反扑的矛头所指，就是工匠用以反对富人的民俗活动。在绵羊王国具有反叛性质的群舞中，工匠不是都走在最前面吗？几天之后，在野兔王国和阉鸡王国中他们不是故伎重演吗？在这种情况下，山鹑王国把纯朴的城市民俗活动和反对穷人的谋杀计划糅为一体了，成为一个

[1] 关于此前的记述，参阅《伊泽尔省统计学会通报》，1890年，第391页。

你中有我、我中有你的定时炸弹。[①] 圈套在先，屠杀随后。

为了便于相互识别，参与山鹑王国密谋的每一个人都在帽子上别了一张小纸片，小纸片上标有文盲看不懂的数字，这样一来，不费吹灰之力，就把上层名流与目不识丁的小民区分开来了。很快就作出决议，凡是加入山鹑王国的人，都要佩带一张写着数字的纸条，以便相互辨认。纸条立即分发给在场的人，凡是愿意参与其事的都应把纸条别在帽子上。（盖兰，第 154 页）

之所以要在帽檐上别这样一个纸片，存心就是要与反对显贵的联会会众分得一清二楚，农民的帽子上通常没有任何标志，他们绝大多数都不识字，不知道纸条上写的是什么。塞巴斯蒂安·德利奥纳在 1579 年曾说，他们制作了三百个木喇叭，用于互相联系，他们的帽子上没有用于相互识别的带子。（盖兰，第 43 页，注 I）

2 月 9 日星期二，罗芒的六十来个资产者聚集在大广场上，帽子上别着刚才提到的小纸片。与六百来个织匠和其他工匠的游行
209 队伍相比，六十来人这个数字与罗芒城里的显贵家庭数量相符，从税册可以看出，显贵的户数远比工匠和种田人的户数少得多。

盖兰喋喋不休地试图让我们相信，王国之类的活动纯粹是一种游戏，不过，他对这种游戏的介绍倒是令人很感兴趣。他们（六十人）不想别的，一心一意只考虑如何（在追赶山鹑时）跑得更快，争取当上国王，和大家一起美餐一顿。（盖兰，第 153 页）按照预先的计划，由富人操控的这个山鹑王国的游戏，符合其他以王国为名的同类游戏的正常模式，无论是富人的王国还是穷人的王国，大体

---

① 皮耶蒙：《回忆录》，第 88—89 页。

上都一样。首先是徒步追逐动物（此处是山鹑），接着是宣布优胜者为狂欢节的国王，最后则是欢宴和其他庆祝活动。

但是，此次活动绝非只是吃喝一顿那么简单。山鹑看过去像是一种有计划的预谋，从一开始就让绵羊王国的人疑虑重重。

球王听到他的政敌在帽檐上别纸片的消息后，到大广场去转了一圈，看看形势究竟如何，他很快就察觉对方在搞针对他们的阴谋。他虽然想到了，对方搞的这些名堂显然是以他和他这一派人为目标的（盖兰，第 154 页），但是他决定继续观望。陪同他到大广场去的一个性子暴烈的朋友，一看到广场上山鹑王国的各种准备工作，就沉不住气，失去了耐心。他用手握住剑把，把剑的一半拔出剑鞘，一副怒气冲天的样子。（盖兰，第 154 页）他口吐脏话，连上帝都骂了。这个球王分子怒气冲天，要求球王让他与对方较量一番，他对球王说：

> 等得太久了，他们要是动手，我们就都完了。让我跟他们干行不行？（盖兰，第 154 页）

球王再次表现出他那息事宁人的心态，或许他认为时机还不成熟，他让随从中那几个满腔怒火的人消消气，一起去赴老鹰-公鸡王国的盛宴，此前他已经收到雅克玛尔居民区的邀请，这些人究竟是他的敌手还是朋友？恐怕事实上还是敌手吧！

1580 年 2 月 10 日星期三，罗芒一如往常，没有发生任何引人瞩目的事情，徒步追逐山鹑的准备工作和造成流血事件的阴谋都在继续进行。

2 月 11 日星期四，追逐山鹑的比赛在科德里埃广场开始，这 210
个广场就在修道院前面，有身份的人喜欢在这里约会。男士和贵妇人来了，小老百姓也成群结队来到广场，看他们年轻的主人如何追赶山鹑。星期四……打算参加山鹑追逐赛的人，准时来到科德里埃大广场，许多太太小姐和老百姓也来到广场看热闹。（盖兰，第155页）有意思的是这里特别提到了太太小姐，也就是说来自资产者显贵家庭的少妇和少女。在罗芒，每当富人游行或是王室成员进城时，她们便出来为之增光添彩……这是盖兰第一次在他的记述中提及女性。在所有关于罗芒狂欢节的资料中，穷人的罗芒狂欢节上是没有女人的。①不过，例外还是有的，个别妇女有时候混在男人当中去参加某个活动，但是，这种女人实在太少，而且她们不能与男人分享民众给予的荣耀。然而，在富人的狂欢节上，妇女却是重要的组成部分，她们的影响体现在动物的选择上，比如山鹑*，更体现在她们的积极参与上，在追逐比赛中，可以见到从四面八方涌来的妇女。稍晚一些时候，妇女还成了点燃火药桶的导火索，总之，在罗芒，女人是男人经管的事情。

山鹑追逐赛究竟如何进行？这些细节我们至今依然搞不清楚。是追逐一只拔掉了翅膀上羽毛的山鹑吗？是扔石块把它打死吗？是把山鹑作为奖品发给跑在最前面的那个优胜者吗？总而言之，在罗芒狂欢节丰富多彩的各种活动中，追逐山鹑之类的体育活动自始至终都是预先安排好的一种政治行为。山鹑追逐赛的参赛者都是18—36岁的青年，他们全都来自罗芒的富裕家庭。在少妇

---

① 多菲内省如此，朗格多克省也是如此。在朗格多克省，狂欢节中的各项活动都是男人的事，没有女人的份。参阅达尼埃尔·法布尔：《朗格多克的节日》（Daniel Fabre, *La Fête en Languedoc*），1977年。

* 山鹑 Perdrix 在法文中是个阴性名词。——译者

少女们的注视下，这些年轻人高高兴兴地听从安排，让拉罗什第一个到达终点，被宣布为山鹑国王。是不是弄虚作假？有没有猫腻？拉罗什与他先前的好友球王以及他这一派中的激进分子分道扬镳了。他成了罗芒的资产者、司法官员、商人和地主的宠儿；只要能分裂工匠的队伍，能给他们制造麻烦，这些富人就会毫不犹豫地把一个工匠推上头领的位置。善于奔跑的人于是放慢自己的速度，屏住自己的呼吸，让拉罗什超过他们，让他去当冠军。盖兰眼睛一眨也不眨地就此写道，运气实在不错，球王最大的敌手，至少是最 211
大的公开敌手拉罗什当上了山鹑王国的国王。[1]值得注意的是“至少是公开的”这几个字，言下之意，球王还有一个最大的“未公开敌手”，显而易见，那就是盖兰本人！

借助狂欢节上的体育和民俗活动明争暗斗，是一种屡见不鲜的惯用手法。在卡尔卡松也是这样，那里举行射箭和射弩比赛，目标是一只老鹰靶或蛇靶，当地技艺最高的射手往往故意让执政官拔得头筹，哪怕此公是个老头，看不清三步以外是什么东西，根本无法对准靶子，甚至把箭戳进自己眼睛。[2]拉罗什仗着弄虚作假而意外获胜，可是，他是个年届四十、大腹便便的中年人，所以，他的奔跑能力理所当然地受到质疑；与山鹑王国中的显贵对立的绵羊王国的人，对拉罗什的获胜作出了各种各样的反应，提出了各种各样的怀疑和解释。这就让球王及其同伙作出了这样的判断：一切都是

---

① 档案中关于拉罗什的资料极少。但是有一个名叫让·罗沙(Jean Rochas，此人可能就是盖兰笔下的拉罗什)的人倒是常被提及，在1576年9月9日市议会扩大会议上，他是代表工匠的特别代表之一(罗芒市档案，FF 19，1576年9月9日，BB 13 f°273)。

② 布热：《卡尔卡松史》(Bouges，*Histoire de Carcassonne*)，1579年。

事先安排好的。(盖兰,第 155 页)否则就不会引起这么多的猜疑。

球王塞尔弗此前并未作出任何反应,此时终于起了疑心,尽管稍稍晚了一些,他怀疑此事背后有猫腻,于是就山鹑王国事件采取了一些震慑性的措施。他找到了几位自称没有介入纷争的人士,让他们充当中间人(盖兰,第 155 页),向显贵一方提出了劝告,诚恳地要求他们取消几天以后(2 月 15 日)把“国王”头衔授予 2 月 11 日山鹑追逐赛获胜者的庆祝集会。球王及其同伙设法通过某些局外人从中斡旋,推迟山鹑王国的庆祝活动。(盖兰,第 155 页)面对“一心为他人着想的”球王委婉地表达的这番美意,对方竟然装聋作哑,显贵们不为球王的劝告所动,继续执行他们的原定计

212 划。他们这样做并非毫无可取之处,在他们看来,球王向他们提出的并不是“免费”的劝告,藏在劝告后面的是欲盖弥彰的威胁:球王将会调动罗芒周围乡村中忠于他的人和支持他的朋友,让他们伸出援手帮助工匠,共同对罗芒施加压力。对于乡村包围城市这种形势绝对不应视而不见,这种形势的特点是显贵们被居民区里的平民和邻近教区的农民弄得心神不宁。

球王经由中介人之口向显贵们说的话大体上是这样的:你们如果坚持要搞山鹑王国的庆祝活动,我的人就会心生疑虑,你们就可能受到伤害,因为他们都是邻近罗芒的乡下人。(盖兰,第 155 页)这话再明白不过了。几天以后,盖兰为了事后替屠杀工匠首领们的罪恶行径开脱(他把屠杀说成是自卫行动),公然指控已经被杀的球王把大量农民弄进城来帮助实现他的谋划。[①]这个指控或

① 罗芒市档案,BB 14,f°,1580 年 2 月 17 日会议记录。

许有些夸大的成分，但绝不是无中生有。同样的事情在头一年（1579年）已经发生过，半个世纪之后又再次发生在埃克斯昂普罗旺斯。

回过头来再说说山鹑王国。尽管有来自下面的各种压力，年轻的和不怎么年轻的显贵们拒不放弃山鹑王国的庆祝活动。天主教徒盖兰深受奥古斯丁的命运预定论的影响，这种影响或许源自他曾信奉的加尔文主义，不过，此时他已用咄咄逼人的新生的天主教教义彻底消除了加尔文主义的残留影响。因此，在他看来，他的朋友们之所以如此执着，原因是上帝预先确定的全能的干预：上帝预先确定的事是无法避免的……上帝把一种坚定的意志赋予显贵们，使他们下定决心搞这个王国。事实上，听说星期一封斋期开始的那一天，他们就要采取行动……（盖兰，第155页）

请注意这几个字：星期一封斋期开始的那一天，盖兰在这里说的，就是几天前他宣布的山鹑王国的庆祝活动。鉴于盖兰的记述是在事后追记的，所以我们可以从中发现一些有趣的现象。山鹑王国的庆祝活动将在2月15日星期一举行，这一天当然是星期二的前一天，当时在普罗旺斯地区和直接属于法国的普罗旺斯地区，人们都把这一天叫做“封斋期开始的那一天”。在盖兰的全部记述中，“星期一封斋期开始的那一天”这个提法标志着他的日期记录 213
方法出现了变化。在此之前，盖兰一直使用太阳历的记法，比如说“2月3日”（绵羊王国）、2月9日（山鹑追逐赛的第一阶段）。然而，自从2月10日星期三或是2月11日星期四开始，他的日期记录方法从太阳历改为太阴历。封斋期开始之前的星期一和星期二（1580年的这两个日子分别是2月15日和16日）实际上是以月

亮的运动为依据的，复活节和取决于复活节的封斋期前的星期二以及整个封斋期也都是这样。封斋期前的星期二在复活节前的40天前后，复活节则在春分后第一个满月后的第一个星期日。整个狂欢节的进程与这个变化相吻合，即从太阳历转为太阴历。从2月2日（圣烛节，熊走出洞穴享受阳光的照耀）到新月以后的封斋期前的星期二，从太阳历到太阴历的转换就完成了。出现在盖兰的记述中的日期称呼的变化，让我们明显地看到了历法的转换。

* *

在盖兰的记述中，历法转换开始于2月9日星期二，从这一天起，他不再使用太阳历，改用太阴历。这一天也正是狂欢节的最高礼仪即转换历法的日子。就在此时，富人居住区的“君主”，即刚刚产生的山鹑王国的“国王”自行宣布，他在未来的几天中是罗芒的最高统治者；他还发布政令，宣布罗芒从此成为奥克西坦尼人极度珍视的“安乐之乡”。[①]在“安乐之乡”里，葡萄酒像水一样从泉源喷涌而出，蘸过糖汁的草莓便宜得令人难以置信，仅相当于发臭的鲱鱼的价格……山鹑王国的国王拉罗什于是以他那虚拟的枢密院名义，于1580年2月9日发布了一道谕令。发布谕令的这个日子恰好是山鹑王国阴谋开始执行的那一天。这就是说，这通谕令正是富人们计划中的核心部分。

谕令为食品店、小酒店和客栈规定了各种食品的销售价格，必须严格执行（搞笑），依照这个规定，食品和饮料的价格全都乱套

① 加尔迪：《奥克的狂欢节》(Ph.. Gardy, *Carnaval d'Oc*)，这是一篇论述17世纪初奥克西坦尼狂欢节戏剧家布吕埃斯(Brueys)的论文。

了，稀缺的东西便宜了，大路货昂贵了。从此以后，价格最高的物品有如下这些：干草、秸秆、燕麦、牲畜饲料、劣质酒、发臭的葡萄 214
酒、发酸的葡萄酒、有哈喇味的金枪鱼、咸鳗鱼、发臭或腐烂的鲱鱼、肥的或瘦的腊猪肉。（为猪肉定价一事令人想到狂欢节上的某些娱乐活动，也就是被拉伯雷写在小说中的那些与猪肉和各种香肠有关的庆祝活动。）谕令所规定的所有价格都在 1 图尔利弗尔上下，有的略高些，有的略低些。

与此相反，依据这个变贵为贱、变贱为贵的价格规定，消费者几乎无需付款，或者只需支付寥寥几个锝或几个苏，就可以买到以下这些食品：用肉桂或丁香调味的火鸡、野鸡或松鸡、山鹑、母鸡、野兔、烤山鹬、橙汁班尾林鸽、肥小牛肉、科纳斯或图尔农的葡萄酒、肉桂酒、草莓、玫瑰水和糖的……

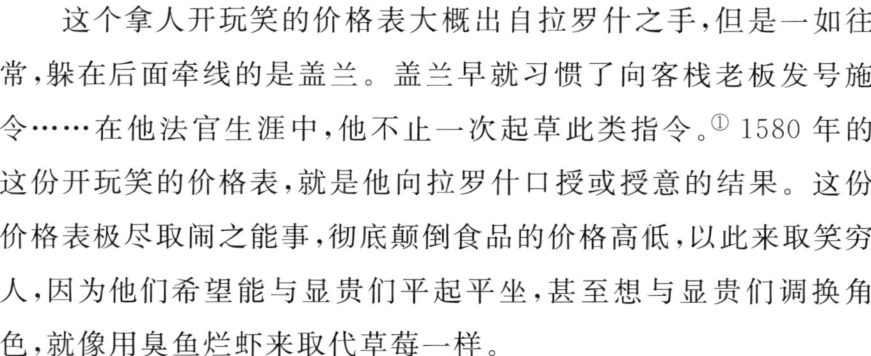

这个拿人开玩笑的价格表大概出自拉罗什之手，但是一如往常，躲在后面牵线的是盖兰。盖兰早就习惯了向客栈老板发号施令……在他法官生涯中，他不止一次起草此类指令。[①] 1580 年的这份开玩笑的价格表，就是他向拉罗什口授或授意的结果。这份价格表极尽取闹之能事，彻底颠倒食品的价格高低，以此来取笑穷人，因为他们希望能与显贵们平起平坐，甚至想与显贵们调换角色，就像用臭鱼烂虾来取代草莓一样。

盖兰在食品价格上玩的这个别出心裁的把戏，不是心血来潮的政治讥讽，而是与狂欢节时期那种微妙的痉挛相对应的，在那个期间，时间似乎在倒流，整个世界似乎是颠倒的，头在下，脚在上。

① 德龙省档案，E 3745（1588 年）；本书第二章。

盖兰的这个把戏后来居然成为一种文化传统，在1580年之后还延续了许久。从中世纪末到19世纪上半叶，在民间的图像资料中，乾坤颠倒的事例并不少见；在一些木刻版画或小册子中可以看到，被老婆痛打的丈夫倒骑驴子，耗子啃噬家猫，狼守护着羊群，羊群把狼吃掉了，儿子打父亲的屁股，给孩子擦屁股的是父亲而不是母亲，耕地的老牛走在犁的前面，乘客拉着马车，母鸡趴在公鸡背上，公鸡下蛋，国王徒步而行，病人照顾医生，客户替律师出主意，元帅
215 在兵营里干粗活，钓鱼人上了鱼钩，猎人被兔子抓住，大白鹅把厨娘放进了锅里，印度公鸡把农夫烤熟了，装着货物的小车绑在车夫背上，姑娘在小伙子窗下唱小夜曲，动物园里的老虎在笼子里杀死了驯兽师。从频率上来看，这种有违自然规律或自然-文化规律的乾坤大颠倒，大多发生在动物之间（耗子啃噬家猫），或是动物与人之间（印度公鸡烤农夫）。罗芒狂欢节在这一点上也不例外，2月9日的价格表所颠倒的，不是常见的高档或低档食品，便是动物本身赖以生存的干草、秸秆或燕麦之类。盖兰这位剧作家、民俗大师和颠倒乾坤的专家，想象力不可谓不丰富；被他颠倒的东西包括各种各样的肉类、大牲畜、小家畜、珍贵的野味、洒上粗盐的牛肉等。民众的想象力绝大多数都用到了活着的牲畜上，从而对颠倒乾坤也出了一份力。罗芒狂欢节再一次显示了它那独一无二的典型性。

各种具有象征意义的东西一而再、再而三地出现，此事说明，这些东西与整个狂欢节有着内在的关联。盖兰的价格表中罗列的肉类和野味中，赫然在目的就有罗芒狂欢节期间举行庆祝活动的那五个“王国”的五种标志性动物：绵羊、公鸡、山鹑、野兔、阉鸡。

我们不能因此而把颠倒与颠覆混为一谈。实际上，这种混为一谈的情况确实存在，在穷人的狂欢节活动中，不难发现某些基于虚幻意图而造成的混乱现象；比如，富人尸体变成了可以食用的肉（基督徒的肉以每磅 6 锝的价格出售），又如，工匠似乎希望颠倒对财富和女人的享用，让穷人家里的女人摆脱家务劳动，而让富人家的太太到穷人家里去干这类粗活。（盖兰，第 171 页）这种极端虚幻的想法，无一不兼具颠倒和颠覆两种性质。可是，盖兰和拉罗什以富人狂欢节的名义颁布 2 月 9 日的价格表时，他们借助荒谬所要表明的首先是“一种秩序，在这种秩序中，自然和社会是不可改变和不可冒犯的，恰如神话与事实截然不同”。他们借助这种“上
下颠倒的景象，为的是更有效地摧毁显现在民众嬉戏中的颠覆现 216
象”。[①]这种上下颠倒的景象以其荒谬证明，它所恣意嘲弄的对象确实存在。然而，就政治成果而言，值得注意的是盖兰的脑袋里究竟想些什么，因为，操纵掌权者们玩弄这些手段的人就是他。就此而言，去掉了那些荒诞不经的玩笑之后，从事物此后的发展来看，价格表的意义只有一个，这个意义可以归结为下面这几个词：秩序、权威、王国。肯定人在狂欢节上的角色可以互换，为的是更加强调人在等级社会中的实际地位是永恒不变的。[②]

上流人士们为自己选出了一位君主（山鹑国王），国王拉罗什落脚在科德里埃修道院，这里就是他的临时府邸和王宫，这是个不错的地方，很适宜与他的同伙们策划密谋。于是乎，科德里埃修道

① 马克·奥热：《当符号出现颠倒时》(Marc Augé, *Quand les signes s'inversent*), 1978 年。

② 沙尔捷、朱莉亚：《颠倒的世界》(Chartier et Julia, *Le Monde à l'envers*)。

院成了万众瞩目的地点,也成了“王国”举行庆祝集会的场所。从1580年2月12日星期五开始,山鹑王国为了维持庆祝活动的秩序,显现出越来越多的人为拔高和故意炫耀的意图。由于没有卫兵和警察,拥护现存政权的那些人于是组建起一个狂欢节期间的王宫和一支军队。不管怎么说,在当时的情况下,这种做法符合狂欢节“过家家”和开善意玩笑的精神。(盖兰,第155页,第156页)

星期四举行了山鹑追逐赛之后,星期五、星期六和星期日,大家交谈欢笑,欢度时光。一眼望去,广场上全是信使、大使、总务官和军需官。许多罗芒原来的资产者(或是偷偷溜进城来的贵族),纷纷打扮成效忠于山鹑王国的各类军官、士兵或官员。满身尘土的信使与大使们一起来向王国致敬,以此昭告天下,悲剧也好,戏剧也罢,反正罗芒城里确实建立了一个山鹑王国。总务官和军需官的出现则意味着,刚刚陪同山鹑国王首次“驾幸”罗芒的扈从们,马上

217 就会有他们的官邸了,王家军队马上就有兵营了。其实,这是盖兰玩弄的毒化心理的把戏,他想借此把执拗的罗芒人拖下水,也就是说,让他们置身一个充满军事威胁和军事行动的氛围之中,至于这种氛围是真是假,那是无关宏旨的。这种手法并不新鲜,上流人士对此颇为熟悉,在民俗活动中见过,在现实生活中也见过。万众欢呼的国王入城仪礼是罗芒的一种古老传统,这种传统至少可以上溯到亨利一世在位期间。罗芒还有另一个不那么古老的传统,那就是凄凉的军队入驻仪式及其带来的麻烦。这个传统从1560年宗教战争开始以后得到了精心的培育。被湮没在戏谑行为之中的所有这些传统,在1580年2月掩护了一个十分重要的行动,或者说为这个十分重要的举动提供了一个正当的理由,信使们带来了

包裹，大使们来到国王的府邸（科德里埃修道院），请求国王予以接见，总务官和军需官把守着大门。总而言之，为了让大家高兴，为了大家都能看到，凡是能做的事都做了。大街两旁站满了兴高采烈地来看热闹的人，见到来来往往的信使和大使，一个个惊诧得目瞪口呆……

以盖兰为首的山鹑王国的支持者们，在模仿王国（这里说的是法兰西王国）的路上走得很远。2月12日星期五和2月13日星期六，一到卫兵换岗时刻，国王拉罗什就在（假扮的）宫廷总管陪护下出现在公众面前，一批绝对忠诚的弓箭手护卫在宫廷总管两侧。依据伐鲁瓦的制度，宫廷总管是一个重要官员，他要为维护宫廷的良好秩序和安全负责，还要对国王驻跸的城市（现在当然是罗芒）负责。宫廷总管在这座行宫所在的城市中，负责处理危及王族的民事案件、涉案的当地居民以及跟随国王的商人。[①]（事实上，前面提到的那个以贵为贱、以贱为贵的物价表就是由宫廷总管掌控的，他负责监视酒店老板和旅店老板以及向国王随行人员出售生活用品的商人。[盖兰，第156页]）宫廷总管在10日和11日露面时，罗芒的警察恰好也在大街上显示其力量，宫廷总管带着弓箭手 218
巡视，对违反其命令的人以及不执行他们（山鹑王国的人）关于货物的命令（所谓关于货物的命令就是刚才屡次谈到的乾坤颠倒的价格表）的人，进行惩罚。从这个角度来看，在天主教-异教徒的冬季节庆框架中，我们简直可以把罗芒狂欢节说成是对王国礼仪的

① 马里翁：《机构与制度辞典》（Marion, *Dictionnaire des Institutions*），第453页；克莱芒：《旧制度司法资料研究指南》（S. Clément, *Guide des recherches dans les fonds judiciaries de l'Ancien Régime*），1958年，第11页。

一种极为细致的模仿。

出现在游行队伍中的宫廷总管的弓箭手，大概让当地的弓箭手和射弩手相形见绌了，当地的箭弩会馆每年都要举行鸟形靶射箭比赛，他们的首领球王塞尔弗去年摘得了桂冠，这一年（1580年），射手们却似乎都倒向显贵一边了。从各种意义上来说的治理，尤其是生活必需品的供应，由宫廷总管及其弓箭手管理，管理可以作多种意义上的理解，但是，如果没有法制，就没有任何治理可言。2月14日星期日是个重要的日子，这一天，法律娘娘粉墨登场了，罗芒人在大街小巷举行隆重的庆祝仪式。星期日这一天，似乎预示着法律将要惩罚这些骚乱分子，王家大法院抵达罗芒。大法院由院长、推事、检察官、书记官、执达吏、律师和辩护人组成。（盖兰，第158页）真不知道应该如何把法国的这个大法院介绍得更好，反正这么说吧，大法院由院长、推事、检察官、书记官等人员组成，自1497年起就从枢密院分离出来，成为一个类似最高法院的司法机构，凡是外省和巴黎高等法院“因难以保持公正而不宜审理的全国性案件”，[①]都由大法院负责审理。工于心计的盖兰对这些当然了如指掌，他曾经仿照范本撰写过王家法律文书，以此炫耀他的法律知识，在这方面他相当内行。当地民众对于来自巴黎的

---

① 马里翁，前引书，第265页。高于所有法院（包括高等法院）的大法院，在16世纪与负责政治和行政事务的枢密院分离。大法院中有一批推事，可以作为行政法院处理纠纷和抗诉案件。大法院随同国王外出巡视，在16世纪非常活跃。高等法院非常鄙视大法院，认为它是国王卑劣的工具。大法院由推事、检察官、书记官等人员组成，在16世纪基本上是个流动法院。1629年，大法院跟随国王甚至到过蒙特利马尔这个小城。（以上介绍见于让-保罗·洛朗为《旧制度司法资料研究指南》所写的条目，见该书，第29页及以下。）

大法院，当然几乎一无所知，他们根据盖兰的描述，把大法院的仪仗和队列想象得滑稽可笑，令人不禁想起格勒诺布尔高等法院的热闹场面。（格勒诺布尔高等法院也是从多菲内省议会分离出来的。）令人敬畏的格勒诺布尔高等法院曾多次莅临罗芒，每逢它庄严地进入罗芒时，人们穿着节日的服装，戴上插着羽毛的帽子，披着毛皮大氅，前去迎接。我们注意到，在罗芒狂欢节的游行队伍中 219
也有律师和辩护人，他们大概会以手语或各种相应的肢体语言进行胡搅蛮缠式的辩护……编故事的人或许从中又找到了有趣的笑料……在荒诞不经的表面下，其实是十分严肃的正经事；盖兰正是这样想的。

依据惯例，每当君主外出巡视或驻跸某地时，高等法院的官员们都要迎接或晋见。在这种时候，君主一定会毫不迟疑地对这些前来向他致敬的重臣们发表一通训诫，帮他们洗一洗脑筋。如今依然如此，共和国总统照样要接见议员。早在1579年，当卡特琳娜·德·梅迪奇踏进多菲内省界时，高等法院也举行了一个类似的欢迎仪式。她在1579年7月18日写给亨利三世的信中说道，为了迎接我，当地的高等法院来到蒙特利马尔，昨天上午，我在出发之前让莫吉隆把他们召集到我的大厅里，向他们详细交代了他们在我巡视过程中应该做的事情。[①]盖兰七拼八凑搞起来的模拟大法院，“抵达罗芒”之后，就煞有介事地朝科德里埃修道院走去，进到里面向国王行礼。拉罗什下令安置好这些客人，给他们提供日常用品（他让宫廷总管为他们安排食宿）；然后似是而非地向他

① 卡特琳娜·德·梅迪奇的信集，第VII卷，第48页。

们说起了正经事：他明确地告诉他们（大法院的官员们）要全力维护公正，让老百姓没有任何怨言，它（大法院）应该帮助他们（老百姓）致富，他（拉罗什）对上流人士一直用这种口气说话，而对那些拒不履行自己义务的人，他只谈绞刑。（盖兰，第 158 页）

狂欢节国王拉罗什的公正是一种选择性的公正。他敞开公正的大门，里面有华丽的城堡，从喷泉里涌出的是淡红色的葡萄酒，水池里装满了肉桂酒，墙壁是用各色糕点、各种香肠和小牛肉饼以及烤肉……筑成的。[①]可是，只有显贵和站在他们一边的自己人才能走进大门。拉罗什只向富人提供方便。至于罗芒的其余那些
220 人，诸如工匠和下层人民，且让他们上绞刑架去吧。（这些人当中后来真的有人上了绞刑架）

2 月 14 日星期日，山鹑王国的大法院举行大游行，与山鹑王国对立的另外几个王国也在同一天举行游行。这些王国的游行或是为了与富人唱对台戏，或是与此毫无干系，完全是巧合。当天出动游行的有阉鸡王国、野兔王国……让我回头慢慢道来。

然而，如果不清楚第二天也就是 2 月 15 日星期一发生的某些事情，就无法全面了解富人的狂欢节以及他们的游行。星期一那天，山鹑王国举行盛大筵宴，以最庄重的方式，为 2 月 11 日星期四开始的空前热闹的欢娱活动锦上添花。星期一上午，山鹑王国国王在卫队的护卫下，从举行筵宴的科德里埃修道院移驾去望弥撒。（盖兰，第 159 页）这支卫队可不是宫廷总管的那种临时拉来凑数

① 加尔迪、阿尔贝涅：《奥克西坦尼文学中的封斋期前三天》（Gardy et Albernhe, *Caramentrant dans la littérature occitane* ），蒙彼利埃大学第三阶段论文，第 I 卷，第 178 页（有关布吕埃斯的论述）。

的假警察,而是货真价实的军人,是因形势所需而从罗芒的富人中招收的年轻人,这种队伍在19世纪被称作国民卫队或资产阶级卫队。他的卫队由40个英俊的小伙子组成,都是戴着头盔的火枪手。肩扛火枪,头戴铁盔,这支卫队几乎让人误以为是1590年天主教派在巴黎举行的武装游行,不同之处仅在于山鹑国王的卫队没穿教士的长袍。这些年轻卫士的上半身铠甲鼓鼓的,看来不是硬纸板做的,而是用圣艾蒂安铁工场质地良好的金属制作的。这些身披铠甲的年轻军人被称作胸甲骑兵,他们扛在肩上的瑞士长枪长达4.6—5米,率领他们的是军官和士官,也就是队长、班长等,与本城民团中的长官相差无几。40个年轻卫士的制服和良好装备(盖兰,第159页)或是由他们自己筹备,或是由显贵中的支持者出资购置……谁也说不清,莫吉隆是否也在私下出过力,把武器偷偷运进罗芒,交给他的同伙和盖兰的马仔们……除了武器,恐怕还弄进来了一些贵族……本地的和外地的武器统统在星期一那天从箩筐里取了出来。两边的人在磨刀擦枪的时候,真的想要干一
仗吗?是逗人一笑呢还是真枪实弹酿成流血事件呢?何况,工匠 221
手中的剑能与国王卫队的火枪一决高下吗?

40个年轻人并非富人们的唯一武装力量。在游行队伍中,走在40个年轻人后面的,还有20个瑞士卫兵,带着武器,穿着特制的制服,非常漂亮。(盖兰,第159页)且让我们就漂亮的制服说几句。在这件事情和另外几件事情上,(盖兰,第160页)漂亮二字表明,盖兰派头脑中的那种城市审美情趣,与小民百姓的那种"粗野"迥然有别。至于那些具有悲喜剧色彩的瑞士卫兵,他们让我们一再感到惊奇,因为他们的样子千变万化,丰富多彩,过去如此,今天

依然如此。1975年，几位杰出的社会学家向我们展示了瑞士的财神、苏黎世或是其他地方的银行家的形象，这是一个贪婪的形象，他用第三等级中的无产者的头盖骨当杯子，饮用劳动人民的汗水。[①]瑞士联邦就像是一只贪婪的章鱼，用它的触手把世界搂在自己的怀抱中，像格鲁耶尔干酪那样折磨人；面对着这样一个固有的形象，人们不禁会重温旧梦，想起瑞士的幸福，巧克力加牛奶、准时鸣叫的杜鹃、在冰川下面悠然自得地吃草的母牛……

1580年罗芒人眼里的瑞士，与20世纪的罗芒人见到的瑞士，当然截然不同，不过即使在当时，瑞士的形象在不同人的心目中也是彼此矛盾的。罗芒狂欢节初期，在法官盖兰的头脑里，瑞士的形象令人不寒而栗，屠杀贵族，直接民主，在圣布莱兹节大跳扭摆舞时，牛皮鼓和木喇叭响起，民众手持武器前去集合。可是，到了封斋期前的星期二，固有的形象翻转过来了。原来每个人的心目中都有一个自己的瑞士！我们在前面说到的瑞士卫兵，其实是手持刀剑的罗芒汉子，是他们化妆成瑞士的伯尔尼人、巴塞尔人，那么，罗芒的上流人士借助这些虚幻的瑞士卫兵想要表达什么意思呢？他们希望有一种能当场显灵的魔力，让出现在罗芒街上的是一队令人胆寒的瑞士步兵，瑞士的步兵是法国国王的传统盟友，因而自然也就是山鹑王国国王拉罗什的传统盟友，因为，山鹑王国的这位国王为了对抗乱党分子，捍卫自己的利益，公然声称自己是亨利三世的臣属，奉命担任瑞士部队的头领，对付平民骚乱分子和帮派

① 齐格勒：《一个超越所有怀疑的瑞士女人》(Jean Ziegler, *Une Suisse au-dessus de tout soupçon*)，巴黎，1796年。

分子。

军人走过去之后，紧接着走过来的是民众的游行队伍，盖兰把队伍组织得非常好，他在这方面远远胜过山鹑王国国王拉罗什这 222
位编绳匠。

走在最前面的是插着羽毛的王家军队（其中大概有不少人在头一天的游行中装扮过大法院的法官），接着是山鹑王国国王拉罗什的掌玺大臣（工匠王国，也就是联会，也有他们自己的掌玺大臣，此人不是别人，就是织毯匠纪尧姆·罗贝尔-布吕纳，他还让屠宰户弗勒尔当自己的副手）。（盖兰，第 170 页）接着走过来的是虚拟的高级神职人员：修道院长、主教、大主教，（盖兰，第 159 页）这让人想到了愚人节上滑稽可笑的教会人士；理所当然地走在最后面的是第三等级中装扮成的司法人员和商人，大约有 80 位本城最负声望的显贵、资产者、商人等公民。1580 年罗芒狂欢节恰如 1579 年巴塞尔狂欢节，人人都尽自己财力之所能，在狂欢节到来之前准备面具以及用于装扮的服饰和道具。罗芒的上流人士把自己的住所装饰得漂漂亮亮，以便届时在众人面前炫耀一番，同时也是向国王表示敬意。（盖兰，第 160 页）

各种队伍全部通过后，富人的游行到此结束，随后便是在圣巴纳尔教堂里举行的一场弥撒。这是一场名副其实的宗教仪礼，我们不应忘记，罗芒狂欢节是在天主教盛行的时代举行的。可是，这场弥撒却又像是一场愚人节的弥撒，因为，最高的圣礼（从正统的宗教观点来看，当然也就是神圣的礼仪）竟然奉献给了从游行队伍中走出来的假装的神职人员，他们站在人群的第一排。在现场还

可以看到一些零零散散的胡闹逗乐用的物件。[①] 音乐始终伴随着弥撒；包括土耳其大使在内的各国的大使都来了，其中四个人身穿大袍，头缠包布，腰间挎刀，向国王陛下呈上国书后，席地坐在他们特地带来的地毯上，直到弥撒结束。（盖兰，第160页）

包头布、腰刀、东方地毯，这些东西完全配得上莫里哀的剧作《醉心贵族的小市民》中玛玛穆希的高贵身份了。近代法国南方的民间文学中各种东方因素甚多，莫非莫里哀曾经从中汲取了大量
223 营养？土耳其人和瑞士人一样，是弗朗索瓦一世的盟友，当然也就是笼统意义上法兰西王国的盟友。从这层关系上看，土耳其人也应该是拉罗什国王的盟友。从星期五开始，所谓的“外国”大使们的到来，拉开了拉罗什国王庆祝胜利仪式的帷幕。到了星期一，又一批来自土耳其和其他地方的“外交官”抵达罗芒，前后两批“大使”先后抵达，这就顺理成章地成为国王庆祝胜利仪式的终结。一个真实和优雅的土耳其人齐齐姆苏丹，曾于15世纪末光顾罗芒地区。当地某些有教养的人依然保留着有关此人的一些传说。

作为对社会现实的一种反映，政府机构和三级会议在游行队伍中的出现，始终是文艺复兴时期城市民俗活动的一个组成部分。在巴黎，从15世纪下半叶开始，参加这类游行的民众甚至多达万人以上，长长的游行队伍中的每个人都是某个公社或公会的成员，有的是工匠的行会，有的是特权阶层的公会。

在罗芒狂欢节之后的10年中，作家让·博丹在他的拉丁文著

① 在文艺复兴时期，维埃纳也曾有过这种兼具神圣和胡闹两种性质的宗教活动，举行圣事的场所摆放着虔诚地涂上黑色的裸体圣女。（参阅卡瓦尔《维埃纳的宗教改革与宗教战争》中有关新教改革的那一章。）

作《国家六论》(1586年)中,对城市社会学进行了一系列阐述,他认为,人类社会在长时段中的发展,就像一条巨大的百足虫,而城市的社会结构恰如一个站在钟楼顶上的人往下望去时所看到的这条虫一节一节相互套在一起的情状。[①]在这件事情上,博丹依然持自由主义立场,他很希望看到,鉴于不同地方和不同人群的风俗习惯各不相同,游行队伍的先后次序如果由每个城市的典礼官决定,那便是博丹非常愿意看到的。然而…… 他从口袋里取出一个预先准备的陈式,他觉得,万一典礼官感到为难时,这个陈式可以给他提供一些有用的提示。其实这是一个君主体制治理下的大城市。参加游行的人权当是全城的所有民众(男性),走在游行队伍最前面的便是国王,国王其实并非所有民众中的一员,而是被排除在社会整体之外的一个人物。博丹认为,走在国王后面的当然应该是神职人员,接着是神圣的元老院(博丹的头脑中充溢对拉丁时代的记忆)。这个令人敬畏的"元老院",其实就是选举产生市政府 224
的市议会。随后是军界首脑:领军的统帅、士兵的统领,紧随其后的是公爵、伯爵、侯爵、诸侯、高官、男爵、城堡主、封臣,以及所有军人,不管他们是世袭武夫还是职业军人抑或被动员来的临时军人。(就当时的条件而言,可以是职业军队、武装的贵族或罗芒那种城市的民团,或者干脆兼具以上三类武装集团的特征。不知大家是否注意到,博丹在上面罗列的是一个大杂烩,既有军衔,也有贵族的爵位,不过,贵族的爵位确实是从军衔衍生而来的。)

① 让·博丹:《国家六论》(Jean Bodin, *République*),拉丁文版,巴黎,1586年,第三篇末尾,第362页(这段文字不见于法文版)。

随后走过来的是迈着方步的司法界人士，他们身上的法官长袍此时似乎不如刀枪更有威风。先后走过的有：法官、裁判官（与他们的下级有明显的区别）、法学家、饶舌的律师、辩护人、诉讼当事人、检察官、书记员、代笔人、公证人、送达吏、办事员、法院看门人、临时雇员、宣读公告的差役、助理书记官、狱卒、学究，此外还有来到法院和王宫的大群民众。随后便是医生、药剂师、扛着短枪、长矛和火铳的骑士。此后是各种学究：自诩万事通的青年导师、教会法和民法教授、医学教授、物理教授、数学教授、辩证学家、历史学家（当然！）、诗人、语法学家；再就是商人、买卖人、海关官员、财政官员、货币交易员、掮客以及其他各种生意人。然后是负责全城所有人的肚子、骨架和皮囊的面包师傅、屠宰户、买卖大鱼和小鱼的贩子、捕鱼人、蹩脚厨师、厨房学徒、大厨、住在城里的农民和牧民、营造师、兵器匠、木匠、采石工、冶铁匠、造币匠、金匠、首饰匠、铸工、玻璃吹制匠、公共浴室烧火工、制陶匠、喇叭和猎人号角制作匠、象牙雕刻匠、蜡烛制作匠。后面是织毯匠、织布匠、加工丝绸羊毛骆驼毛黄麻和亚麻等原料的工匠。这些工匠分别制作帆布、绳索、篮筐、衣服、地毯、挂毯、船帆、纸莎草、纸、羊皮纸。后面是制革
225 匠、鞣革匠、缩绒匠、织物脱脂匠、剪裁匠、裁缝、鞋匠、印刷匠，印刷匠在游行队伍中的位置之所以比较靠后，是因为印刷术不久前才发明，不过博丹说，印刷业已经显现出极其重要的作用，所以，印刷匠的位置理应大大靠前。走在最后面的是大家不太感兴趣的人物：挑逗市民邪念的裸体雕像的制作人、其中有雕刻匠和其他工匠，还有画家和颜料商、吹笛子的艺人、讲故事的艺人、滑稽剧演员、哑剧表演家、集市上的摔跤手和其他角斗士、马车夫、演员、喜

剧演员、跟班、吃妓女饭的男人、拉皮条的男人等等。博丹把梨园妓院的从业人员放在游行队伍最后面，是因为他不喜欢这些人，他觉得这些人有伤风化。他认为，那些不干净但有益的职业，那些把肮脏的行业和流浪人群管理好或是排除掉的人，应该走在上面那些人的前面，诸如公共浴室和旅店从业人员、剃头师傅、水手、养马人、殡葬工、门卫、刽子手……

罗芒拉罗什王国的游行队伍与几乎生活在同一时代的博丹笔下那个虚幻的游行队伍极其相似。在丰盛星期一*的山鹑王国游行中，走在最前面的是国王、高级教士、军队和高官，资产者和大商人。两者的相似之处至此骤然终止。博丹所描绘的游行队伍中的军队是货真价实的军队，至少也是博丹所建议的那种半真半假的军队。罗芒山鹑王国的游行队伍中，尽管并非一切都假，但一切都以最高等级的面貌出现。只有一部分资产者和商人以他们的真实身份出现在游行队伍中，只是都比平常的穿戴鲜亮得多。至于“国王”、“高级教士”和“王家高官”，他们都来自罗芒殷实的显贵家庭，头戴王冠或主教帽，比他们在真实生活中的身份高了好几个等级，他们一步跨进这个不真实的世界，扮演虚幻的角色，这是他们追求荣耀的梦想和追求伟大的疯狂所建造的世界，这是一种既是膨胀的、远在天边的……又是压制民众的角色。由欢乐和世俗的马勒古维尔修道院所体现的罗芒的集体组织，在这方面向他们提供了帮助。下面我们还将再次谈及此事。

* 封斋期从星期三开始，基督教徒们在此前三天中尽情狂欢和饕餮，这三天因而分别称作丰盛星期日、丰盛星期一和丰盛星期二，丰盛系指当天饮食丰盛。——译者

第二个区别：工匠和各个行业的从业人员在罗芒大法院的游
行中所扮演的角色，并不是日常生活中和博丹在游行队伍中为他
226 们在等级社会中指定的真实角色。恰恰相反，他们是一群另类，他
们拒绝大广场上的彩车，他们在城郊居民区里办自己“野蛮的”狂
欢节，他们不接受自下而上一级又一级的社会等级，从最高的国王
到最低的掏粪工；在工匠和市民身份之外，在欢闹的剑舞中，他们
重新发现了土地、死亡和战争的价值；这种发现就在绵羊王国
中……

此外，让·博丹还在事先告诉读者，他说，[①]各个等级和各种职业的游行蕴含着抢占优先地位和民众反叛的危险，他说，若非处于紧急状态，不要频繁地举行此类活动。

事实正是如此，在封斋期前的星期日，当山鹑王国的节日欢庆活动大规模展开时，郊区穷人的野蛮狂欢节也在继续骚动。

关于2月4日星期日罗芒郊区再度掀起的民众骚乱，我们有两个主要信息来源，即皮耶蒙的记述和盖兰的记述，这两份记述虽然在细节上有些差异，但在基本事实上完全一致。在那个星期日，各个“王国”的游行有的继续进行，有的重新开始，这些活动的参与者来自工匠、平民、农民和部分胡格诺派（胡格诺派约占总人口的10%）。皮耶蒙写道：在罗芒城里，封斋期开始前的星期日，两个王国举行庆祝活动，一个是联会的首领、球王塞尔弗团总的朋友、盟友、同伙和同会兄弟，在这些人的努力下，联会控制着罗芒。（皮耶蒙，第88页）这个王国追逐的是一只野兔，野兔蕴含着坏的意义。

① 让·博丹：《国家六论》。

根据皮耶蒙的记述，第二个王国的参与者是大联盟也就是联会的另一批人，也是球王的盟友，他们追逐的对象是一只小鸟；所谓小鸟其实是一只阉割过的公鸡。[①]

这个阉鸡王国也叫投石器王国。普罗旺斯方言中的 fonde， 227
罗芒人读作 fronde，也就是投石器。[②]阉鸡王国的第一个节目是体育比赛，此项比赛就是追逐阉鸡，谁能用石块把阉鸡砸死，谁就是优胜者，根据比赛规则，阉鸡也就是优胜者的奖品。投掷石块最准，把阉鸡砸死者被宣布为国王。罗芒的这群把石块当作武器的躁动不安的年轻抗争者，此时是否已经具有某种政治色彩，是否可以把他们视为 1648 年巴黎骚乱以后在出现在全国的“投石党”的先驱呢？或许确实就是这样，体育、民俗和政治从来都难以分得一清二楚。[③]

两个穷人的王国分别举行追逐野兔和砸死阉鸡比赛之后，接下来都是筵宴、跳街舞和化装舞会。上星期已经展开的嬉戏和辩论继续进行，这些活动的目的有两个：第一是单纯的欢娱和相互取乐，其次则是就有关社会、政治和本城各种问题提出的抗议。皮耶蒙是这样写的：他们在跳街舞的时候，在假面舞会上说，富人靠压榨穷人发了财……资产者和商人之类的士绅们担心要把不义之财吐出来，心里很不痛快。（皮耶蒙，第 88 页）

① 皮耶蒙：《回忆录》的出版人布兰-杜朗有误，皮耶蒙说的是一只公鸡（皮耶蒙：《回忆录》，第 88 页，注 2）。

② 阿尔贝：《奥克西坦尼方言－法语词典》（Albert, *Dictionnaire Occitan-français*），第 406 页。

③ 16 世纪罗芒市议会的会议记录中，有一些提到青年人“投石”游戏的记载。（见罗芒市档案，FF 67）

据皮耶蒙说，盖兰、富人和拉罗什等人之所以要组织山鹑王国，就是为了对穷人们在星期日组织的野兔王国和阉鸡王国作出回应。资产者和商人之类的士绅们(被野兔王国和阉鸡王国搞得)心里很不痛快，于是想要干掉(与他们敌对的民众中)闹得最凶的人。为此，他们在丰盛星期一那一天在市政府门前搞了第三个王国。富人全到了……他们追逐的是一只山鹑，这种鸟所蕴含的意义要比野兔好。(皮耶蒙，第 89 页)皮耶蒙关于此事的记述在因果关系上搞错了。山鹑王国组成的日子既不是星期日，也不是星期一，而是 2 月 9 日星期二；这一天，根本还没有野兔王国和阉鸡王国。

228 不过，皮耶蒙对于三个王国或战国的分析很有意思，从星期日和丰盛星期一开始，这三个王国就把罗芒的民众无可挽回地撕裂了。罗芒狂欢节的悲剧结束数月后的 1580 年 4 月，皮耶蒙谈到了天主教派、新教派、联会的残余分子等各个派别对乡村进行的袭击和劫掠：参与劫掠的有三类武装分子：胡格诺派、联会的同党分子、天主教徒。他接着说，这也就是罗芒的三个王国(预兆)的意义。(皮耶蒙，第 105 页)

综合皮耶蒙的记述和其他文献来看，野兔王国(恰如 10 天前的绵羊王国)，代表罗芒一个工匠居住区中的居民和得到胡格诺派部分支持的一部分人，胡格诺派人数虽少(大体上仅占罗芒总人口的十分之一)，影响却不小。后来的事态表明，这伙人在狂欢节中涉水不深；然而，由于得到了虽然遥远却十分强大的莱迪吉埃的支持，他们终究也是整个事件中的一支重要力量。

阉鸡王国属于另一个居民区的另外一部分工匠和居住在城里

的农民和葡萄种植者（居住在罗芒城里的以农为业的人口约占36％）。这些人不是胡格诺派，而是追随球王的联会会众，总体上属于天主教一派，他们的联会立场促使他们在某些问题上与新教徒实行妥协，因而有别于莫吉隆派和高等法院的官员们所支持的天主教派。山鹑王国忠于显贵，打着莫吉隆的旗号，与以莱迪吉埃为首的新教徒进行激烈斗争。皮耶蒙据此列出了一个简单的公式：

野兔＝胡格诺派

阉鸡＝联会派

山鹑＝天主教派

关于野兔王国，我们掌握的资料甚少，胡格诺派暗地里做什么，野兔王国在技术、政治和宗教层面上的各种活动方式，我们都
不甚了解；不过，追逐野兔确有其事，况且，从体育活动角度看，追 229
逐跑得极快的野兔比追逐山鹑更切实可行，只是要在一个封闭的场地中进行……

有关阉鸡国的各种情况，我们是从盖兰的记述中了解到的。据盖兰的记述，阉鸡王国出现于 1580 年 2 月 14 日（丰盛星期日）。（盖兰，第 158 页）球王搞这个王国的目的，就是用来反击山鹑王国，搅乱大法院搞起来的山鹑王国的盛装游行，因为，这个游行是冲着球王塞尔弗的追随者搞的。球王和他的同伙看到这些（具有威胁性的大法院游行）后，预计可能会发生什么事（山鹑王国的人会谋杀他），然而，山鹑王国的人并无杀害球王的预谋，球王于是决定，另搞一个王国来扰乱山鹑王国的活动，这个王国便是阉鸡王国，参与其事的是本城的大多数农民和工匠。

对于同一事实的解释不尽相同。皮耶蒙在上面提及的记述中说，山鹑王国是对阉鸡王国的进攻性回应(事实并非如此)。盖兰的说法与此正好相反，他指出，是山鹑王国激怒了球王塞尔弗，于是有了阉鸡王国。这种说明表明：显贵们既然率先组建山鹑王国，那就应该对后来发生的流血事件负责。(这与盖兰本人认为责任在于官方的说法截然相反)盖兰的说法完全正确吗？两个敌对阵营分别组建了山鹑王国和阉鸡王国，这是本城不同居民区的居民独立的自发行动。两个王国在丰盛星期日分别组成后，山鹑和阉鸡就彼此向对方作出反应，于是便出现了爆炸性的形势。

野兔王国中有不少工匠，其中有些人具有加尔文主义倾向，所以这是一个准胡格诺派王国。阉鸡王国的成员以农民为主，所以这是一个天主教派王国，它出现在罗芒城内以农民为主的居住区内，被它吸引的首先是罗芒的农民和葡萄种植者，正如盖兰所说：大部分是本城的种田人。不过，这些种田人身边还有不少工匠。

于是，在 2 月 14 日星期日这一天，阉鸡王国的种田人和工匠集聚了二百多人；追逐(或许是投石击打)阉鸡并且选出国王之后，他们便带着武器在城里溜达。(盖兰，第 159 页)盖兰说话经常模棱两可，他在这里既然说是“溜达”，那就没有动武的意图，可是又
230 说带着武器，既然带着武器，是不是试图挑起事端呢？不管怎么说，阉鸡王国的这次活动显然与几天前的圣布莱兹节的游行不同，不再是扛着连枷、耙子和扫帚，敲着铃铛，穿着丧服那种象征性屠杀的游行队伍。

2 月 14 日星期日那天，发生于翌日(丰盛星期一)的一场对抗正在酝酿之中。这将是一场决定性的对抗吗？没有任何迹象表明

显示这种可能。法官盖兰写道,星期日,阉鸡王国的两百来人在武装溜达之后,决定次日(星期一)大摆宴席,这一天正是山鹑王国举行筵宴的日子。盖兰这位善于帮派争斗的老手,把他自己咄咄逼人的意向反扣在阉鸡王国的头上。他说,阉鸡王国的人没有别的意图,就是想要(找富人)寻衅滋事。可是,显贵们决心不让别人为所欲为。获悉对方的意图后,显贵们决定照样前去(参加星期一山鹑王国的欢庆活动,前已经说过,在这场活动中来了许多高级别的盛装游行者),如果有人(球王派)胆敢攻击他们,他们就奋起自卫。(盖兰,第159页)

在这个危机一触即发的星期日,拉罗什见到了球王塞尔弗,这是一次历史性的会见,此后再次见面便是最后一次了。且不去管它是偶然巧遇还是有意安排,总之,显贵们的新领袖、盖兰操控下的稻草人、绵羊王国的领袖拉罗什在大广场上遇见了球王塞尔弗;促成他们双双来到这里来的是当地活跃的政治事件。拉罗什是否穿着国王的服饰?他诚心诚意地邀请球王参加山鹑王国将于次日(丰盛星期一)举行的盛宴(我们记得,球王此前曾参加了老鹰-公鸡王国的宴会,而对他来说,仅仅几天之后,这个王国的"友谊"就充分显现了它的血腥味)。

拉罗什碰了一个软钉子,球王婉言谢绝他的盛情邀请。拉罗什走开之后,球王对试图在山鹑和阉鸡之间居中斡旋的那些人解释了他拒绝邀请的原委,他对他们说:

——在我的敌人(拉罗什)趾高气扬的地方,只要我能避开,我是不会去的。

——他若是来到我所在的地方,我是不会走开的。

——但是，我若知道他在什么地方，那我绝对不会到那里去。

231 这三句话简洁明晰，就像是形式逻辑的三段论，令人不禁想起圣女贞德的名言（我若在此处，那是上帝让我在此处；我若不在此处，上帝会把我扔到此处）；球王的这几句话加上另外几种类似的说法，充分揭示了球王的个性，他虽然温和，而且懂得节制，但是，对于任何形式的挑衅，无论是故意寻衅或是设置陷阱，他都迅捷地作出回应。我们还注意到，从球王的这段话来推测，拉罗什的宴请其实是为自己的胜利谢幕，宴会之后，山鹑王国的所有活动便宣告圆满结束。

拉罗什与球王会面之后，还有另一次更加意义非凡的会见。这是一次无意之中的会面吗？无论是或不是，反正是一次充满敌意的会见。阉鸡王国和山鹑王国在街上相遇了。双方各有五十到二百来人。此事发生在上面曾经提及的星期一那场弥撒结束之后，显贵们走出教堂之时。这是一场一半神圣、一半滑稽，一半基督教、一半土耳其的弥撒。在社会交流的深层交织着喜剧和悲剧两种色彩。我们已经看到，星期一上午，拉罗什及其同伙以各种官方机构的身份参加了这场宗教游行，不仅有音乐，还有土耳其人。弥撒结束后，陛下（拉罗什）与随扈（在若干军人和平民的陪同下）和前来朝见的四个土耳其人一起回到行宫（科德里埃修道院）。[①]在这次游行中，拉罗什国王及其大臣们穿过罗芒全城，从南到东北，从圣巴纳尔教堂到科德里埃修道院。

① 在1523年的伯尔尼狂欢节上也出现过这类人物：土耳其人和信使，这些人物与当时的形势有某种联系。见《文艺复兴时代的节日》（*Fêtes de la Renaissance*），法国科研中心，第Ⅰ卷，第363页。

最先遇见阉鸡王国队伍的就是这四个土耳其人，他们走在游行队伍的最前面，后面才是国王拉罗什。他们在途中遇到了阉鸡王国的队伍，也就是投石器王国。（盖兰，第 160 页）罗芒的街道很窄，两支相距只有几厘米的队伍擦肩而过，相互挑战的气氛很浓。走在阉鸡王国队伍最前面的那个人，骑着牲口，穿着红蓝色丧服，一副骂骂咧咧、让人不放心的样子：他骑着毛驴，穿着一身红黑两色的长袍，也就是在即将埋葬的死人面前穿的那种长袍。（盖兰，第 160 页）

送葬队伍前面有一头毛驴并没有什么神秘或怪异，无论是奥 232
克西坦尼人或是法兰西-普罗旺斯人，罗讷河沿岸的居民有一种叫做“阿苏阿德”的民俗，妻子一边走，一边朝骑在驴背上的丈夫身上打。[①]丈夫若是不在，就请一位最亲近的邻居骑在毛驴上代替可怜的丈夫，借此把场面搞得更加可笑。把一头毛驴放在穷人游行队伍的最前面，其实是在咒骂富人不是男人，暗喻他们没有穿内裤；在这个被颠倒的世界上，妻子可以在痛打丈夫一顿之后，投入另一个人的怀抱，此人或许比她的丈夫穷，但肯定比她的丈夫更加是男人。不但如此，在花样繁多的各种象征中，这种民俗还意味着，士绅们最亲近的人竟然是走在丧葬队伍最前面的报丧人，报丧人为能替士绅们入殓并把他们的棺材放入墓穴而感到一丝狡黠的喜悦。20 世纪依然如此，在埃罗省的日尼亚克一年一度的希恩博莱节上，至今还有毛驴遇到撒拉森人（土耳其人）的情节。

---

① 范热纳普：《多菲内的民俗》（*Folklore du Dauphiné*），巴黎，1932 年，第 176 页；戴维：《社会与文化》（N. David, *Society and culture*），第 4 章，第 5 章。

> 丧礼和葬礼在阉鸡王国的游行中占有重要地位。圣灵会报丧人红蓝两色的服饰以及跟随在他后面的民众，故意穿着这种丧服，为的就是给第二天将要发生的屠杀作证，第二天也就是星期二，他们决定在这一天动手，实施他们那个可怕的罪恶计划。（盖兰，第160页）

现在再说说盖兰对阉鸡王国筹划屠杀的指控。其实，正是盖兰本人居心险恶，企图对阉鸡王国的人下毒手。究竟谁是谁非，只有上帝知道。不过在这件事上倒是不应否认，盖兰说的确实是实话。穷人们打算举行一次大规模的具有象征意义的游行，这将是一场符合狂欢节传统精神的丧葬游行，一半是玩笑，一半是正经。每年的这个时候，这种玩法是当地民俗种的一个重要环节：一个狂欢节中使用的模拟人像（有时是真人装扮的傀儡，例如熊）被起诉、审判、判决、执行，然后便是埋葬、溺毙或烧死，这一切当然都是假装的。1580年的罗芒，形势更加复杂，同时有两个狂欢节，一个是
233 平民的狂欢节，另一个是显贵的狂欢节，而这个狂欢节又分成若干个。[①]在这种情况下，在民情沸腾的罗芒，在这个微缩的世界里，生与死的礼仪巧妙地交织在一起。从丰盛星期一开始，山鹑王国的大法院就威胁要对民众的狂欢节实施司法处置，最终要把不履行义务的人处以绞刑。（狂欢节）诉讼的主旨既然如此，执行判决便是理所当然的事（此处说的是执行绞刑）。山鹑王国在干这些事时，始终采取半真半假的的姿态（事实上，不折不扣的绞刑不久之后就真的执行了）。然而，第二天，工匠们就象征性地对显贵进行

① 在16世纪的伯尔尼同样也有这种对立的情况。参见范热纳普：《多菲内的民俗》，第I卷，第364页。

报复。起初，在圣烛节和圣布莱兹节，在他们自己的狂欢节中，他们把颂扬死亡、埋葬或消除罪恶、老朽、邪恶和腐朽的仪礼置于节日活动的中心。丰盛星期一那天，他们向富人们宣布（以黑色幽默的方式表达，并无实际行动），他们要把富人统统埋葬，就像砍掉狂欢节模拟人像的脑袋并把它埋葬一样，不经过任何诉讼和审判。盖兰补充说（盖兰，第 160 页），民众格外激愤，其中一些人对于前面提到的生活用品的价格极其不满，如同前面说过的（如同 2 月 3 日圣布莱兹节那样）那样大声叫喊：

——基督教徒的人肉，每磅 4 苏！

盖兰写道，这种实在太过分的恶言恶语，我简直难以落笔把它写出来。可是，有这许多人听到了，其中还有来自外地的人，所以我不敢不记下来（在我的记述中避而不谈）……

再一次提到了人肉这个话题，只是价格下降了，上星期提到人肉时是每磅 6 苏，这次是每磅 4 苏。当然，尽管挺吓人，这只是开个玩笑而已，不过，拿吃人肉开玩笑，趣味实在很低。除非发疯，无论是醉心于狂欢的罗芒人，还是造反起义的罗芒人，都不会想到要吃被他们弄死的人的心肝。基于同一理由，说法国大革命中有人喝人血，其实只不过是一种比喻，这些人绝大多数是不会去喝从被杀死的贵族动脉中流出来的血的。

然而，吃人肉这种虚幻的说法并非毫无意义，它或许与历史心理分析学所研究的某些征候有关，肯定与狂欢节的某些特殊的礼 234
仪[①]以及叛乱有关，既是叛乱，就可能出现吃人肉的倾向（例如，

① 参阅拙著《朗格多克的农民》，第 I 卷，第 398—399 页。

1635 年在阿让、1380 年在蒙彼利埃都是这样)。

对于基督徒的人肉每磅 4 苏这种亵渎宗教的话,盖兰作出了强烈的反应,他认为,富人狂欢节对此作出的强力反击完全正当,而且得到上帝本人的全力支持。这样做是为了把已经渗入罗芒人心中的不洁成分清除出去,因为阉鸡王国工匠们的这些污秽言辞,有辱受过洗礼的肉体。在罗芒,一个狂欢节总会引出另一个更具预防性的狂欢节。盖兰就此写道:我相信,这些人由于此类污秽的言辞很快就受到了上帝的惩罚,因为这些言辞之恶劣,超过他们所做的其他一切坏事。(盖兰,第 160 页)

但是,在这件事情上,基督徒的上帝完全到位了吗?在山鹑王国具有恐吓性质的民俗游行中,盖兰和拉罗什为了增强山鹑王国的声势,让耶稣基督四个怪异的土耳其门徒开道;其实,这几个土耳其人本来就是魔鬼般的人物……

盖兰确实堪称足智多谋,他的诡计何止一个两个,当他在记述中讲到罗芒的动乱时,他暂时放弃了以赞颂的口吻从基督教寻找根据的习惯,转而求助于他在学校里获得的关于希腊文化和文艺复兴时期文化的知识。他不再把阉鸡王国的那些人简单地称作反对洗礼的宗教亵渎者,而是转而把他们比作斯基泰人,带着天生的野性前来祸害多菲内的雅典,也就是美丽的罗芒。盖兰是否把自己当成了德摩斯梯尼?他写道:即使是斯基泰人和世界上最野蛮的人要干的坏事,也不会比那些人(阉鸡王国的人)决心要干的坏事更多。(盖兰,第 160 页)盖兰仅在一段很短的记述中把阉鸡王国的人比作斯基泰人,他很快又回到现实,不再把他们的山鹑王国称作希腊人(斯基泰人的对立面),而称他们为天主教派或是天主

教极端派。后来,他干脆把他们称作"弥撒派",这是影射丰盛星期一那天显贵们大张旗鼓举行的那场半真半假,半土耳其半基督教的弥撒。

前面我们讲到,弥撒结束后,山鹑王国和阉鸡王国在罗芒的一 235
条狭窄的小街上相遇了,双方都不甚友好,气氛有点紧张,各自朝着相反的方向离开现场。山鹑王国于是回到科德里埃修道院,也就是他们的国王拉罗什的行宫,到那里去进午餐。这餐饭格外丰盛,算得上理想的狂欢节宴席,就餐的共有140人,大多是国王的随扈,所谓的高官和(武装到牙齿的)职业军官。回过头来再说说我们的国王(拉罗什),他做完(山鹑王国的)弥撒后就去吃饭,就座的共有140人,餐桌上应有尽有。(盖兰,第160页)

饭后是跳舞的时刻,此时是2月15日星期一下午。跳舞的地方不在科德里埃修道院,而在市政府的大厅里。依据传统习俗,罗芒这场封斋期前的(在狂欢节期间,主要是在丰盛星期一和星期二)舞会由名叫邦古维尔*或莫古维尔**的那个修道院组织。这是一个在罗芒显贵们控制下的娱乐组织,成员既有年轻士绅,也有不那么年轻的士绅,这个组织既然依仗罗芒市政当局的权威,当然也就不可避免地处在法官盖兰的注视之下,因为他对于当地的民俗和其他各类活动都拥有裁决权。这个所谓的修道院其实是一个世俗组织,只是略有一些宗教性质而已(它为修建本城的宗教场所提供资金,也为封斋期间的宣道师发放酬金)。这个所谓的修道院以

* 意为好政府,——译者

** 意为坏政府,——译者

亦庄亦谐的方式负责管理婚姻、欢娱、封斋期前的舞会、女佣的舞会以及竖立“五月柱”等活动。“五月柱”是一根大木柱，顶上插着一束绿油油的松树枝或是一个松树枝杈。到了五月和复活节，莫古维尔修道院便在本城的大广场上把“五月柱”竖起来，向年轻姑娘和爱情致意。在这些节日之前的丰盛星期一和星期二的莫古维尔舞会，主题也是颂扬爱情、姑娘和少妇，准备订婚或结婚。格勒诺布尔高等法院的一项调查表明，成员多为显贵的山鹑王国与莫
236 古维尔修道院的关系极好。[①]山鹑王国从创建初期开始，也就是在徒步追逐山鹑期间，就赋予女性以重要地位，这一点与阉鸡王国和野兔王国不同，阉鸡和野兔这两个王国即使不算厌恶女性，至少也没有给予她们以重要地位。但是，这样的批评不适用于山鹑王国的国王，他似乎特别喜欢少女。午饭过后，拉罗什就到市政大厅去，那里马上就要举行一场舞会，罗芒的许多太太小姐都会来参加。从这段记述所使用的词语“太太”、“小姐”，就能看出，前来参加舞会的女性大多来自显贵家庭。

这一天下午，女性的愉悦和爱情的浪漫充溢着罗芒这个资产者云集的场所。男女们或是寻找老舞伴，或是结成新对子。与此同时，山鹑王国的军事密谋也正在以舞会的节奏酝酿着，这场舞会不像绵羊王国的那场佩剑舞会富有阳刚之气，参加那场舞会的大多是下层民众。在山鹑王国的舞会上，既有太太小姐，也有人带着火枪之类的武器。他们有一个明确的敌手，那就是阉鸡王国，需要做的事是物色一个盟友，其实这并不难，这个盟友无疑就是老鹰王

---

① 皮耶蒙：《回忆录》，第98页，注2结尾处。

国。对于罗芒来说，此时已经到了再次辨认分歧和战友的时刻，不过，在此之前还需要一点带有情调的狂欢节气氛和外交手腕。

双方正式相互靠近的态势已经非常明显，向对方迈出第一步的似乎是老鹰王国，山鹑王国心甘情愿地接受了对方的一次小小的侵犯。盖兰就这场由拉罗什主持的舞会写道，老舞会上，老鹰王国那边来了一些使者。（盖兰，第 161 页）所谓使者，其实就是军官（此处是指在狂欢节上装扮成军官模样的人）。这是又一次刻意模仿法兰西王国或是多菲内省的礼仪。此人头戴王冠，穿着胸部和腹部缀有百合花饰的上装，手里拿着一根棍子。他的君主依据他的官职赋予他向帝国或盟国的君主呈递催告书、挑战书或决斗书的使命。此外，他还负有监督体育比赛的责任。这位来自罗芒老鹰王国的使者带来了致山鹑王国（拉罗什）的决斗书，老鹰王国的国王在书中对于发生在他的王国疆域以内的事情感到不满，山鹑 237
王国的国王居然没有派人出席他的筵宴，也没有邀请他来参加山鹑王国的筵宴。（盖兰，第 161 页）确实，山鹑王国的游行队伍从紧邻老鹰-公鸡王国（雅克玛尔居民区）领土的地方走过，却不向老鹰-公鸡王国作出任何友好的表示。老鹰王国于是准备就边界问题与对方进行商谈，所谓边界就是两个居民区的相邻地带，一个是不甚富有的雅克玛尔区，另一个是大广场和伊泽尔桥所在的显贵居住区。这种时候，两个区的居民通常要在边界上进行一场搏斗比赛，这种搏斗本身就是一种娱乐活动，同时也能增进边界两侧居民的友谊，借此促进同为罗芒市民的近邻关系。老鹰王国国王莱格勒故意装出一副相信两个王国之间存在误解的样子（事实上，老鹰王国的追随者尽管比较温和，却有不少人是联会会众，山鹑王国

的民众则大多不是农民联会的追随者)，拿腔拿调地问道："拉罗什因为恨我而不愿理我吗？如果真是这样，我愿意与他一对一打一次。[1]"可能发生在两个男人之间的这场争斗，令人想到了两个雄性为了争夺雌性而进行的搏斗，这意味着春天即将到来了。莱格勒接下来说的一番话显然含有某种调情的味道：如果拉罗什这样做是出于(对老鹰的)鄙视，他应该明白，老鹰在天上飞时可以轻而易举的把山鹑抓住，[2]哪怕它被岩石遮挡[*]。盖兰在这里玩了一个文字游戏，明眼人 一看就知道，岩石(roche)就是拉罗什的名字[**]。盖兰本人也向巴黎上层人士(他们就是宫廷官僚，即盖兰呈送文稿的对象)透露，他在这里说的就是拉罗什国王以及他与山鹑的肉体和神秘的结合。这就是说，山鹑这个生活在山野田间的雌性小鸟[***]有两个追求者：一个是公鸡-老鹰，这是罗芒最有阳刚之气的雄性，既是鸡，又是食肉的猛禽，所以它既有红色的鸡冠，又能从高空猛然扑向地面的猎物；另一个是拉罗什，他已经与他心爱的山鹑似抱非抱地拥在一起，随时都可能被竞争者拆散。两个对手之间
238 的争斗是狂欢节活动中的一个典型的主题，而这里的两个对手所争夺的是一个雌性的肉体和芳心。此类主题常见于丰盛星期一或封斋期开始当天的民间即兴戏剧表演中，与意大利中部和南部的情形相似，法国的多菲内省与意大利的中部和南部邻近，所以，多

① 盖兰手稿，巴黎国立图书馆，ms. fs 3319，f°145 v°：这段文字被罗曼略去。

② 盖兰的资料整理者罗曼在这里认错了字(ms. fs 3319，f°145 v°)。

* 遮挡(couvrir)亦指动物交媾。——译者

** Laroche。la 是冠词，la roche 意为岩石。——译者

*** 山鹑 la perdrix 在法文中是阴性名词。——译者

菲内的文化也与意大利相似。[1]不过，这个主题也出现在冬季和春季的某些竞赛中，从16世纪后期开始，这些竞赛变成了跑步摘环比赛、围圈搏击等活动。竞赛的获胜者将会得到美女象征性的或真实的青睐。此类以骑士风格进行的竞赛能够增进参赛者之间的情谊，使之成为竞争对手，而绝非敌人。丰盛星期一那天下午在罗芒进行的正是这类竞赛。（老鹰和拉罗什）突然和好了，因为双方并未发生激烈争论；为了切实保证和好，决定在一小时之后进行跑步摘环比赛，双方都手持长矛骑在马上。随后便付诸行动。（盖兰，第161页）

众所周知，跑步摘环比赛不同于古时那种激烈对抗的格斗；骑在马上的参赛者，策马向远处飞奔，力争抢先把垂直挂在一根木柱上的圆环摘下来。另一种赛马大体上也是如此：远处地上放置着一个模拟人像，有时候就是一个“土耳其人”的头颅或者其他被称作“无赖”的类似仿制品，参赛者骑马向前飞奔，力争抢先用长矛击打或者挑翻“无赖”。无论是摘圆环或是挑“无赖”，这些竞赛都是展示武艺的礼仪的组成部分，是古时狂欢节的特征之一，几个星期或几个月以后，便是春季的节日了。这些已经成为礼仪的打斗比赛预示着春天即将到来，成为春天甦醒和民众反叛的一个组成部分，并且不可思议地起到了促进作用。不但如此，打斗比赛还有助于社会和地域的整合。1608年萨瓦公爵的子女举行婚礼，婚宴花掉了一百万金埃居（其中十五万用于蜜饯和火炬），为庆祝婚礼，举

① 托希：《意大利戏剧起源》。有关以下部分，可参见巴黎国立图书馆的“纹章”目录。

行了追打“无赖”的比赛，接着便是芭蕾舞会。前来参加这场舞会的有萨瓦的猎人、尼斯的渔夫、瓦勒达奥斯特的农民和皮耶蒙特的
239 农妇；男男女女说着各自的语言：法语、意大利语、普罗旺斯语，整个萨瓦地区跨省跨语言的团结一致在这里得到了充分的展示。罗芒也是如此，山鹑王国的游行队伍沿着以大广场和伊泽尔桥为标志的有钱人居住区的边线行进，最远到达科德里埃修道院。丰盛星期一下午举行了老鹰和山鹑两位国王的跑步摘环比赛，游行和比赛拉近了大广场和伊泽尔桥附近的富人居民区和雅克玛尔居民区之间的距离，在此之前，两个区的居民虽然并非相互敌对，但也并非朋友。

无论是追打“无赖”，或是摘环赛跑、围圈搏击，所有这些游戏都有一个共同之处，那便是对性和生育的呼唤；到了来年的复活节，在阳光明媚的五月直至夏季的圣-让节，头年冬末对性和生育的呼唤就会开花结果。1620 年在巴黎王家广场上，法国王后奥地利的安娜眼噙泪珠，唇露微笑，专注地望着丈夫路易十三快步朝前奔去，用长矛挑起了一个又一个圆环……她企盼着丈夫有朝一日能让她成为一个母亲；可惜这一天来得很晚。从更加广泛的范围来看，无论是在萨瓦、多菲内或是巴黎大区，每当为庆祝某位公主的婚姻或是某位国王的爱情而举行打斗比赛时，夫人和小姐们无论身份高贵或卑微，始终是人们为之激情洋溢的对象，是梦幻之岛上的欢乐。罗芒是一个小城，各种打斗游戏自然都是小打小闹，但是游戏规则却与大城市并无二致。追逐比赛带有爱情的暗喻，追逐山鹑自然意味着这只小鸟与岩石（拉罗什）或老鹰互通款曲。比赛结束之后举行舞会，前来展示容貌和才艺的人中，既有姿色出众

的美女，也有半老徐娘。舞会正式开始前，一位光彩照人的女王在一群殷勤的扈从簇拥下来到现场。盖兰写道，两位国王的跑步摘环比赛结束后，山鹑王国的国王引领老鹰王国的国王和他的部分随扈以及卫士前去进餐，餐后立即前去舞厅，那里来了一群戴假面具的人，在这群人的后面还有一群戴假面具的人，其中有四位国王和一位王后，这位王后身穿华丽的服饰，全身上下光彩熠熠……

二月的夜晚来得早，人们在暮色中饮酒跳舞、尽情欢腾。（皮耶蒙，第88页）舞会的照明工具是什么？是火把还是火炬？不管是什么，不管有没有照明，反正这是一场充分显示王家气度的舞会。两位国王（老鹰和山鹑）都驾临舞会，不但如此，还有另外两位国王陪同前来，他们都是由秩序派王国的人装扮的；这就是说，共有四位国王出席舞会。我们不要忘记，此外还有平民王国的三位国王，他们分别是绵羊国王、野兔国王和阉鸡国王；球王塞尔弗这位联会的无冕之王和王家之熊尚未计算在内。一个只有六千居民 240 的小城竟然有八个国王，比例实在太高了……随之而来的纷争就在眼前了。

*　　　　*

丰盛星期一，刚刚降临的暮色尽管有些晦暗，却依然绚烂如常；然而，一场激烈的冲突即将发生，在暴风雨之前的这段短暂的平静时刻，有必要回眸看看此前发生的那些事情。

首先要看的是狂欢节的“动物园”。在工匠和种田人这边，先后出现的动物有熊、绵羊、野兔、阉鸡、毛驴；在富人那边，先后出现的动物有公鸡、老鹰和山鹑。下面是表示这些动物之间关系的示意图：

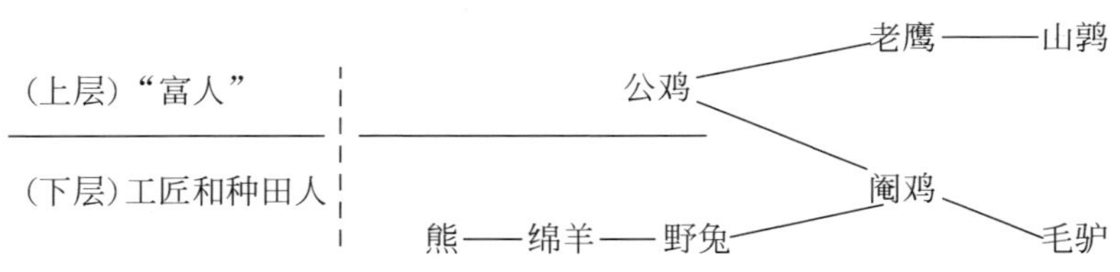

双方的对比很明显,富人那边的动物都是飞禽,至少也是有翅膀的家禽;这些禽鸟所代表的是统治阶级、上层社会,高与低相对,空中与地面相对;就此而言,平民这边的动物只有阉鸡属于禽类,可是,它是被阉割的,受他人主宰的,与富人那边的同类公鸡相比,它已经失去了原有的活力;公鸡何等威风,扑棱着翅膀引吭高鸣,召唤母鸡过来与它交配,所有这一切岂是阉鸡能与之相比。富人的动物个个性别特征显著,似乎没有必要以公鸡为例,可是自古以来,公鸡的形象就是一个长在脚爪上的有羽毛的生殖器;老鹰和山鹑也有异曲同工之妙,人们都说,它们要在丰盛星期一那天下午交配。

与此形成鲜明对比的是(皮耶蒙,第 88 页),穷人这边的动物或是曾被阉割(阉鸡,绵羊或许也曾被阉),或是不祥之兆(野兔);就象征意义而言,它们对对方都没有任何“性”趣(熊、绵羊、野兔、
241 阉鸡、毛驴);换句话说,它们之间不可能配对,哪怕纯粹只是象征性的,就像老鹰和山鹑那样。唯一的例外是熊,在它身上体现着粗野的雄性,可是,在经典的狂欢节传统里,熊的这种粗野的雄性所象征的不是与选定的情人或配偶配对,而是普遍存在的对雌性的强暴。

两个阵营各自选定的动物,从一开始就分别忠实地象征着罗芒两个取向各异的狂欢节,一个是穷人的圣布莱兹节,它的取向是粗野和地面；另一个是富人的丰盛星期一，它的取向是两性结合和天空。

*　　　　　*

我们暂且撇开这些天上飞的和地上跑的象征物，先来审视一下地面上结盟关系的改变和力量对比的变化。老鹰与山鹑之间存在着一种变化着的复杂关系，起初似乎不甚融洽，随后彼此调情，经过“比翼双飞”的跑步摘环之后，最终以两情相悦收场。这个过程戏剧性地展现了罗芒城内某些势力集团重新调整各自立场的情景；老鹰-公鸡王国的臣民们原先都是“误入歧途”的联会会众，起初都支持农民和城市的大联盟，要求和解，反对征税，憎恨土匪。后来，他们脱离了这个联会，摒弃了联会强硬的行事方式，因为他们不赞成造反起义中发生的过火行为，而且认定责任在于联会。

> 老鹰王国的国王及其同伙们，虽然大多数曾是联会的成员，但是现在他们不喜欢这个联会，也不赞同他们的造反活动……（盖兰，第161页）

不但如此，个人之间或是家族之间的争执与不和，常常会加剧因政见不同而造成的分裂，这种情况在旧制度下并不鲜见。在归顺老鹰王国从而与山鹑王国结成生死同盟（意义非同寻常的这个同盟是经由一番传统的礼仪而缔结的，因而显得格外严肃）的某些原联会会众，不少人起初曾是（球王手下）的反叛队伍中闹腾得最欢的人。可是，联会的一些会众居然侵袭并打伤了另几个会众的父母，尽管他们也都是球王手下的联会会众，（盖兰，第162页）此 242
事着实令他们感到寒心……在一个武装集团里，纯洁的友谊并非始终能够得到保障。这些胡作非为的涉案者以试图谋杀罪被投进罗芒的监狱。然而，联会的头头们却想要释放这些被捕的同伙，尽管关押这伙人的理由和证据十足。球王手下的联会会众试图利用他们在罗芒依然拥有（不久以后就没有了）的势力，强行释放被捕人员，这显然是对正义的公然否定。受害人的父母被这种明目张胆的无理举动激怒了，他们愤而改换门庭，与绵羊、野兔、阉鸡分道扬镳……转而投向老鹰和山鹑，加入显贵的行列，他们明确表示不喜欢（球王的队伍），此举令反叛分子们大惑不解（请注意，盖兰笔下的反叛分子通常是指联会中的强硬派和球王分子）。

*　　　　*

我们当然不应忘记，在二月份的上半个月中，尽管各种各样的节日、王国、集会和狂欢活动接连不断，但是，前来罗芒做生意和打听消息的商人、农民和赶着毛驴的各色人等依然熙熙攘攘，来往不绝。即使是在狂欢节最热闹的日子里，地球也没有停止转动。有人到城里来卖小麦（这些人大多是较大的农户、商人和流动商贩），有人到城里来买小麦（这些人大多是小农和粮食不能自给自足的其他从业者）。以 1579 年 12 月为例，[①]当月有 240 塞蒂耶小麦从雅克玛尔门运进罗芒城内，28 塞蒂耶小麦从圣-尼古拉门运进罗芒城内（这两个城门是最主要的“农业”门，一个在北面，一个在东面，城门外面沿着伊泽尔河北岸的一马平川，都是生产粮食最好的土地）。与此同时，来自附近教区的农民买走了装成小包的 166 塞蒂耶小麦，每包重约 2—3 塞蒂耶。他们把这些小麦运回去，送进磨坊，然后送进面包炉。若干稍大一些的流动商贩赶着毛驴把小

① 罗芒市档案，HH 3，1579—1580 年。

麦运到稍远的地方（其实不很远），这些商贩在罗芒的市场上装运的小麦包，比农民的小包略微大一些，每包重约 10—20 塞蒂耶。243（以 112 磅为计算单位的塞蒂耶约合 56 公斤）。这就是说，赶毛驴的商贩每次运走的小麦最多不超过一吨。

狂欢节期间的民众活动方兴未艾之时，1580 年 2 月 5 日这一天，有 71 个来自农村的购买者买走了此前运进罗芒的小麦。2 月 9 日，各个王国的活动如火如荼，又有 63 人进城购买小麦……顺便还参加了狂欢活动和平民的请愿（由于缺少载货量较大的手推车，小麦几乎全由毛驴运送，所以进城买卖小麦的客商自然较多）。让我们接着报告此后的情况：2 月 20 日，从雅克玛尔门运进一批小麦，将近一百个商贩当天从罗芒买走小麦 220 塞蒂耶……从 12 月 21 日到翌年 2 月 12 日，运进罗芒的小麦为 3 763 塞蒂耶，运出罗芒的小麦为 4 619 塞蒂耶；输出量略高于输入量……1579—1580 年的小麦收成不错，因而可以动用部分储备粮以满足输出需求……总而言之，当年因收成较好而有较多存粮，而税收较低，所以民众的购买力相当不错……由此而产生的两种忧虑是狂欢节期间人们失望情绪的源头之一。下层市民有忧虑：他们眼看小麦源源不断地流向城外，不能不有所担心；[1]资产者也有忧虑：如此大量的农民进城购买小麦，会不会乘机袭击富人，甚至实施抢劫呢？丰盛星期二近在眼前，究竟会发生什么事，谁也说不准。然而盖兰胸有成竹，他早就准备好了避雷针，更准确地说，他手中握有打击平民的雷电！

① 罗芒市档案，议会记录 14，1579 年 12 月，1580 年 1 月和 2 月。

*　　　　　　　*

1580年2月15日，罗芒处于丰盛星期二的前夜，悬念并未消失。夜色笼罩着宁静的罗芒，其实，这个小城已经不再那么宁静，到处都在磨刀霍霍。在科德里埃修道院的富人王国里，这一夜以节日餐桌上的饕餮开始，以泪水和鲜血结束。丰盛星期二就像是一场噩梦，从节日盛宴到圣灰星期三的丧礼，两者之间没有任何过渡。

244 对于1580年2月15日和16日在罗芒所发生的事，几乎所有目击者都没有留下比较详尽的记述，只有个别例外。维瓦赖省督朱斯特-路易·德·图尔农在他2月18日写给卡特琳娜·德·梅迪奇的信中，只有寥寥数语谈及罗芒那一夜的情况；他说：这几天，罗芒最抢眼的那几个人情绪激动，对联会中的某些人和他们的头领小开杀戒（原文如此）。他在同一天写给亨利三世的另一封信中，把当天晚上发生在罗芒的恶性事件，归咎于罗芒的精英们与联会会众之间的龃龉。[①]该城最抢眼的那几个人再也不能忍受长期以来（罗芒）联会的蛮横无理和羞辱，终于不得不对他们（联会）采取行动，实施攻击。图尔农在信中还说，包括他本人属下的军官沃纳在内的若干士绅，向罗芒的资产者伸出援手。最抢眼的那几个人在得到这份支援后，杀死了几个人，其中既有联会的主要头头，也有其他反叛分子。杀人之后，余下要做的便是为联会反叛队伍遭到弹压而感谢上帝：邻近的士绅们提供的支援表明，万能的上帝站在该城最抢眼的那些人一边……该城（罗芒）从此听命于您（听

① 《德龙省考古和统计学会学报》，1890年，第392—394页（两封信）。

命于国王的旨意),为当地的贵族尽心竭力。图尔农最后在信中向国王表示,结局令人高兴,因为在您的王国中,罗芒在一段时间内是反叛最严重的城市……

图尔农伯爵的信件格外珍贵,因为它证实了这样一个事实:罗芒的资产者和城郊的乡绅沆瀣一气。除此之外,图尔农的信件并未涉及详情,甚至不如一位名叫希伯夫的联会成员。此人在2月18日前后的一次战斗中负伤,混乱和喧闹的三天过去之后,他成功地翻过城墙逃出罗芒,去往伊泽尔河方向,在那里,他向城郊乡下的农民们讲述了罗芒的情况:罗芒城里有权有势的人杀了老百姓,老百姓都很害怕,农民们听了希伯夫的述说后立即拿起武器。(皮耶蒙,第89页)仅此一点,别无其他。公证人皮耶蒙和法官盖兰的记述更为详细,我在下面将会一一予以介绍。

依据皮耶蒙所述,山鹑王国的富人们是屠杀事件的元凶。皮 245
耶蒙就此写道,山鹑王国的人在夜里(1580年2月5日晚间)走进市政厅,欢庆他们的王国,同时做好对骚乱分子动手的准备,而不是准备跳舞。(皮耶蒙,第89页)这就是说,他们已经做好袭击的准备,对象就是球王手下的人,也就是被他们叫做“阉鸡王国骚乱分子”的那些人。皮耶蒙从一开始就指控士绅们早就做好了制造流血事件的准备。他接着写道:他们(山鹑王国的人)吃完了饭就准备跳舞;有人拿来了假面具(假面舞会)。皮耶蒙在这里所说的就是那个“四个国王和一个王后”的盛装游行,盖兰也谈到过此事(参见本章前面的记述)。这场假面舞会十分精彩,吸引了大批观众和仰慕者,他们来自全城的各个角落,持不同的政治立场。一说要去观看假面舞会,人群就一窝蜂地涌向市政厅,其中也包括球王

手下的人马。(皮耶蒙,第 89 页)就在 2 月 5 日丰盛星期一这一天的这一时间点上,大概是在晚间 9 时到 10 时左右,冲突开始了。据皮耶蒙的记述,首先肆无忌惮地动手的是在老鹰-公鸡陪同下的山鹑:在现场观看舞会的球王手下的人注意到了山鹑王国的人,后者便手持武器走出(舞会大厅),开始攻击,球王的阉鸡王国的人只要落到他们手里,非死即伤:有人被杀死,有人被击伤;山鹑王国的人在全城展开攻击,对对方的卫队实行逐个攻击。(皮耶蒙,第 89 页)另一队也是从市政厅舞会大厅走出来的武装人员,径直奔向球王塞尔弗的住所。皮耶蒙是这样记述的:他们来到塞尔弗团总门前,球王塞尔弗不知道外面发生了什么事,听到有人敲门就下楼来开门,不料被一枪击毙。(皮耶蒙,第 89 页)有人听到响动过来看究竟,有人碰巧来到这里,见此情景,许多人怒不可遏,遂惨遭(山鹑王国的"突击队")杀害,有些人四处逃散……(皮耶蒙,第 89 页)

*　　　　　*

盖兰对于星期一晚间和夜里发生的事情讲述得比较详细……不实之词也比较多。上面已经引用过他对所记述的当天发生的事情,现在让我们听他接着说:两位国王的跑步摘环比赛结束后,山鹑王国国王引领老鹰王国国王和他的部分随扈以及卫士前去进
246 餐。(盖兰,第 162 页)从上下文来看,进餐地点是在科德里埃修道院里面。然后立即去参加舞会,那里正在举行一场假面舞会(舞会在市政厅里面举行)。正当全城沉浸在欢歌狂舞之中时,两位国王在随扈人员的陪同下从科德里埃修道院走向市政厅,这一行人俨然就是一支游行队伍,浩浩荡荡地从修道院向市政厅进发,途中在伊泽尔河桥附近拐了一个弯……这是一场不折不扣的民俗游行,

走在最前面的是两位国王：老鹰和山鹑，紧接着就是他们的随从；后面是第一批戴假面具的人群，然后是第二批（前面已经提及的）戴假面具的人群，整个行列犹如一场十分精彩的假面舞会，其中有四位国王和一位王后，这位王后身穿华丽的服饰，全身上下光彩熠熠……

游行行列的前部在拉罗什和老鹰－公鸡王国国王引领下进入舞会大厅时，若干小提琴手和来自全城的许多夫人小姐已经等候在那里，而队伍的尾巴此时还走在大街上离伊泽尔桥不远的地方。就在此时此刻，突然有人发动袭击。有关此事的记述，盖兰与皮耶蒙截然不同。盖兰告诉我们，发动袭击的不是山鹑王国的人，而是他们的对手阉鸡王国的人，而我们知道，阉鸡王国的人是来看热闹的。王后的花容月貌，她佩戴的金银珠宝，身上的披肩和各种饰物，还有她的女嫔，无一不让这伙汉子看得目瞪口呆，据说，他们很快就扑了过去，有人想抢，有人想强行非礼，在长裙底下动手动脚，在胸衣里面乱摸乱抓，还有别的乱七八糟的举动……盖兰说，反叛分子原先密谋在早晨6时动手，这时发现眼前的战利品唾手可得，因而不愿再等待下去，于是急不可耐地对王后及其随从发动攻击；鼓手们擂鼓发出警告。（盖兰，第162页）向人们宣告发生在罗芒和乡间的大大小小事件的正是传向远方的鼓声……

正如我们所见，如果说盖兰和皮耶蒙对事实的记述尚有相同之处，那么他们对于双方当事人意图的诠释则截然相反。盖兰在向王太后卡特琳娜·德·梅迪奇和宫廷禀报时，置是非对错于不顾，千方百计试图让人相信以下事实：阉鸡王国的人早有预谋，行动时间定在丰盛星期二黎明前6时。但是，球王的部下抑制不住

247 金钱和淫欲的诱惑，见到对手的游行队伍时，陡然欲火中烧，一想到他们可以乘机耍弄山鹑王国这些漂亮的贵妇人和舞会上的这些小姐以及向她们献殷勤的男人，就不由自主地把起事的时间提前到头天晚上了。在这种情况下，显贵们就处于正当防卫状态，他们也确实行使了自卫权，对袭击进行了抵抗。换句话说，阉鸡王国的打手打伤了走在山鹑王国游行队伍尾部的一些年轻士绅，这些年轻士绅于是掉过头来，对球王分子实行反击。盖兰说（盖兰，第162页），球王的部下察觉自己已经被人发现，于是下定决心向守卫在桥头附近的卫队发起攻击。（这支卫队是忠于盖兰控制下的市政当局的一队民团）可是，这支卫队却不被（卫队总部）认可和接受，只得在吃了大亏之后，被迫退入他们自己的居民区。

在这里还要再说一遍，敌对双方各自的活动基地确实相当重要。据盖兰真假参半的话说，阉鸡王国的队伍吃了亏之后，撤回到以工匠为主要居民的沙佩里耶区重振旗鼓，这个居民区一直是他们的据点，而且被他们看作坚不可摧的堡垒。

盖兰对于事件的记述在这一点上与皮耶蒙的记述基本一致。盖兰本人就是山鹑王国这次行动的策划者，如果我们姑且相信这位嫌疑犯的记述，那么据他说，从舞会大厅走出来的突击队是进行正当的自卫。（皮耶蒙则说是他们主动挑衅滋事，因而应当受到惩罚。）盖兰接着写道，就在此时，消息传到市政厅（舞会就在这里举行），说是已经动手了（游行队伍已经打起来了），有人要到这里来杀人……

我们在这里看到了两种截然相反的因果关系。据皮耶蒙说，山鹑王国的舞会参与者武装出击，是对方的挑衅行为迫使他的游行队伍进行自卫反击。盖兰所说则完全相反：有人要来这里杀人，妇人们一听惊恐万状，在场的上流人士怒不可遏，于是就抄起武器跑了出去。在无意之中（原文如此），或者说凭着上帝的旨意，当即组成了三个小分队，准备在形势需要时参加战斗（这三个小分队总共约有三十多人），其中一支径直奔向球王的住所……（盖兰，第163页）

盖兰接下来说的是球王之死，关于此事，我将在后面再说。对 248
于盖兰此前的记述，我有一些想法。

盖兰说，舞会中的上流人士在一瞬之间组成了三支武装队伍，而且是在无意之中，这种说法岂不令人笑掉大牙！三个小分队至少各有十余人，他们完全可以使用山鹑王国在狂欢节之前和狂欢节当天在罗芒大街上展示的武器（是真武器而非假武器）；再说，在举行舞会的市政厅里，各处都藏有一些民团的武器，他们也可以拿出来使用。所以说三个小分队的组成绝非无意之中的偶然，据莫吉隆在一封信中透露，早在几天之前就已经暗中组成了这三个小分队。[①]让人吃惊的是，盖兰刚刚说完“无意之中”这几个字，马上就接着说“凭着上帝的旨意”，这岂不是说，上流人士的突击队胜利出击完全是上帝的旨意促成的吗？把上帝抬出来，确实既方便又省事，盖兰不愧是个伪君子高手；其实在这件事中，是他竭尽全力帮了在后面牵线的上帝一把。甚至是否可以说，上帝就是盖兰本人呢？是上帝下凡了吗？究竟如何，反正可以慢慢琢磨……

我的第二个想法与“妇人们”有关，单是盖兰记述中的“妇人

① 《德龙省考古和统计学会学报》，1890年，第391页，1580年2月12日莫吉隆致国王的信。

们”就值得整整一节文字来讨论。盖兰在他关于双方开打初始阶段的记述中，两次提及“寻找妇人”。第一次，他说的是狂欢节的王后，这位王后打扮得就像是一座圣像，身穿华丽的服饰，全身上下光彩熠熠；他说，当夜色降临，华灯初上之时，正是王后这座活动圣像的出现，引起球王部下的躁动，最终促使他们把攻击时间突然提前了数小时。盖兰说，球王分子陡然发现可以轻易得手，弄几个富家太太小姐玩玩。既然如此，何必再等下去，让千载难逢的大好机会白白溜走？

盖兰第二次提及“妇人们”，是听到了大厅外面传来打斗的声响之后，此时传来了真假难辨的即将开始屠杀的消息（这个消息如果属实，那么此前必定已经有妇女遭到强暴），舞厅里的妇人们一听惊恐万状，乱作一团，此景此情让上流人士们心生怨恨，于是决定进行自卫反击，对乱党分子严加惩处，把他们一网打尽。

249 在法官盖兰的这些记述中，妇人们惊恐万状是引发搏杀的第一个原因，这个说法符合事实吗？我觉得，盖兰的说法包含着部分事实真相。南方城市下层民众中的男青年（广义上的青年，即16 岁到 36 岁）并非个个都是唱诗班的孩子。雅克·罗西奥在他的多篇文章中描绘过帮工和学徒等男性青年的形象，①生活在罗讷河盆地的这些年轻人，夜里在街上游荡，追逐甚至轮奸少女。为数众多的游手好闲、寻衅滋事的年轻人，在这个年龄段的人中间具有一定的代表性。他们所承袭的是 14 世纪惯于恶作剧的那些人

① 雅克·罗西奥：《年轻人的义气》(J. Rossiaud, *Fraternité de jeunesse*)，载《史学笔记》(*Cahiers d'histoire*)，1976 年，第 1—2，第 6—7 页。

的衣钵;那时候每逢婚礼,总有一拨专事胡闹的年轻人突然闯进教堂,砸坏十字架,辱骂婚礼主持人,殴打新郎新娘;接着还要去新郎新娘家里大肆抢掠。有时候,他们强逼新郎新娘到河里去洗澡;有时候,他们把新婚夫妇轰到妓院去度过洞房之夜。岁月淡化了这类行为,但并未使之绝迹;尽管如此,这类行为的存在并不意味着下层民众不懂爱情。然而,这些流氓青年与上层精英分子中的少男少女们形成鲜明对照;生活在罗芒和里昂资产者的圈子里的这些莫古维尔修道院的成员们,彼此谦恭有礼,温文尔雅,举止中规中矩。他们相互频献殷勤,少妇、太太和少女以及修道院里的小修女和小修士,都是爱慕的对象,而不是羞辱的对象。

在整个文艺复兴年代里,下层阶级的年轻人始终保留着中世纪重男轻女的传统,粗暴地以大男子主义对待女性。我们不难为这种状态找出某些客观原因:这些年轻人生活在令人失望的城市人文环境中,很难找到与他们年龄相仿的女性作伪配偶,因为妙龄少女往往被年长20余岁的老头占为妻室了。有人可能会对我反驳说,出身于下层阶级的小伙子们在失望之余,还是可以找到宣泄不满的地方的,若说没有更好的去处,至少还有各类妓院可以光顾,既有开设在极佳地段的带有地方社会主义性质的公共妓院,也有不少私人浴室,里面只有小床,却没有任何沐浴设备,一身肥肉 250
的窑姐们搔首弄姿,嬉笑取闹;此外还有老鸨陪同下的站街女、专找无良少年卖春的流莺。[①]然而,在16世纪晚期,准确地说是在宗

① 雅克·罗西奥:《15世纪……的卖淫业》(*Prostitution ...au XVe siècle*),载《经济与社会史年鉴》,1976年,第289页。

教改革与反宗教改革并存和对抗的年月里，作为一种权宜之计而存在的卖淫业，遭到了清教主义的质疑，尽管那时尚未出现清教主义这个称谓；风月场所关门谢客，下层阶级的年轻人转而主动袭击殷实人家的女子，尤其在那些欢腾和乱性的节日里，例如狂欢节期间的丰盛星期二。年轻人的修道院作出努力，好歹要把年轻人一时间爆发出来的激情压制下去，把它导向彬彬有礼地向各个王国里的女性求爱，在丰盛星期二的舞会上调情，为未来的婚姻做准备……可是，尽管有意识地加以控制，但在这种激情奔放、万民欢娱的日子里，出轨事件依然难以避免。舞会上的罗芒富家女子和王后的女性随从，都可能成为前来看热闹的阉鸡王国年轻人的调戏对象，有人可能会动手动脚，例如摸摸屁股之类，有的人甚至会企图实施强暴；富家女子因此而惊慌失措，不能说是故意装出来的，而应该说是事出有因。但是，富人密谋的起因并非富家女子的惊恐，而是盖兰早就策划好的。只不过，由于富家女子的惊恐，执行这个密谋的时间提前了，原先大概定在丰盛星期二的清晨 6 时开始行动；盖兰在他的记述中说，阉鸡王国打算于清晨 6 时动手，那是他倒打一耙，把他自己的盘算强加给阉鸡王国了。

出现在舞会上的焦虑不安，尤其是那些富家女子的惊恐万状，促使山鹑王国的那些人警觉起来，担心会被人打个措手不及，于是决定提前行动。这就是事实真相。

*　　　　*

球王塞尔弗之死为我们提供了另一次比对两位目击者——法官盖兰和公证人皮耶蒙——证言的机会。我们在前面已经看到，
251 球王塞尔弗在根本不知道已经出事的情况下，听到有熟人叫他（或

许是内奸？），于是走下二楼卧室，来到楼下大门口。刚刚跨出门槛，就被人一枪击中，猝然倒在地上；开枪的人来自山鹑王国舞会上的突击队。皮耶蒙的这个说法还了球王一个清白，尽管已经无法让他复活了；与此同时，皮耶蒙的说法还让盖兰欠下了一笔血债，是他杀害了联会无辜的首领。

盖兰的说法试图玩弄某些事实（皮耶蒙的记述是不打算公开的私人笔记，与他个人并无利害关系，我们只要明白这一点，就知道他笔下的事实真相是无可争辩的）。总而言之，在舞厅里组成（这是盖兰的说法）的各有十余个成员的三个小分队，径直奔向球王的住所（小分队的成员们或许知道他们要去干什么……）。他们看见他站在门口，身边有八九个帮凶。（盖兰以"帮凶"一词提前谋杀了他想要杀的人……先定罪，后杀人。盖兰使用的词语往往把自己出卖了……）这就是说，球王"同若干帮凶一起站在门外"（这是盖兰的说法），而不是"在根本不知道已经出事的情况下"。（这是皮耶蒙的说法，而且是盖兰无从知晓的说法。）盖兰莫不是接到了只有他自己知道其奥秘的"电话"，从而得以张口就说，他的头号劲敌早已站在门外，身还边带着几个"帮凶"，可见他绝非洁白如雪。

从舞会上走出来的由年轻士绅组成的这支队伍，手持武器，在山鹑王国国王拉罗什的率领下径直奔向球王的住所。（盖兰当然不会弄脏自己的手，更不会让它染上鲜血，而是让他的同伙和喽啰们去干那件脏活。早在1572年罗芒的圣巴特洛缪惨剧中，他就摆出了一副假惺惺的样子，暗地里却是杀人犯的同伙！）从盖兰的记述获知，拉罗什在球王住所门前站定后，就像是再世的演说家西塞

罗,跟他先前的朋友、现在的死敌说了一大堆话,客客气气地对球王说,他不该在他们(山鹑王国的人)自娱自乐(狂欢取乐)的时候,派人对他们进行袭击;这种做法违背了他(球王)此前作出的彼此和平友好相处的诺言。(盖兰,第 163 页)盖兰犹如再世的历史学家李维,撰写了一篇讲稿,通过拉罗什的嘴发表出去,指控球王塞尔弗事先策划并袭击山鹑王国王后的假面舞会,至于这次袭击究竟确有其事还是纯属杜撰,他就管不得了,反正球王塞尔弗的尸体是不可能为自己进行辩护的。对球王塞尔弗的这项指控,正是盖兰那本单薄而又满纸谎言的记述中最重要的内容。与此同时,这
252 位巧言令色的法官经由拉罗什之口谈到了球王向卡特琳娜·德·梅迪奇所作的空泛的承诺,球王当时说的原话是:大家都和睦友好地相处。球王的承诺被艰难的时光和冷酷的人心不费吹灰之力就轻易地破坏了……况且球王作出的这项承诺不是没有前提的,他为此提出的条件是,王太后接受第三等级提出的实现平等纳税的要求。可是,这个条件从来没有被接受。

不过,时间实在短得很,容不得拉罗什再多说什么,他手下的人已经动起手来,在罗芒城里打了一场闪电战。接下来发生的事情是几天之前的 2 月 9 日星期二所发生的事件的翻版,只是顺序恰好颠倒而已。我们还记得,那天有一个球王手下的人不听球王的劝阻,高举利剑,试图向盖兰派的人群冲过去。球王一句话就把这个正在火头上的寻衅者稳住了。这一次也是这个情况,但结果却完全相反;拉罗什手下的人也不听拉罗什的话,可是,拉罗什故意听之任之……(拉罗什)队伍中的一个年轻人发现一群人来到球王的姑娘。(盖兰的手稿在这里有个文字解读问题。女儿“fille”

一词是不是行列“file”一词之误呢？如果是file而非fille，那就可以读作“排成一行的一群人……”，如果确是fille而非file，那么或许可以读作“一群人在球王的女儿身边聚集”，我们知道，球王确实有一个女儿。）年轻人看到那群聚集在一起的人可能要干坏事，就高声喊道：别再啰唆了！边喊边向球王走过去；球王手里提着一根长矛，那个人用打野猪的投枪猛然朝球王脸上刺了一枪，接着用手枪打了两抢，随后又刺了几枪。（盖兰，第163页）一枪就把野兽刺死了，被杀的是林子里的一头熊，也就是球王塞尔弗。拉罗什率领下的打手使用的是短枪和剑。山鹑王国国王假手自己的部下杀死了圣烛节的熊。盖兰笔下的这段记述对他自己这一派很不利，因为他承认，这次袭击并非由于遭到挑衅，刺在球王塞尔弗脸上的那一枪等于是一个信号，打手们立即大打出手，关键是第一击……

球王一死，他这一派便呈现颓势，皮耶蒙说，一些人离群而去。盖兰的记述更为精细：首领之死引起巨大的恐惧，致使在场的球王的帮凶（盖兰再次把球王的部下称作帮凶）纷纷逃跑，有的用事先准备的绳子翻过城墙，有的跳进伊泽尔河游向对岸。（盖兰，第163页）富人女子们的惊恐万状曾是上流人士的朋友们发动袭击的借口，现在轮到穷人们惊恐万状了。阉鸡王国为罗芒的上流人 253
士造成的难以忍受的焦虑，曾像乌云一般笼罩在他们头上，如今阉鸡王国已经溃败，焦虑也就随之烟消云散了。盖兰为不动声色就杀死了球王而极感欣慰。盖兰接着写道，联会因首领之死而方寸大乱，其余成员几乎无心自卫。盖兰千方百计试图让我们相信，对球王实施突袭的目的，是挫败工匠们定于次日清晨6时发动的所谓“政变”。作为显贵的首领，盖兰的这个说法几乎毫无说服力，工

匠和种田人对他们的仇恨和敌意绝对是事实。但是，要说由于这种仇恨和敌意而密谋在丰盛星期二清晨发动武装袭击，却没有任何证据，尽管不能完全排除其可能性。盖兰派因而没有任何直接和有力的理由可以为这次血腥的袭击辩护。整理和出版盖兰这份记述的罗曼先生，对盖兰的态度其实相当温和，尽管如此，他依然认为：球王之死引起的惊恐和联会会众的反击极度乏力表明……退一万步说，纵然杀害罗芒上流人士的密谋确有其事，那时也尚未准备就绪。（盖兰，第 163 页，注 I）

第八章　1580年:丰盛星期二或上帝与我们同在 254

狂欢节正式部分在球王被杀之后落下帷幕。子夜时分从雅克玛尔钟楼传来的十二下钟声,宣告丰盛星期二由此开始,但是,1580年的这一天不再是狂欢节的组成部分了。从另一个角度看,是否应该说,这个血腥的丰盛星期二体现了它的实质,因为它就是建立在冲突、排斥和谋杀(一般情况下是象征性的谋杀,而1580年这一次则是实实在在的谋杀)的基础之上的,“死神的宫廷就在国王们的王冠之内”(莎士比亚,语见《理查二世》),其中也包括狂欢节的国王们。

由此开始的以怨报怨、寻机复仇,纵然算不得是一场内战,然而对于一个仅有7 000居民的小城来说,相比于一场城市游击战,却是有过之而无不及。拉罗什亲自率领的这支队伍,在击毙了球王、驱散了球王派队伍的核心之后,声势更加壮大,接下来的首要目标是夺取圣尼科拉门和圣尼科拉区。这个地段处在罗芒的边缘,虽然在城墙之内,但偏处城东一隅,是罗芒最贫穷、农业人口最多的地区。该区居民的平均年纳税额仅为2埃居(以开列各区详

255 情的 1583 年税册为据），[①]没有发现超过 13 埃居的纳税大户；很多居民是种田人（在法国南方，种田人指农民或小农场主）。尽管反映在 1583 年税册中的各类社会职业的居民名单远非完整无缺，圣尼科拉区却依然有 25 个种田人的姓名，他们都比较贫困，平均每户的年纳税额仅为 1.5 埃居。在同一本税册中，约 50 个纳税人[②]是各类工匠，其中 13 人是比较穷困的梳毛匠，租住他人房舍，平均年纳税额为 2 埃居；11 人是穷困的织毯匠，其中 8 人的平均年纳税额为 2 埃居，其余 3 人略多些；4 个织布匠（年纳税额为 1—2 埃居），几个小食品店主、面包师傅和卖肉的，这些人的境况并不比纺织业从业者好。另外还有一个卖书的，此人混杂在各色人等中间，丝毫不比别人出色（年纳税额仅为 2 埃居）；这里之所以有一个卖书的，是因为附近有一所学校，这所学校虽然提升了罗芒的文化品质，却并未改善这个居民区的社会-经济水平。在这样一个贫穷的居民区里，数量最多的居民是工匠和住在城里的农民。联会的头头们并非出自这个居民区，不过，这种地方（圣尼科拉区）肯定具有为平民运动提供大量基层成员的潜力。（或许确实已经为绵羊王国、野兔王国和阉鸡王国提供了不少民众……）

所以，在盖兰和拉罗什看来，最要紧的是掌控圣尼科拉区，以便把持罗芒全城，彻底清除球王派分子。否则，圣尼科拉区就会威胁资产者的基地科德里埃区、雅克玛尔区和圣巴纳尔区。因此，球

① 总共 228 份，555 埃居（1583 年分区税册；罗芒市档案，CC 94）。有一点需要说明：在这份 1583 年档案中，每个户主年纳税额的绝对值与本书所使用 1583 年的什一税税额不同。但是，纳税人的分级状况和税额却大体一致。

② 其实恰好是 50 个人。

王的尸骨未寒，拉罗什手下那批武装到牙齿的打手和马仔们，就急不可耐地冲向圣尼科拉门和邻近的比斯图尔门（此门也开在东面城墙）。盖兰写道，这支队伍（从杀死球王的地方）奔向圣尼科拉门和比斯图尔门，出于误会而与守城的富人卫队打了一阵，又与不良分子（该区的联会成员）打了一阵，终于把这两座城门拿下，置于国王的名分和权威之下。（实际上是置于盖兰名下，国王不过是个称

256

257

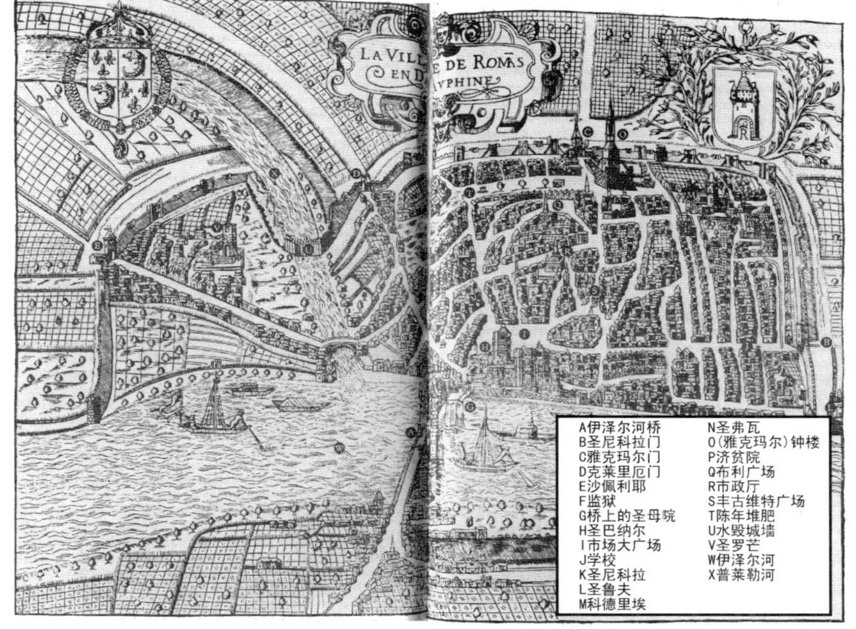

罗芒市容图　（原件藏巴黎国家档案馆）

呼而已）。安排好值勤卫兵之后，人马又回到广场（圣巴纳尔教堂 258
附近的罗芒大广场），此处一直是（资产者）士绅们的聚集场所。

在大广场周围，拉罗什和盖兰派的武装喽啰们羽翼渐丰，越来越自如，颇有如鱼得水之感。罗芒市中心的“资产者-工匠居住区”

从科德里埃区延伸到雅克玛尔区，其间经过市政厅和大广场，在这一带居住的农民很少。这一带工匠很多，他们与士绅的接触相当频繁；士绅的住宅在这一带数量较多，有集中的，也有分散的。科德里埃区位于这个中心地带的东北角，那里的人均年纳税额超过3.2埃居，相对而言，这个是一个很高的数字。1583年税册中科德里埃区被统计的纳税人只有2个种田人、2个梳毛匠、2个织毯匠，这几个零散的工匠与过去一样，人均年纳税额为1—2埃居；由于被统计的人数太少，这份税册所提供数字显然很不完整。居住在这个区里的最有代表性的工匠，主要以满足富人的消费需求为生，仅在科德里埃区就有三个杀牛卖肉的，他们的人均年纳税额为2—4埃居不等；还有10个鞋匠，人均年纳税额为2埃居，其中一人高达5.5埃居(醉心于鞋子，不停地换鞋子，这是16世纪富庶阶级中方兴未艾的"消费社会"标志之一)，还有2个开客店的(2—3埃居)，其中一个客店名叫"红帽子"；还有2个银匠，其中名叫让·阿尔诺的年纳税额为16埃居57苏，这个数字把让·阿尔诺划进了相当富庶的档次中(这个档次的人在1583年的人均年纳税额约为12埃居)。另一个名叫让·马勒布吕尼的银匠年纳税额仅为3埃居26苏，与他同名同姓的一位亲戚也住在科德里埃区，是个打造刀剑的工匠，年纳税额为2埃居40苏。

科德里埃区的大户人家自然是富人，不过有一些只是普通的资产者，有的甚至是家道中落的资产者，例如韦勒一家(夏尔·韦勒先生纳税额为14埃居)。有四个纳税人姓托梅，其中一位名叫老让·托梅，大概是勒诺布尔高等法院的一个执事，只有部分财产在罗芒，他的年纳税额为12埃居8苏；另一位名叫大让·托梅(马

特林·蒂博之子），他的年纳税额为 3 埃居 40 苏。他的弟弟小 259
让·托梅纳税额为 5 埃居 20 苏，菲利贝尔·托梅的年纳税额为 4.5 埃居。罗芒执政官吉古大家族中的两位成员的年纳税额分别为 19 埃居和 7 埃居；王家律师让·珀卢也是如此。罗芒最大的纳税人是首屈一指的士绅头领安托万·科斯特队长，他的年纳税额为 96 埃居 30 苏。他仅凭年纳税额就雄踞罗芒首席，毋庸置疑，他肯定拥有大量房产和土地。

科德里埃区里的另一个名字同样吸引人们的眼球，不过是从另一个方向。此人名叫让·罗贝尔-布吕纳，与狂欢节上的平民首领之一纪尧姆·罗贝尔-布吕纳不但同姓，而且是近亲。让·罗贝尔-布吕纳并非穷人，他的年纳税额为 9 埃居 40 苏，这是一个很了不起的数字。此事告诉我们这样一个事实：平民运动的首领并非全然没有富人，至少某些富家子弟或亲戚，例如某些织布业的从业者，也可能是平民运动的领袖，他们的豪宅就在令人钦羡的科德里埃区内。

与科德里埃区毗邻的是神庙（这是座新教教堂，1580 年可能已被挪作他用）和墨兰码头区。这个区在科德里埃教堂南面、圣尼科拉教堂西面，即市中心偏东，这里是拉罗什派可以指望的资产者堡垒。这个区里有许多声名显赫的纳税人，安托万·盖兰便是其中之一。他在这个区里有一所住宅，而且就住在这所住宅里。他很机灵，更因为他是一个司法官员，因而通过合法途径获得了全部免税的特权。这个地段还有一个大人物：圣-马塞兰采邑的副邑督加拉尼奥尔，他管辖的地区从圣-马塞兰一直延伸到罗芒。他与盖兰过从甚密，年纳税额为 20 埃居 42 苏。此外还有几家富翁，老安托万·博诺，年纳税额为 40 埃居 2 苏，他的侄子小安托万·博诺

年纳税额为 10 埃居 20 苏。

神庙和墨兰码头区与科德里埃区一样，居民中的农民比例极小，登录在 1583 年税册中的种田人只有 2 个，他们年纳税额分别为 2 埃居和 1 埃居，这个数字当然很低很低。这两位种田人中的一位甚至没有属于自己的住房。这个区里农民极少的原因，不仅因为这是一个资产者居住区，更因为这里离城门很远，与城外的联
260 系不大方便，试想，在这个古老城市的市中心弯弯曲曲的狭窄小街上运输农产品，只要路程稍微长一点，岂不是很荒唐。反之，在这个比较讲究时髦的居民区里住着不少工匠，他们都是潜在的抗争分子，其中包括 4 个织毯匠（年纳税额为 2 埃居）、3 个裁缝、3 个木匠，此外还有 9 个梳毛匠（年纳税额为 2 埃居）。

与罗芒的其他居民区一样，这里也有一些被称为贫民的纳税人，其中在统计册中被标明为贫民的有 5 人或 6 人。这些人大多是孤寡病残，也有一些穷困潦倒的健全人。由于贫困，这些人的年纳税额极低，人均仅为 30 苏到 50 苏……这就是说，这些名副其实的穷人其实并未计算在罗芒的下层阶级之中，所谓下层阶级，其代表性人群是工匠和种田人（人均年纳税额约为 2 埃居）。在罗芒狂欢节期间，这些衣食无着的赤贫者，既不是大规模骚乱的发动者，也不是中坚分子。

最后一个值得一提的位于罗芒市中心的居民区，是夹在富人区和半富人区之间的雅克玛尔区。[1]这个区的居民脚踩两只船，很

① 该区起自圣富瓦教堂，经过雅克玛尔大街，沿坡道而下，止于小广场右侧。（1583 年税册，f°46，罗芒市档案，CC 94。）

晚才加入盖兰阵营；他们这种三心二意、朝秦暮楚的政治态度在狂欢节期间表现得淋漓尽致。起初他们由于大多是工匠而成为联会派，在派别之间发生冤冤相报的复仇行动之后，由于多种原因，雅克玛尔区的人脱离了球王派，在最后时刻倒向盖兰和拉罗什。雅克玛尔区居民的转向，经历了一个各派交往和节日民俗活动的过程，诸如各个王国的庆祝活动、跑步摘环比赛、相互结盟以及节日欢宴等；所有这些活动的结果是让雅克玛尔区的居民觉得，他们新近与显贵建立的联系既可靠又坚实。这种联系的建立很可能是在讨价还价之后实现的，雅克玛尔区的头头们大概得到了对方的承诺，事成之后能在市议会或市政府捞到一官半职。

“上层建筑”中的骑墙现象同样反映在社会学意义上的“下层建筑”中，脚踩两只船的雅克玛尔区自然要“两岸钓鱼”。

这个区里的居民并非全是富人，全区 295 个纳税人的平均年 261
纳税额约为 2.27 埃居，这个数字并不高。纳税额之所以较低，当然与该区居民的社会职业构成的某些特点不无关系；工匠中生活不甚宽裕的核心分子在 1579 年心甘情愿地变成了联会分子；他们当中有 16 个梳毛匠（相当多），其中 8 人相当穷，年纳税额只有 1 埃居，另外 8 人的情况略微好些，年纳税额约为 2 至 2.5 埃居。此外还有一群手艺各异的工匠：1 个制作弓箭的工匠，1 个裁缝，1 个制陶匠，等等。反之，在罗芒的抗争运动中十分活跃的织毯匠，在雅克玛尔区里却只有区区 3 人，他们的人均年纳税额为 2 埃居；这种状况对该区在抗争运动中的态度起到了很大的制约作用。另一方面，住在该区的种田人也很少，其中一个是“老农”，年纳税额为 5 埃居 30 苏，其他种田人的人均年纳税额为 2 埃居或 2.5 埃居。

由于农民数量很少，雅克玛尔区在抗争运动中的态度，自然无法与激进的阉鸡王国相提并论，阉鸡王国的成员一半以上是农民或与农民有密切联系的人。罗芒狂欢节虽然是一个在城市里举办的活动，它的根子其实深深扎在城市四周的农村生活中——农村的日常生活、政治生活和神秘生活。至今无人对此作出足够的分析，我将在后面找机会予以阐述。

雅克玛尔区之所以展现了秩序派所期望的保守倾向，另一个原因是除了工匠外，这个区更多的居民是资产者。那里住着罗芒一些很古老的家道中落的资产者家庭，例如加让·奥多阿尔老爹，他的年纳税额是 4 埃居 50 苏。另外还有一些拥有巨额动产和不动产的富人，其中有几个在山鹑王国中扮演了重要角色，例如加布里埃尔·鲁瓦隆师傅，他的年纳税额为 40 埃居 21 苏；还有坚定的盖兰派加斯帕尔·若马隆，1583 年他的纳税额为 38 埃居。

前面已经说过，从战略地位上来看，雅克玛尔区的四周都是资产者掌控下的居民区（东面的科德里埃区，南面的神庙和墨兰区），尽管他们的人数在这些区里不一定占有多数。在雅克玛尔区的西面和西南面，则是比较富有的资产者居住的天堂区，[①]纳税人不
262 少，共有 234 人，人均年纳税额为 2.71 埃居。这些人当中有不少名声显赫的士绅，其中有的是罗芒一带响当当的富翁；例如让·若马隆，洛朗·马尼希厄，他们的年纳税额为 10 埃居……还有一些人虽然家境平平，但职业高尚，其中有 3 位公证人（年纳税额为

① 这是罗芒的第三区，起自天堂楼，止于博纳诺，然后沿鲍特菲尔大街到屠宰场，止于安德烈·弗朗德兰先生住宅左侧（1583 年税册，f°29，罗芒市档案，CC 94）。

1—3 埃居），1 位穷困的画家（年纳税额为 1 埃居 20 苏）。这个区登记在册的种田人不多，总共只有 6 人，他们的年纳税额为 2 埃居。农民很少并不奇怪，因为天堂区在罗芒以引领时尚著称，自然不会有很多与农业相关的居民……不过，该区的居民中工匠相当多，这些人对于资产者的怒火一点就着。工匠多的原因在于该区紧挨着工匠的堡垒、城西的克莱里欧区。天堂区的工匠中有 12 个梳毛匠（他们通常是富人或士绅的房客，人均年纳税额一般为 2 埃居）、8 个织毯匠（他们的年纳税额也是2 埃居），还有织布匠和马具匠……有若干家庭与反叛活动有牵连，其中姓弗勒尔的一男一女大概都与卖肉的若弗鲁瓦·弗勒尔是亲戚，弗勒尔由于是工匠王国的首领之一，在狂欢节事件之后于 1580 年被送上绞刑架。米歇尔·巴尔比耶是 1580 年该区另一个著名的抗争分子，他来自尚隆，把家安在天堂区，这位富有的律师后来当上了罗芒的执政官（1586 年）。1580 年，他慷慨地为尚隆的农民联会办事，成为他们的一个首领。1580 年事件之后，他先是被格勒诺布尔高等法院通缉，后来获得赦免。获得赦免之后，他的仕途顺畅，先在司法部门当官，后来当上了罗芒的执政官。

这就是盖兰派可以依靠的罗芒市中心地带的大致状况，从人口组成来看，居民的大多数是平民，但是处于主宰地位的却是富裕程度不等的资产者。这个广阔的中心地带包括 4 个居民区：科德里埃区、神庙和墨兰区、天堂区、雅克玛尔区。在丰盛星期一那个漫长的血腥之夜，盖兰派的武装分子控制了罗芒东部边缘地段的圣尼科拉区和圣尼科拉门。他们依然采用老办法，攻下罗芒的西部地区，“手持武器，对众多的卫队实行逐个攻击”。（皮耶蒙，第

89 页)这是当年古罗马的贺拉斯与库里阿斯比武时使用的战术;用一支又一支训练有素的小分队,对分散在多处而且没有掩蔽的
263 平民队伍逐个施行攻击。由此我们不难看出,是谁具有主动进攻意识,是哪一方事先策划了进攻方案;至少在战术层面,做好主动进攻预谋的显然是山鹑王国(从战略层面看,不能完全排除球王派确实具有某种寻衅企图,但是,他们既没有时间,也没有手段和机会把意图付诸实施)。

攻下地处罗芒东部边缘的圣尼科拉之后,拉罗什手下的人马转而把攻击矛头指向沙佩里耶区,该区也在城墙之内,地处罗芒的西部边缘地带,恰好与圣尼科拉区遥遥相对。子夜过后不久的丰盛星期二凌晨,拉罗什的队伍发起第二次进攻,担任此项任务的队伍同样是在山鹑王国的舞会上组成的,不过,这不是击毙球王并攻下圣尼科拉区的那支队伍,而是另一支队伍。盖兰写道,队伍跑向沙佩里耶区……在那里遭到了抵抗,发现了一些工事(盖兰,第164 页);士兵们于是被迫以反叛者的血染红了自己的手(攻击沙佩里耶区里的球王派分子);见此情景,(反叛分子中)怕死的人拱手把主力交给显贵。这里所说的“主力”,很可能就是守卫沙佩里耶门的卫队,这座城门的战略意义相当重要,它是联结心怀不满的市民与罗芒近郊反叛村民的一条纽带;关于这一点,我们将在下面谈及。

关于沙佩里耶区有几句话要说。这个区对盖兰派的抵抗尽管短暂,读者可能依然会感到惊奇,因为这个区位于罗芒边缘,独处城内一隅,是全城贫穷的居民区之一。1583 年,该区的居民中有151 个纳税人,人均年纳税额相当低,仅为 2.23 埃居。自北向南

的普莱勒河把这个区与东部其他各区隔开，使之自成一体；河上建有水力驱动的织毯机房。在这个相对孤立的地段里，以其姓氏或财富为人所知的的士绅竟然一个也没有，在1583年的税册中同样也找不出一个属于上流社会的富人。该区最大的纳税户有两个，年纳税额为7埃居，而在富人精英区里，年纳税额可达10、20、30、40乃至90埃居。同为穷人居住区的圣尼科拉区（位于罗芒的东部，与沙佩里耶区遥各处一隅），最高年纳税额不是7埃居，而是12埃居，尽管算不得有多高，但毕竟比沙佩里耶区高出一截。在 264
罗芒西部这个居民区里，登记在册的从业人员有如下这些：5个种田人，年纳税额为1—2埃居；1个马车夫（曾经当过仆役），年纳税额为2埃居6苏；1个脚夫；2个穷人，其中1个人的年纳税额为半埃居。另一人为三分之二埃居。此外还有一些纺织业工匠，1个织毯匠（年纳税额为2埃居），2个漂布匠（年纳税额分别为1和2埃居），3个梳毛匠（年纳税额为1—3埃居），1个剪毛匠（年纳税额为3埃居）。1583年的税册没有提供沙佩里耶区居民的社会职业构成状况，但大体可以肯定，该区大多数居民的年纳税额介于1—2埃居之间，他们之中有壮工、农工、小葡萄种植者、在东家土地上干活的农业雇工，还有临时为他人挖土垒墙的短工。罗芒人的餐桌上常常可以见到“沙佩里耶葡萄酒”，①这种酒产自沙佩里耶的一个优良葡萄种植园，由此可以断定，该区一定有葡萄种植者。

在这个地处罗芒西部边缘的居民区里，山鹑王国的年轻暴徒们曾经双手染血。这个居民区被人们视为联结城市和乡村的抗争

① 参阅本书第四章中关于物价颠倒的记述。

者以及联会的市民会众和乡下会众的纽带，这一点令人非常惊奇吗？沙佩里耶区其实像是一个“城中村”，由葡萄种植者和农民构成的平民，与罗芒东部的工匠和资产者差异很大；虽然不是一个“红色郊区”，却是一个“绿色教区”，这里的居民与城外的反叛农民一条心，分享他们的利益，分担他们的艰难和痛苦，支持他们的各种要求。阉鸡王国大概就是沙佩里耶区的平民组织起来的，阉鸡(Chapon)这个名字莫非就来自沙佩里耶(Chapelier)这个地名？球王塞尔弗住在罗芒的另一头，靠近伊泽尔河，在市政厅与圣尼科拉教堂之间，但是他不得不舍近求远，与沙佩里耶区的支持者结伙。这让我想到第戎的兰图卢斯起义，[①] 1632 年举行这次起义的是种植葡萄的农民，他们头戴葡萄藤环，在第戎大街上游行示威，“请与我的绿色羽饰在一起”是他们的口号。1579 年的罗芒平民狂欢节以织毯匠的圣布莱兹节为开端，在丰盛星期日和丰盛星期一以种田人的阉鸡王国告终，不也是越往后越像是农民的节日吗……

*　　　　　*

265 盖兰非常担心住在城里的农民可能与乡下的农民结合起来，汇成一股势力。在沙佩里耶区丰盛星期二那个黑红两色的凌晨，这种结合险些成为事实。我们只能通过皮耶蒙曾经提到的一个个例，来了解皮耶蒙对这次两股势力试图结合而未果的看法。据皮

① 发生于 1632 年 2 月 19—28 日的这次起义同样是由狂欢节蜕变而成。参阅波什涅夫：《法国的人民起义》(B. Porchnev, *Soulèvements populaires en France*)，巴黎，1963 年。

耶蒙说（皮耶蒙，第 89 页），一个名叫希伯夫的人被盖兰派分子打伤后，成功地翻越城墙，逃出罗芒，幸免于难。他强忍伤痛，以最快速度来到一个名叫圣保罗的村庄，四处散布：罗芒的富人杀人了，老百姓都非常害怕。罗芒四周的民众很快都听到了这个消息，许许多多的人于是聚集起来，拿起武器，总共大约有 1500 人，他们不敢奔向各个城门（言外之意是很遗憾），因为，他们若是迅速抵达克莱里欧门，此时已在城内的鲁队长（外号勒吉尔）就能把他们放进城里去。（最后这句话的意思是：球王派的鲁队长为防备盖兰派分子对他的侵害，已经躲进克莱里厄门的守卫队里，他的农民朋友和他本人当时如果镇静沉着，这些农民就能成功进入罗芒城内……城内与城外的球王派终究没能汇合成一股力量，这对山鹑王国来说无疑是一件幸事。）

盖兰对同一事件的记述比皮耶蒙详细。盖兰说，盖兰派分子在沙佩里耶门的袭击胜利结束时，一队反叛者（球王派）敲响了破败的圣罗曼教堂的大钟。盖兰派听到不应在此时响起的钟声后，忙中出错，来不及把刚才攻下的城门关上，就向圣罗曼教堂奔去。球王派乘机砸坏了城门上的门闩和锁，给农民朋友涌进城去创造条件。凄凉的钟声和嘈杂声从圣罗曼教堂传出，罗芒西郊和北郊的农民（这些农民大多数都支持反叛）听到后，也纷纷敲响他们各自村子里的钟。漆黑的夜里，四野钟声大作。村民们听到钟声和号角声后，迅速聚集起来。钟声和号角声一直传到远处的罗芒城里。瞬间赶来的武装农民队伍约有八百到九百人，聚集完毕后立 266
即出发。队伍出现在罗芒城下，来到一个通向克莱里厄门的磨坊和护城河沟中，人数至少有八九百。大约二十来人从（开着的）沙

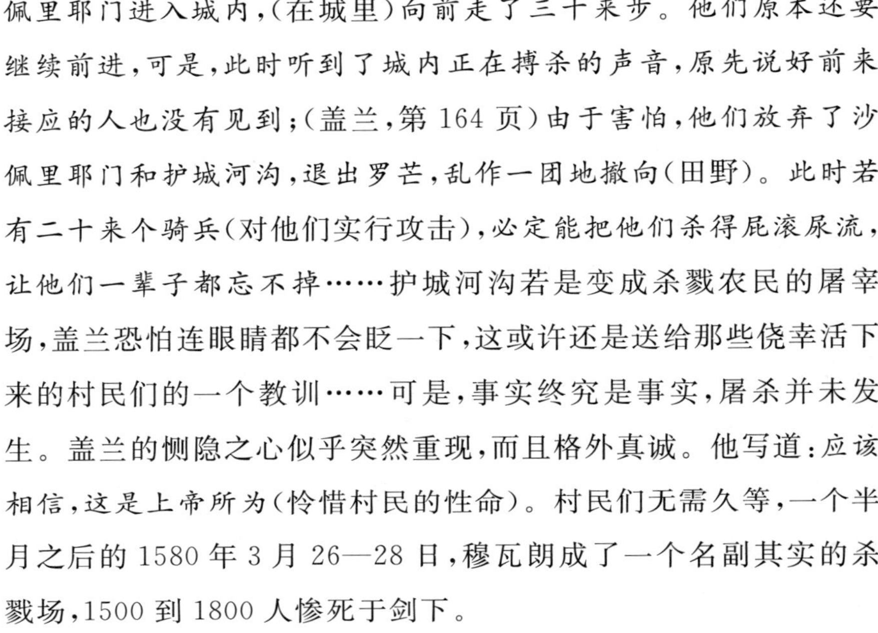

佩里耶门进入城内,(在城里)向前走了三十来步。他们原本还要继续前进,可是,此时听到了城内正在搏杀的声音,原先说好前来接应的人也没有见到;(盖兰,第164页)由于害怕,他们放弃了沙佩里耶门和护城河沟,退出罗芒,乱作一团地撤向(田野)。此时若有二十来个骑兵(对他们实行攻击),必定能把他们杀得屁滚尿流,让他们一辈子都忘不掉……护城河沟若是变成杀戮农民的屠宰场,盖兰恐怕连眼睛都不会眨一下,这或许还是送给那些侥幸活下来的村民们的一个教训……可是,事实终究是事实,屠杀并未发生。盖兰的恻隐之心似乎突然重现,而且格外真诚。他写道:应该相信,这是上帝所为(怜惜村民的性命)。村民们无需久等,一个半月之后的1580年3月26—28日,穆瓦朗成了一个名副其实的杀戮场,1500到1800人惨死于剑下。

沙佩里耶区与乡民确实真诚地希望相互携手,[①]却从未成为事实。上演这场小规模战争的剧场转移到东面和东北面,也就是克莱里厄门和克莱里厄区。在丰盛星期一夜间到丰盛星期二清晨这段时间里,这里的的确确是个用火把照明的剧场!盖兰接着写道,还应该提及的是,星期一那天(夜间),有许多手持火把的孩子在场(小孩子变成了可以移动的路灯),对于他们来说,这场激烈的战斗就好像是一场游戏。这对士绅们非常有利,让那些仇恨光明的人怕得要命。(盖兰,第168页)不应该忘记的是,丰盛星期二离复活节还有四十来天,所以那是个新月之夜,漆黑一片。盖兰说,

① 参阅盖兰的记述中有关物价部分,其中Chapon de pallier(一种阉鸡)或许是沙佩里耶(Chapelier)的谐音。

黑夜有利于坏人干坏事,孩子们举的火把不就是用来照亮这场战 267
斗的吗？一点不错,天真无辜的孩子们高举火把,一路奔跑,留在他们后面的便是火焰和杀戮。火把把山鹑王国的凶手们的杀人场所照亮得如同白昼,这就为他们提供了方便,把躲起来的球王派分子一个个找出来,统统杀掉;若是没有火把照明,在这个阴冷的黑夜里,球王派分子们本来是可以找个合适的角落躲藏起来,比如某个大厅或是某个大门后面。哦,这真是一个悲惨的灯火通明的黑夜!

然而,事实上并没有马基雅维里式的密谋,火把是民俗活动所需,是天主教的节日特有的那几个丰盛的日子所需,标志着封斋期已经开始,让孩子们兴高采烈地闹王国活动已经开始。在每年狂欢节的同一时刻里,孩子们举着火把奔跑,象征着火把以其火焰的净化作用,杀死危害果树的害虫以及祸害庄稼和家禽孵卵的家鼠和田鼠,确保当年苹果和大麻丰收,复活节时能有足够的鸡蛋和小鸡。也就是说,这是一种消灭害虫和提高产量的礼仪活动;就其包含的神秘意义而言,整个狂欢节活动其实也蕴涵着为几个月后的丰收祈福的意义。[①]

在盖兰的思考和罗芒的象征体系中,发生在沙佩里耶区的那场战斗(此时尚未发生流产的克莱里厄之战)所体现的,是黑暗与光明的对抗。黑暗显然在平民这边:从圣布莱兹节开始,农民们有的把自己的脸抹黑,有的戴着面具,绵羊王国、阉鸡王国在一片嘈

① 格雷马:《结构语义学》,《符号学与社会科学》(A. Greimas, *Sémantique structurale*; *Sémiotique et sciences sociales*),巴黎,1966 年,1967 年。

杂的嬉戏充分显示了他们的农民特征。与此相对照，飞禽和家禽（老鹰、山鹑、公鸡）的游行队伍显然高了一头，逐级上升的地位和等级在富人的王国里得到了象征性的展示；这是一个近似天上等级的体系：地下和天上、黑夜和白昼。在丰盛星期一和星期二之间的那个阴暗的黑夜里，照亮黑夜的火焰具有基督教的特性，具有净化和提高繁殖力的作用，它在盖兰导演的这场狂欢节悲剧中，理所当然地占有无可替代的地位。一边是令人毛骨悚然的魔鬼假面具，一边是来自天上的火焰；一边是衣衫褴褛，一边是盛装筵宴；一边是四足牲畜，一边是两足禽类；一边是阉割后的无性牲畜，一边
268 是性欲旺盛的动物。对比鲜明的两种力量在丰盛星期二进行了一场货真价实的城市阶级斗争，在民间信仰层面上，这两种力量倒是有可能聚合，比如，协力灭杀害虫，促成好年景；只是，它们各自的手段不同，一个是地上的，一个是天上的。山鹑王国的国王杀死了狂欢节的熊，盖兰则要像圣乔治那样把龙杀得落花流水。

*　　　　　　　　*

丰盛星期二凌晨发生在罗芒克莱里厄区城墙下面的那场流产的战斗，是内部阶级斗争的最后阶段，它凸显了被盖兰派视为最重要的那个人的作用，此人在整个罗芒狂欢节的过程中，自始至终以警觉的眼光注视着多菲内省的这个小城，一刻也不曾松懈。更加值得称道的是他的态度，那时的法兰西正在饱受宗教战争风暴之苦，他也正在承受其他重压，有许多棘手的问题要解决。恢复安定，驱散风暴，重现蔚蓝色的天空，这些都还相当遥远，直到 1600 年之后方才出现了决定性的进展。

在 1579 年 2 月罗芒事件的初始阶段，上帝（因为我们现在说

的就是上帝）确实关心过仇视富人的联会事务，换句话说，他曾经关注过小民百姓和富人；他让策划了 1579 年圣布莱兹节抗争活动的那些织毯匠、梳毛匠等人丢失了良心和情理。（盖兰，第 33 页）早在这一年的春天，他就以他那无穷的智慧和神圣的旨意预定了对反叛者的惩罚。（盖兰，第 36 页）他挑动过一些村民，尽管他们都是联会会众，他阻挠过土匪拉普拉德的计划。（盖兰，第 37 页）他让拉普拉德干出了不合常理的事情；（盖兰，第 40 页）他让富人们明白，他不会听凭坏蛋们走得太远，富人们于是决定再观望一阵。（盖兰，第 46 页）在沙佩里耶之战中，他在子夜拯救了那支凶残的联会队伍里的 800 个农民（只有上帝自己知道为什么！），这些农民试图前去城里支援他们的球王派兄弟，但徒劳无功。几天之前，狂欢节刚刚开始，球王的一个同伙用满嘴脏话骂人，他因此而非常生气；同样，他决定惩罚绵羊王国和阉鸡王国，因为这两个王国的人曾经高喊：基督教徒的人肉，每磅 4 苏！（盖兰，第 152 页， 269
第 154 页，第 160 页）他注意到，富人们对这种毫无人性的言辞极度反感。

实际上，从 1579 年年底起，上帝不再只盯着联会会众（在很长时间内，他们一直是他的关心对象，他曾想让他们陷入更深的泥沼，去尝尝他们自己种下的恶果）。他觉得自己现在与富人的关系更密切，他通过传话人让·托梅执事之口，规劝富人们要克制，要等待和观望。于是，温和的托梅遂被强硬的盖兰所取代。在这种新情况下，至高无上的丑角、德高望重的逗乐者上帝觉得，他若也加入到戏谑者的队伍里来，并不会有损于他的尊严。他事先想好要搞一个阴险的计策，对盖兰面授机宜，让山鹑王国的士绅们实施

这个计策，在狂欢节上让他们的对手阉鸡王国中计上当，倒在血泊之中。（盖兰，第 151 页）上帝摒弃低级的狡诈伎俩，打算亲手施展他那令人心惊胆战的强势，帮助盖兰派。从此以后，人民这个词的含义变了。过去在盖兰笔下，人民指的是 1679 年 2 月没有套上马笼头的联会的反叛者；（盖兰，第 34 页）现在，人民这个词转到了另一个阵营的天使队伍中，指的是上帝的选民，也就是显贵，忠于上帝和国王的以色列人，他们将要享受复仇这盘美味的佳肴。从 1579 年年末开始，上帝决定要对显贵们的心施加影响，因为在上帝的眼里，他们的心空空如也。上帝让他们的心充满炽烈的激情，下定决心去灭绝球王派。上帝终于在克莱里厄事件中精心制造了让显贵们获胜的机会。（盖兰，第 165 页）决定性的一步迈出了，这一仗打赢了，罗芒解放了，显贵们请求上帝不要就此罢手，把他的佑护之手伸得更远，进一步帮助显贵们对付那帮坏蛋。（盖兰，第 170 页）上帝确实满足了资产者和盖兰个人的热切愿望。所以，盖兰及其同派的朋友应该为他们的胜利而感谢上帝，把荣耀和光荣归于上帝。（盖兰，第 171 页）盖兰讲述的故事确实令人精神振奋……①

在罗芒狂欢节这段历史中，由于有了盖兰的记述，我们对上帝
270 每一天的反应都了如指掌，从而弥补了我们对实际情况了解的不足。然而，我们对球王塞尔弗的内心活动却毫无所知，这不能不说是一种令人费解的现象。球王是一个极其平凡的主角，既没有英

① 米歇尔·德·赛尔托：《书写历史》（M. de Certeau, *L'Ecriture de l'histoire*），巴黎，1975 年，第 275 页及以下。

雄的风度，也没有英雄的实质，简直就像是一个“傻瓜”，可是，他却是众望所归的平民阶级的领袖……应该承认，在我们所掌握的档案材料中，除了盖兰和上帝，有名有姓的人物很少，罗芒可供研究的，似乎只有事而没有人，只有社会学而没有心理学。

应该着重指出的是，盖兰的上帝既是盖兰所感受的那个上帝，也是众所周知的那个上帝。我们的这个上帝出现在加尔文之后、马勒布朗什之前，他不是通过圣母和圣徒，而是直接插手罗芒的事务，就此而言，他是那个时代的产物，是被加尔文重新审视和改造过的上帝；大张旗鼓地回归巴洛克、圣母和圣洁的天主教，那是以后发生的事。我们不应忘记，盖兰之所以是个极端狂热的天主教徒，与他一度受到他身边亲朋的加尔文主义影响有关，[①]只是他并不以此为荣。

可是，盖兰的上帝虽然具有那个时代的加尔文主义倾向，在其他方面却依然是原来的那个上帝。他不惜屈尊亲自干预，相继以申饬、接触和迅捷的决断影响历史的进程，其中包括 1580 年一座小城走向未来的进程。一个世纪之后就不同了，马勒布朗什的上帝变成了一个君主立宪制下有名无实的国王，光荣的蓝天之下一个游手好闲的懒汉，路易-菲利普和阿尔贝·勒布伦的先驱。他不再以专断的手段干预世界和历史的进程，而是放手让他的政府，也就是他所创造并赋予权力的自然规律和社会规律去做所有的事情。

---

① 夏尔·德·夸纳尔：《盖兰·德·唐森家族》(Charles de Coynart, *Les Guérin de Tencin*)，1910 年，巴黎；该书第一章讲述安托万·盖兰。

*　　　　　　*

对于盖兰的记述和显贵的思想来说，事事想到上帝这一点非常重要；对于他们的敌方，也就是平民的话语和思想大概也一样。伊夫·马里·贝尔塞对于出现在1595年佩里戈尔农民起义的各种宣言之类的文献中的词汇，进行过一项统计学研究。佩里戈尔的起义农民在反抗精神方面，与1580年多菲内的联会会众非常相
271 似。据贝尔塞研究，在所有这些文献中，上帝一词的出现频率最高。佩里戈尔起义民农在他们的毫无远见的司法反抗中，“自始至终不断地祈求上帝的帮助”；1580年的多菲内也是这样，失望的农民和市民总是把上帝挂在嘴上，球王在这方面发挥了带头作用。他死后就变成了抗争派的耶稣基督，只不过，他并未在死后第三天复活。

我们只能对抗争派的基督教或自然神信仰做一些猜测；在这方面几乎没有任何资料可供我们进行贝尔塞那种统计学研究。罗芒的联会会众只知道干，不懂得写，更加要命的是，除了几个头头，其余的联会分子大多不识字。我们只能借助第三等级的几个司法官员，例如德布尔格（1576年）和德拉格朗热（1600年）留下的过于专业的资料，才有可能了解抗争派农民的内心想法（参阅本书第十四章）。

*　　　　　　*

不管老天是怎么想的，克莱里厄战斗终究发生在地面上，发生在城墙前的堡垒和碉堡前面。那么，罗芒联会会众上演他们最后一幕悲剧的克莱里厄区，究竟是个什么样的地方呢？

笼统地说，这是一个比较富足的工匠们的居住区。登录在 1583 税册上的纳税人总数为 257 人，人均年纳税额为 2.61 埃居，这个数字应该说还是比较高的。居住在这区里的不是农民，基本上也不是穷人；被视为种田人的居民只有 5 个（其中一个是穷人，年纳税额仅为 1.5 埃居；其余几个还过得去，年纳税额为 2 埃居）。梳毛匠相当多，共有 15 个。这些梳毛匠倒是比较穷，纳税额仅为 1—2 埃居。7 个织毯匠，其中 2 人的年纳税额为 2 埃居，2 人的年纳税额为 3 埃居，另外还有 2 人的年纳税额分别高达 6 埃居和 7 埃居，着实令人惊奇。这两个织毯匠当然属于精英一类，既是富足的织毯匠，又做些生意。他们的经济状况略高于联会的两个主要首领、同为织毯匠的球王塞尔弗和布吕纳。另外还有 2 个织布匠和 2 个裁缝（他们的年纳税额为 2 埃居）。由此可见，这个区的居民主要是纺织业的从业人员。另外还有 4 个漂布匠和 3 个磨坊工，他们的年纳税额为 1—3 埃居不等（小小的普莱勒河上有数座磨坊）。

第二产业（服务于手工业尤其是纺织业的运输）在克莱里厄区 272
占压倒优势；与之相邻的沙佩里耶区在罗芒的西面，一边以城墙为界，另一边则是普莱勒河，两个毗邻的居民区产业结构迥然不同；沙佩里耶区的居民主要是第一产业的从业者（谷物种植者和葡萄种植者）。

克莱里厄区的另一个特点是，该区的居民中既没有罗芒的资产者大户，也没有年纳税额超过 12 埃居的富人（罗芒的中心和西部都有这类富人）。克莱里厄区的居民中唯一的例外是已故执政官韦勒的后代，他们的年纳税额为零（大概由于享受免税特权）。

克莱里厄的居民以工匠为主，尽管比较富裕，却没有“白领”之类的显贵，因而不难想见，这个区为何能够在球王塞尔弗领导下，成为工匠们与资产者对抗的最后堡垒。（尽管球王并非克莱里区的居民，他住在罗芒的东面，挨着伊泽尔河）两个星期之前，克莱里厄区或许曾是工匠们的绵羊王国的摇篮……

尽管如此，同样可以想见的是，显贵们在克莱里厄区也曾对他们强大的对手联会，尤其对那些与资产者相去不远的富裕工匠，也产生过某些影响。这些富裕的工匠远非全都支持球王。其实，丰盛星期二凌晨的克莱里厄战斗的初始阶段表明，球王派和盖兰派虽然并未友好地联手作战，却同在克莱里厄门下，你中有我、我中有你。

原因在于克莱里厄门和克莱里厄区的战略地位极其重要，双方都要争先控制这个战略要地。克莱里厄区从北面的克莱里厄门向南延伸到圣巴纳尔教堂，止于伊泽尔河上的桥。整个罗芒被克莱里厄区拦腰截为两半，控制了克莱里厄区，就控制了罗芒全城。[①]

*　　　　　*

山鹑王国的两支队伍在天亮之前向克莱里厄门进发，这两支
273 人数不多、士气极高的队伍发现，上帝为他们安排了一个极好的机会，能让罗芒重新听命于国王，重振荣耀，……两支队伍于是向克

① 在1583年的税册中（罗芒市档案，CC 94）的有关克莱里厄区部分，城门守护人纪尧姆·埃斯皮尼耶（Guillaume Espinier）出现在该区的居民名单中，他住在伊泽尔河的桥上。

莱里厄门走去，那里有大批（阉鸡王国的）反叛者与该区的显贵混杂在一起……所有的人混在一起，用工事做掩护。（盖兰，第 165 页）换句话说，盖兰派牢牢控制着伊泽尔河桥上的哨所，球王派（至少在开始阶段）控制着沙佩里耶门哨所，而克莱里厄门的小哨所则乱糟糟地处于阉鸡王国和山鹑王国的混合控制之下，敌对双方的人员时刻准备向对方扑去；不过，这些人的内心深处其实并未下定决心，不像舞会上的那些突击队员说干就干，几个小时前就已经在罗芒城里开始行动。总之，沙佩里耶哨所里的双方人员并不急于动手，他们还想再看一看、等一等，就像俗话所说的："拽住我，不然就会出事"。形势因两支相互敌对的队伍的到来而更趋复杂，一支是城里的盖兰派队伍，他们刚刚打了一场胜仗，攻克了沙佩里耶区；另一支是城外亲联会的武装农民，他们听到了教堂的钟声，但依然徘徊在城墙下面，在沙佩里耶区受挫之后，他们随时准备突破克莱里厄门，强行进入城内。

占据着克莱里厄哨所的城市联会会众，会不会威逼或强制此时与他们同在哨所里的显贵？会不会在他们占据上风之后打开城门，把胡作非为的农民放进城里来呢？

一想到农民可能杀进城来烧杀掳掠，以至于自己的部下惨遭败绩，盖兰就惴惴不安，他写道（盖兰，第 165 页）：令人担忧的是，尽管与他们在一起的显贵队伍人数不算少，但是无论（哨所里的亲联会分子）是强夺还是智取，他们都有可能打开（克莱里厄门），把 274
城外的敌人放进城里。在这一点上，厄斯塔什·皮耶蒙证实了安托万·盖兰的说法。皮耶蒙写道，集合起来的 1500 农民军如果敢于来到城门底下，快速抵达克莱里厄门，（皮耶蒙，第 89 页）此前已经跑到那里的外号勒吉尔的鲁队长(他带领联会分子在那里守卫工事),就会把他们放进城来。

这就是说,拉罗什的队伍若是正面进攻,肯定相当危险,因为这样会把球王派逼进死胡同,从而迫使他们在绝望之际打开他们控制下的城门。这样一来,城里城外的两股势力就会实现会合,后果难以设想……盖兰想,与其出现这种可怕的结局,不如设法与守卫克莱里厄哨所的联会分子进行谈判,劝说他们投降……事件在盖兰笔下的后续发展,使他在向当局呈交的正式报告中,有了更多为自己脸上贴金的资本……

谈判就在被围的哨所入口处展开,从此时开始,工匠队伍的脖子就被对方卡住了。盖兰似乎并未在此前的战斗中露过脸,这时,他的三寸不烂之舌派上了用场。此人与其说惯用强硬手段,不如说是个工于心计的狡诈之徒。他刚刚摘取了以诡计赢得的胜利果实,现在,在厮杀接近尾声的时刻,在阴冷的黑夜里,在烛光或是火把的照耀下,他不必再假装斯文。他的记述越来越像自传,充斥着越来越露骨的自我吹嘘,他写道(盖兰,第 165 页),就在这时,法官先生(在几位最出众的帮手协助下),开始与他们(克莱里厄门哨所的球王派代表)谈判。他一开始就问,他们为什么要和国王过不去,要和罗芒过不去。凭借这一问,盖兰在精神上又上了一个台阶,因为,他这句话的弦外之音是说,在反击农民反叛分子这一点上,罗芒是抱成一团的,农民反叛分子一下子变成了整个城市的威胁。市民中的反叛者虽然不是城市人口中的多数派,但至少也是强大的少数派,而现在,他们实际上已经被排除在全体市民之外了。

盖兰摆出一副塔西佗的架势,对站在他对面的那些人说道:你们看到危险了吧,如果你们坚持(反对我们),那么,你们的厄运可能来自城里(盖兰派,也就是我们),因为你们会被我们突破(你们的哨所被我们攻下)。你们的厄运也可能来自城外(农民),倘若他 275
们进城来。(如果你们放他们进来;盖兰的意思是:如果你们把农民放进城里来,他们就会大肆劫掠,你们自己的家庭和财产也不能幸免,不但如此,你们还要对因此而造成的劫掠负责,因为是你们把他们引进城里来的)盖兰越说越起劲:你们不但自己要遭罪,还会殃及你们的后代,你们将自食恶果,而且还要让同城的乡亲遭罪。(殃及后代的威胁丝毫不假。参与 1580 年事件的几个球王派分子,事后被判绞刑,财产被没收,他们的子女不得索回被没收的财产。)

耍完大棒,法官盖兰虚伪地捡起了胡萝卜,他向他们(反叛者代表)承诺和发誓,绝对不会让他们受到伤害,一定会保护他们。(盖兰,第 166 页)

盖兰貌似甜言蜜语的弥天大谎,雨点般落在被包围的一小队球王派分子头上,他们因头领之死而士气十分低落。在一个随从(盖兰派的上层分子)的附和下,法官的话威力极大,或许他们(球王派)看到刚刚拿下了雅克玛尔门的那些人(盖兰的队伍)已经来到此地,因此害怕起来;或许因为他们担心,如果他们(球王派)想耍奸,工事中的显贵(盖兰派)就会在他们背后开枪,他们于是决定撤退(撤离工事),并表示,只要保住性命,他们就照法官说的做。随后发生的事实是,他们突然走出来,推倒工事,撤离克莱里厄门。盖兰派的一个小分队立即对克莱里厄门实行控制。与几分钟前发生的事情一样，盖兰派也对雅克玛尔门（位于克莱里厄门的东面）实现了全面控制。拿下雅克玛尔门对于盖兰派来说并不难，因为他们此前已经占领了雅克玛尔区。

总而言之，最后一批球王派分子担心被工事两侧的敌人包抄，尚未开打就放弃了战斗。他们输掉了这场（不曾展开的）战斗，同时也就输掉了这场（城市）战争。

276 对于依然徘徊在城墙下面的那些忠于球王的农民来说，这就是彻底溃败的信号，于是，所有来到城下准备打进城去实施劫掠的农民，全都撤走了……（盖兰，第166页）上帝之手终于引导罗芒平安地抵达港口。[①]

皮耶蒙关于上述事件的记述与盖兰的记述相符，不过，盖兰在自己的亲笔记述中为自己脸上贴金，皮耶蒙当然不会替盖兰说好话，这很正常。皮耶蒙称（皮耶蒙，第89页），指挥克莱里厄门下的球王派队伍的鲁队长（外号勒吉尔），不是向盖兰而是向孔博万先生投降，孔博万保护他免受伤害。这就是说，并非人人都只听盖兰的，尤其在他的死敌中……所以，有人情愿向他的副手投降，而不是向他本人投降。后续事件表明，球王派在向谁投降这件事情上的审慎不无道理。

① 误放在罗芒市档案、BB 12中的1580年2月（?）或12月（?）市议会会议记录。

第九章 虐杀农民的屠戮场

2月16日丰盛星期二，狂欢节在这一天夭折了。在接下来的
几个月里，农民起义结束在血泊之中。震动整个多菲内省的三天 277
过去以后，罗芒就渐渐不再是风暴中心。激烈的武装冲突结束后，迎来了一段相对平静的时光。在前一段时间中，盖兰被视为凶神恶煞的象征，是狂欢节上的马基雅维里，如今，他又恢复了作为罗芒政治人物的原貌，尽管依然张牙舞爪。风暴中心已经移向多菲内省周边的丘陵和平原地带，移向伐鲁瓦尔地区的农民起义和比耶夫尔地区对农民起义的镇压。

罗芒靠边站了，不过，想要恢复到固有的正常生活状况，有许多事情要做：斥责、平息、查证、抓人、拷打、侮辱、刑讯、逼供、没收……（我在这里要公正地指出，死亡人数表明，罗芒的这次镇压多少还算有所节制，包括阵亡和事后被杀在内，一共发现遗体二三十具。在数月之后的大屠杀中，被杀的农民，则远远超出千人。市民和农民的死亡人数之所以差距较大，原因之一是，反叛者在市民中是少数，而在村民中则是明显的多数。）

在罗芒城内实施镇压时，盖兰把防止死灰复燃视为第一要务。克莱里厄门哨所的最后一个球王派分子刚刚投降……盖兰就迫不
及待地向多菲内省的各个机构发出求援信，要求向几乎孤立于民 278

众的显贵们提供支持。求援信共发出三封，一封致督军莫吉隆，一封致格勒诺布尔高等法院，第三封致罗芒所在国王辖区内最邻近地区的长官加拉尼奥尔，此人官居圣马塞兰国王辖区的副邑督，与盖兰有亲属关系。顺便说一句，盖兰并未向多菲内省三级会议的专员们请求帮助。其实，除了莫吉隆、高等法院和国王辖区的主官，这些专员也是地方政权的主要组成部分之一。应该说，三级会议（尤其是其中的第三等级代表）并非全都准备支持盖兰实施严厉镇压的意图（三级会议在这一点上不同于地方政权的其他机构），也不打算对盖兰的血腥手段大事化小。且不说是否有理，反正他们把盖兰及其对手球王塞尔弗都看作狂热分子，只是两人彼此矛盾，各属一类罢了。与三级会议恰恰相反，莫吉隆、高等法院和国王辖区都巴不得成为盖兰手中的棋子。

于是，盖兰写信给莫吉隆老爷，请他向罗芒提供支援（请他派员增援），抗击敌人（球王派）。盖兰还写信给（格勒诺布尔）高等法院的先生们……最后，他派出三位信使，分别步行和骑马送信给圣马塞兰副邑督，把信送到他手中，向他通报发生在罗芒的一切。（盖兰，第166页）

单是写信显然远远不够，信件的递送相当费时，高等法院和莫吉隆又都是十足的官僚……好几天过去了，依旧看不到这些信件是否已经产生了效果。事情确实不好办，但又不能不办，盖兰顾不得劳累，又派出一个属于本派的罗芒贵族，向罗芒四周的显贵们建议，在罗芒召开一次紧急会议。农民放火烧掉了他们的城堡，拒不承认新贵族的免税特权，显贵们对联会和农民因此而恨得咬牙切齿，于是决定与罗芒资产者的强硬派携手对付农民，贵族精英和资产者精英就此合而为一。丰盛星期二早些时候，一个显贵被派往城外，他是头天夜里发生的（击溃阉鸡王国）全部事件的目击者，手里还拿着物证，他从伊泽尔河桥上的城门出城，把消息告诉给身在 279
近郊的显贵队伍。第二天（丰盛星期二）一早，这些人就回到城里，总共约有二百零七八个人。（盖兰，第 167 页）（对于一个只有 7 000 人的小城来说，这个数字似乎太夸大了。）从其他途径传来消息，丰盛星期二早晨，庄园主蒙特里耶、沙尔佩、布雷特和贝亚纳等人，以及沃纳庄园主安托万·索里尼亚克率领下的那支二百余人的队伍，都已进城维护治安。莫吉隆是罗芒寡头的代表性人物，而图尔农伯爵则是罗讷河两岸上层贵族的代表性人物，安托万·德·索里尼亚克-沃纳与这两人的关系都相当密切，所以，他出现在罗芒就非同寻常。在盖兰的张罗下，显贵部队的两百多名官兵在大小酒店里寻欢作乐，食宿和马料都由罗芒市政当局付费，直至自称是莫吉隆麾下的正规军抵达罗芒。2 月 19 日星期五下午两点光景，（盖兰，第 166 页）莫吉隆的正规军 105 人到达罗芒。此前全城禁止出入。（皮耶蒙，第 89 页）新来的这支军队受到“民众”（球王派分子有的不表态，有的转而投向原来的敌方）异常热烈的欢迎。圣灰星期三那天，阉鸡王国的民众惨遭屠杀，欢庆活动因而被彻底搅黄，事隔两天之后，如今欢迎正规军到来的热烈情景，是否对于圣灰星期三的一种或多或少的补偿呢？很有可能。农民造反派进城的可能性已被彻底消除，资产者不用再提心吊胆，某些下层民众或许也有同感，大家都感到摆脱了农民和联会的暴虐，日子好过了。（盖兰，第 167 页）

除了莫吉隆的这支正规军，从比耶夫尔的圣艾蒂安-德-圣茹

瓦尔还来了一百多个贵族，那里反对农民起义的声势正在日益壮大。皮耶蒙对此看得很清楚，他写道（皮耶蒙，第 90 页），这说明，罗芒的这些人（盖兰派）与贵族是一丘之貉。在这支打击起义农民的队伍中，许多人前不久刚刚取得贵族身份，他们不满足于在事实上处于军事占领状态下的城里横行霸道，他们还到村子里去，像杀
280 猪一样杀人，好几个（农民）因此而躲进树林，盼望着恐怖早日消失。（皮耶蒙，第 90 页）

*　　　　　*

盖兰比以往任何时候更加牢牢掌控着罗芒的大权，现在正是他不露声色地施展权势的时候。在流血的丰盛星期二之后头几个相对平静的星期中，惊恐犹存的罗芒掌权者们，一边回想着心惊肉跳的那几天，一边趁下层民众惨遭失败、惊魂未定之际加紧镇压。

盖兰派抓住这个有利时机，对罗芒的小议会和大议会进行清洗，球王派在大议会中的议员和特别超编议员，不是被监禁便是被晾在一边。几个被处绞刑的球王派议员，走上绞架前还饱受酷刑。罗芒被置于由盖兰一手操办的非法特别议会掌控之下，成了一个自我封闭的城市，主张从内部实行自我封闭的，正是本市的某些领导人。

从此时起，人们便可以在“残余议会”和所谓的“大议会”中，在重新回到资产者身边的宁静中，从容地议论那场在丰盛星期二并未发生的“屠杀”，也就是传说中球王塞尔弗蓄谋消灭本城名流的杀戮。球王已经不在人世，因而无法为自己辩护，他被指控企图把大量乡下同党引进城来，帮他实施屠杀。历史学家若想弄清楚，在 1580 年 4 月格勒诺布尔高等法院审理的罗芒弹压案中，盖兰等人

对已故球王究竟罗织了哪些罪名，有关案件审理的档案是唯一可靠的依据，但是很遗憾，这些档案已经全部丢失。这些指控纵然夸大得无以复加，我们毕竟还是可以从中窥见一些真相，那么是哪些真相呢？

2月下旬，盖兰亲自组织的“革命的”（不如说是“反革命的”）市议会并没有闲着，在他的推动下，经过严格清洗的罗芒市各个官方机构决定采取多种措施。罗芒的所有城门统统堵死，只留下两个（雅克玛尔门和伊泽尔桥门）；依旧开放这两个城门看似偶然，其 281
实是因为它们牢牢地控制在显贵们中。球王派的余孽被解除武装或被严加监视。市政当局向分别来自比耶夫尔和伐鲁瓦尔的140个显贵提供食宿，这些人前来增援莫吉隆和沃纳的队伍，协助罗芒精英打击平民。罗芒方面勉为其难地向他们提供燕麦作为马匹的饲料；尽管代价甚高，但是这140人还是被要求留在罗芒；直至农民的威胁彻底消失……图尔农伯爵的支援也被接受，他从他的管辖区所在的罗讷河西岸，以精英、贵族和资产者的名义，向罗芒提供无私的援助。市议会下令征收面包税，禁止面包师傅以高于盖兰规定的价格上限出售面包，否则将被处罚；球王派分子不得为准备畏罪逃出城外而腾空住房，凡是已经腾空的住房必须立即重新配齐家具。

尽管对于权贵们来说，克莱里厄门和圣尼科拉门比雅克玛尔门和伊泽尔桥门危险得多，但是从1580年2月22日起，克莱里厄门和圣尼科拉门先后重新开放，每天从上午6时到7时开放一个小时，让住在城里的种田人（至少是他们中间没有嫌疑的人）到城外去侍弄庄稼。权贵和那些突击提拔的区队长以及其他下级军官

等人，不断接到指示，一定要守好城门。依据规定，为了便于控制，种田人晚上返回城里时必须走雅克玛尔门[1]……

这类普通的治安措施很快就放松了……反之，真正的镇压活动则从3月初开始逐渐加紧实施。3月2日在罗芒成立了一个暂时不受格勒诺布尔高等法院管辖的特别刑庭，并立即着手侦查、审理、拷问、行刑……被羁押的球王派分子，凡是尚未被盖兰交给他
282 手下任意处置的，此时全部交由特别刑庭审理，他们的悲惨时刻来到了。

在镇压球王派分子的这段时间里，罗芒市的财政状况几乎已经山穷水尽。加斯帕尔·若马隆是罗芒的大人物之一，1580年2月因债务而被捕入狱，起因是罗芒的财阀德·布拉尼，他在罗芒市的收入中掌握着一笔数目巨大的款项。执政官们几经努力，好歹于2月18日让若马隆获得释放。[2]肉铺和面包铺应该缴纳的间接消费税，并未严格按照规定征收(本市经济危机所致)，从1579年年初起，也没有如实记入账册；[3]在长达半年多的时间里，罗芒的肉铺和面包铺一直拒不纳税。

*　　　　*

在这种日子相当难过的背景下，在1580年2月到4月这段时间中，莫名其妙的流言在罗芒广为传播，盖兰还为之推波助澜；他在市议会的演讲和送交市政当局的报告中声称，造反派原本打算

---

① 所据为1580年2月22—29日市议会会议记录，BB 14。

② 罗芒市档案，BB 14，f°，1580年2月18日。

③ 罗芒市档案，BB14，1580年2月22日，议会特别会议。

> 在丰盛星期二动手，杀死贵族、司法官员、格勒诺布尔高等法院的法官、教会人士以及罗芒的所有资产者和商人；他们接着还要杀死妇人，并且把被杀的那些上流人士的妻子抢过来当老婆，夺取并瓜分他们的财产，然后把胡格诺派领进城来……（盖兰，第171页）

这些流言旨在给球王派抹黑，以便强化镇压活动，因而理所当然地不可能被全然采信。然而，流言中关于球王派杀人、劫财和分妻的三大罪状，却已经扎根在百姓的想象之中，成为当时集体心态中有关民众起义的一个组成部分，恰如1920年代的某些欧洲人，预兆性地把布尔什维克想象成嘴里叼着刀子的人。

*　　　　*

流传于1580年冬春之间的这些不实之词，虽然能够用来解释 283
某些现象，但自当年2月以后，在多菲内省的阶级斗争或群众斗争现象中，再也不处于中心地位。当然，罗芒从此变成了司法迫害中心，审判的结果往往是处以死刑；在我看来，此事值得从社会学角度进行研究。不过，这个问题暂且放在一边，罗芒从此长期深陷平庸而惨淡的市政事务中，只是在时代的逼迫下，因不值一提的悲剧而引人注目。

从1580年的春季到秋季，在罗芒市政厅里举行的市议会所讨论的，只是新的市政机构（在盖兰的授意下）的选举问题。在这位法官的主宰下，罗芒变成了一人之城。议会的会议记录表明，本市财政当局开征的增补税和间接税（屠宰税、商品计量税、路桥税、葡萄酒准售税）征收难度很大；会议记录还提到了前任执政官交出账册，向省三级会议派遣代表（这是一桩苦差事，因为新教徒和原联会会众在伊泽尔河两岸拦截路人），接纳新居民（1579—1580年的

动乱之后，罗芒的人口似乎确有小幅增长……直到 1586 年因黑死病肆虐而戛然而止）等事。此外便是贫穷这个永恒的议题，只是由于居民的贫穷而变得更加严重而已，他们已经穷得（或是自称穷得）拿不出东西来施舍给乞丐，于是乎，在谁也不给乞丐以施舍的情况下，负责此事的市政官员不得不考虑，哦，实在令人反感！听凭可怜的乞丐们在罗芒城里随处乞讨。官员们还考虑发给盖兰数十埃居的奖金，用以补偿他在危机期间的出色而昂贵的服务。（其实是盖兰本人指使亲信向议会提出了这项对他有利的提案）市政当局还勉为其难地解决了“迟发”的工资问题，向守桥人和盖兰派的老战士以及学校的老师发放欠薪。耗费巨资把城墙上被扒开的缺口重新堵上，把城郊（佩林）的城堡拆毁，借以防止被匪徒用来当作兵营，否则就将对罗芒构成威胁。更要命的是，罗芒市为上缴税款而负债（由于纳税人逃税），为保障军事人员的给养而负债，例如德·沃纳的队伍，这支队伍负责保卫罗芒，防备有人再度造反；可是，这支队伍竟然乘机窜到邻近的乡下去搜刮粮食和牲畜。罗芒急需资金，本城和里昂等地的债权人甚至以债务为由，把罗芒的执政官送进监狱；1580 年夏季，马耶纳公爵率领下的大军从法国西北部移驻多菲内省，罗芒的资金匮乏问题更加紧迫，军队需要钱，需要草料、小麦、燕麦、葡萄酒，还有拉炮的车辆，等等。军队前来解放罗芒，免除新教派和联会对它的威胁……可是，为此付出的代价是什么！

*　　　　*

就在同一时期，农民的联会在罗芒城外完成了它的最后壮举，以失败结束了自己的存在。联会在罗芒被击溃，但在北部一些小镇尤其在乡村中依然相当活跃。罗芒之役的惨败让他们措手不及，哪怕只是为了躲避敌人的迫害，他们也不得不转移阵地，进入丛林，那些家伙正在目不转睛地时刻盯着他们……1580 年 3 月，两千多名联会会众和若干胡格诺派以及火枪手，出现在博瓦尔（靠近圣马塞兰）、鲁瓦榜、穆瓦朗和伐鲁瓦尔省的其他反叛农民聚居地区。

与惨遭失败的罗芒民众运动相比，乡村的民众运动更具自主性。从 2 月初开始，伐鲁瓦尔省的农村地区先后举事，反对纳税不公和贵族的免税特权。这把丛林之火是胡格诺派点燃的，促成此事的则是莱迪吉埃的师爷让·蒂耶，此人是个瑞士式民众革命专家。若干村子的农民和工匠尽情发泄他们的愤恨，把矛头指向各种特权，而不仅仅是贵族和教会人士享有的免税特权，他们没有忘记去年烧城堡、杀乡绅的壮举；他们还记得 1579 年夏季经由执政官之手向王太后表达的绝望心情。可是，恰如研究多菲内历史的学者肖里耶所说，*向君主诉说绝望就是给自己惹祸*……简单地说，285
1580 年 2 月初，武装起来的农民已多达四千，他们一遍又一遍审视瑞士的民主和反贵族先例，*在瑞士人看来，唯有好公民才是贵族。*[①]他们的领头人中有几个律师和公证人等乡镇小司法人员。

1580 年 2 月中旬罗芒人民遭遇的灾祸，与其说让伐鲁瓦尔省的小民们泄了气，莫如说让他们颇感惊愕；而且为民众运动再次出现高潮创造了条件。2—3 月间，莫吉隆成功地瓦解了已经点燃的反叛之火。在贡色兰举行的一次执政官会议上，他滔滔不绝地讲

① 肖里耶：《多菲内通史》，第 II 卷，第 697 页。

了一通瓦解反叛、倡导和解的话，成功地阻止了反叛之火烧向格莱维索当的各个村子。应他之召前来增援的里昂人芒德洛率领的队伍，大大增强了他的实力，使他具备了打垮伐鲁瓦尔人队伍的能力。伐鲁瓦尔人为数不多的弹药和给养已经在前几周中消耗得差不多了，他们的新教派盟友莱迪吉埃从山区紧急输送过来的支援尚未到达。更为严重的是他们行动不一致。农民当中最能打仗的五百来人配备着火枪，固守修建在博瓦尔的一个堡垒中，在那里接受胡格诺派老兵布维耶队长的指挥。来自农村的散兵游勇和联会会众因没有武器弹药而垂头丧气，他们驻扎在阿尔卑斯山脚下的穆瓦朗，来不及修筑堡垒，总共不到两千人，一个个精疲力竭，丧魂落魄。(皮耶蒙，第 101 页)1580 年 3 月 26 日那天，他们当中的一多半人员被一支王家军在穆瓦朗杀害了，这支由莫吉隆和芒德洛率领的王家军，共有 1000 骑兵和 3500 步兵，其中一部分兵员来自里昂，几乎没有一个多菲内人。屠杀非常残忍(残忍一词的含义是依照当时相对人道的标准而言的……若是放到 20 世纪来看，那就几乎可以说是血流成河了)。总而言之，这是一场惨无人道的以农民为对象的大屠杀，其规模丝毫不亚于 1358 年札克雷最终失败时的那场大屠杀，也堪与 1525 年的德国农民战争相比。据耶蒙记述，人民(武装的联会会众)已经精疲力竭、丧魂落魄；突然，一支军队(莫吉隆的部队)从(联会会众)守卫薄弱的一个工事那边打过来，攻下工事后，一边进入其中，一边高喊："拿下了"。人民(联会
286 会众)没有勇气进行抵抗，于是惨遭杀戮。不过，还是有人成功逃脱。现场留下九百(具尸体)，另有二百人被俘，拉皮埃尔(联会的队长)和另外几个人被吊死，其余绝大多数被(莫吉隆的手下)无情

地杀死，我听图尔农先生(罗讷河右岸的一个大庄园主，反联会派分子)说，他一口气杀了 17 个人；多菲内从来不曾发生过这种骇人听闻的悲惨事件，从来没有遭受如此重大的损失，从来没有这么多寡妇和孤儿(皮耶蒙，第 102 页)……肖里耶在他的《多菲内通史》(卷 II，第 699 页)中谈及此事时说，莫吉隆部队中的一个头领"在这个事件中的报复行为令人不齿"，他因仇恨而怒火中烧，亲手把他原来的一个仆役吊死在胡桃树上，此人是在亲朋好友的影响下成为联会会众的……

打了胜仗的军队放开手脚恣意抢掠，当地民众失去的财产根本没有任何指望能失而复得，因为这些打家劫舍的士兵全都不是多菲内人，抢到的东西一车又一车运出多菲内省了。

穆瓦朗屠杀事件暴露了农民起义队伍的软肋，即使是战斗力较强的农民非正规部队，在面对面的搏杀和激烈的战斗中，也难以与一支训练有素的正规军对抗。不过，这场血腥和惨烈的屠杀并非农民联会的最终结局。联会会众牢牢地控制着他们的最后一个阵地——圣马塞兰附近的博瓦尔堡，他们还得到了胡格诺派一支精锐部队的支援，莫吉隆的部下虽然英勇善战，却不敢轻举妄动，拒不向这支胡格诺派的部队发动进攻。联会会众以博瓦尔堡为基地，行踪游移不定，时而钻进丛林，时而外出抢劫；他们抢劫支持盖兰的罗芒商人的马匹、小麦和金钱；他们还夺取莫吉隆-芒德洛部队的军火和给养，攻击反水的农民和小市民，尤其是那些卑躬屈节地向多菲内省当局求饶的变节分子。总之，反叛的农民与胡格诺派联手，凭借修建在圣马塞兰的博瓦尔堡，在维埃纳地区进进出出，没有受到多大阻碍，致使这个地区房倒地荒，若非国王陛下(亨

利三世)及时过问,早已一片狼藉……(盖兰,第171页)

可是,亨利三世偏偏是个朝令夕改的国王,1580年5月和
287 6月,身在巴黎的国王采取了一些宽容的措施,下令(部分)终止罗芒和维埃纳春季以来严厉的司法镇压。在国王宽恕令的感召下,相当数量的联会会众和胡格诺派分子静悄悄地离队返家。(皮耶蒙,第109页)不愿妥协的核心成员们留下来坚持斗争,1580年5月和6月,他们依照"反庄园主"的传统,先后袭击、攻占并劫掠了维埃努瓦的法维尔日堡,比耶夫尔的圣艾蒂安-德-圣茹瓦尔堡。[①]联会的另一批会众与对手玩起了捉迷藏,不时潜入伐鲁瓦尔省,与那里的同伙联手打击乡绅和教会人士,不光劫财,还抓人。1580年7月6日,联会的这支队伍还有140人(其中有骑兵30名),他们下到圣安托万镇,与预先隐匿在那里的同伙一起行动,对一所修道院进行袭击,搬走家具,带走教会人士,杀死了一个九十高龄的修士(无法把他带走),一路上还抢了一些牛……博克雷桑队长率领的一支王家军小分队在联会队伍经过的途中设伏,联会队伍中的一些人被杀,其余的人四处逃散。(皮耶蒙,第112页)7月18日,圣安托万又有消息传来,联会会众和胡格诺派将要联手进攻博瓦尔堡。结果,果然有一位名叫德·拉卡戴特的乡绅被这伙散兵游勇杀害。又是一条命!谁也不敢迈出家门一步,(皮耶蒙,第113页)家家户户紧闭门户。

7月末,马耶纳公爵率领的天主教王家军抵达里昂。这支部队由六个团队组成,共有七八千步兵、两千骑兵、五百工兵、十八门

① 皮耶蒙:《回忆录》,第105—110页;肖里耶:《多菲内通史》,第II卷,第701页。

炮。(皮耶蒙,第 115 页)官兵中有些是瑞士人,负责操控大炮,这是一支名副其实令人生畏的炮兵部队。一种“有益”的恐怖情绪开始在多菲内省蔓延,不过,博瓦尔、维埃纳和圣安托万等处丘陵地带的联会部队,在莱迪吉埃的支持下,依然滞留在南阿尔卑斯山胡格诺派的小块山地上。这些联会战士不放下武器,不丧失勇气,继续他们的事业,就像什么事情都不曾发生过。从 1580 年 2 月到当年夏季,一个来自圣安托万的名叫朗贝尔的律师,一直在敌对的双方之间玩火,游走于势不两立的莫吉隆和莱迪吉埃之间。从 1580
年 2 月(球王惨败之后)起,朗贝尔首先向莫吉隆说项,他向莫吉隆 288
承诺,将会采取机智的行动,与伐鲁瓦尔省其他地方的代表一起,让他掌控下的那个镇子百分之百的归顺于莫吉隆。[1]可是,还是这个朗贝尔,四个月之后却不知羞耻地转而与莱迪吉埃商洽,试图让山区的胡格诺派和维埃纳地区的联会部队结盟,共同防御,共同进攻。[2] 1580 年 8 月在迪城举行的新教派大会证实了这桩交易,联会在双方达成的协议中承诺,一俟胡格诺派把日耳曼骑兵和步兵引进本省,联会部队就立即出动,占领一些地方和城市的据点。作为交换,胡格诺派向信奉天主教的联会承诺,给予维埃努瓦的非新教地区的天主教徒望弥撒的自由,作为对等行动,这些天主教徒则应该响应号召,拿起武器。牧师中的激进分子不同意双方的协议,不过,一贯善于玩弄政治的莱迪吉埃经过一番努力,终于让双方接受了彼此忍让后的结果。重要的是,在应对王家天主教部队的攻

① 《伊泽尔省统计学会通报》,1890 年,第 399 页。

② 《伊泽尔省统计学会通报》,1890 年,第 423 页。

击时，必须保证胡格诺派即使不能获得成功，至少也能继续生存下去，因为，这种威胁已经显现在西北部地区。

可惜，面对马耶纳公爵的“压路机”般的精锐部队，我们亲爱的联会朋友们不拥有任何坚实的抵抗能力，无论是野战还是攻坚战。莱迪吉埃心里很明白，他把自己的部队藏在易守难攻的山里，敌方的大炮无法上山对他实施攻击；驻守在小山坡和平地上的农民很难抵挡马耶纳公爵的正规部队的攻击，但莱迪吉埃不管这些，他听凭农民盟友被马耶纳公爵的部队一口吃掉。我们不得不承认，这些农民在莱迪吉埃心里不占什么位置，因为他们是抗击庄园主的造反派……

马耶纳的处境相当不错，这位身材又胖又粗的将军刚柔兼施，着实有些出人意料。先说柔，他在进入多菲内之前就再次展现他的宽容：对于参与民众起义的犯罪分子不予追究。[①]再说这位大腹便便的公爵刚刚发出警告说，凡是胆敢抵抗者格杀勿论，从军事上彻底摧毁。联会这下子无计可施了。八九月间，马耶纳在多菲内境内沿着伊泽尔河向前推进，他的对手则又一次在战术上重蹈覆
289 辙。面对实力远远强于自己的敌人，联会方面本应像一群麻雀那样，呼的一下飞进丛林，飞向田间，然而，他们却偏偏打起了守卫战，实施短促包围，简直就是一场正规战，联会实在是愚蠢之极。马耶纳分出四千兵员，在莫吉隆指挥下对付联会。1580 年 9 月 9 日，莫吉隆率领下的四千人围攻博瓦尔堡，凭借猛烈的炮火迅速拿下。周围的乡间，到处都是王家职业军，总之，情况非常糟糕，没

① 《伊泽尔省统计学会通报》，1890 年，第 420 页(1580 年 7 月 18 日)。

有葡萄酒(军人都喝酒),没有人打麦,什么都缺……士兵们在方圆一法里的范围内大肆劫掠,这番情景实在吓人……

博瓦尔堡被围成铁桶一般,联会的农民只得举手投降。堡垒里的指挥官费朗队长投降后保住了性命,一些不怀好意的联会会众躲在树林里,被(马耶纳和莫吉隆的士兵)杀死;另有一些人被俘,需要支付赎金才能获得释放。(皮耶蒙,第 116 页)8 天之后,驻守在不远处蓬昂鲁瓦扬城堡和圣康坦的两位队长布维耶和达里耶尔也向马耶纳投降。值得一提的是,蓬昂鲁瓦扬的民众虽然是天主教徒,而且与布维耶曾经有一些过节,[①]但是,驻守在这里的莱迪吉埃的胡格诺派部队善待天主教徒,因而得到他们的拥护,这就给马耶纳的进攻增加了不少困难。达里耶尔和布维耶相继投降后,他们手下的一些士兵被马耶纳手下的人冷酷地杀害,其余官兵运气较好,被依照战争法处置,竟然还有权保留武器。保留武器的那些人被押送到圣康坦,其余的人几乎都被关押起来;其中一些人被要求缴纳赎金,另一些人在帐篷里被秘密处死。罗芒的希伯夫(联会会众)也被杀死在帐篷里。一个士兵收下了一个乡绅给的一埃居,便按他的要求杀死了蒙特里戈村的一个农民。这是(贵族向农民)复仇时节,(马耶纳公爵)老爷尽力不让妇女遭到侵袭。一个西班牙藉士兵强暴了一个少女,结果当天就被吊死在树上……

1578—1580 年多菲内的农民战争就以这样的方式结束了。290
但是,马耶纳意犹未尽,轻而易举地消灭了这伙丧失战斗意志的农民;接着,他又围困多菲内省的拉缪尔,守卫这个地方的首领是一

① 参阅本书第二章以及肖里耶的《多菲内通史》,第 II 卷,第 701 页。

个外号红短裙的女人，1580 年 11 月 6 日，他终于攻下拉缪尔，但是付出了巨大代价，损失惨重。对于马耶纳来说，拉缪尔之役只是初尝艰辛，更多的困苦还在后头；天主教徒们试图征服多菲内的努力没能成功，马耶纳雄心勃勃，想要攻下莱迪吉埃的胡格诺派占据的阿尔卑斯山区的据点，但再次遭受挫折。

不过，这些军事行动都与农民造反无关，农民造反已经被扑灭了。对于多菲内省当局来说，在农民造反问题上，今后要做的只剩下揭发和复仇。皮耶蒙对这些卑劣的复仇行为极为憎恶，但他无计可施，急得直挠头。他写道，1580 年 12 月，马耶纳的部队和另外一些人马四出袭击，一直打到里昂和维埃纳城下，村庄和来不及关上城门的城市，都遭到这些家伙的抢掠和烧杀……这是秋后算账，是发泄对联会会众的仇恨……要把穷人一口吃掉，村民们没有任何得到援助的希望，只能高高举起双手，仰望天空。（皮耶蒙，第124 页）当初之所以要组织联会，为的就是阻止这类惨绝人寰的暴行，可是，联会现在已经不复存在了。从 1580 年 11 月起，瓦朗斯的居民为了显示自己的反联会积极性，加倍努力地打击周遭的胡格诺派残余分子，一次就杀死了六十余人。这是因为，瓦朗斯人被怀疑与胡格诺派有勾结，为了洗清自己，他们就狠狠打击胡格诺派。（皮耶蒙，第 122 页）瓦朗斯就像是一条毛驴，朝着奄奄一息的狮子尥了一蹶子。

1581 年 5 月又处决了几个前球王分子，他们在联会溃散之后变成了强盗和拦路抢劫商人的匪徒。1581 年 5 月 6 日，6 个蒙特利马尔的商人从圣马塞兰集市返回，途中遭到 10 个穷凶极恶的匪徒袭击，这几个不乏勇气的商人竭力抵抗，终于成功地护住了现金

和商品，匪徒被迫仓惶逃走，3 个商人被打伤。1581 年 6 月 3 日，把劫匪从树林子里引出来的那个外号"塞尔白头"的坏小子，也被送上了绞刑架……此后大路上就比较安全了。（皮耶蒙，第 126 页）

一切就此终结，充其量还有一丝淡淡的忧虑，担心胡格诺派利用民众的失望情绪再度起事，就像 1579—1580 年间在球王及其会友的带领下所做的那样。贝里埃-奥特福在 1581 年 3 月 15 日写 291
给国务秘书路易·德·雷沃尔的信中说：我不怀疑，胡格诺派有各种打算，企图利用民众的不满情绪，做他们所能做的一切……

事实后来表明，这种担心其实是杞人之忧，在整个 1580 年代，多菲内省人民被军人们尽情压榨，却不敢进行任何反抗。罗芒狂欢节和由此引起的惨痛后果，让他们对再次举行起义产生了厌恶情绪。

第十章 “喜鹊和乌鸦啄去了我们的眼珠子……”[*]

292 产生这种厌恶情绪的原因很多，其中之一是1580年事件之后的司法迫害，此事值得在这里加以审视。因为，司法迫害犹如一束粗糙和残酷的光亮，投在罗芒的平民军事领袖身上，审判结果和处决让我们知道了，这些平民军事领袖究竟是哪些人。疯狂的司法迫害一时之间把罗芒变成了恐怖的行刑场。

丰盛星期一和星期二发生在罗芒的小规模武斗，应该通过司法给出一个说法。但是，对于谁应该为伤亡负责的罪犯这个问题，两派看法迥然不同。应该惩罚扰乱富人们生活秩序的球王派分子？应该惩罚屠杀民众的盖兰派分子？包括温和派在内的第三等级联会会众当然主张惩罚盖兰派分子。完完全全站在联会一边的厄斯塔什·皮耶蒙在这个问题上毫不隐讳，他写道，伐鲁瓦尔各个村镇中一批为民请命的百姓，派人于1580年2月底向莫吉隆明确表示：对那些迫害民众致死的人，必须给予司法制裁。伐鲁瓦尔各个教区挑选蒙什努和莱斯唐为代表，前去求见本省督军莫吉隆，这两个人大概新近才获得贵族身份，态度比较温和。（皮耶蒙，第90

---

* 引自弗朗索瓦·维庸《绞刑犯谣曲》。——译者

页）不过，他们在各自的居住地具有一定的代表性，蒙什努是维埃努瓦的邑督，莱斯唐则曾经代表（维埃努瓦）的贵族出席1576年的三级会议。由此可以看出，在疯狂杀害农民这件事上，贵族并非意见一致。莫吉隆向这两位代表声称，司法程序是要走的，但……有利于盖兰，不利于“人民”。 293

就在这种风向已变的氛围中，1580年2月17日，格勒诺布尔高等法院的6位执事来到罗芒，组成一个审判庭审判失败者，包括死者和幸存者。与这几位执事一同前来的还有庭长比费旺和总律师吕泽。（皮耶蒙，第91页）除了一些贵族，还有三队步兵陪送他们前来罗芒。高等法院这一行人浩浩荡荡地进入罗芒，颇具狂欢节军事和司法游行的传统特色，只不过，这次是正儿八经，而不是闹着玩。这样一来，狂欢节就被不可思议地拖得长而又长，一直延续到封斋期，不但如此，节日也变了味，先是闹得让人受不了，接着变成了流血事件。封斋期前那几天富人们旨在炫耀权力的颇具喜剧色彩的游行也终于结束了。与此同时，图尔农老爷率领第四支队伍前来增援，在罗芒周围小试身手，杀死试图抵抗的农民，以报前仇……法院在城里也开始运转，首先审问重犯，也就是足以判处绞刑的人犯。第一批受审的是罗芒的3位联会头头：球王、布吕纳和弗勒尔；弗勒尔是屠宰户，球王、布吕纳是织毯匠。球王早已被人打死了，尸体也已经腐烂了，但是盖兰并不因此而罢休，他让人做了一个模拟球王的假人，把他头朝下吊起来。布吕纳和弗勒尔都被生擒，自然被判处极刑；杀就杀吧，偏偏还要添些不必要的花哨；他们被放在一个画有球王图像的木栅上拖着走，接着又被打得死去活来，最后才被吊死。审判和行刑从1580年3月上旬开始，

司法程序之快捷令人啧啧称奇。在最初的半个月中，一些罗芒工匠受到审判，他们的名气自然无法与那3位头领相比，有的人出庭受审，有的人并未出庭。

镇压活动丝毫未见减缓，对布吕纳的严刑拷打表明，司法镇压正在继续向前推进。布吕纳这位造反的织毯匠经不住拷打，供出了另外几个“罪犯”，其中有外号尚隆人的富翁米歇尔·巴尔比耶，他是联会的头头之一，主管罗芒郊周遭地区农村的武装斗争。3月28日，又有3个罗芒的“动乱分子”被处绞刑，他们是：面包师兼制陶匠马特林·德·米尔、面包师“白面包”和外号“拉古斯”的种田人莫拉。

所谓的“司法处置”就以这种方式进行着，3月30日，法官们
294 着手对另一批“罪犯”进行审判，受审的15个罗芒工匠和种田人，被盖兰在一份专门为此炮制的备忘录中指控为参与了1579年2月月初狂欢节期间的骚乱。15个被告都被判处绞刑，由于“罪犯”并未全部抓到，所以其中不少人是缺席审判。

高等法院的法官们是不会“失业”的！他们同时启动了对农民造反派头头和群众的审理。造反农民以庄园主属下的官员为攻击对象，诸如蒙吕埃尔、韦勒等人，手段更加残忍和血腥，远远超过罗芒城里那些引起恐慌但并未流血的骚乱事件。所以，被处以绞刑的农民造反派多达数十人，幸好其中大多数都是缺席审判，因为农民比较容易逃跑，不像城里的骚乱分子不是落入陷阱，便是被堵在城墙之内，难以逃脱被捕的结局。

1580年4月，格勒诺布尔高等法院驻罗芒分部决定采取更为广泛的措施，鉴于各个王国曾为支持和反对民众运动的活动提供了平台，所以一律全面加以禁止，其中包括阉鸡王国、山鹑王国、绵羊王国、莫古维尔王国等。当局担心在5月份的民间节庆活动中，民众的抗争活动可能趁机死灰复燃。可是，禁令并未阻止莫古维尔和邦古维尔的有钱人修道院在此后的几十年中持续发展。

在接下来的几周里，镇压逐渐趋于缓和。当局意识到不应再像二三月份那样在狂怒之下动辄判处绞刑，1580年4月14日首次把这种体现宽大精神的措施付诸实施，若干嫌犯获得释放，仅处以较轻的惩罚：不准随身携带武器，禁止参加市内民众集会等。

对郊区农民再次进行追捕后，4月25日，高等法院终于决定结束罗芒的司法审判，转移到维埃纳去干同一件事。每当人们再度想起狂欢节事件时，心情略微平静一些了，何况从总体上看，维埃纳没有罗芒闹得那么凶，所以，在那里进行的镇压也不像在罗芒

那样严厉。1580年6月10日，法院分部宣布工作结束，威风凛凛 295
地返回格勒诺布尔，重新纳入高等法院序列。[①]

从追捕嫌犯的档案中，我搜集了一些关于罗芒狂欢节期间民众首领和一般群众的概况资料，还有一些不那么全面或仅是一时印象的资料，通过这些资料，对那些参与或领导了多菲内省这场农民战争的乡下人，或多或少可以有所了解。

* *

在进一步对这些遭到追捕和审判的武装反抗人员进行考察之

① 亨利三世于1580年4月28日给莫吉隆去信，下令实行宽大，停止对联会会众和造反派的追捕。亨利三世之所以发出这封信，既有恻隐之心的成分，更因为他有些担心，尽管过去新教徒很怕联会，但现在却可能与之结成新的联会（格勒诺布尔市立图书馆，R 80，第16卷，f°76）。

前，需要解决的先决性问题就是胡格诺派。盖兰指控他们参与了罗芒民众的阴谋活动，这位法官在这一点上并非全然胡说。稳坐在上阿尔卑斯将台上的新教徒莱迪吉埃，仗着中间有人帮忙，能远远地伸手在罗芒的一池浑水里摸鱼，自然不会不高兴。可是，罗芒城里呢？胡格诺派在罗芒狂欢节期间有没有扮演一个不为人知的角色（如果回答是肯定的，那么是什么角色）？我手里的一份老档案为回答这个问题提供了一些材料。1572 年 8 月 24 日（圣巴特洛缪惨案发生的那一天），法官盖兰（又是他！）命令罗芒的新教徒家庭缴税，否则就罚款。（几天之后，[1]这位法官别出心裁地组织了一场屠杀新教徒的惨剧，不光头戴面具，还施放烟雾！）为了收取这笔罚款，必须制作一份罗芒的新教徒名册，名册上要注明大体上依据每个家庭的财产状况确定的罚款数额。[2]这份名册中共有 128 个户主的名字，略少于全城总人口的 10%，这就是说，其余 90%以上的罗芒人或是没有改宗新教，或是重新皈依天主教了。开始于 1560 年代的向新教靠拢的势头此时已经中止。

296 罗芒的精英中也有改宗新教的人，但比例不大。富有的新教徒在 1572 年的纳税额为 15 利弗尔、20 利弗尔或更多（普通工匠和其他“小民”[3]的年纳税额为 3 利弗尔、5 利弗尔或 10 利弗尔）。

① 因盖兰之故，罗芒经受了一场圣巴特洛缪式的屠杀，只是规模略小而已，但是，维埃纳没有。参阅卡瓦尔：《维埃纳的宗教改革与宗教战争》，第 165 页；阿尔诺：《多菲内的新教徒》（Arnaud, *Histoire des protestants du Dauphiné*），巴黎，1875—1876 年，第 3 卷，涉及 1572 年部分。

② 罗芒市档案，EE 9。

③ 128 个纳税人中，20 人年纳税额为 20 利弗尔或略多。胡格诺派其余 91% 的人年纳税额不足 20 利弗尔。

罗芒市政当局名册上的这些富人中，有不少显赫的名人，其中包括让·德·维利耶(后来当上了执政官，而且好像还皈依了天主教)、让·吉古、让·托梅、马特林·托梅、安托万·托梅、安托万·布伊罗、让·马尼亚、加斯帕尔·西韦，等等。这些上层人物在1580年都属于主张维护法制和秩序的温和派，虽然与强硬派盖兰结成同盟，但并不喜欢这个法官；至少让·吉古是其中之一，作为权宜之计，1579年春季他曾一度与“民众”携手，后来才掉头回归，转而与盖兰联手。

1579年的胡格诺派中，职业身份清楚的仅为少数；职业身份清楚的胡格诺派信徒中，许多人确定无疑是工匠或小店铺老板，其中有1个商人、1个公证人、4个织毯匠、1个漂布工、1个研磨工、1个制绳匠、2个瓦匠、1个细木工、1个制袜匠，等等。与罗芒毗邻的维埃纳，1560年代的新教徒中只有少量工匠，种田人和种葡萄的果农更少，资产者却数量较多，由此可以推测，那时罗芒的情况大概也是这样。

新教初兴时期的法国南方基本上都是这样。[1]不过，我们不能因此而认为，这些工匠在1579—1580年间的罗芒城市反抗运动中

① 雅尼娜·埃斯泰布：《1559—1598年法国南方的新教》(Janinne Estèbe, *Protestants du Midi(1559—1598)*)，图卢兹大学未版国家论文，1977。1568—1585年间，在128个职业身份明确的新教徒中，工匠占62.2%(77人)，各类资产者占20.3%，商人占14.1%，种田人和葡萄果农占2.3%。就绝对数而言，工匠和资产者中的新教徒人数超过了他们在总人口中的比例，居住在城市里的大量农民(占罗芒总人口的36%!)，改宗新教这个异端的人却极为鲜见(以上人数和百分比均为本书作者依据卡瓦尔在他的《维埃纳的宗教改革与宗教战争》一书中的资料统计而成。参见该书第41页及以下)。

成了领导层的基干队伍。狂欢节后在1580年被镇压的反叛分子中，只有一个新教徒，那便是铁匠安托万·尼科德尔（1572年纳税
297 10利弗尔）。其余被处以绞刑或其他刑罚的人，都不在1572年的新教徒名单中。可是，由于他们的年龄或是三十来岁或是四十出头，在圣巴特洛缪事件发生的那年如果是新教徒，那就也应该受到惩罚。1579年的造反派中没有1572年的新教徒工匠，倒是一点也不奇怪；因为，圣巴特洛缪之夜以及这个事件所造成的恐怖氛围，促使罗芒的新教徒在1572年之后大批逃往日内瓦，成为法国南部城市历史上最大的移民潮之一。[①]大家都打算逃走，离盖兰这个恶魔越远越好。否则就改宗，放弃圣经中的“活水泉”，回归天主教那只“开裂的水罐”。有的新教徒放弃原有的信仰，有的远走他乡，此外还有少数新教徒惨遭屠杀，这就使得在1579—1580年的工匠骚乱中，参与其事的新教徒不多。参与骚乱的实际上主要是天主教的会社，诸如圣布莱兹会和圣灵会等。胡格诺派在1562年短暂地独领罗芒大权时，这些会社成了他们的眼中钉，一度被强令解散，直至胡格诺派失势后才得以恢复。

总起来说，胡格诺派的资产者一度与球王派眉来眼去，后来改变态度，成为反联会派中比较温和的一个小派别。工匠中的胡格诺派由于死亡和逃亡的影响，在平民的联会中所起的作用几乎微不足道；唯一值得一提的是他们中的某些人为野兔王国壮大了声势。然而，这并不意味着胡格诺派对于盖兰在圣巴特洛缪之夜组织的屠杀不再耿耿于怀，其实，正是对盖兰的仇恨促使胡格诺派中

① 参阅芒德鲁（Manderou）发表在《瑞士历史评论》1966年号上的地图。

的一些人加入到1579年的反盖兰阵营中去，罗芒如此，城郊的农村也是这样。（盖兰，第30页）同样，这并不意味着球王及其天主教徒战友们不与莱迪吉埃合作，但是，莱迪吉埃这位山区的新教徒首领远远不能操控罗芒的平民。最重要的事实是：罗芒狂欢节基本上是天主教徒内部事件，是天主教的军事首领盖兰与工匠会社之间的一场争斗，工匠们在他们保护人的旗帜下，对抗在罗芒实行专横统治的黑帮集团。下层天主教徒对抗上层天主教徒。这些 298
“麻烦制造者”大多是来自下层的天主教徒，他们值得我们详加审视。

* *

在1580年的司法审判中，有人被判刑，有人被绞死、有人遭受酷刑，有人被鞭打得遍体鳞伤，只有放在整个罗芒社会结构这个广阔的背景下，才有可能对这些遭受迫害的人进行统计学研究。

让我们再次依据1578年的税册[1]来看看罗芒的四个社会序列。在第一序列的纳税人中，唯有外号尚隆人的米歇尔·巴尔比耶没有与他的阶级兄弟站在一起，而是与球王派同心同德。巴尔比耶是1580年被缺席判处绞刑的反叛者之一，这些人很聪明，在案件开始审理之前就溜之大吉，从而逃脱了第一波镇压，此后他们也并未因此而更加倒霉……几个月后，巴尔比耶得到了赦免，1586年他还当上了罗芒市的执政官，同年他离开了人世，但不是死在绞刑架上，而是寿终正寝，与他的数千同胞一样死于黑死病。

米歇尔·巴尔比耶在1579—1580年间真的是罗芒人吗？他

① 罗芒市档案，CC 92，参阅本书第一章。

真正配得上罗芒人这个称谓无疑是在此后的1585年，那年他终于出人头地，先是当上了律师，接着又成为罗芒市的执政官。1579年的巴尔比耶远非1585年的巴尔比耶可比，那时他甚至不是一个名副其实的城里人，只不过是个乡绅而已，尚未完成从农村到城市的转移。他在罗芒拥有一处新近购入的房产，但仅此而已，再有没有别的东西了。他为这处房产缴纳的税金少得可怜，仅为1埃居。1580年，巴尔比耶成为一群以首领身份参加农民起义的乡绅的代表，他既没有牵扯到城市反抗斗争中去，也不具备城市反抗斗争领导人的任何特点。

从总体上看，第一序列（简单地说，属于这个序列的是靠土地、官职和年金过着体面生活的资产者）与城市反抗运动没有丝毫牵
299 连。恰恰相反，以盖兰为首（在对人而不是对财富的控制方面）的这个人群是反革命的代表，更准确地说，是反对抗争运动的中坚分子。

* *

第二序列的精英是些什么人呢？商人、公证人和其他商业资产者，这些人都比较富有，尽管富有的程度不同，但都不是工匠。对这个人群的分析表明，从这些商人和公证人等富人中间，绝对没有产生出一个抗争运动的干部，甚至连小卒都没有一个。在1578年税册中属于第二序列的纳税人中，没有一人是在1580年被判处死刑（包括被执行绞刑和被缺席判刑的人在内）的反叛分子。[①]相

① 1578—1579年的税额档次和1583年不同，1583年的税额档次和总额都高于1578—1579年。我在对罗芒各区的研究中利用了这个税册（参阅本书第八章）。

反，这些人如同第一序列中的食租者一样，为秩序派提供了骨干力量。[①]

*　　　　*

现在再来说说工匠，他们是属于第三序列的纳税人。根据口述史料（史学著作对于“民众激情”的记述往往因人而异）不难想见，抗争运动中名副其实的领袖人物绝大多数出自工匠。在1580年2—4月的罗芒抗争事件中，参与其事或受到惩处的26个活跃分子中，只有一人来自上层，此人便是米歇尔·巴尔比耶，但是，他的活动范围并非在城里，而是在乡下；7人是农民，工匠则多达18人，占总数的69.2%。18个工匠中有5个织毯匠，在各类工匠 300
中所占比重最大。这证实了盖兰的说法：无论是发动起义、领导起义或是推动起义，聚集在圣布莱兹会中的织毯匠都独占鳌头。球王塞尔弗当然就在这批反叛的织毯匠当中，罗芒和罗芒地区的反叛运动的这位最高首领，虽然在骚乱中已被打死，但依然在1580年被判处绞刑，并被做成模拟人像，头朝下吊在绞刑架上。他生前的年纳税额为2.2埃居，远远高于罗芒工匠的人均年纳税额1.2埃居，可见他过的是小康日子。联会的二号头领纪尧姆·罗贝尔-布吕纳也在这批人当中，他在1578年纳税1.2埃居，恰好是工匠群体的平均纳税额，但高于工匠的纳税额众数[*]0.8埃居；他在

① 其实，第二序列中有1人在1580年被缺席判处绞刑，此人便是外号尚隆人的米歇尔·巴尔比耶。他的情况相当特殊，他曾被列入第一序列，第二次却被列入第二序列，原因是他从一位属于第二序列的人手里买了一所房子和一块土地。不过，我再说一遍，巴尔比耶与罗芒的市民起义毫无瓜葛。

* 众数，le mode，出现频率最高的数字。——译者

1580年2—3月间饱受酷刑后被处以绞刑。另一个工匠首领、外号屠宰户的让·贝松1580年纳税1.2埃居，他在1580年2—3月间被判处没收财产，罚款239埃居，鞭打至出血，服十年苦役，然后逐出法兰西王国。弗朗索瓦·罗宾也是一个织毯匠，他参与了反叛运动的领导，但所起的作用大概比不上球王塞尔弗、布吕纳和屠宰户贝松；他受到的惩处是没收财产和罚款35埃居。织毯匠让·雅克被缺席判处绞刑，罚款129埃居，他在揭竿而起的织毯匠中最穷，1578年的纳税额仅为0.8埃居，低于平均水平，而与工匠的纳税额众数相同；他当然算不上富裕，却也不是最穷的工匠，在1578年的纳税档次表上，最穷的工匠当年的纳税额仅为0.1—0.2埃居，总之，低于众数0.8埃居。

在参与抗争运动和事后被判处刑罚的工匠头领中，重要性排在织毯匠后面的是两位屠宰户；其中一位是被称作联会师爷的若弗鲁瓦·弗勒尔，他在1579—1580年间与球王塞尔弗和布吕纳，同为罗芒联会的强硬派首领，他把屠宰户的要求和行动与整个工
301 匠群体的斗争拧成一股绳；1578年他纳税2.4埃居，高于一般水平较多；罗芒狂欢节起义失败后，他也在遭受酷刑后被绞死。另一个屠宰户弗朗索瓦·德勒韦，既是若弗鲁瓦·弗勒尔的好友，也是一同造反、一同遭罪的伙伴；1580年3月他与另外一些人被轻判，处以观刑（死刑犯行刑时的陪绑）和打至出血的鞭刑以及没收财产和禁止携带武器；1579—1580年事件之前，他与其他屠宰户一样，日子过得还可以，当年纳税2.8埃居，不但丝毫不低于所有罗芒人的平均纳税额，而且还略高于若弗鲁瓦·弗勒尔。在涉案和被判处刑罚的人员中，弗朗索瓦·德勒韦的富裕程度位居第二，排在他

前面的只有一人，那就是外号莱吉尔的鲁队长，他也是一个工匠，年纳税额高达 3.8 埃居。

以织毯匠为首，以屠宰户为次，这批人组成了联会的领导核心。不过，被判刑的还有其他行业的工匠，首先是外号“白面包”的面包师傅安托万·弗伦，他的纳税额为 0.8 埃居，恰好是工匠的纳税额众数，略低于工匠群体和罗芒公民中第三序列的平均水平。“白面包”被指控犯有背叛罪，将圣马塞兰门的钥匙交给了圣马塞兰的当地反叛居民，此外，他在罗芒城内还干了另外一些“坏事”；他最终被判绞刑。

鞋匠雅克·雅克也是其中之一（他的年纳税额为 0.8 埃居），他被判拷打至出血的鞭刑，并服十年劳役，永远逐出法兰西王国。制陶匠兼面包师傅马特林·德·米尔（他的年纳税额也是 0.8 埃居）被处绞刑，罚款 160 埃居，其余财产统统被没收。外号“胖子”的木匠皮埃尔·朗贝尔（他的年纳税额也是 0.8 埃居）受到的惩处是拷打至出血的鞭刑、禁止携带武器和没收财产。铁匠安托万·尼科德尔的年纳税额为 1.4 埃居，略高于工匠群体的平均纳税水平，他是一个胡格诺派，不只是要弄铁砧和大锤，还在反叛活动中做了不少大事；他最终被判绞刑。被判刑的还有另外 6 个工匠，其中一个大概是客栈和小酒店老板，其余5 人的职业状况未能查明。 302
借助 1578 年税册这份珍贵的资料，我们得以精确地获知涉案或获刑的 18 个工匠的财产状况，其中没有一个是真正意义上的富人，没有一人的年纳税额到达 10 埃居；在前两个序列的二十来个人中，年纳税额超过 10 埃居的屡见不鲜，比如，加布里埃尔·鲁瓦隆的年纳税额为 18.6 埃居，安托万·科斯特队长的年纳税额更是高

达 41.4 埃居，这两人分别属于资产者-食租者群体和资产者-商人群体。但是，我们不能因此而得出结论说，这 18 个涉案或获刑的工匠都是赤贫者；实际上，他们大体上都处于平均水平，其中大多数人的家境属于他们各自所属工匠群体的中间偏上。这么说吧，假定 1578 年全体罗芒市民的平均年纳税额为 1.48 埃居，罗芒工匠的平均年纳税额则稍低一些，约为 1.2 埃居，他们之中的纳税额众数则为 0.8 埃居。与此相同，全体罗芒市民 1578 年的纳税额众数为 0.8 埃居。若将涉案或获刑的人群撇开不论，那么，纵观工匠群体，637 人中的 106 人(16.6%)的年纳税额低于众数 0.8 埃居，257 人(40.3%)恰好处在众数线上(0.8 埃居)，其余 274 人(43%)则相对宽裕，他们的年纳税额高于 0.8 埃居。

	工匠群体中的 18 个涉案或获刑者		**工匠群体的全部成员 637 人**	
年纳税额	人数	%	人数	%
0.8 埃居以下	0	0	106	16.6
0.8 埃居(众数)	7	38.9	257	40.3
0.8 埃居以上	11	61.1	274	43
总计	18	100	637	100

303 上面这些数字清楚地表明，从平均水平上看，涉案或获刑的工匠比罗芒的整个工匠群体的家境稍微宽裕一些。18 个涉案或获刑的工匠中，没有一人的年纳税额低于众数(0.8 埃居)，而在整个工匠群体中，年纳税额低于众数的人所占比重则为 16.6%(见上表)。此表的第二行(众数)中，涉案或获刑者和整个工匠群体所占百分比相当接近，前者为 38.9%，后者为 40.3%。再看第三行，涉案或获刑的 18 个人中，年纳税额高于众数 0.8 埃居的有 11 人，占

61.15％；而在整个工匠群体中，这个数字仅为 274 人，占总数 637 人的 43％，明显低于前一类人。从总体上看，与整个工匠群体相比，人数不多的涉案和获刑工匠稍稍宽裕些。

那么，这是否表明涉案和获刑的工匠主要是由比较宽裕的工匠组成的呢？绝对不是。获刑的工匠都不是赤贫者，他们大多处于工匠中的中层，年纳税额并未超过 3.8 埃居这条标志性的界线。在 1580 年没有获刑的工匠是整个工匠群体中的绝大多数，约占 97.2％；工匠中确有一些人相当宽裕，甚至可以视为富人，他们在 1580 年的纳税额超过了 3.8 埃居这条标志性的界线；这样的人共有 15 个，占总人数的 2.4％，而这个百分比在涉案和获刑的工匠群体中则为零。

就贫富程度而言，可以把罗芒的整个工匠群体细分为四等。依据从研究中获得的标准，自左向右显现在表中的是：下层工匠（＜0.8 埃居）、中下层工匠（0.8 埃居）、中上层（0.8—3.9 埃居）、 304
上层（＞3.8 埃居）。列表如下：

各等工匠的百分比

	下层	中下层	中上层	上层	总计
甲、整个工匠群体	**16.6％**	**40.3％**	**40.7％**	**2.4％**	**100％**
乙、涉案和获刑工匠	0	38.9％	61.1％	0	100％
丙、甲与乙之比	—	＃	＋	—	

从这个表可以看出，参与抗争的工匠，至少是他们的首领或最“狂热”和比较“狂热”的积极分子，既不是赤贫者，也不是他们中的家境相对宽裕者，而是来自工匠中最具代表性的那个层次即中下

层；而他们当中最具影响的人物，诸如球王塞尔弗、纪尧姆·罗贝尔-布吕纳、若弗鲁瓦·弗勒尔等人，都来自家境比较宽裕的中上层。

*　　　　　　*

民众运动的一些首领和活跃分子出自比较宽裕或相对富裕的工匠之中，我们可以借助 1580 年 2 月至 3 月罗芒的司法镇压文献，确定并辨认工匠中的这个层次，准确性比仅依据纳税资料要高一些。该是谁的就归谁。让我们从一号首领球王塞尔弗开始逐一审视。[1]球王死后，当局就他的死亡和被没收的财产，向他前妻所生的女儿和遗孀作出赔偿；我们从相关的文献中获知了一些有关他的信息，他确实拥有财产，尽管不多。罗芒事件发生之前的
305 20 年，即 1560—1562 年，球王大约年届 20—30 之间，此时他已经有了两次婚姻，而且都挺不错。第一次婚礼于 1560 年2 月 27 日举行，新娘名叫安托瓦尼特·托梅，是已故富商让·托梅的千金，托梅家族是当地名门，在罗芒城里和格勒诺布尔高等法院有着很深的根基。新娘为球王带来的嫁妆是 160 埃居，大体上相当于 2.2 公顷葡萄园。安托瓦尼特生下一个女儿不久后就一命呜呼，可能死于难产。20 年之后，球王被人打死，依然在世的女儿于是通过司法程序索还其母的陪嫁财产。丧妻之后的塞尔弗(此时他尚未被人称作“球王”?)于 1562 年 11 月 20 日再婚，新娘玛格丽特·鲁瓦隆出自罗芒一个声誉卓著的资产者家庭。球王塞尔弗死后的 1580 年春季，包括陪嫁和遗产继承在内，新寡玛格丽特的财产共

① 以下资料大多取自《伊泽尔省档案》，B 2039。

值 280 埃居，大体上相当于 4 公顷葡萄园。这就是说，球王生前的财产主要来自他的先后两任妻子，相当于 6 公顷葡萄园的价值。考虑到他本人作为织毯匠的收入，他的全部财产大约相当于 10 公顷的价值。他在离罗芒不远的村子佩林还有一些土地和一个谷仓，约值 15 埃居，相当于 2 公顷葡萄园。尽管算不得腰缠万贯，毕竟也不是揭不开锅的穷人，应该说是一个说得过去的小康之家。球王塞尔弗来自农村，出生于蒙米拉伊，或许是个农民家庭的孩子。1560 年他大概 20 岁到25 岁，在罗芒城里以织毯为业，这个朝气蓬勃的年轻人就像是一只生在农村、长在城里的公鸡，擅长各种体育活动，富有魅力。他的两次婚姻堪称高招，使他与本城托梅和鲁瓦隆这两个资产者望族成为姻亲，门庭因此而显赫，全家本应从此扶摇直上。在罗芒享有巨大声望的托梅家族，对塞尔弗这个为时甚短的女婿始终满意而且相当殷勤，这让人颇感讶异。得益于 1560 年代初期的两次婚姻，呈现在塞尔弗面前的锦绣前程似乎已经唾手可及，但在此后的 20 年中却或多或少成为泡影。球王塞尔弗过着相对体面而宽裕的日子，不过也就如此而已，他依然停留在工匠群体中，并未在进入商人群体的努力中获得成功；对于一个双 306
手散发着羊毛膻气的织毯匠来说，进入商人群体谈何容易。其实，塞尔弗具有特殊的领导才能，在体育、军事、群众、民俗和会社等领域，都能发挥出色的领导作用。他在工匠会社中赢得友情和赞赏，却不被资产者倾听和尊重。早在反叛发生前的数年间，他就开始与盖兰对垒。盖兰与他一样醉心于向上爬，但比他坚定而残忍，为达到目的而不惜一切。在一场实力对比失衡的决斗中，心肠太软的塞尔弗最终死于敌手。在此之前，罗芒工匠中的中间阶层

乃至宽裕阶层,并非全然没有机会成为市政机构主官的候选人,或是在其中担任某些职务。这是一场小作坊主与显贵们的争斗……球王塞尔弗自始至终知道如何利用圣布莱兹会,对于他和他的同伙来说,这是一条极其有效的"传动带",在这个会社中集聚了织毯匠的支持、梳毛匠的民间信仰,农民企盼丰收的传统习俗等。

球王之死并不是所有人的损失,对于盖兰来说更是如此,在他继续悄无声息的复仇行动中,竟然把已故球王的财产据为己有。1580 年,法官盖兰以 100 埃居的价格买下了被市政当局没收的球王名下的土地,送给他的新朋友和同谋、负责征收狂欢节事件中涉案和获刑者罚款的检察官让·吉古。但是,扩大的市议会决定(在盖兰授意之下?)将其中的一半即 50 埃居给予盖兰,以表彰他"为罗芒市作出的巨大贡献"。[①]这就是说,"买来"的这笔财产的一半无偿地圈进了盖兰的庄园。球王以其生命的陨落和他的土地,为盖兰家族作出了双重贡献。在此后的二百年中,盖兰家族令人震惊地崛起并日益强盛,终于成为势力强大的德·唐森家族,从中走出了达朗贝尔以及一位声名煊赫的红衣主教和一位慈祥精明的修女;16 世纪末期,这个家族在族徽上添加了一棵枝头挂满果实的苹果树。玩弄谐音[*]毫无高雅可言,但却毋庸置疑地道出了家族兴旺发达的根源。盖兰在 1585 年因操行和服务优秀而成为贵族,就在授予贵族身份的仪式上,他对族徽做了如下描述:"上部底色为红色,放着两只银色的盆子,下部底色为金色,中间是有一株连

① 罗芒市档案,CC 354(1580)。

* 苹果树 pommier 与球王 Paumier 读音相近。——译者

根拔起的绿色苹果[1]树”。盖兰假他人之手杀死了球王，被认为替公众办了一件好事，于是摘得了一根金树枝。盖兰家族的发迹始于球王之死，这个家族踏着球王的政治尸体和生物尸体走向荣华富贵……在罗芒，政权一旦到手，即使是通过卑劣的途径弄到手的，也会长久地存续下去，难以瓦解。 307

另一个获刑的工匠纪尧姆·罗贝尔-布吕纳，受尽酷刑后死在绞刑架上。他曾是球王的左膀右臂，他的年纳税额为 1.4 埃居，略高于罗芒工匠群体的平均水平 1.2 埃居，但低于全体纳税人的平均水平 1.5 埃居。他的经济状况并不好，但是，经济状况并不说明一切。这位联会的军师爷凭借其社会地位，是个同伙们言听计从的重量级人物。他在联会中拥有一张巨大的关系网，既与罗芒市内的联会首领有联系，也与罗芒城外的联会首领往来密切。他被捕后在狱中受刑之际，不经意间吐露了一些信息(在这种条件下泄露的信息究竟是真是假，自然值得斟酌)，致使罗芒地区有许多人在 1580 年 3—4 月间遭到逮捕。布吕纳很早就做小生意，长期混迹于罗芒的金融和税务行里。1579 年，他受到罗芒资产者和盖兰的器重，得到他们的信任，因而能对他们发挥影响。这一年的 5 月，罗芒市执政官们对他显然很信任。[2] 法官盖兰当时曾想利用

① “苹果树”后来不好意思地改为“月桂树”或“橄榄树”。参阅夸纳尔:《盖兰·德.唐森家族》,第 47 页;里瓦尔:《多菲内的族徽》,第 295 页;以及巴黎国立图书馆抄本部收藏的各种《多菲内的族徽》(18 世纪初)。册封盖兰为贵族的文书所署日期为 1581 年 10 月(《罗芒市年鉴》,第 17 页。)皮耶蒙笔下的球王,即 1579—1580 年造反头领的名字,经常被写作 Pomier。

② 布吕纳曾被执政官们委以重任(见吉利耶(Gillier)的信件,罗芒市档案,CC 491[79],1579 年 5 月 25 日)。

他为显贵们牟利，作为“保民官”去影响罗芒的下层民众，结果却令他颇感失望……

布吕纳不但被判处绞刑，还处以罚款 400 埃居，这对他来说当然不是一笔小数。作为一个工匠，布吕纳略有一点动产，或者说手头有一笔可观的流动资金。可是，在土地、葡萄园和显赫的婚姻方面，他却一无所有。他没有属于自己的房产，住在出租屋里。[①]由
308 于织毯需要原料，布吕纳大量收购羊毛，每次进货多达三百公斤。他的织毯活计恐怕不是他独自干的，他的妻子儿女等家人肯定都是帮手，此外或许还雇用一两个帮工或学徒。织出来的毛毯在出售之前当然就是他的财产，他把毛毯送到染色匠那里，按他的要求染色，一段时间后把染好的毛毯取回来出售。这项活计挣钱不多，他死后留下了一屁股债，欠羊毛商和染色匠的债款共计 170 埃居。

屠宰户若弗鲁瓦·弗勒尔被人称作“联会统领”，他是罗芒反叛者三驾马车首领中的第三号人物。在 1579—1580 年事件发生时，他大概已经四十来岁。从总体纳税水平来看，他的经济状况与涉案和获刑的工匠群体的基本状况相当吻合。1578 年，他纳税 2.4 埃居，比球王略多，比工匠的平均年纳税额高出一倍。他被处以绞刑和罚款，他的土地在他死后被拍卖，罚款和拍卖所得相加的数字，证实了我们的印象，他生前的日子确实比较宽裕，但并不富裕。屠宰户若弗鲁瓦·弗勒尔在罗芒城外的佩兰和皮桑松拥有价值 150 埃居的土地，在葡萄产区拥有价值 18 埃居的葡萄园和价值 62

① 罗芒市档案，CC 93，1578 年。纪尧姆·布吕纳的房主是埃内蒙·肖松·迪·皮埃里耶（Ennemond Chosson du Pierrier）。

埃居的土地；此外他还有两个葡萄园，一个价值 82 埃居，另一个价值 20 埃居。他在罗芒城里距沙佩里耶区不远有一处价值 152 埃居的房产，在另一个区里有一个牲畜棚和一个价值 51 埃居的院子。他的已知地产总值 534 埃居，相当于 7.5 公顷葡萄园。在当时的一般民众中，许多人的财产少于 1 公顷葡萄园的价值，对比之下，若弗鲁瓦·弗勒尔应该算是殷实之家了。他的动产虽然很不起眼，但也不容轻视。罗芒民众运动中最活跃的首领和积极分子首推织毯匠，排在第二位的是屠宰户，他们从未被人视为赤贫者。再者，若弗鲁瓦· 弗勒尔还与罗芒城里根基牢固的一些商人有生意上的往来，只是不总赚钱而已；他欠商人让·马尼亚（此人后来当上了执政官）30 埃居，迟迟没有还清，从 1567 年一直拖到 1580 年。[①]

马特林·德·米尔和安托万·尼科德尔在 1580 年获刑被绞 309
死，与组成首领班子的三驾马车球王塞尔弗、弗勒尔和布吕纳相比，这两个人的社会经济地位显然低了不少。马特林·德·米尔是个制陶匠兼面包师傅，安托万·尼科德尔则是个铁匠，他们分别在 1570 年和 1571 年结婚，当时的年龄大概在 35 岁上下。马特林·德·米尔的年纳税额为 0.8 埃居，安托万·尼科德尔的年纳税额为 1.4 埃居，大体上相当于工匠群体的平均水平或略低。由此可见，他们的财产少得可怜，但还不是赤贫者，因为比他们更穷的一无所有者大有人在，这些人的年纳税额仅为 0.2 埃居。留给米尔和尼科德尔两位遗孀的财产（包括陪嫁等），总共只值 50—60 埃

① 罗芒市档案，FF 19，1580 年 11 月，被处死的若弗鲁瓦· 弗勒尔的财产处理报告。

居,抵不上一公顷葡萄园。尼科德尔除了他的铁砧和大锤,还有一小块土地;米尔在 1579 年 7 月居然还得到执政官的青睐,受命骑马去乡下执行任务,不过为时不长。[①]他还忙里偷闲,担当维埃纳大主教在罗芒收取领主税的分包人,只是收益极小,有人在他死后算了一下,他的收入总共才有 4 埃居!这就是说,米尔的家境相当差。其他涉案或获刑的工匠的情况大致也是这样,他们的年纳税额未能查清,我们只知道他们死后地产被拍卖的情况。有一个名叫西蒙·蒂斯朗的铜匠,因参与 1580 年的反叛而被处绞刑。他于 1565 年结婚,由此推断,1580 年他大约 40 岁上下。他在圣富瓦济贫院旁边的雅克玛尔大广场上开着一个小店,全部资产约合 16 埃居,相当于 0.22 公顷葡萄园。他的遗孀可以收回的陪嫁约合 47 埃居,相当于 0.65 公顷葡萄园。外号“腿弯子”的屠宰户克洛德·泰罗,被缺席判处绞刑,并处以罚金 129 埃居。他的经济状况略微好一些,[②]在沙佩里耶和罗芒近处的佩林各有一块土地,约值 168 埃居,相当于 1.3 公顷葡萄园。

这就是我们能够收集到的有关这几个涉案或获刑的工匠的大
310 致情况,其中包括 5 个织毯匠,3 个屠宰户,1 个面包师傅,1 个制陶匠兼面包师傅,1 个鞋匠,1 个铁匠。总而言之,这些工匠较好地体现了参与反叛的各类熟练工匠的职业身份。

*　　　　　　*

宽裕也罢,拮据也罢,这些工匠都处于赤贫者的门槛之外,准

① 罗芒市档案,CC 491(48),1579 年 7 月 11 日。

② 罗芒市档案,FF 19,肉铺典契。

确地说，他们的年纳税额均超过 0.7 埃居。然而，与工匠中的上层相比，他们却又差得很远。从 1578 年的税册获知，这些开店或是经营作坊的上层工匠共有 15 个，人均年纳税额超过 3.8 埃居，而涉案或获刑的那几个工匠的人均年纳税额介于 0.6—3.8 埃居之间。这 15 个殷实的工匠无一参与反叛，无一介入民众运动。按理说，他们也属于第三序列，即工匠群体，可是对于其他工匠们提出的要求，他们宁可采取一种谨慎的观望态度。事实上，他们觉得自己的地位与商人即第二序列更加接近。有一个现象很有意思，在我们所见到的文献中，一些比较富裕或中间偏上的工匠，有时被称作商人，有时被称作工匠，也就是说，依照他们的专长分别被称作织毯匠、梳毛匠等。这个现象说明，从一个序列上升到另一个序列，从一个等级跨入另一个更高的等级，尽管相当困难，但并非全然不可能。以球王塞尔弗为首的这个层次的工匠，虽然占据着工匠群体的战略中心和要津，但是并未把这个群体的最上层人物控制在自己手中，这些上层人物期盼着有朝一日成为商人中的一分子，尽管不那么容易。

* *

现在再说说因参加反叛而获刑者中居住在罗芒城里的农民。这些种田人中有的是自耕农，有的是佃农，有的是车夫，有的是在大田或葡萄园中卖力的短工。这个群体在经济方面的上中下层，与工匠群体中的上中下层没有多大差别。涉案和获刑的农民中没有一人来自当地农民中的宽裕或富裕户，没有一人的年纳税额超
过 1.6 埃居。但是，他们也都不是赤贫者，没有一个人的纳税额低 311
于 0.8 埃居。属于第四序列的 7 个获刑者是让・沙普雷索、外号

“拉古斯”的让·莫拉、外号“小家伙”的艾蒂安·罗梅斯当、路易·法约尔、让·里尔、纪尧姆·里尔、让·特鲁瓦雅希尔。他们的财产状况差距很小，1578 年的纳税额全都介于 0.8—1.6 埃居之间，基本上处于罗芒的 478 个农民及其亲属这个群体的平均水平上。罗芒城内的农民平均年纳税额为 1 埃居，涉案或获刑者中农民的年纳税额为 1.1 埃居，仅比农民群体的平均纳税额略高一点点，而罗芒市民的平均年纳税额则为 1.5 埃居。

比较宽裕乃至富裕的种田人纳税较多，低的为 1.6 埃居，高的可达 12 埃居。宽裕或富裕的种田人共有 45 人，占罗芒全体种田人的 9.4%；他们与宽裕或富裕的工匠一样，全都没有参与民众的反叛活动，反而倒是比较倾向罗芒的两个占据统治地位的群体，即士绅-资产者和商人，他们对双方的争斗不但持观望态度，甚至还充当这两个统治群体的帮凶。在这些宽裕或富裕的种田人中，没有发现一个涉案或获刑者。[①]

以年纳税额 0.8 埃居（即介于 0—0.6 埃居之间）为标尺画线，种田人群体中低于这条线的穷人共有 143 人，比这些穷人略微宽裕一些的中间层共有 290 人，涉案和获刑者全都出自这个中间层，宽裕或富裕的上层种田人只有 45 人，这个层次中没有一人涉案或获刑。绝大多数穷人都是狂欢节上各个民众“王国”的支持者，但是，他们当中没有一人在其中担任干部。他们在民众运动中的角

① 我在前面为这些种田人规定的的富裕标准略高于本章中使用的标准。这是因为在确定这个标准时，我考虑到了罗芒社会中排在前百分之十的那些人，而为简化起见，我在本章中把年纳税额高于 1.6 埃居的种田人一律视为他们中的上层，因为高于这条线的种田人中没有一人涉案或获刑。

色，与其说是积极分子，莫如说是追随者。

从总体上看，种田人介入反叛活动，是他们所属的会社引导和推动的结果，其中最主要的就是圣灵会，这个组织宛如汽车上的离合器，把种田人与1578—1579年的民众运动啮合起来了。圣灵会的中层成员是一些居住在城里的小土地所有者和农民，他们大多卷进了反叛活动，但基本上只是随大流，跟着闹事，并未起领导作用，尽管他们中的一些人后来也在镇压中成为受难者。罗芒下层民众运动的首领们不扶犁，也不耍弄镰刀，只会织毯和割肉，他们不是泥腿子，而是球王塞尔弗、纪尧姆·罗贝尔-布吕纳、若弗鲁瓦 312
·弗勒尔这样的织毯匠和屠宰户。

*　　　　　*

上面这段关于狂欢节后镇压民众的叙述，[①]可能有些枯燥乏味，敬请读者原谅；但是，这些史实使我得以在点状研究的范围内，以更加具体的方式提出长期存在于民众起义史研究中的一些问题。

波里斯·波什涅夫认为，城市起义表达了平民群体的失望、要求和企盼，这个群体主要是工匠，有时也包括一些居住在城里的农

---

① 在这次司法镇压中，格勒诺布尔高等法院特刑庭处决了11人，球王塞尔弗不包括在内，因为他此前已经被人打死；他在司法镇压中缺席被判绞刑，执行绞刑时把他的模拟人像吊在绞刑架上。此外还有33人被判死刑，但这些人都已逃离罗芒，因而对他们的审判都是缺席审判，死刑也因此而未能执行。参阅盖兰的匿名文书，第170页；安德烈·拉克鲁瓦：《1890年前的罗芒》(André Lacroix，*Romans avant 1890*)，载《德龙省考古和统计学会学报》，1897年，第397页；于利斯·舍瓦利耶：《宗教战争期间罗芒编年史》(*Annales de Romans pendant les Guerres de religiion*)，载《德龙省考古和统计学会学报》，1876年，第68页。

民或种田人。洛朗·穆尼耶则认为,此类起义或多或少都是在显贵、贵族和官员的操控下发生的……他们暗中煽风点火,挑动民众的愤懑,[①]竭力利用他们挑起下层民众的骚乱,借以对承担着国家未来命运的国王政府进行抵制。

就1580年的罗芒而言,波什涅夫言之有理;罗莎·卢森堡也说得对,她是研究群众自发性的理论家……罗芒事件的首领和事后获罪者中,只有一个人可以算作上层人物,那就是外号尚隆人的米歇尔·巴尔比耶。然而,他是个外乡人、外来户,与罗芒没有多少关系,在罗芒城里没有发挥过任何作用,他的主要活动范围是在罗芒以外的乡间。所以,根据前面列出的所有其他涉案者的数据,我们有理由肯定,罗芒起义的核心和主心骨首先是工匠,其次是种田人。球王塞尔弗及其同伙,曾与莱迪吉埃的手下以及盘踞在阿尔卑斯山上的胡格诺派贵族保持联系,但是,此事全然不能用来证明,城市平民的首领完全处在贵族的操控之下。事实是,这些首领是自主行事的,至少在他们内部是这样。

313 如果同意波什涅夫的看法,那就应该审视一下,在16世纪的罗芒,工匠和农民究竟扮演着么样的角色。

这是一个极端重要的角色……罗芒全城居民在1578年缴纳的税额为1932.4埃居,其中的764埃居为工匠群体即第三序列所缴,约占总额的39.5%;497埃居(25.7%)为种田人即第四序列所缴。这两个群体中的熟练或非熟练劳动者的纳税额,约占该市税

---

① 洛朗·穆尼耶:《社会契约的先驱》(Roland Mousnier, *Précurseur du contrat social*),1954年;《农民的愤怒》(*Fureur des paysans*),1978年,第460页。

金总额的65.5％，即三分之二；而他们的人数约占该市全体纳税人的85.5％。[①]

税收尽管有某些不公正之处，但毕竟是依据土地册和每个纳税人的不动产状况确定的，所以，总体上与纳税人的经济状况基本相符。罗芒既然不是一个以行政、司法和军事为要务的城市，生产功能自然就格外重要（恰如当今的工业重镇一样）。但是，与20世纪的工业化城市不同，罗芒的生产活动主要集中在手工业、小型土地耕作和葡萄种植方面；在以家庭为生产单位的基础上，手工业和小型土地耕作在罗芒的经济活动中占据首位。在平安无事的年月里，地方上的手工业和小型土地耕作与政治几乎没有任何瓜葛；然而，一旦发生民众起义，情况就不一样了。在巴黎，联会的活动把麇集在司法界的大小官员推向第一线；在罗芒，骤然被推到舞台前面的是织毯匠、屠宰户和葡萄园的果农，其实，他们原本是这个舞台的后台工作人员，对这个舞台的种种机关向来都非常熟悉；他们在舞台前面的骤然强势出现，迫使盖兰之流上层统治阶级中狡诈而可怕的人物，先是暗施诡计，与他们虚与委蛇，接着把他们一举击垮，杀鸡给猴看。

平民起义只是昙花一现，而工匠和农民却勇往直前，一直发展到采取激烈的政治行动，他们的角色尤其是主角的分配都有一定

① 罗芒的纳税人总数为1304，其中工匠637，种田人478，合计为1115（参阅本书第一章）。我们再次见证了农业人口所占的巨大比重（36.7％），正因为如此，罗芒的民俗不乏乡土气。我在这里使用的“民俗”一词，是取其词源或一般意义，丝毫不含贬义；而法弗雷－萨达出于完全正当的理由，在他的著作中赋予民俗一词以轻微的贬义。见法夫雷－萨达：《波卡日地区的巫术：词汇、死亡和命运》（J. Favret-Saada, *Les mots, la mort, les sorts: sorcellerie en Bocage*），1977年，第15—16页，注2和注3。

314 规律可循，绝非偶然。工匠在整个运动中掌控着操纵杆，居住在城里的农民所充当的只是第二小提琴手；这种情况事出有因：罗芒的种田人群体处在社会的最底层，他们比工匠更穷。

在这两个参与反叛的群体内部，富裕的工匠和农民游离于联会运动之外，在这一点上，雅克玛尔区工匠的亲盖兰态度就非常典型。这些富人或富裕的工匠和农民，在罗芒的两个统治集团（食租者和商人）面前，或是采取观望态度，或是干脆直接充当帮凶。他们背叛了自己所属的社会集团，即熟练的手工劳动者。

因而，起义首领们被富裕的工匠和农民投以白眼，与此同时，他们也以另一种方式排斥年纳税额不高于 0.8 埃居的赤贫者。公证人皮耶蒙指斥罗芒的富人“靠剥夺穷人致富”；（皮耶蒙，第 88 页）在他看来，发动起义的绝非穷人，他们是在球王的朋友和同伙的引导下参与其事的。其实，在圣布莱兹会、山鸡王国、野兔王国以及其他重要活动中，都可以见到赤贫者的身影，因为罗芒不但制造了一些赤贫者，还接受了一些外来的赤贫者。[①]赤贫者在任何时候都不曾领导运动，不曾主动出谋划策，他们始终处在行会和会社领导人的领导之下，更广泛地说，他们始终处在中下层工匠（在种田人的辅佐下）的领导之下；1578 年这个层次工匠的纳税额为 1—2 埃居或稍多。

无论在罗芒人的口头传说中或是在罗芒的司法镇压档案中，始终看不到下层民众中的妇女，没有一个妇女被绞死、被拷打、被

① 关于罗芒的穷人，参阅 1579 年 12 月和 1580 年 1—2 月的市政会议记录，其中关于施舍亏空问题的讨论占据了许多篇幅，此事当然与穷人相关。

判刑。不过，我们切莫因此而以为盖兰对妇女尚有些许恻隐之心。其实，妇女在斗争中发挥了一定作用，只是极少为人所知而已。在罗芒狂欢节中，见不到 1793 年打着毛衣列席国民议会的妇女，也见不到 1871 年巴黎公社期间用火油纵火的妇女，更见不到 1645 年起义中的女队长，遑论投石党起事之前蒙彼利埃领导妇女造反 315
的女首领伊丽莎白・布伊索纳德。与此相似的是年轻人，他们在整个运动中也难见踪影。已知的反叛首领都不是青年，而是 30 岁到 50 岁的壮年。倒是在敌对阵营中，在具有资产者倾向的老鹰-公鸡王国和山鹑王国中，我们见到了几个颇有风采的妇女、青年，在邦古维尔王国中也有几个令人注目的小伙子和年轻战士。

*　　　　*

关于罗芒城里的反叛领导人的话题就此打住，下面说说农村的反叛领导人。这里所说的农村，是指罗芒的近郊和稍远的乡下。农民的各个阶层在农村反叛领导人身上得到了准确的体现，他们共有 14 人，其中 13 人事后获刑，所以他们的职业状况有案可查。这 13 个人中只有一个是农村小贵族，那就是屈西奈尔队长，圣安托万镇公所欠他 600 埃居，这说明他不是穷人。两个城堡主（请注意，这个头衔仅仅表明他们的职务，他们即使是乡绅，也肯定不是贵族）；两个书记员（大体上略高于如今的镇公所秘书）；一个律师；一个公证人；这几位因其职业缘故，理所当然地成为首领。此外还有两个小客栈老板、一个磨房主、一个资产者（具体身份不清）、两个种田人。靠卖力气吃饭的短工肯定卷进了反叛和农村地区的武装斗争，他们之中没有人出现在领导层中，但是，在发生激烈的流血斗争时，他们大概会对领导层产生较大影响。我们所掌握的这方面的信息，关于罗芒的并不多，关于卡拉镇(瓦尔省)的倒是比较详尽。在 1580 年对抗当地劣绅的斗争中，这个镇的镇议会分为三派，一派支持劣绅本人，一派支持劣绅的儿子，一派(抗争派)以劣绅的所有族人为敌。[①]对于多菲内省的情况，我们了解的较多一些，据此可以认为，农村举行反叛的决定是由当地的行政机构和议会共同作出的，有许多年轻成员的民间组织和集会也发挥了主导
316 作用，行政当局和民间组织有时也会丧失权威，失去对当地下层民众的控制，诸如短工、处在社会边缘的人群等。在这场农民战争的领导群体中，下层教会人员的缺席引人瞩目，很显然，这是一个非教会化的领导群体。[②]多菲内省的起义农民与 1548 年法国西南部的起义农民，以及 1639 年在诺曼底举行反抗的光脚汉大不相同。在那两次农民起义中，农民们跟在本堂神甫后面攻击王家军队和收缴盐税的官员，多菲内省的一些地区虽然依然信奉天主教，然而，那里的下层教士是否由于胡格诺派得势而失去了民众的信任？是否因为经受了内战之苦而厌恶社会无序状态？常言道，瘦猫怕凉水……

总之，多菲内省民众运动的两类领导人之间存在着惊人的差异。从市民首领身上明显地看到的是一个分裂的城市社会，即工匠与资产者的对抗；而聚集在反叛的农民首领身边的则是基本上

① 布里厄：《卡拉老爷谋杀案》，1868—1867 年。

② 同样现象也见于普罗旺斯省，那里的民众反叛领导人中有时可以见到官员，却从未有过教士，也不曾有过佩剑贵族。(参阅皮洛尔热的论文《普罗旺斯的起义运动》，第393 页)

团结一致的农民，他们的反抗对象是贵族。[①]我们注意到，在上层人物身上存在着某种交叉现象。有的城堡主和书记官被视为领主或特权阶层的帮凶，因而成了反叛者的打击对象和受害者，例如在克莱里厄男爵领地便是如此。但是，在距罗芒稍远一些地方，例如莫拉、博尔派尔和圣瓦里耶等地，有的城堡主和书记官乃至小贵族却成了反叛者的首领；究其原因，既有个人因素，也有地方环境因素，总起来说，这些人能与当地农民和睦相处，彼此之间存在着某种程度的友情。最令人称奇的莫过于贵族安德烈·布维耶，此人是个胡格诺派，既是兵痞，又是土匪，1578 年农民开始高举义旗开始农民战争时，他是农民的死敌；可是到了 1580 年，当起义农民看到前景不妙，走投无路之际只得投奔胡格诺派首领莱迪吉埃时，布维耶却变成了他们的首领。[②]他正是圣经所说的第十一个时辰的工人，也就是在最后时刻成为首领的人。时隔不久，朝秦暮楚的布维耶果然故伎重演，把他的新朋友们出卖了……

不过，布维耶只是极个别现象。无论罗芒狂欢节或是这场农民战争的领导人，他们的情况在司法镇压档案中都有清晰的记载，可以肯定的一点是，他们大多出身于城市的中层工匠和农村中影

---

① 反叛农民的首领的名单如下：屈西奈尔（莫拉的一位贵族）、比松（奥特里夫的磨房主）、圣瓦里耶和博尔派尔的书记官、莫拉的城堡主、贝尔格拉德的王家公证人（被处 1000 埃居罚金，并被判绞刑）、律师米歇尔·巴尔比耶（来自圣保罗）、一个（库尔松）的资产者、一个（库尔松）的小客栈老板，一个（库尔松）的磨坊主，等等，此外还有两个种田人。关于这些人的情况，参阅范道仁的论文《16 世纪多菲内地区的战争、税收和社会抗争》，第 321 页，第 353 页；以及他的《1579—1580 年的罗芒起义》，1974 年。此外还可参阅皮耶蒙《回忆录》，第 96 页、第 98 页、第 179 页。

② 布兰-杜朗《多菲内人物志》，布维耶条。

响力较大的中层农民。反叛首领中的大多数是工匠,这一事实丝毫不令我们吃惊,因为,罗芒地区的反叛者曾经要求某个司法官员担任他们的头头,遭到断然拒绝后,[①]转而在民众当中挑选店主或作坊主之类的人领着他们干。居住在乡下的农民追随公证人或书记官的领导,而人数众多的居住在城里的种田人(约占市民总数的三分之一)没有仿效他们的乡下同行,他们聚集在工匠头领的旗帜下,并且把他们的民间传统习俗贡献给市民,由“节日委员会”安排利用。

① 参阅卡特琳娜・德・梅迪奇的信件,第 VII 卷,1579 年 9 月 6 日。

第十一章　范型、会社、“王国”

仅仅依据格勒诺布尔高等法院的档案资料，还不足以弄清楚此次反叛的社会基础；从更大范围看，罗芒狂欢节处在城市运动和 318
更为壮阔的乡村运动的交汇点上。我将深入分析这两个运动的复杂性，并尽可能采取比较史学的角度。

在法国南部奥克西坦尼地区和法兰西-普罗旺斯地区，城市内部的帮派之争和社会阶级斗争大体上分成两种范型，为简化起见，我们不妨分别称之为卡尔·马克思范型和伊本·赫勒敦范型。[①]伊本·赫勒敦是14—15世纪地中海国家的一位杰出社会学家，据他分析，这种斗争是帮派之争，是两个敌对家族的帮派之争，而彼此对立的两个帮派都属于上层，都是富人（例如1644年发生在阿尔勒的两个贵族之间的争斗[②]）。两个家族中的一个掌握更多的权力，另一个则处于反对派地位，两派为笼络民众而展开殊死搏斗。在第一种范型（下文简称马克思范型）中，这场争斗便是阶级斗争，一方是工匠、农民和民众，另一方则是资产者中的显要人物乃至贵族。1637年发生在阿尔勒的起义为此提供了另一个实例。

① 参阅赫勒敦著作的法译本，1967年，第II卷，第777—779页。

② 皮洛尔热：《普罗旺斯的起义运动》，第528页及以下。

当然，在这两种范型之间，存在着许多介乎两者的变型。从总体上看，这两种范型大概是多数，两个敌对的统治集团之间的争斗，往
319 往会变成一场以统治寡头为一方、以基层民众为另一方的斗争，因为在此类帮派斗争中，基层民众通常会支持敌对双方中的某一方，成为其具有象征意义的临时聚集点（1649—1651 年的埃克斯起义便是如此）。①

1579—1580 年的罗芒事件所展示的，是一个纯而又纯的阶级斗争范型。从 1570 年到 1720 年，发生在法国的许多地区（普罗旺斯、法兰西-普罗旺斯、阿基坦等地）的城市民众起义中，同样可以发现此类阶级斗争，只是有时不那么清晰而已。聚集在自己的行会或会社中的中层工匠们，携手反对富商、上层司法官员和居住在城市里的地主。在罗芒和其他若干城市（阿尔勒、埃克斯等）里，有一些居住在城里，但每天都要走出城门到田间劳作的农民，他们与乡间的农民携手合作，成为乡间农民中的一员。处在边缘的那些人（流浪汉、乞讨者等）怎么样呢？在罗芒，此类流民无产者确实存在，在全体居民中占有若干百分比，但是，与其他城市不同，在罗芒民众的反叛运动中几乎见不到这些人；与此相似的是平民妇女，她们也没有出现在斗争中。与之相反，在此后的几百年里，大批妇女参加了为生存而进行的斗争。在罗芒狂欢节显贵们的活动中，我们倒是常常能够见到资产者太太小姐，她们既是看客，更是被观赏者、被觊觎者……

勒内·皮洛尔热依据他对近代普罗旺斯地区所作的统计指

① 皮洛尔热：《普罗旺斯的起义运动》，第 587—631 页。

出，城市骚乱是集体行动的最常见形态之一，骚乱造成了以社会下层为一方、以社会上层为另一方的对立局面。[①]罗芒从 1579 年开始进入这种屡见不鲜的状态。罗芒市民中的抗争分子提出的要求，反映了长时段中平民的失望情绪。恰如 1378 年佛罗伦萨下层工匠的起义，1579 年罗芒的工匠们尤为关注的也是压在他们头上 320
的各种税赋，特别是市政当局的税收和债务。工人的薪酬水平反倒没有遭到非议。皮洛尔热、卡斯唐和贝尔塞等人在他们各自的著作中指出，在法国南方，从 1570 年直到 1789 年，民众的要求普遍没有涉及工人的薪酬……在这个问题上，16 世纪里昂印刷工人的大罢工是个孤立的特例，是出现在新型先进行业中的典型事件；在此后的很长一段时间里没有仿效者。此外，与既是工人又是老板的“独立”小作坊主相比，罗芒手工业中的伙计或帮工似乎很不起眼。与作为一个整体的手工业相比，受薪者的要求或罢工活动都起不到多大作用；与此相对照，在为拒缴间接税而举行的抗议活动中，工匠们的参与积极性很高，尤其是那些既是工人又是老板的工匠。

抗议者们向地方政府提出的要求收到了一些成效。比如，在老百姓的要求下，依照老百姓提出的标准，更换了罗芒若干区的卫队队长；又如，织毯匠球王让·塞尔弗、纪尧姆·罗贝尔-布吕纳、屠宰户弗勒尔、鞋匠让·雅克、弗朗索瓦·罗宾以及联会的其他民众首领，都以正式身份参加罗芒市议会的各次常会和扩大会议，自 1579 年 2—3 月“事件”后，他们都被接纳为“特别超编”议员，并且

① 皮洛尔热《普罗旺斯的起义运动》，第 388—389 页。

一直保持这个身份到1580年2月丰盛星期二，这一天，他们有的被杀，有的被捕，有的远走他乡。不过，尽管拥有“特别超编”议员的身份，他们在市议会中始终是少数，难以与支持罗芒“旧制度”的多数派相抗衡，抗衡以“旧制度”的胜利告终。他们也没能闯入执政官圈子，成为罗芒最高领导班子中的一员；他们更没能把盖兰从他难以撼动的法官位置上拉下来。罗芒民众在获取政权方面的表现相当平庸，远逊于1649年投石党起义中的波尔多“榆树党”；波尔多的工匠在“榆树党”内发挥了巨大作用，起义人群一度夺取了波尔多市大小议会的主导权。

英国历史学家汤普森认为，直到18世纪，英国民众运动的根源一直存在于以工匠和独立小店主为主的城市平民之中，帮工伙计和受薪工人的作用微不足道。发生在罗芒的这次微型革命与汤普森的分析比较契合。汤普森赞同阿贝尔·索布尔的看法，把以
321 工匠和小店主为主的平民比作法国大革命中的“无套裤汉”……在传统城市中永恒存在的“无套裤汉”。罗芒是一个手工业和制造业比较发达的城市，工匠的作用相当重要，而阿尔勒是一个农业城市，那里参与骚乱的主角是短工、农民以及脱离本阶级的贵族，工匠的作用自然无法与罗芒的工匠相比。罗芒平民要求重新制定与税赋、债务以及议会中各类人员比重有关的规章条款，其目的在于争取比较公平的标准，回归已被显贵们特别是盖兰法官破坏的罗芒人的传统价值观。但是，罗芒平民远远未能明确地提出新的、平等的价值观。新的价值观正在孕育之中，但是，担负起这个意识形态孕育重任的，却是维埃纳的资产者首领让·德布尔格。事实上，真正倡导人人平等和人民主权思想的人，是后来的让-雅克·卢

梭，在反对由市议会挑选的寡头执政者的斗争中，他是日内瓦平民的勇敢的代言人。不过，多菲内省从 1600 年已经朝着这个方向开始了自己的努力(参阅本书第十四章)。

在人民主权方面，与 1599 年普罗旺斯省的一个小镇奥里奥尔的平民相比，罗芒平民胆怯得多，[①]遑论此后的让-雅克·卢梭。奥里奥尔人要求通过民选产生执政官，中世纪或许曾经实施过这种镇民民主制(?)，若如此，对于奥里奥尔人来说便是荣誉回归。这样一来，法国在 16 世纪末普遍实施的显贵推举制，原则上就将终结，难以阻挡的地方权贵势力日盛的趋势也将受到抑制，而自文艺复兴以来，这个趋势一直与王家官僚政治的扩大和巩固齐头并进。

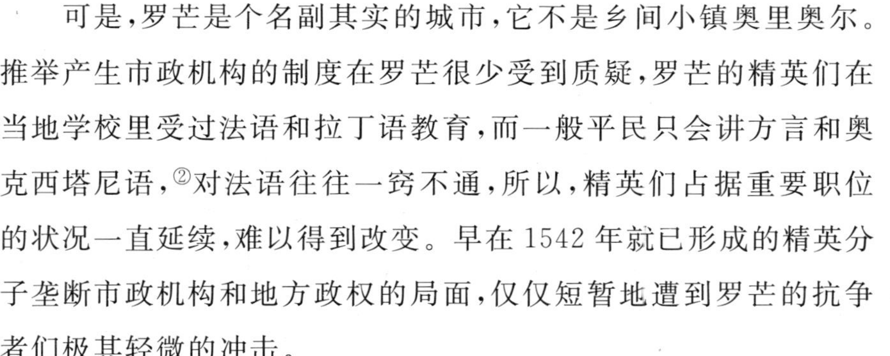

可是，罗芒是个名副其实的城市，它不是乡间小镇奥里奥尔。推举产生市政机构的制度在罗芒很少受到质疑，罗芒的精英们在当地学校里受过法语和拉丁语教育，而一般平民只会讲方言和奥克西塔尼语，[②]对法语往往一窍不通，所以，精英们占据重要职位的状况一直延续，难以得到改变。早在 1542 年就已形成的精英分子垄断市政机构和地方政权的局面，仅仅短暂地遭到罗芒的抗争 322
者们极其轻微的冲击。

然而，这些抗争者对显贵们构成了潜在的威胁，这正是新贵族最终发起暴力反击的原因之一。他们担心球王会把城外的农民朋友放进城来袭击富人，由于盖兰采取了弹压措施，这种担心才没有

① 皮洛尔热:《普罗旺斯的起义运动》，第 170—171 页。

② 罗芒位于奥克西塔尼的北部边缘和法兰西—普罗旺斯的南部边缘。

变成现实。不过，这种担心并非杞人忧天，1630 年在埃克斯的一次激烈的城市起义中，城郊农民确实进了城，肆无忌惮地劫掠他们所痛恨的寡头们的住所。[①]

显贵们还有一个挥之不去的心病，也被用作进行血腥弹压的借口，盖兰指控抗争者们瓜分富人的财产……以及比穷人的妻女漂亮和年轻的富家女子。对抗争者们的另一个指控则虚实参半，说它虚，是因为言过其实，说它实，是因为确有其事：在文艺复兴时期城市的街头和房舍里，发生过多宗集体性侵犯事件。对于球王塞尔弗和罗贝尔-布吕纳等规规矩矩的首领来说，瓜分富人财产并非他们的真实意图，所以盖兰的这一指控多少具有妖言惑众的成分。然而，造反劲头最足的那些抗争者在头脑发昏、忘乎所以的时刻，可能确实干过这种事。在 1609 年前后，普罗旺斯确实出现过此类瓜分富人财产的举动，同样的事情 1627 年见于鲁尔格，1670 年见于维瓦赖。把所有富人扔进洞穴里……分他们的财产……是时候了，陶罐砸碎铁罐的时候到了。[②]可是，话虽这样说，想要把它变成事实却谈何容易，至少在旧制度下永远做不到。在罗芒和在其他地方一样，这种行为只是少数人的一种朦朦胧胧的想法，只有 1524 年疯狂追随闵采尔的那些世界末日论者，曾经朝着这个方向走得很远。

罗芒平民在提出他们的那些被视为扰乱社会秩序的要求时，既没有借助世界末日论，也没有求助于新教教义和圣经的教诲，更

① 皮洛尔热：《普罗旺斯的起义运动》，第 333—334 页。

② 皮洛尔热：《普罗旺斯的起义运动》，第 7 页；参阅《朗格多克的农民》，1966 年，第 I 卷，第 502—608 页。

不像 16 世纪德国的再洗礼派、1524 年闵采尔的门徒们以及 1650 323
年英国的温斯坦莱的追随者们那样以千禧年主义作为依据。不错，在 1550—1560 年间，罗芒的工匠们曾经为胡格诺派的宗教改革激动万分，但是，他们中的大多数在 1570 年以后就与胡格诺派分道扬镳了。[1]究其原因，圣巴特洛缪之夜把他们吓坏了，尤其因为在罗芒，胡格诺派首领不是被杀便是被抓，而主使者都是盖兰。所以在 1572 年之后，胡格诺派的幸存者们纷纷踏上了流亡日内瓦之路。还有另一个原因：莱迪吉埃之流的贵族和野心勃勃的大人物掌控下的胡格诺派，把多菲内省的新教变成了他们个人势力范围，这就让许多小老百姓非常反感。我们之所以对罗芒人的反叛抱有浓厚的兴趣，并非因为造反派利用了新教思想，其实，这种思想在罗芒是不存在的，或者说是不起作用的。我们的兴趣源自对象征性的和民俗性符号的极为丰富的运用，[2]相互为敌的双方都从这些符号中找到了行动的理由和支持。[3]

---

① 参阅美国历史学家本尼迪特在普林斯顿大学答辩的论文《16 世纪的鲁昂》(R. Benedict, *Rouen au XVIe siècle*)。

② 安萨特(P. Ansart)，1977 年，第 105 页。

③ 关于以上这些论断，参阅以下比较史学著述：沙尔捷：《波尔多的“榆树派”》(Chartier, *L'Ormée de Bordeaux*)，载《近代和当代史评论》(R. H. M. C.) 1974 年 4 月号，第 279 页及以下(韦斯特里奇的新书评论：《榆树派……》)，巴尔的摩，1972 年，此书的法文译本(译者：Cavignac)，载《阿基坦社会研究所手册》(*Cahiers de l'IAES*)，1973 年，第 3 期；贝泰里：《文艺复兴城市中的寡头与政府》(S. Bertelli, *Oligarchie et gouvernement dans la ville de la Renaissance*)，载《社会科学信息》(*Social Science Information*)，1976 年，XV，第 4—5 期，第 601—624 页；关于多菲内省的贫民和流浪汉，参阅坦恩市档案，BB I，1578 年 8 月 3—9 日；莫拉和乌尔夫：《蓝指甲与佛罗伦萨 1378 年的反叛者》(M. Mollat et PH. Wolfe, *Ongles bleus...et Ciompi*)，巴黎，1970 年；德拉龙希埃：《佛罗伦萨》(CH. de La Roncière, *Florence*)(未版论文)，第 III 章；汤普森：

*　　　　　　*

我在这里所说的民俗，是指它最广泛的含义，也就是民间传
324 统。毫无疑义，无论从哪个角度讲，罗芒狂欢节都与民间传统息息
相关。从组织方面看，平民和资产者都经由会社的中介参与狂欢
节的活动，这些会社承担着动员和聚集罗芒社会各阶层的使命，使

(接上页注释)

《英国……统治模式》(E. P. Thompson, *Mode de domination...en Angleterre*)，载《社会科学研究研讨会文集》(*Actes de la recherche en science sociale*)，1976 年 6 月，《英国劳动阶级的形成》(*The Making of the English working class*)，伦敦，1968 年，第 167—172 页；索布尔：《无套裤汉》(A. Soboul, *Sans-Culottes*)，第 442 页。关于日内瓦工匠和卢梭，参阅保罗·基绍奈：主编《日内瓦史》(Paul Guichonnet, *Histoire de Genève*)，图卢兹，1974 年，第 237 页及以下；关于中东部的工匠及其作用，参阅加斯贡：《16 世纪里昂的大商业》(R . Gascon, *Grand Commerce...au XVIe siècle, Lyon*)，巴黎，1971 年，第 421 页；关于法国南部的起义类型，参阅皮洛尔热：《普罗旺斯的起义运动》，第 151、420、427 页(培根文本)，第 48—51 页(议员的挑遴选)，第 58 页("最显著")，第 182、189、223、233 页；第 52、169 页(奥里奥尔，1599 年)；第 512 页(酒吧罢市)；第 630 页(屠宰户的行动)；第 630 页(1630 年埃克斯起义)；第 846 页(德拉基尼昂，1619，农民对抗工匠，他们背后的两个统治集团)；第 656、666 页(1651 年埃克斯的鞣革匠)；第 717 页(欧巴涅对立的两派，农民群众运动)；第 508 页(1637 年阿尔勒与桥梁坍塌相关的民众对抗"大户"的斗争)；第 162、164、169、930 页(受薪者的特殊行动极少，往往具有反对市政当局的性质)，请与卡斯唐《诚信与社会关系在朗格多克，1755—1780》(Y. Castan, *Honneteté et relations sociales en Languedoc, 1755—1780*)，第 333 页对比；第 320、333、344 页(1630 年农民进入埃克斯以及农民的抢劫)；第 386—388 页(关于民众运动统计数字)；第 7、492—431 页(针对富人的"革命"进攻)；第 982 页。关于我研究的那个时期以后因生计无着而发生的骚乱的发展状况，参阅贝尔塞《农民造反史话》第 I 卷，第 231 页(维尔佛朗什-德鲁尔格的小民造反)，贝尔塞：《农民造反史话》第 I 卷，第 294—295、326、334 页(波尔多的反叛工匠等)。关于再洗礼派，参阅弗里森：《马克思对再洗礼派的诠释》(A. Friesen, *The marx interpretation of Anabaptism*)。载卡尔·梅耶：《16 世纪散论》(A. Meyer, *Sixteenth Century Essays...*)圣路易，1970 年。第 I 卷；汉斯·J. 希莱布兰特：《有关托马斯·闵采尔的书目》(Hans . J. Hillerbrand, *Thomas Müntzer, a bibliography*)。第 4 卷，(宗教改革中心圣路易研究，1976 年)。一般性论述：柏拉图：《理想国》，第 4 卷，第 422 节(城市中富人与穷人之争)；洛朗·巴尔特：《爱情演说片断》(Roland Barthes, *Fragmnets d'un discours amoureux*)巴黎，1977 年，第 244 页(战争目的偏离)。罗伯特·达赫勒：《谁在统治》(Robert Dahl, *Who governs*)耶鲁，1975 年(政权从显贵转移到农民手中)。

它们都能参与集体行动和节日仪礼，尽管它们各有各的打算。下面我将对其中的四个会社作一番简单介绍，它们是：显贵一边的圣马蒂厄会、莫古维尔-邦古维尔会，工匠和城市农民一边的圣布莱兹会和圣灵会（罗芒还有各种会社团体十余个，其中既有市民联谊性质的，也有天主教性质的，所有这些会社都得到天主教教会的支持。在胡格诺派短暂得势的1560年代初期，该派企图把所有这些会社全部解散，并把它们的财产收入自己囊中，但未能取得成功。）[①]

罗芒的圣马蒂厄会的会员都经过严格挑选，该会在科德里埃区的修道院里有一间教堂，修道院的大厅是本城精英和秩序派的集会场所。圣马蒂厄会在1578—1580年间有会员四五十人，基本上都是作坊主和富商，到了1615年仅剩下三十人左右，可见这个精英团体并非日益壮大。该会的首领和主要成员包括博勒加尔队长、安托万·科斯特队长、让·费里克斯队长、埃内蒙·吉古队长、绅士让·贝尔纳、埃内蒙·布儒瓦-莫尔内、莫尔内队长、市政府书记官埃内蒙·里科尔，等等。让·吉古的情况比较特殊，另作别论。其余所有会员都在罗芒市政府和秩序派以及莫古维尔-邦古 325
维尔“修道院”中身居高位，这个所谓的修道院，其实是罗芒上层社

① 胡格诺派出于取缔的目的（未能成功），于1562年开列了这些会社的名单。除了我将在下文中详述的四个，还有以下这几个：圣克莱潘会（鞋匠的行会？）、圣尼科拉会、圣富瓦会（本城的两个教区）、圣塞巴斯蒂安会（反黑死病和射鸟形靶）、圣卡特琳娜会、玛尔斯圣母会、圣克洛德会、圣艾蒂安会，等等。（原文见于《德龙省考古和统计学会学报》，第9卷，1875年，第138页）请比照皮洛尔热的论文，第94—95页。戴维斯(N. Davis)在他关于16世纪里昂新教的未版论文中指出，1560年以后，里昂的天主教徒认为奉教的各个会社对法律有利，故均以青眼相看……

会的另一个团体。

商人之类的有钱人把他们的团体冠名为圣马蒂厄会是顺理成章之举，这位圣徒原本就是一个精通财政和税务问题的税务官，9月21日是纪念他的节日。圣马蒂厄会着重在盐商和盐贩中吸收会员……在那个时代，盐已经成为全国性的税收和财政大事。小船把盐从卡马格经由罗讷河运到瓦朗斯，盐商们在瓦朗斯把盐拿到手后，便以官商身份经营盐的销售业务。圣马蒂厄会的会费比较高，每人每年分别缴纳10苏、20苏或30苏不等，相当于圣布莱兹会（其主要成员为梳毛工和织毯工）的会费（每人每年5苏）的两倍、四倍和六倍。圣马蒂厄会的功能具有宗教团体的特色，例如，每年的9月21日和22日都要举行大小两次弥撒，向穷人发放施舍等。[①]与此同时，与维埃纳商人的圣母圣洁会相似，圣马蒂厄会还有一种隐形功能，那就是“本城的绅士和执政官们聚会的花园或会场”。也就是说，这里是市政厅与祭坛牵手的地方，[②]是本城权力机构的非正式办公场所……从1580年起，由法官盖兰一手创办的若干苦修修士会，也扮演了与圣马蒂厄会类似的角色……

*　　　　*

在我看来，莫古维尔-邦古维尔“修道院”的重要性大于圣马蒂厄会。莫古维尔的意思是坏政府（mauvais gouvernement），邦古维尔的意思是好政府（bon gouvernement），所谓修道院，只是借用

---

① 罗芒市档案，HH 8，HH 9，HH10（有关1578—1583年间圣马蒂厄会的资料）；德龙省档案，E 3796（有关1614—1616年间圣马蒂厄会的资料）。

② 卡瓦尔：《维埃纳的宗教改革与宗教战争》，第10页，请与皮洛尔热：《普罗旺斯的起义运动》，第24页对照。

这个称谓而已。这个团体在罗芒狂欢节期间的山鹑王国游行队伍中相当活跃，格勒诺布尔高等法院的一个文件对此提供了确证。[①]罗芒市档案为我们揭示了这个与众不同的团体的存在。[②] 326

罗纳省和多菲内省的其他地方也有莫古维尔修道院，这是一种年轻人欢聚的团体，其成员均为 18 岁到 38 岁的已婚或未婚男性；凡正式参加这个团体者都称作“修士”，初来者称作“初学修士”。所有成员都由一位“修道院长”领导，此人年龄稍大，接近 40 岁，是本市执政官的后备人才。还有一位司库，这个职位的任职人员几乎从不更换。莫古维尔修道院在宗教和欢娱等方面发挥多种作用，其中包括封斋期（承担宣教人的酬金）、狂欢节和春季（祈求作物丰收）、权力（政治和市政）、爱情（两性和夫妇）……在丰盛星期二那一天，莫古维尔修道院要在罗芒举行女佣舞会，搭台和雇请五六位小提琴手所需的经费，要从修士们向民众募捐所得中支出，圣诞节-狂欢节期间的所有民间舞会和假面舞会，只要有可能，都应由莫古维尔-邦古维尔修道院负责。[③] 莫古维尔-邦古维尔修道院还掌控着“本市子弟”或金色青年的队长和军事游行，如有需要，比如在 1580 年，这个修道院还可以代行警察职务，在封斋期之前的各次军事游行和反平民游行中，执行弹压和惩罚任务，留传至今的档案中大量关于设置圈套的记载表明，在这个修道院的

① 皮耶蒙《回忆录》，第 98 页注释。

② 关于莫古维尔-邦古维尔修道院的资料，请查阅德龙省档案，E 3797；罗芒市档案，GG 41 和 GG 42。

③ 罗芒市档案，BB 22，此件显示了从 1607 年 12 月 11 日到 2 月 16 日的特点。关于邦古维尔向宣教士支付的酬金，参阅《德龙省考古和统计学会学报》，1866 年，第 335 页。

掩护下有一个与当地政权关系密切的正儿八经的组织，甚至可能是一个暗杀组织。修道院的经费来自婚姻税，由此可见它与当地政权的密切关系（莫古维尔-邦古维尔修道院有权向所有结婚者征税，特别是非本地居民[1]税率为嫁妆实际价值的 1%—2%，娶非本城出生的女子为妻者，每奥纳[*]另加 60 苏）。

这部分税款首先用于维修市政厅（我们发现了许多支付石头、沙子的运费和瓦匠工薪的票据）。修道院的负责人都是士绅，有青年也有壮年，这些人的名字在市议会的名册上或是圣马蒂厄会的
327 会员名册上均可找到，他们是：吉古一家、贝尔纳尔一家、喜欢捉弄人却又英勇善战的博勒加尔队长、皮埃尔·布儒瓦-莫尔内队长等人，皮埃尔·布儒瓦-莫尔内是莫古维尔的终身司库，出身于罗芒的一个古老的资产者家庭，早在 16 世纪初就已出现在本城的财政精英行列之中。[2]前面已经说到，有一些人既是邦古维尔也是圣马蒂厄会的头头，在 1580 年代，皮埃尔·布儒瓦-莫尔内兼任莫古维尔的司库和罗芒市的执政官。莫古维尔因其象征性而拥有的声势在 5 月份达到顶点。五月柱象征着春天、权力和爱情的三位一体，莫古维尔-邦古维尔"修道院"的"修士"们，在这个与命运息息相关的 5 月里，栽下这根由莫古维尔出资的柱子，把黄杨树叶挂在柱子上，令人想起永不枯萎的绿色和复活节前的棕树主节。作为双重象征，一束同样也是绿色的鲜嫩的松枝被系在柱子顶端。用这种魔幻和近似神圣的方法装扮起来的五月柱，标志着各种植物一年

① 罗芒市档案，BB 13，1577 年 4 月。

* 奥纳（aune de froc）古长度单位，约合 1.2 米。此处指嫁妆中的织物。——译者

② 罗芒市档案，BB；承罗西奥先生热忱提供该件的摘要。

一度的复苏。然而，这棵五月柱同时也蕴涵着政治意义。在法国南部，直到现在，人们还习惯在新当选的市政官员家门前种植一棵这样的树。1577—1580年间的罗芒，莫古维尔把五月柱竖立在市政厅前面大广场上，在柱子下部画上四个分别代表法国国王、本省督军莫吉隆家族、罗芒、莫古维尔修道院的族徽。

总之，五月是爱情之月……罗芒的士绅们自然不会忘记他们的婚姻习俗，莫古维尔修道院不时地向来自罗芒显贵家庭的容貌出众的少女少妇们，赠送银质饰物和塔夫绸。狂欢节是人们建立和增进交往的日子，五月是人们激情迸发和谈情说爱的日子。

从爱情过渡到婚姻管理再自然不过了，婚姻难道不正是两性相互吸引的结果吗……邦古维尔“修道院”向本城的每一桩婚事收费，外来户和鳏夫举行婚礼时，“修道院”的“修士”们还吹号敲鼓，以示祝贺。这种婚庆其实是在替基督教完成一项宗教使命，因为，教会在很长时间里鄙视再婚，拒不为再婚新人举行婚礼祈福仪式。再婚打破了某种平衡，热热闹闹的婚礼则把这种平衡重新建立起
来。[①]每年的狂欢节期间，莫古维尔都要开列一份上年结婚者的名 328
册，以便照此收费。在一年一度的狂欢节期间，暂停举行婚礼，因为紧随狂欢节的是封斋期，而在封斋期间不能举行庆贺婚礼的活动。结婚者名册是罗芒三个教区的本堂神甫们为莫古维尔编制的，为此他们每人得到一顶帽子作为酬谢。此事再次证明，欢乐的“修道院”与罗芒的单一公民和多教区组织之间，存在着难以割断

① 在旧制度下的罗讷河中部地区，喧闹曾是地方上的男青年控制女孩子的一种手段。参阅莫利尼耶的论文《旧制度时期的维瓦赖》，第696—697页；还可参阅1977年举行的民间艺术和传统研讨会文集。

的联系。莫古维尔就像是一个伟岸的五月柱，以其亦庄亦谐的特点，矗立在罗芒生殖过程的中心，无论是植物的生殖、夫妇的生殖或是政治-市政机构的生殖。莫古维尔-邦古维尔在把生殖的激情释放出来的同时，也力图使之有序进行（阿波罗-涂尔干式的价值观），带着微笑（有时是带血的微笑）压制弗洛伊德式的无序发泄。这样，我们就不难想象，这个拥有大量富人和中间阶层年轻人的“修道院”，在1580年狂欢节期间以平民为对象的攻击和杀戮中发挥了重要作用。喧嚣胡闹的“坏政府”（莫古维尔）其实只是在戏谑中借助严格遵守夫妇合约和社会合约重建“好政府”（邦古维尔）的一种手段。1580年以后，尤其是1581年以后，出现在罗芒市档案中的这个“修道院”，越来越多以邦古维尔（好政府）冠名，以莫古维尔（坏政府）冠名的则越来越少。人们后来从1580年狂欢节和混乱无序的教训中有所收获。其实，早在1337—1339年间，意大利画家安布罗焦·洛伦采蒂就已经洞悉这两种政府之间的斗争，他画在锡耶纳市政厅墙上的两幅大型壁画便是明证，在画面上，绿色的乡村与和谐的城市联手对抗在城市内部制造混乱的邪恶势力；在欧洲的风景画中表现这样的内容，洛伦采蒂的这件杰作开了先河。[①]

① 以后所有关于莫古维尔-邦古维尔“修道院”的描述，均源自德龙省档案，E 3797；罗芒市档案，GG 41，GG 42。参阅杜比：《大教堂时代》(G. Duby, *Le temps des cathédrals*)，第315—317页；奥祖夫：《革命节日》(Mona Ozouf, *La Fête révolutionnaire*)，埃里亚德：《宗教史概论》(Eliade, *Traité d'histoire des religions*)，第八章；罗西奥《年轻人的义气》，1975年。

*　　　　　　　*

与圣马蒂厄会和莫古维尔这两个资产者和半资产者的会社对 329
峙的，是两个平民组织，一个是工匠的圣布莱兹会，另一个是农民的圣灵会。前面已经谈到过多菲内省的圣布莱兹这个人物，这个人物与农业（他借助各种不同的仪规保护丰收和牲畜）、医疗（他会治疗嗓子痛）、两性和婚姻（他会替少女出嫁筹划）、手工艺（他被梳毛机裂成数块而死，他掌管梳毛匠和织毯匠；因此，他当然与金融家和盐商的佑护者圣马蒂厄势不两立）都有关系。

罗芒工匠的圣布莱兹会在 1579 年狂欢节和 1580 年的平民活动中非常积极，我们对于这个会社的了解来自德龙省档案馆的一个卷宗，这个卷宗所记载的事件发生在 1580 年之后。[①]

1613 年距罗芒狂欢节已有三十来年，当年罗芒的圣布莱兹会拥有成员 93 人，几乎全都是织毯匠，大多被叫做师傅，极少数人（5—6 人）被称为先生。圣布莱兹会的会友大多是独立经营的小作坊主或小小作坊主，基本上都以家庭为单位从事手工艺制作，只有少数采取联营方式；他们当中有人雇佣一个或数个伙计。圣布莱兹会的会友每年缴纳会费 5 苏。在经济上，他们都依仗向他们供应羊毛并向他们收购产品的商人，但是，他们丝毫不因经济上的这种供应关系而在政治上屈从于这些商人，商人大多是圣马蒂厄会的会员，每年缴纳会费 10 苏、20 苏或 30 苏。圣布莱兹会负有某些行会职责，每年要接受本行业的若干师傅，1631 这一年就接受了 14 位师傅，并举行仪式向他们表示欢迎之意。普通织毯匠和伙计并

---

① 德龙省档案，E 3796，1613 年 2 月。

未因此而被拒之于门外，这些人也能加入这个比较民主的组织，只是我们并不清楚入会的具体程序和手续。圣布莱兹会还具有组织节庆活动的功能，作坊主们也有自己的节日，这些节日通常也是接受师傅入会的时刻，圣布莱兹会往往在此时举行舞会，以示庆贺，于是乎，点亮蜡烛，拉起提琴，敲响大钟……1580 年 2 月3 日那场敲响铃铛、挥舞利剑、嘈杂纷乱的反对富人的舞会，是不是恰好与师傅们充满阳刚之气的入会仪式合二为一了呢？看来大概正是如此。圣布莱兹会还是一个莫古维尔那样的“修道院”，它的头头也被称作“修道院长”(1613 年的院长是樊尚·塞尔农)。然而，作为一个职业
330 会社，圣布莱兹会与圣马蒂厄会是冤家对头，因为，圣马蒂厄会自诩是一个由本城的上层精英分子组成的泛城市组织。[①]在 2 月 3 日举行的准军事游行中，圣布莱兹会也指定了一位队长，在此后几天的王国活动中，还指定了一位国王。这就是说，国王、队长和修道院长，多菲内省节日里的王国中不可或缺的三个重要人物全都有了。

罗芒的另一个重要的民众运动组织是圣灵会。圣灵会在司职方面恰好是马蒂厄会的对立面。莫古维尔管生者的婚姻，圣灵会管出生与死亡，两者形成鲜明的对比……作为三位一体中的第三位，圣灵会的功能就是关注人的出生，尤其是每个人在坚振圣礼中得到具体体现的灵性再生，圣灵会主持的坚振圣礼其实也是一种馈赠，与它在复活节的筵宴上向会友发放食物，都可视为是一种礼物。[②]圣灵会把新近过世的死者继续视为会友，由穷人作为他们的

---

① 罗西奥援引其他实例说明了这一点，见《年轻人的义气》，1975 年。

② 罗西奥在《年轻人的义气》中以实例对此做了阐述。

代理人，留在罗芒的平民群体中，与圣灵会的其他成员一起跳舞，一起进餐。每个人将来都是死者群体中的一员，然而在当时的罗芒，每个死者却都是生者群体中的一员。这在当时是一种非常正常的想法，因为那时人人坚信死后是有亡灵的，人人都十分关心自己死后的归宿，不知道灵魂将会得到拯救或是遭受地狱之灾。圣灵会就其基质而言是一个宗教团体，就其成员而言，却是一个世俗组织，它由自行选任的神职人员主持宗教活动，宗教活动则赋予这个会社以基本宗旨。一年一度的会友大聚餐是圣灵会内部团结的标志和象征。圣灵会中聚集了大量罗芒工匠和更多的农民，这是一个起源于中世纪的组织，体现着平民社会的原始的基质，它激励平民群体中古老和肉体的联系，而正是这种联系在岁月的长河中维系着罗芒人民的生生不息和世代相传。圣灵会所激励的联系与莫古维尔所推崇的联系虽然在一定意义上相辅相成，但却迥然有异，是南辕北辙的两条道路；莫古维尔凶狠地守卫着夫妇之道，严格地监督着再婚和挨揍的丈夫。莫古维尔是精英组织，圣灵会是 331
民众组织，这两个组织在狂欢节（尤其是1580年的狂欢节）期间面对面地较量，又相约在美丽的五月比试高下，莫古维尔修道院栽下了绿色的五月柱，圣灵会则举行欢庆圣灵下凡的复活节活动，火舌在使徒和信徒头顶上高高盘旋。[1]我们记得，从13世纪开始，某些地方的圣灵会，例如马赛，就曾是市民抗争运动的催化剂，在三位一体中的第三位人物，也就是那位乌托邦式的、最富有集体主义精

① 关于中世纪和文艺复兴时期圣灵会与法国南部和中部的民众之间的紧密联系，参阅迪帕克《圣灵会》，1958年。

神和未来主义精神的人物支持下,市民的抗争曾经希望成为一个所有工匠和市民参与的全面性的运动。

*　　　　*

把所有因素考虑在内,1578—1580 年间出现在多菲内省的现象,可以比作一个露天博物馆,陈列在其中的是 1880—1930 年间德国法学家和社会学家发现的各种形式的各类社会组织("抽象的集体",诸如联会、各种统治组合或合作组合、协会、行会团体等)。这些德国研究者对这些组织的分析,纷繁多样,远非当今的学者能够想象,我们往往把德国人的学术传统简单地归结为由马克思主义和或韦伯学说组成。其实,这只是两棵大树,而这两棵大树把森林遮掩得太久太久了。联系到 1580 年前后的罗芒,或是更宽泛一些,联系到这个时期的多菲内省,我们确实发现了这些离"实证个体最远"的"抽象的集体",它们便是教会(罗马天主教和新教加尔文派),还有以巴黎为基地的国家,这个国家在多菲内省的代表是一批官员,而在 1579 年则一度是卡特琳娜· 德·梅迪奇。享有崇高威望的联会在这个时期的巨大作用也清晰可见,它把农村中的农民和城市中的平民聚集在深得民心的首领球王塞尔弗周围。就在罗芒这个小城里,不同的社会组织之间反差极大,既有试图把自己的统治(Herrschaft)强加于外部或曰下层的会社,也有合作
332 (Genossenschaft)性质的组织,它们凭借全体成员的一致努力,在平等的基础上以民主方式实现了团结。[①]不难发现,统治/合作

① 参阅冯·维泽·施马伦巴赫(Von Wiese Schmalenbach)的著述,见屈维利耶:《社会学手册》(A. Cuvillier, *Manuel de sociologie*),第Ⅰ卷,第 142 页,第 147 页,第 149—150 页。

（Herrschaft/Genossenschaft）这种两元对立印证了不同人群之间的界线，这些界线因各自不同的关系而分别存在于罗芒社会的各个阶层之中。以莫古维尔“修道院”为例，在这个以娱乐活动为特色的团体中，聚集着罗芒的金色青年乃至一部分来自富裕阶层的壮年人。它通过收费，有时也借助喧闹的活动，管理着罗芒的所有婚姻事务，包括富人、非富人和穷人的婚姻。由此可见，莫古维尔是一个统治（Herrschaft）机构，这是不争的事实，它的领导集团支配或控制着全城各类活动的某些重点。与此相反，民众性质、半民众性质或职业性质的会社，例如织毯匠的“圣布莱兹先生会”和圣灵会，纯合作（Genossenschaft）的性质远远超过莫古维尔“修道院”，这些会社从事某些人群的活动，例如织毯匠聚会或是更广泛的下层民众聚会等，它们极少关心城市这个“集体”的领导或统治功能。只有一点例外：织毯匠师傅们在他们的雇工或“佣人”面前是领导者，不过，这种关系虽然是真实的，但在民俗活动中并无象征性的体现，在整个罗芒狂欢节期间，也几乎看不到这种关系。

在莫古维尔“修道院”、圣布莱兹会和圣灵会之间，尽管存在着这些功能方面的差异，这三个会社以及盐商的圣马蒂厄会等另外几个会社，却都可以纳入会社或社团（Verband，Körperschaft）这个大类。[①]

有一件事非常值得注意，与1580年罗芒狂欢节在严格意义上直接有关的资料（所有商品的交换价格），都来自本城的资产者会

① 参阅冯·特尼厄斯（Von Tönnies）的文章，参见屈维利耶《社会学手册》第I卷，第147页。

社，尤其是莫古维尔“修道院”。此事着实令人惊异，因为就其实质
而言，这些会社都是当地统治者或上层人物的组织，其成员都不是
罗芒的下层民众。然而，仔细想一想之后，便觉得这是可以预见
333 的。为了在某一段时间中让社会置于头朝下、脚朝上的倒立状态，
就需要了解这个社会非特殊时期中的常态及其自下而上的各个等
级的状况。一个处于统治地位的会社用来颠倒常态的仪规，具有
一种适逢其时的功能，这是一种保守、整合和等级强化的功能，因
为，这些仪规之所以在封斋期前的几天中颠倒常态，使社会呈现出
头朝下、脚朝上的不正常状态，恰恰是为了在狂欢节过后的漫长时
日中，否定这种不正常的颠倒状态。反之，下层民众和工匠们的纯
合作性会社，在 1580 年 2 月尽情欢娱期间所采取的那些行动，虽
然仅是具有象征性的民俗或者狂欢活动，却首先就是袭击、战斗和
抗争，换言之，就是阶级斗争；那些行动极少利用常态颠倒这个说
法。试以法国 1968 年五月风暴为例进行对比，尽管两者的背景全
然不同，但依然不乏相似之处。索尔邦大学的学生们（尽管他们想
要否定现存结构，但无论他们自己愿意与否，他们是与领导阶级拴
在一起的），充分利用了把世界颠倒过来，让反叛者执掌权力这种
出现在狂欢节中的题材。罢工的工人们却坚持他们自己的行动，
这种行动虽然并非节日的狂欢，但在他们自己看来，却是合乎理性
的行动。凭借传统的工会斗争手段，他们最终获得胜利，工资大幅
度增加。

*　　　　　　*

除了那些兼具行会和宗教性质的会社，还必须说一说那些所谓的“王国”。对于对立双方的任何一方而言，罗芒狂欢节都与节

日和民众集会的特殊产物“王国”密不可分。在 1579 年 2 月的伐鲁瓦尔首批起义中，“王国”就已出现，而到了 19 世纪，伐鲁瓦尔的许多“王国”，依然出现在圣烛节以及在 2 月和 3 月里纪念圣人的其他节日中。正如我们所见到的，罗芒在 1579 年 2 月尤其在 1580 年 2 月里也有许多“王国”，诸如绵羊王国、老鹰-公鸡王国、野兔王国、阉鸡王国、山鹑王国等。如同另外一些地方一样，罗芒的这些王国也都与宗教节日密切相关，例如圣布莱兹节，至少也与宗教仪式相关，例如弥撒。站在这些“王国”后面的是某个行会或某个欢乐的“修道院”；而这些王国所组织的活动则包括赛跑或赛 334
马、通过宰杀动物（砍掉公鸡的脑袋）比试灵巧能力、国王或王后登位、虚拟的臣工任职、荒诞不经的节目、伤风败俗的舞蹈、大型舞会和丰盛的筵宴……

上面提到的只是某些地方的零星实例，其实这类“王国”不但流行范围相当广泛，而且已经形成完善的程式。历史学家和人类学家精确地记述了“王国”活动广泛流行的那些地区：从利穆赞经过奥弗涅、吉耶纳东部、朗格多克北部，直到多菲内，其中心则在皮昂沃莱周围一带。[①]特色齐全的“王国”出现在 15 世纪下半叶（精细描述“王国”的第一件文字资料写于 1498 年，但“王国”实体的出现则稍早于这一年）。到了 16 世纪，“王国”有了长足的发展，变成为一项深受群众欢迎的活动，在 17 世纪的反宗教改革运动中，“王国”活动在 1660 年达到鼎盛，此后逐渐衰落，但是在 19 世纪乃至

① 多札：《法国的农村与农民》（A. Dauzat, *Le village et le paysan de France*），巴黎，1941 年，第 153 页。

20 世纪依然没有绝迹。

据学者们调查研究，“王国”活动具有以下这些成分：

1）宗教核心。宗教是“王国”的基点，依据日历纪念某位宗教人物，例如布莱兹或圣母以及其他宗教人物；与此类宗教活动相关的，或是教区的崇拜仪礼、村镇的宗教许愿活动，或是当地的小教堂乃至某个神泉，等等。

2）选举国王和王后以及其他宫廷大臣，这种活动往往由正经变成玩笑。这些官职可以用来作为比赛获胜者的虚拟奖品；但在其他场合，这些官职都需经由在教堂里举行的拍卖获得，参与拍卖的人要向官职的“制造者”，也就是相关的教堂或其他宗教机构，支付尽可能多的货币、小麦和用以制作蜡烛的蜡，方能获得想要的官职。本堂神甫和其他神职人员随后将没有燃尽的蜡烛出售；为了把祭坛照得更加明亮而争取当上“国王”……通过这种方法买到官职者叫做“善人”（资助者或慷慨的捐助人）[①]。他们向教堂赠送大量的蜡，借以争得当上“君主”的荣耀，哪怕只是个虚假的头衔；当然，这种行为有时仅是一种善举，有时则也可能出于政治目的。无
335 论在利穆赞或罗芒，无论是临时性的或一年一度的“王国”，都来自常设性的会社（行会或农民互助会），所以说，“王国”具有些许工会的意味。“王国”的组织者以年轻人为主，但不以年轻人为限，许多无论如何都不算年轻的壮年人也参与到“王国”中来找乐。罗芒人不曾忘记这种欢娱的活动，时至今日，他们依然制作一种形似王冠的大蛋糕，作为对昔日的怀念。

① 保尔·韦纳：《面包与马戏团》（Paul Veyne, *Le Pain et le cirque*）。

3）娱乐。在利穆赞和多菲内等省的“王国”活动中，娱乐都是重要内容，诸如打猎、宰杀、赛跑、赛马等，这类比赛中的优胜者都能得到奖品；其他娱乐项目包括群舞、舞会、筵宴、谈情说爱、戏剧演出等。“王国”的国王肩负着展现慷慨的使命，他的“善举”纵然微不足道，毕竟可以借此向宗教团体和市镇团体和分发向本城资产者、工匠和农民筹得的善款。不过，“国王”拥有宗教方面的职能，他在教堂里接受神职人员的祝圣，他主持某位圣人和某个星期日的宗教仪式；在王后和年轻女子面前他还拥有诱惑的职能，一位头戴鸡冠的爱情“国王”，带着唐璜那种激情说道：“我是情人们货真价实的国王”；[①]他当然还有（仿效法国王室）的政治职能。[②]

罗芒狂欢节大量使用“王国”这种欢庆节日的模式，狂欢节深深植根于当时的天主教教区和会社文化之中；享有声望的领袖们，无论是大是小，也无论是平民抑或富人，都想“让民众大呼意想不到”，他们的追求有时是保守的，有时是激进的，为了能达到目的，他们多少得付出一些钱或蜡，以便在狂欢节或复活节等节日数天里成为“国王”……旧制度下的天主教文化极其巧妙地把神圣和亵渎、宗教和戏谑融为一体，并经由“王国”创制出一种社会工具，下层民众则借助这种工具发出他们的呼声、让人们听到他们的愤懑和要求。平民的政治要求在平常日子里受到压制，只有借助狂欢 336

① 转引自罗西奥《年轻人的义气》，1975年。

② 这些“王国”与弗雷泽在《金枝》（J. G. Frazer, *The golden bough*）中所描写的节日“国王”并不完全一样，弗雷泽笔下的“国王”以其一生和血腥或假装的死亡，完成使土地重新变得肥沃的使命。但是，当今学者们对此颇有争议，他们认为，“国王”的使命似乎不应仅限于此。参阅德蒂耶纳：《阿多尼斯的花园》（R. Détienne, *Jardins d'Adonis*），巴黎，1972年。

节的宗教外衣才能得以表达。在庄严和程式化的“王国”中，人群中危险的潜在意识暂时找到了一个向外表露的机遇。涂尔干和弗洛伊德在这里握手言欢，野蛮的节日和文明的节日在这里融为一体。①

① 关于“王国”及其相关问题，参阅博捷:《王国》(R. Bautier, *Les Reynages*), 1945 年;拉马什:《王国》《L. Lamarche, *Reynages*》载《德龙省考古和统计学会学报》,第 74 卷,1958 年,第 104 页;拉克鲁瓦:《王国与时尚》(*Reynages et vogue*),载《德龙省考古和统计学会学报》,1880 年,第 421 页;范热纳普:《奥弗涅的民俗》(*Folklore Auvergne*),1942 年,第 179—194 页;居东:《王国……》(J. P. Gutton, *Reynages*),载“历史手册”(*Cahier d'histoire*)1975 年,XX;多札:《法国的农村与农民》,1941 年,第 153 页;拉克鲁瓦的文章,载《德龙省考古和统计学会学报》,1880 年;尼萨克:《利穆赞的若干“王国”》(L. de Nussac, *Quelques reynages en Limousin*),1891 年;罗西奥:《年轻人的义气》末尾,1976 年;盖兰和皮耶蒙(关于罗芒事件的)的记述;伏维尔:《普罗旺斯的节日》(M. Vovelle, *Fêtes en Provence*),第 52 页;德龙省档案,E 11822,GG I, E 11949,GG,4;E 11952,BB 3;E 12033,GG 2;奥祖夫:《革命节日》(Ozouf, *la Fêtes révolutionnaire*);弗洛伊德,1962 年版,第 96—97 页;巴尔特《模式》(Roland Barthes, *Mode*),第 263 页;贝特尔海姆《访谈》(B. Bettelheim, *Interview*),1977 年;莎士比亚《暴风雨》,第 2 幕第 1 场;杜比:《大教堂时代》,第 21—23 页。

第十二章　冬天的节日

说完了会社和“王国”，还有一个大题目，那就是冬天的节日， 337
准确地说是封斋期前的欢娱活动。这个与狂欢节有关的问题，需要从多菲内省、法国南方乃至欧洲的角度来考察。倘若不把 1579 年 2 月特别是 1580 年 2 月狂欢节期间罗芒人的行为，放置到一个更广泛的地域中去，并与其他地方的狂欢节加以对比，那就无法理解这些罗芒人的行为。狂欢节这种文化现象可以在许多地方见到，例如普罗旺斯、[①]地中海沿岸地区，当然也在法兰西的领土上，此外还有萨瓦地区和瑞士，这里所说的瑞士其实具有日耳曼特点……所有这些都与 16 世纪的多菲内文化相近或相似。下面我们将沿着从抽象时间到具象时间的路径，分别讲述狂欢节的面貌和作用：1）一年一度-日历上的，2）基督教-非宗教的，3）季节性-冬季的，4）农业-生殖的，5）社会-冲突的，6）象征性-礼仪性的。

*　　　　*

长期以来，多菲内省的狂欢节标志着一年的末尾或是两年交

---

① 关于普罗旺斯对多菲内省文化和方言的影响以及两者的相似之处，参阅安德烈·德沃：《多菲内通俗语言略述》（André Deveaux, *Essai sur la langue vulgaire du Dauphiné...*），1892 年（1968 年版），第 440—441 页。罗芒位于奥克西塔尼地区的最北端。

替之时。在中世纪，有的地方甚至直到16世纪，一年开始于9月25日，有时是12月25日，有时是3月25日。[①]由此可见，狂欢节是标志一年结束和下一年开始的若干时期中的一个。

338 范热纳普、利奇、特纳等人类学家[②]对于这些节庆活动归纳出了若干很有意思的范型，这些节庆大多处于一个时间周期的开始或终了之时，就本书所涉及的狂欢节而言，则是一年一度的节庆活动（不同于直线型和走向未来的时间）。

无论是基督教或非基督教文化，利奇对各种文化都有兴趣，并将范热纳普有关过渡礼仪的分析应用于文化研究中，传统社会和节日社会的时间所呈现的是钟摆状态（这与基督教的历史发展观念和“最终时间”观念无关）。时间在一年之中缓慢地正常流动，在节日期间出现短暂的倒流，接着，重新在一年（或一个季度）的余下部分中正常地流动。这种交替性范型恰与日常生活经验吻合（昼-夜、生-死，等等）。每个节日都意味着：1）先期。这个时期标志着与正常生活的时间或已经过去的那一年分离；2）初始。这个时期相当于踏进门槛，实现过渡或跨过边缘……钟摆迅速回到原位，时间在此期间开始向相反方向流动，也就是名副其实的颠倒阶段；

---

① 普吕多姆：《多菲内的年始于何日》（Prudhomme, *Commencement de l'année en Dauphiné*），载《历史与科学委员会史学与哲学著述通报》（*Bulletin historique et philosophique du Comité des travaux historiques et scientifiques*），1888年，第279等页；直到16世纪，在维埃纳一年均始于3月25日。

② 范热纳普：《过渡礼仪》（*Les Rites de passage*），巴黎，1909年，此书中的第一章和第九章尤为重要。利奇：《时间的象征表象》（Ed. Leach, *Symbolic representation of time*），载《人类学再思考》（*Rethinking anthropology*），伦敦，1961年；维克托·特纳：《戏剧、田野与隐喻》（Victor Turner, *Drama, fields and metaphors*），康奈尔，1975年，第38—39页，第78—79页。

3)后续。重新融入日常时间,这个阶段一直延续到下一次交替,如此周而复始……

利奇认为,在上述“钟摆回摆”的三个时段与和狂欢节本身的主题之间,存在着十分清晰的联系。这种联系可以归纳为三个词:假面舞会、颠倒、程式。假面舞会突出体现了与日常生活的断裂与分离,标志着已经进入节日的虚拟与神圣之中。颠倒礼仪表明,人们从此时开始已经置身于“两扇门”的过渡程序,一扇是进口,一扇是出口。颠倒礼仪意味着为节日提供社会基础的人群暂时处在头朝下、脚朝上的状态。据特纳(或萨特)所说,这是参与欢娱的人们彼此交流的美妙时刻,人们在上下混合颠倒的状态下交融在一起。程式(不是假鼻子和花脸,而是一种行装古怪的礼帽……)恰好与进入第三时段同时发生,也就是抑制阶段,或是如特纳所说的矫正阶段。强调规范化的服饰(法官的袍子和帽子等)实际上意味着对日常规则的强制性的回归……在特殊情况下,这个过程中的三个时段也可以相互调换顺序,并不会因此而改变其性质。试以一场婚礼为例,婚礼当然也是一种过渡仪礼,它以某些程式作为开端(戴着高筒礼帽游行、抽烟、穿燕尾服,等等),以一场千姿百态的舞会(有时是假面舞会)结束。

利奇还特别强调从生到死(年初与年末)、从死到生(在狂欢节期间短暂的复活)的交替。

利奇这位英国人类学家的分析适用于罗芒狂欢节,也适用于欧洲的其他狂欢节,例如圣布莱兹节,在标志着罗芒狂欢节开始的圣布莱兹节里,既有狂暴和放荡的假面舞会,也有涂花脸、跳群舞、拿着扫帚和连枷、耙子、象征死者的物件……由此转入富人王国魔幻世界，进入封斋期前普罗旺斯的安乐之乡，走向颠倒的世界和奇妙的境界。那里的葡萄酒和甜食价格低廉得几乎等于分文不取，而熏鲱鱼却贵得无人敢于问津。[①]节日欢娱活动行将结束时，山鹑“王国”的军事法庭游行——国王、法官和士兵——相当于阿波罗仪礼阶段，为最终在流血中恢复秩序、回归日常做了准备。节日的三时段结构同样存在于在奥克语地区和奥伊语地区、内阿尔卑斯地区和外阿尔卑斯地区……节日开始时是第一阶段，化了妆的人向大家募捐；接着是第二阶段，狂欢节老人向每一个过路人分发火腿肉和香肠；到了最后的第三阶段，庄严的法庭开始工作，形象可爱的狂欢节老人变成了替罪羊，被绞死或是溺死。狂欢节的参与者们以这种方式驱除罪恶，进入阴暗抑郁的封斋期……[②]

*　　　　*

340 我在本书第一章中说过，在我看来，把狂欢节—封斋期纳入基督教时间周期中，不但与封斋期的性质吻合，而且最能体现狂欢节的基本理念，那就是把狂欢节视为埋葬不信教的日子和异教徒最后一次放纵的尽情欢乐，然后就要依据教义在封斋期的第一个星

---

① 关于安乐之乡，参阅奥克西塔尼诗人克洛德·布吕埃斯的著作，1628 年出版于埃克斯，蒙彼利埃大学的阿尔贝涅和卡尔迪（H. Delbernhe，PH. Gardy）在他们的第三阶段位未版论文《狂欢节的象征物》（*Caramentrant*）（1970 年版，第 I 卷）中论及这部著作；德吕莫：《安乐之乡之死》（Delumeau，*Mort des pays de Cocagne*），巴黎，1976 年，第 13 页；通过狂欢节期间的颠倒现象，将权威的社会地位非个人化，并临时交给常态下处于社会下层的人，借此进一步凸现这些地位的权威性；关于这种现象，参阅即将在《经济与社会史年鉴》刊出的卡罗齐论述中世纪诗人阿达莱隆（Adhaléron）的文章。

② 19 世纪和 20 世纪，在德龙省的许多农村中依然可以见到这种由三个时段组成的狂欢节。参阅范根纳普的文章和德龙省的档案以及巴黎民间艺术和传统博物馆的资料。

期中过禁欲苦行的生活，最后在复活节才能获得具有洗礼性质的心灵再生。总之，相对于封斋期的禁食和宣教而言，严格意义上的狂欢节活动是一种完全相反的行为和合乎逻辑的序幕。罗芒与其他地方一样，狂欢节活动都被纳入基督教的时间周期之中，确切地说是被纳入天主教的时间周期之中，因为新教取消了封斋期的禁食，因而理所当然地也取消了狂欢节期间的饕餮，从16世纪开始，新教徒们坚持不懈地努力消除狂欢节的遗存。在罗马天主教的时间周期中，先是万圣节、降临节、圣诞节，然后是狂欢节、封斋期、复活节和夏季的圣乔治节。罗芒的1580年事件与这种时间观念相当吻合，罗芒人过圣布莱兹节，也过圣灵节，丰盛星期一那天有富人的弥撒，还伴以民间歌舞。[①] 巴黎也是这样，联会在丰盛星期二举行宗教游行，本堂神甫们也被迫参加。[②]

问题在于狂欢节的功能；狂欢节是封斋期之前的一项活动，却与封斋期大异其趣，这就使狂欢节最大程度地脱离了基督教教义。封斋期中应该做的是禁食、禁欲[③]和展示高尚的德行。从历史上

① 关于封斋期前托钵僧在罗芒的宣教活动，参阅罗芒市档案，GG 39；《德龙省考古和统计学会学报》，1866年。第Ⅰ卷，第335页；关于狂欢节的概况，参阅彼得·魏德库恩：《巴塞尔狂欢节》(Peter Weidkuhn, *Carnaval de Bâle*)，此书讲述新教对狂欢节的弹压；德贝兹：《教会史》(Th. de Bèze, *Histoire ecclésiastique*)，第2卷，此卷讲述新教对鲁昂狂欢节的弹压。

② 《星报》(*Journal de l'Estoile*)，1589年2月14日。

③ 加布尔丹：《洛林的土地与人，1550—1630》(Guy Cabourdin, *Terre et hommes en Lorraine*)，第Ⅰ卷，第358—361页；《旧制度时期的维瓦赖》，第620页；克洛德·科洛：《圣普里斯特的人口史》(Claude Cros, *Démographie historique de Saint-Priest*)，载《利穆赞人类学学会通报》(*Bulletin de la société d'éthnographie du Limousin*)，1976年1—2月号，第41页。

来看，封斋期是和平的时间，是上帝的停战时期。[1]狂欢节恰恰与此相反，它所推崇的是犯罪、美食和淫欲，饕餮（颠倒的食品价格、“王国”的筵宴、丰盛的菜肴），放纵性欲（一年之中结婚和受孕最多
341 的时期），群舞、选举“国王”和“王后”，对富家佳丽潜在的性侵犯和威胁，等等。总之，狂欢节让人看到的是实在的或模拟的好战行为（穷人的剑舞、富人军事游行）。就此而言，狂欢节倒是与前基督教或非基督教的体系相去不远，换言之，狂欢节是一种民俗的、乡村的乃至异教徒的行为。狂欢节既然旨在“埋葬不信教的日子”，[2]因而，它直接复制了基督教产生之前不信教者的某些冬季节日活动；在第一个千禧年的乡村基督教化时期中，各种文化交融汇合，不信教者的这些节日活动也被融入到了天主教下层信徒的宗教活动之中。在这些异教仪式中有一些超自然的颠倒现象，牧神节上的动物假面舞会和鞭笞以及骑驴等。但是，基督教毕竟是一种基于原罪观念的宗教，所以，全盘接受这些异教的仪式，吸收狂欢节上犯罪的欢乐，都十分正常，只不过要把这种欢乐在封斋期来临时统统驱除。

这些宗教观念合情合理，始终停留在形式层面上，没有揭示出存在性的内容（季节性的、农业的），也没有揭示出狂欢节中的阶级斗争（或帮派斗争）。

狂欢节其实不只是利奇所说的那种一年一度的“日历周期”，也不只是基督教徒与不信教者一起欢娱的机会，它所表现的是一

① 杜比：《大教堂时代》，第69—70页。

② 参阅本书“引言”。

种对于季节的感知，在时间上恰好与冬季即将结束相关，而对于一种依然停留在半农阶段因而与自然相当接近的文明来说，冬季是一个承前启后的关键性季节。在这个季节领域里，重要角色是圣烛节的熊，球王塞尔弗正是作为熊的化身一度在市政厅中占有一席。在多菲内和萨瓦，熊的出现预示（或不预示）着严冬的结束。2 月 2 日，熊走出冬眠的巢穴，抬头看看天空，若是阴云密布，那就意味着冬季已经结束，如果蓝天白云，那就意味着寒冷的季节还得继续 40 天。在民间传说中，熊看到蓝天之后就会重新钻进洞穴，继续冬眠数周……①

在欧洲阿尔卑斯山和比利牛斯山等许多山区，都流行着关于披着一身茸毛的熊的传说，它是圣烛节这段时间里极为重要的一个季节性角色。在没有熊类动物的欧洲国家里，熊被另一些冬眠动物取而代之，但同样发挥着预报严冬结束、冰雪化解的作用。例如，2 月 1 日是爱尔兰的刺猬日，2 月 2 日或 3 日是美国宾夕法尼亚州的土拨鼠日（来自欧洲的移民把他们的传统带到了北美，选定当地的这种动物作为替代品）。无论是刺猬或是土拨鼠，都同样要依据天空的颜色是蓝或是灰来作出预测，严冬是否还要持续 40 天，是否还要继续冬眠，这情景就如阿尔卑斯山圣烛节的熊一样。

342

在比利牛斯山区，圣烛节和狂欢节上由人装扮的熊是一个偷吃绵羊的贼，为了象征对羊群的保护，要假装把熊击毙。熊是一个浑身是毛的野兽，而且是一个好色之徒，它把又黑又脏的爪子伸进装满蜂蜜的罐子里，伸进姑娘的胸衣里。在罗芒，在圣烛节那天扮

① 参阅本书“引言”：范热纳普：《多菲内的民俗》，第 I 卷，第 228 页。

作熊的人就是球王塞尔弗，他从季节的预报员摇身一变，成为一个政治挑衅者，他的某些支持者或许真的想要调戏良家少女。球王的心思放在如何夺取当地的部分政权上面，而对他恨之入骨的盖兰，并未把他误认为只是一只绒毛制成的玩具熊。[①]披着熊皮的球王其实是一只政治动物。

*　　　　　　*

圣烛节—狂欢节的任务并非只是“用肩膀推动时间”，加快严冬结束的步伐。这段时间也是配置生殖、夫妇、农作物和集体的时间，它既是各种邪恶和罪恶的象征，又是驱除这些邪恶和罪恶的时
343 机，这些邪恶和罪恶会影响人的身心健康，也会影响社会群体乃至农作物的产量。这与天主教的结构并不矛盾。因为狂欢节所显现的放纵的愉悦、生活和舞蹈的欢乐、不信教者严重的罪行（饕餮、靡费等），都在天主教的封斋期里被当作粪便一样的污秽全部抛弃了。1580 年 2 月初在罗芒的圣布莱兹节里，人们跳着舞，模仿冬季干农活的动作，舞动连枷，耙平并扫净场院。更为精致的模仿场景出现在 1580 年 2 月中旬的最终屠杀期间，罗芒的一群孩子手持

① 关于多菲内和萨瓦圣烛节的熊，参阅范热纳普：《萨瓦和多菲内民俗手册》(*Folk*, *Savoie*, *Folk Dauphiné*, *Manuel*)，以及保存在巴黎民间艺术和传统博物馆中的德龙省部分中的资料；关于标志着冬季结束的圣烛节(14—18 世纪)，参阅伏维尔：《节日》，第 100 页；卡瓦尔：《维埃纳的宗教改革和宗教战争》，第 5 页；关于比利牛斯山区的圣烛节—狂欢节的熊，参阅范热纳普：《萨瓦和多菲内民俗手册》；阿尔福：(V. Alford)《比利牛斯山区春天的熊》以及达尼埃尔·法布尔新近制作的人类学影片，特别是他的著作《约翰熊》(*Jean de l'ours*)，1969 年，第 2 部分。关于民间传说中北美 2 月 2—3 日的土拨鼠，参阅美利坚百科全书(*Encyclopedia americana*)，刺猬条；关于爱尔兰的刺猬，参阅达纳歇尔：《爱尔兰的年》(C. O. Danachair, *The Year in Irland*)，都柏林，1972 年；休伊里班：《爱尔兰民俗手册》(O. Suilleabhain, *A handbook of irrish folklore*)，1942 年。

点着火的棍棒，象征性地去烧死祸害果树和作物的害虫。这群孩子的行为具有双重意义，既象征着消灭以球王为首的那个社会集团，又象征着消灭危害苹果树和作物种子的鼹鼠或田鼠。在法国，直到 17 世纪，在所有老式的狂欢节中依然可以看到许许多多象征赎罪的活动，以多菲内为例，从 2 月初到封斋期初始阶段，人们为在圣烛节里为饼子和蜡烛祝圣，2 月 5 日那一天敲响教堂的钟，停止纺线，洒香肠汤，焚烧并掩埋模拟人像，烧死鼹鼠等。所有这些活动都有其目的，有的是为了一年当中不缺钱，有的是为了免遭雷击和中邪，有的是为了在圣阿加特节之夜驱赶巫婆，有的是为了不让狐狸偷吃家禽，不让耗子咬啮家里的物品，有的是为了在封斋期中禁食时不那么痛苦，有的是为了防止田鼠糟蹋庄稼，有的是为了防止庄稼生病和地里长草，有的是为了果园丰收，洋葱长得更大，有的是为了让本村的少男少女都能找到如意的心上人①……狂欢节是促进生殖的活动，更广泛地说，冬季的所有节日都是为了促进生殖，这种观念得到迪梅齐、托希等许多人类学家和历史学家的精

① 所有这些数据都来自本堂神甫让－巴蒂斯塔·蒂耶尔出版于 1679 年的著作《迷信论》(Jean-Baptiste Thiers, *Traité des superstitions*)。弗朗索瓦·勒布伦(François Lebrun)在他的极为出色的论文《蒂耶尔的迷信论》(*Traité des superstitions de J-B. Thiers*，载《布列塔尼年鉴》(*Annales de Bretagne*)，1976 年，第 446—457 页)中罗列了上面提到的各种节日活动，蒂耶尔在《迷信论》的 1777 年版中提到了这些活动。请比较托希：《意大利戏剧起源》和《意大利民俗》(*Folkore italiano*)，罗马，1963 年，第 275 页及以下(关于圣烛节)；布兰基耶《外省人(旺代)》(*Provinciales, Vandée*)；法国电视一台，1976 年 11 月 30 日，用于促使母鸡下蛋的圣烛节饼(对一位旺代老妇人的访谈)，载《法国农村史》(*Histoire rurale de France*)，IV，第 323 页；万瑟诺：《勃艮第农民的日常生活》(Vincenot, *Vie quotidienne des paysans bourguignons*)，1976 年，第 61—64 页(圣烛节和狂欢节：促进生殖的礼仪)；冯克和瓦格纳尔斯主编的《民俗辞典》(Funk, Wagnalls, *Dictionnaire folklorique*)，圣灰星期三舞会(*Fastenachtbär*)条，第 370 页；

细阐述，他们认为，青年人在冬季节日里玩弄的面具、熊和其他动
344 物实际上都是魔鬼和死者亡灵的化身，来回游荡在生者身边，影响着走出严冬之后的一年中收成的丰歉。因而对于每个人来说，很重要的一件事就是向这些戴着假面具的年轻人奉送礼物，让他们开心，为的是请他们保佑有一个好年景和好身体。受了礼拜，拿了礼品，这些魔鬼和亡灵再也无事可做，于是便消失了。事实上，在1580年的罗芒圣烛节上，在戴假面具和农村穷汉游行的队伍中确实看到了有人在跳舞，在人声嘈杂、铃铛乱响的舞会上，罗芒人提出的要求无非是在罗芒的财富中分得应得的那一份……由此可以看出，带着这样一种观念，他们完全无需借助于遥远年月里的那些不信教者的做法。中世纪的民间天主教为亡灵和鬼魂闯进人们日常生活提供强有力的担保……对于某些狂欢节上的假面舞会，迪梅齐和托希就是这样评价其最初含义的。然而，1580年的罗芒人民是否依然抱有这种观念，我们无法确认，尽管他们始终热忱地把这些活动当作节日礼仪来参加。[①] 狂欢节假面舞会依然保留在民

(接上页注释)

穆利(Moulis)，1975年，第36、65、67、71、76、79、85、93页；范根纳普的资料，巴黎民间艺术和传统博物馆中的德龙省部分(圣烛节)中的资料；曼哈特：《森林与土地崇拜》(Mannhardt，*Wald und Feld Kult*)，第535—538页(关于火把)；埃里希和拜特尔：《德意志民俗知识词典》(Oswald A. Erich，R. Beitl，*Wörterbuch der Deutschen Volkskunde*)，1955年，第193页。

① 有关此前所述，参阅托希：《意大利戏剧起源》，曼哈特：《森林与土地崇拜》，让梅尔：《狄奥尼斯》(Jeanmaire，*Dionysos*)，第38页；迪梅齐：《半人半马怪神问题》(Dumézil，*Le Problème des centaures*)，第11—13页；弗雷泽：《金枝》1916年，第I卷，第137页。第IV卷，第252页，此书尽管偏执于“植物魔鬼”，依然不失其重要性(只是，他在曼哈特坚实的观点基础上，做了许多过分的推论)。参阅德蒂耶纳在《阿多尼斯的花园》中对弗雷泽的批评1972年，第9页及以下。戴假面具的年轻人和魔鬼和亡灵之间的联系，在盎格鲁—萨克森的“万圣节前夜”中，比在法国的狂欢节中有更多的保留。

间习俗中，但是，与人们的回忆并非全然相同。

*　　　　*

如此说来，狂欢节确实具有一种农业和生物功能，当然，它还具有社会功能，两者密不可分，宛如蕴涵在五月柱中的政治权力、人的情爱和农作物茂盛等含义密不可分一样；巴洛哈为狂欢节给出的双重定义[①]或许略嫌简短，但恰如其分，这位西班牙民俗学者充分体会到了狂欢节的双重意义，他就此写道：“狂欢节的目的是为当地社会的良好运转提供保障，其途径是：

1）在封斋期前夕，把生物的、社会的或是罪恶/反基督教的邪恶驱逐出境，使封斋期成为最终净化时期； 345

2）形象化地显现出诞生、交配、死亡和再生等人类生活的正常进程；（罗芒人狂欢节中的食人幻象并非仅仅用来恫吓富人，同时也是物可以变成人、人可以变成物的幻象）；

3）模仿人群赖以生存的农事劳作（此处是耕地，彼处是打谷，罗芒更是如此），此外还有军事检阅；

4）展示最具经济价值的动物（猎物、绵羊、家禽，无论在罗芒或在其他地方，它们的象征意义都超过平庸的功利主义）；

5）借助制造噪声等有利于驱除邪恶和维持正常秩序的行为；等等”。

通过讽刺挖苦驱除由原罪外化的社会邪恶，这是狂欢节中屡

---

① 巴洛哈：《狂欢节》（Baroja，*El Carnaval*），第 277 页。

见不鲜的现象，罗芒如此，多菲内、意大利、瑞士、奥克西塔尼、纪隆德、巴黎盆地……概莫能外。瑞士的历史上不乏政治性的和兼具政治性和宗教性的狂欢节，14 世纪的瑞士狂欢节参与者攻击富人，初期的狂欢节参与者攻击教皇，19 世纪的狂欢节参与者攻击拿破仑三世，等等。在法国南部和北部，以各种各样名字命名的狂欢节模拟人像的遗言以及对它们的判决，是一年一度宣泄对妻子出轨、高利贷和其它无良行为不满的机会。17 世纪波尔多的多个狂欢节恰好在“榆树党”起事之际举行，这些“无套裤汉”的先驱们把狂欢节当作绝妙的机会，在节日游行中尽情讥讽嘲笑当朝大臣马札然；波尔多人的笑声是他们用来表现其认真精神的最有效方式，在这种氛围中，人们坚决要求处死马扎然（并未实现），砍掉了他的模拟人像的头颅。在法国大革命时期中，普罗旺斯地区举行冬季狂欢节，人们纵情欢乐，表达他们对旧制度的反抗，这又该如何评说呢？从 16 世纪到 20 世纪朗格多克地区（蒙彼利埃、利穆）的狂欢节，一如罗马的狂欢节，以当时纯正的基督教教义，嘲弄当地可怜的犹太人以及人群中某些人鲜为人知的劣迹。当然，嘲讽和试图加以惩罚的愿望都与血腥的暴力毫不相关。在罗芒使用暴力的是法官盖兰，他以偷袭的方式对狂欢节的参与者实行袭击，然
346 而，在 1580 年 2 月各个狂欢节组织委员会的程序表中，并无使用暴力的计划。不过，从 15 世纪到 20 世纪，无论在阿尔卑斯山的这一侧或是那一侧，讥讽嘲弄都是狂欢节上最常见的现象之一。在冬季和夏季的其他节日里，讥讽嘲弄虽然也有，但比起狂欢节来则

要逊色得多。[①]

消弭社会的罪与恶(犹如消除农业和生物中的病和毒),这项使命说比做容易。掌控自然是一回事,掌控掌控[②]是另一回事。面对耕地和作物的敌人,齐心合力很容易;害虫、田鼠和鼹鼠祸害庄稼,毒蛇和暴风雨是人类的敌人。丰盛星期二洒香肠汤,圣烛节点蜡烛等,被普遍认为是消弭这些祸害的好办法。

可是,一旦涉及社会的罪与恶,看法就各不相同了。工匠眼里的社会之恶,肉税和面粉税便是;可是,对于富人来说,对肉类和面粉征税却是好事,因为税款可以成为政府的财政来源。反之,造反

① 狂欢节上充满讥讽,但并无暴力。参阅皮洛尔热:《普罗旺斯的起义运动》,第407—408页;1627年的丰盛星期二上演了一出讽刺剧,嘲弄属于里耶兹主教的妓院,见皮洛尔热:《普罗旺斯的起义运动》,第256页;关于意大利狂欢节上的滑稽戏,参阅托希:《意大利戏剧起源》,第725页;关于瑞士的抗争性狂欢节,参阅《文艺复兴时期的节日》(*Fêtes de la Renaissance*)法国科研中心,1973年,第I卷,第361—364页;国家档案馆,BB 30—423(1890);魏德库恩:《巴塞尔狂欢节》,第43—50页;关于反犹太狂欢节,参阅《费里克斯和托马斯·普拉特在蒙彼利埃》(*Félix et Thomas Platter à Montpellier*),1892年,第196页,第399页;关于罗马的反犹太狂欢节,参阅刊登在《社会与经济史年鉴》1977年3月号上的马蒂娜·布瓦特(Martine Boiteux)论述狂欢节的文章;托希:《意大利戏剧起源》,第333—340页;关于1651年波尔多的反马札然狂欢节的论述,系依据儒奥的未版著作撰写;鲁瓦莱特:《嘲弄马扎然……与1651年波尔多狂欢节》(F. Loirette,*Mazarinade…… et Carnaval de Bordeaux*, 1651),载《波尔多考古学会通报》(*Bulltin et Mémoire de la société d'archéologie de Bordeaux*),第66卷,1972年,第83页(马扎然模拟人像的头颅在仪式上被砍掉);关于芒图瓦圣烛节上带有讥讽意味的马-裙,参阅布亚特尔:《芒图瓦的乡村生活》(Bougeatre,*Vie rurale dans le Mantois*),1971年,第231页;托希在《意大利戏剧起源》第228—243页中述及狂欢节中的模拟人像、阿勒甘、各种动物以及其他人物的讽刺性遗嘱。关于普罗旺斯的其他冬季节日(埃克斯地方1649年的圣-塞巴斯蒂安节、1659年的圣瓦朗坦节),参阅皮洛尔热:《普罗旺斯的起义运动》,第588页,第791页。

② "掌控掌控"(maîtriser la maîtise)是米歇尔·塞尔(Michel Serres)的用语。

精神在平民看来是正面的，而在当权者看来却是负面的。狂欢节一旦不再是单纯的农业节日，而是不同社会群体的共有节日，它所体现的是整个城市的节庆气氛，至少是一种集体的公共活动，它就不可避免地隐含着某些社会冲突，创造出一种毫无和谐可言的用于彼此对抗的话语。[①]矛盾实在无法调和时，只得分别举行两个狂欢节，竖立两个五月柱，一边是身无分文的穷人，另一边是富人，这边是左派的五月柱，那便是右派的五月柱。这种情形并非虚构，而是真实的情景，不但出现在路易-菲利普执政时期的佩里戈，而且
347 再现在 20 世纪诺曼底的某个村庄，最早的一次当然要上溯到 1580 年的罗芒。这种政治和现实的二元冲突，与前面已经提及的狂欢节的民俗、年度、季节这三重功能相符，[②]这种功能旨在象征周而复始的时间周期：一年的季节变化、农作的耕地播种收获、分布在不同季节的宗教节日等，必要时还可借助戏剧的形式。作为狂欢节特色的象征性的打斗或搏杀，轻而易举地从二元中的此元滑向彼元。佛罗伦萨狂欢节期间的网球比赛，不列颠诸岛在丰盛星期二那天的足球比赛，都能在一定程度上促成某种对立，这与前面所说并不矛盾：城市中的两类居民或是贵族中的两个派别、两种截然不同的行为（有人哭、有人笑）、年龄不同的两个人群（已婚和未婚）、真实或假扮的来自两个地方的人（英格兰人和苏格兰人）、

---

① 安萨尔：《意识形态、冲突与权力》（P. Ansart, *Idéologies, conflits et pouvoir*），1977 年，第 30 页。

② 关于神话—现实的差异，参阅格雷马：《结构语义学……》，第 128、149、150 页。关于两个狂欢节和两个五月柱，参阅法约勒：《佩里戈的日常生活》（G. Fayolle, *Vie quotidienne en Périgord*），1977 年。

来自一条河流两岸或两个不同地域、同一城市内两个敌对地区的居民，等等。然而，这种争斗或曰决斗，有时也体现着两个个体之间的斗争，既是民俗和宗教的个体，也是时间的个体，那就是：狂欢节对封斋期、猪对鳕鱼、冬季对夏季。有一点我们不应忽略，在多菲内、朗格多克和普罗旺斯等地，政治生活与季节相似，在一年之中都有相对固定的时间，早春的绿色取代秋冬的枯草之时选举执政官，而枯草则被用来制作狂欢节上使用的模拟人像……两个季节的象征性和生物性的斗争，被比拟为两个政治派别之间的现实性和规范性的斗争，一方是即将离职的官员，另一方是高喊“把该走的人轰走”的那些人。所有这些都属于一种思想体系，而这种思想体系依然停留在前哥白尼体系中：人类中心主义认为，以人类为中心的微观世界从属于包括自然环境在内的宏观世界，根据这种观点，宇宙时间和社会时间彼此相混，难以厘清，两者互咬对方“闪闪发光的尾巴”，彼此更新。列维-斯特劳斯说：“象征体系试图表现物质现实和社会现实的某些面貌，更试图表现这两类现实之间的关系。[①]”狂欢节恰恰是由象征体系编织而成的最佳实体……

然而，纵然从天地与人间、宇宙与城邦统一的角度来看，二元 348
论也未必始终恰当。16 世纪的意大利农民和伯尔尼居民在狂欢节期间展示季节时，并不将一年仅仅分割为两半：“狂欢节/封斋

① 列维-斯特劳斯为马赛尔·莫斯的《社会学与人类学》(Lévi-Strauss, *Introduction à Marcel Mauss, Sociologie et Anthrpologie*)所作的导言，第 XIX 页。

期”或“冬季/夏季”，而是将一年分割为十二个月份，就像大教堂立柱上的图像所显示的那样，以农业社会在一年之中十二个月的农事活动来表示，或者以十二个星宿来表示。

从不同的角度来看，罗芒狂欢节即使最终以对立两派的冲突告终，它依然没有跳出多个狂欢节的传统圈子。这一点在1580年的狂欢节中体现得尤为明显，那一年的狂欢节共出现了五个“王国”（绵羊、老鹰-公鸡、野兔、阉鸡、山鹑）。这些“王国”的背后是各种各样的街区、会社、欢乐的“修道院”、不同年龄段的人群以及罗芒的各个社会阶级和社会帮派。斗争的结果形成两大阵营，其一是老鹰-公鸡“王国”与山鹑“王国”联盟，其二是野兔‘王国’、阉鸡“王国”和绵羊“王国”联盟。这种多个狂欢节的传统在此后若干世纪中并未消失，据卡里斯特·拉福斯记述，1840年的罗芒狂欢节依然在方圆20法里内享有盛誉，不过，与1580年的五个“王国”不同，这一年参加狂欢节活动的歌咏团多达20个，歌咏团中的诗人和演员站在泰斯庇斯式的马车上，从一地赶往另一地，引吭高歌，展开激烈的竞赛，看谁唱得最好，看谁的诗最动人。公众从中获得了欢乐的消遣！歌唱的内容五花八门，有的用方言（普罗旺斯-法语）唱，有人用法语唱，有人用谁也听不懂的语言唱；有人唱悲剧，有人唱通俗喜剧，有人朗诵政治性的短句，有人唱开心的小曲，有人朗读经典著作，有人故意说蠢话逗笑。大家都来这里享受免费的娱乐活动。最受欢迎的歌曲会在此后的几个月里一直被人传唱，直到来年被新的好歌取代。如今（此处指1869年，即卡里斯特撰写此文之时）这些都看不到了，因为（印制歌片）的费用太高，也

因为实行了预检制度。[①]狂欢节上演出的小戏题材多样，有的围绕着一个少女展开剧情：少女拒不嫁给丰盛星期二，丰盛星期二因失恋而日渐消瘦，终至一病不起，丰盛星期二的父亲雅克玛尔眼睁睁地看着儿子死去，却毫无办法。雅克玛尔这个人物不是平常之人，他住在邻近天庭的地方，也就是以他命名的那个塔楼的顶上（罗芒的钟楼），他在狂欢节期间屈尊来到地上，口中念念有词地说道：
“我本是天上老鹰的伴侣，现在愿意变成一只鸭子。”有人用奥克西 349
塔尼方言唱道：“可惜我只是一个凡人，否则我就把伊泽尔河变成酸酒，把罗芒脏兮兮的小河沟变成烧酒和葡萄酒……”我们从中清楚地看到，出现在1840年狂欢节上的这些题材，早就或隐或显地出现在16世纪末的罗芒狂欢节和普罗旺斯狂欢节上了，例如，食品被颠倒（好水变成酸酒，脏水变成好酒），狂欢节上的模拟人像结婚，雅克玛尔从天上下到地面，老鹰变成鸭子（原来是老鹰与公鸡），如今的雅克玛尔雕像脚下确有一只家禽。多个狂欢节的这一特点的延续性尤为显著，1580年只有5个“王国”，1840年竟然有20个歌咏团。各个时期的罗芒狂欢节，不只是两股力量的对立：青年与老年、富人与穷人，等等；它与里昂和意大利等地一样，是对社会的一种诗意的描述，全面描绘了一个城市中的各个街区、各种职业、各个年龄段的人群、年轻人和男人，等等。这些因素使得狂欢节成为社会变革的一个当仁不让的参与者；在我们看来，社会变革进行得非常缓慢，但在先后饱受文艺复兴、宗教改革和反宗教改

① 以上这段文字全部来自收藏在罗芒市立图书馆中的卡里斯特·拉福斯（Calixte Lafosse）的手稿。

革……之苦的那些16世纪的城市(巴塞尔、里昂、罗芒),社会变革正在进行,这一点是无可争辩的。这就是说,狂欢节并非以“客观上”保守的方式为世界的现状辩解为目的,在短暂的时间内以戏谑方式将二元对立的社会加以颠覆。对于纷繁复杂的各个人群来说,狂欢节其实是一种借助讥讽、抒情和史诗来获得经验和知识的工具,因而当然就是一种行动工具,对于整个社会而言,这种行动有时可能具有社会变革和进步的意义。[1] 1783年,被称作“假面人”的维瓦赖造反派,揭竿而起对抗为庄园主服务的贪腐司法官员,他们的斗争目标是争取名副其实的农民和农村司法公正。[2]带
350 着假面具要求伸张正义的人对抗贪婪的司法官员……当然,毋庸讳言,反犹太的狂欢节(蒙彼利埃、罗马)很难说具有“进步”性质!节日和社会变革并非始终只有一个方向……

* *

1580年罗芒狂欢节的组织者们运用多种象征性手法,对社会面貌做了全面、动态和具有对抗性的描述。就此而言,他们的队伍

---

① 关于青年狂欢节中青年的作用(这种作用当然绝非仅仅只是青年所独有),参阅托希:《意大利戏剧起源》,第98—99页;杜比为《法国的节日》所作的序,第15页;认为狂欢节基本上是保守性的看法(我觉得这种看法不全面),见于魏德库恩:《巴塞尔狂欢节》,第45页及以下;普瓦特里诺(A. Poitrineau)的文章,载《异样》(*Autrement*),1976年7期,第189页;德·戈德马尔(de Gaudemard),同前项,第81页;拉法埃尔(Raphael)的文章,载《对位》(*Contrepoint*),1977年24期,第123页;关于城市狂欢节的多元性甚于二元性,见于托希:《意大利戏剧起源》,第95页(关于佛罗伦萨);关于狂欢节上以十二星宿而不是两个季节象征十二个月份,参阅《文艺复兴时期的节日》(*Fêtes de la Renaissance*),第I卷,第362页(巴塞尔,1506年)。

② 莫利尼耶在他的论文《旧制度时期的维瓦赖》,第354页等处一再强调“假面人”的“客观上”反庄园主性质。索嫩歇尔:《1783年维瓦赖的武装假面人》,1972年。

对他们相当了解并紧紧追随他们，组织者和他们的追随者都有仇恨，这些仇恨或是促使他们彼此对立，或是促使他们抱成一团。隐喻是民间话语中的一个重要手段。[①]盖兰的朋友（或许是盖兰本人）拉出了一个开玩笑的食品价格表，野味、家禽、新鲜美味的淡水鱼、佳酿、调料、高档水果、食糖等，这些东西都用作富人和狂欢节期间富人餐桌上美味佳肴的象征。各种发酸、腐败、变味、脏兮兮乃至发臭的饮料，普通家畜（羊、牛、母牛和猪），以及家畜的饲料（干草、秸秆、燕麦）等，都被用作穷人的化身，在那份贵贱颠倒的恶作剧虚拟价格表中，这些代表穷人的物品都价格高昂，穷人们为此而“兴高采烈”，不但令人发笑，而且只是昙花一现。

更具特色的一点是，几乎所有狂欢节上都使用活的动物，穷人这边是熊、驴、野兔和绵羊，富人那边是老鹰、公鸡和山鹑。换言之，这些动物构成了对立的两组：阉割过的/未阉割过的，地上的走兽/天上的飞禽。

在另外一些狂欢节上，常常对这种分类方法略作改动，为的是与季节和时间更为贴近，而不是出于社会性原因，比如：猪/鳕鱼（丰盛星期二/封斋期）。在16世纪的意大利，在一首与此相关的诗中，描述了彼此对立的两组动物：一边是狂欢节上的山鹑、野鸡、阉鸡、斑鸠、带血的灌肠、鸽子；另一边是封斋节期间的胡萝卜、韭葱、青豆、金枪鱼、香肠。[②]在与法国的多菲内毗邻的意大利南部和北部的那些狂欢节上，类似的方法用来体现社会学和讽刺的目的，

① 封塔尼耶：《话语的形象》（Fontanier，*Figures du Discours*），1977年，第157页。

② 托希：《意大利戏剧起源》，第150—195页，第251—266页；贝尔塞：《农民造反史话》，第II卷，第585页。

351 不同之处在于不是使用不同种类的动物，而是使用某些动物(驴、猪、火鸡、狼)身上的某一部位，据说，动物们留下遗言，把这些部位留给属于特定社会类别的人，例如，胃给神职人员，生殖器官给女人，脑袋给律师，如此等。在1705年的蒙莫里永狂欢节上，当地的居民被比作羊，税务官被比作狼。人们喊道："羊羔们，小心啊，狼来了！……"

罗芒狂欢节的"象征规则"同时显现在三个层面上，在特定的场所，每一种动物可以具有一种精确而独特的含义，这种含义有时可能有些粗俗；公鸡表示雄性，熊与天气有关，野兔是不祥之兆，等等。其次，出现在狂欢节期间，这些牲畜和爬虫之类可以被用于发挥纹章、族徽和代码的功能，"用以借助动物种类的多样性来支撑社会差异的观念"，[①]例如，区分富人和穷人等。在这种情况下，社

① 列维—斯特劳斯：《今日之图腾崇拜》(*Totémisme aujourdhui*)，第101页；拉德克里夫—布劳恩《图腾崇拜的社会学理论》(R. Radcliffe-Brown，*Sociological theory of totemisme*)，载《原始社会的结构与功能》(*Structure and function in primitive society*)，1965年，第VI章；参阅本书参考书目中有关象征主义的论著，尤其是特纳的著作；奥祖夫：《革命的节日》；道格拉斯：《隐而不显的意义》(Douglas，*Implicit meanings*)，第261页；格雷马：《结构语义学》，《符号学与社会科学》，第49页；弗里：《象征词典》(A. de Vries，*Dictionnary of symbols*)，1974年，第238页；奥索夫斯基：《阶级结构》(Ossovski，*La Structure de classe*)，第64页等多页；关于狂欢节中各种动物(例如熊)的象征意义，参阅普林尼：《自然史》(Pline，*Histoire naturelle*)，第8卷，第54章，关于象征物的多义性，参阅埃柯(Umberto Eco)出版于1977年的著作以及法热(J. B. Fages)的著作；勒高夫：《举止的象征意义》(Le Goff，*Gestes symboliques*)，第737页；托多洛夫：《什么是结构主义》(T. Todorov，*Qu-est ce que c'est que le structuralisme?*)，1977年，第181页；巴特：《论巴尔扎克的短篇小说〈萨拉金〉》(R Barthes，S/Z)，第12页、第18页、第49页、第126页、第166页；《交流》杂志(*Communications*)，1964年第四期；迪比：《大教堂时代》(G. Duby，*Cathérales*)，第131页；R. 罗宾：《现代语言学》，1976年，第224页；格尔茨：《文化的诠释》(C. Geertz，*The Interpretation of Cultures: Selected Essays*)1973年，第141页。

会学便在动物学和植物学面前消失了，马克思被植物学家图纳富尔取而代之了。再次，动物成了社会集体罪恶的替罪羊……或者说成了社会对立面的替罪羊；动物令人想起饲养和狩猎以及体育运动中的某些活动（砍掉公鸡的头，用镰刀杀死大批羊只，捕杀山鹑等）；在大批人群欢宴的餐桌上，这些动物作为佳肴被人们送进嘴里的时候，对于社会中的各类人群的团结起到了凝聚作用，人们大声喊着："拿肉来说话！"即使这句话有多种意义，即使在不同的节日里和不同的场合里，这句话所要表达的意义不尽相同，但它始终是一种非常清楚的表述方式。无论是公鸡、老鹰还是山鹑，任何一种象征物都既有代表性，又有功能性，它所确立的是一种"多头"战略，使人群中的某个集团可以用来争取掌控某个特定的局势，或者从中获取好处。这种做法在1580年罗芒的公众生活中理所当然地被付诸实际应用，那时人们共同的思想是一种自发的"唯名论"，这种思想可以灵巧地把各类物品（五月柱、绵羊）派上各种各样的用场，胜过使用阶级斗争、改革之类的抽象概念。民俗大师盖 352
兰无可挑剔地利用了这种心态结构，因为他精于此道，能娴熟地玩弄于股掌之间。

*　　　　*

所以，在罗芒狂欢节这种兼具政治和民俗双重性质的节日里，象征物与节日的活动内容一样重要。是否需要分别说一说富人的象征物和穷人的象征物？既需要，又不需要。在一个窘困的年代里，小城里的人都是穷兮兮的，即令是"阔佬"，也不过如此，在这种时候，两个人群的社会差距并不很大，任何一种象征物，必要时都可以与敌对方交换和共用，因为，说到底，双方对这个世界的看法并无根本性差异。在1580年的罗芒，牵着或骑着毛驴游行的是穷人，富人则享有扮作瑞士卫兵的特权；但是在同一时期的里昂狂欢节上，毛驴和瑞士卫兵都是印刷工人使用的象征物。在1580年的罗芒狂欢节上，土耳其人与节日信使亲密无间，可是在1523年的巴塞尔狂欢节上，这两类具有象征性的人物却彼此对立。由此可见，这些物件、动物和其他象征物，在表示社会地位这一点上，不具有任何绝对的意义。

不过，作为总体框架，社会差异还是存在的。普罗旺斯和南多菲内的节日中两个时段的区别（社会秩序混乱时段和社会秩序良好时段）充分体现在罗芒，也体现在埃克斯的圣体瞻礼日和塔拉斯孔的六爪怪兽表演仪式上（第一幕：六爪怪兽塔拉斯克东倒西歪地上场，鼻孔往外喷着火；第二幕：六爪怪兽塔拉斯克被圣马特驯服后，变得就像一条听话的小狗似的。）这种区别既是时间的区别，也是地理的区别；1580年在罗芒，山鹑（秩序）跟在绵羊（混乱）后面出场；富人的南北纵轴（圣巴纳尔/雅克玛尔）与工匠和种田人的东西横轴（圣尼科拉/沙佩里耶）相交。即使同样是火，有时也被分成两类，罗芒平民在节日里独占圣烛节的蜡烛，以此与丰盛星期一的（天主教徒的）火把形成对比，而这些火把则是由一些富人操控下的小孩子举着的。①

① 有关这些问题，参阅米歇尔·伏维尔：《普罗旺斯的节日》，第53页；关于毛驴和瑞士卫兵，参阅戴维(Davis)关于16世纪里昂的新教徒的未版论文；关于土耳其人和信使，参阅《文艺复兴时期的节日》，法国科研中心，1973年，第I卷，第363页（关于罗芒，可与盖兰的记述第156页，第160页对照阅读）。

* *

平民以象征物讥讽对方的实例不胜枚举。一般而言，在一个 353
以掌权等级作为抗争对象的狂欢节上，最佳的讥讽工具是各种人物的模拟人像：罗马教皇、路德、拿破仑三世、小猪模样的路易十六、山羊模样的玛丽·安托瓦内特，等等。这些模拟人像基本上在丰盛星期二当天就展示出来了。在1580年的罗芒狂欢节上，这些模拟人像来不及与公众见面，因为在节日前夕，也就是丰盛星期一那天，山鹑"王国"密谋制造了一场屠杀，于是把一切都打乱了。不过，穷人的各种象征物依然以各种形式展现在人们眼前。①这种以象征物表示讥讽的手段，利用了圣布莱兹节的农事礼仪，比如说，用连枷打麦意味着为春天准备种子，同时也隐喻着砸打富人；赶着毛驴游行意味着告诉富人们："你们的老婆会打你们的，我们还要让你们戴绿帽子。"人们在宗教仪式上有节奏地挥动圣灵会的血红色丧服，以此表示埋葬即将结束的这一年，同时也含有把阶级敌人统统吃掉的意思。首领大多都有绰号，例如"球王"、"白面包"等；游行者的面部用烂泥、灰和面粉涂抹，有的像鬼，有的像魔；在假面具的掩护下，他们带领着年轻人挨家挨户以威胁的口吻索取施舍，按照民间习俗报复剥削者、高利贷者之类的吸血鬼……所有这些借

① 关于法国南部和北部的狂欢节上使用的模拟人像，参阅贝祖恰：《革命假面具》(Bezucha, *Masks of revolution*)；国家档案馆，BB 30，362(感谢塔米雅松(Taniason)先生提供)；上加龙省档案，B，SP 741，1743年；古达格，据卡斯唐：《诚信与社会关系在朗格多克，1755—1780》；阿居隆：《1848年狂欢节》(Agulhon, *Carnaval de* 1848)，载《异样》，1976年，第6期，第203页及以下，刊载在勒高夫和诺拉主编的《制作历史》(Le Goff et P. Nora, *Faire l'histoire*)中奥祖夫的文章。

助假面游行等手段进行的仪礼活动，体现出两个层面，其一是虚构层面（播种、日历、傀儡），其二是政治层面（阶级斗争）；老百姓在这方面是行家里手，他们把抽象的观念变成了让人心领神会的表演。[①]

354 与此相似的还有罗芒人在圣布莱兹节那天跳的剑舞，这种舞蹈是武装冲突的仪式化。在这位圣徒的纪念日里跳这种舞并非巧合，分别位处阿尔卑斯山两侧的皮埃蒙特和多菲内，都在这个日子

① 关于用连枷象征消灭和摧毁，参阅杜比：《法国农村史》，第 III 卷，第 39 页；关于用连枷和草人象征冬季或封斋期的火把，参阅弗雷泽：《金枝》简缩版，第 368 页；贝尔塞：《农民造反史话》，第 II 卷，第 645 页；关于阿尔卑斯山区狂欢节期间的农事仪礼，参阅伏维尔：《普罗旺斯的节日》，第 57 页；范热纳普：《法国民俗手册……狂欢节—封斋期节》中的“狂欢节—封斋期”章节；关于 1930 年（?）之前罗芒狂欢节上的连枷舞，参阅口头调查；关于毛驴，参阅伏维尔：《普罗旺斯的节日》，第 114 页；弗朗德林：《家庭—亲属、房舍与性》（Flendrin, *Familles-Parentés, Maison, Sexualité*），第 123 页；范热纳普：《多菲内人和萨瓦人对圣布莱兹的崇敬》，第 II 卷，第 176 页；关于 16 世纪里昂人骑毛驴，参阅戴维的未版论文；克莱贝尔（Cleber）、吉格（Guigue）等人的著作；罗西奥：《修道院》（*Abbayes*），第 86 页；关于圣布莱兹，参阅伏维尔《普罗旺斯的节日》，第 45、58 页；范热纳普：《多菲内人和萨瓦人对圣布莱兹的崇敬》，1924 年，第 136 页及以下；皮洛·德·托雷：《多菲内古今习惯、节庆及风俗》（Pilot de Thorey, *Usages, fêtes et coutumes existants et ayant existé en Dauphiné*）；赖特、朗恩斯：《英国日历习俗》（Wright, Lones, *British calendar customs*），第 II 卷（圣烛节—圣布莱兹节）；乔治·朗：《民间日历》（Georges Long, *The folklore calendar*），1930 年，第 18 页，《绅士杂志》（*The gentlemen's magazine*），1885 年，（参阅本书附录书目）；托希：《意大利戏剧起源》，第 142 页；关于狂欢节上的丧礼等，参阅利奇《列维—斯特劳斯》（Leach, *Lévy-Strauss*），第 17—18 页；关于多菲内葬礼上的筵宴、坟墓，参阅皮洛·德·托雷：《多菲内古今习惯、节庆及风俗》；杜比：《大教堂时代》，第 287 页，第 288 页；道格拉斯：《隐而不显的意义》，第 146 页；关于食人象征，参阅皮洛尔热：《普罗旺斯的起义运动》，第 337 页；皮耶蒙：《回忆录》，第 424 页，第 425 页；库尔茨：《死亡之舞》（L. Kurzt, *The dance of death*），1934 年；关于葬仪与圣灵会，参阅迪帕克：《圣灵会》，1958 年；关于礼仪，参阅特纳：《悲伤之鼓》，《戏剧、田野与隐喻》，第 50—60 页，《象征之林》（*Forest of symbols*），第 96 页；杜比：《法国农村史》，第 II 卷，第 542 页；魏德库恩：《巴塞尔狂欢节》，1976 年，第 34 页；关于假面具和面部涂抹，参阅贝尔塞：《巴塞尔狂欢节》，第 I 卷，第 214 页；关于穷汉游行，参阅卡里斯特·拉福斯的论述，查阅罗芒市立图书馆的藏书；伏维尔：《普罗旺斯的节日》，第 98 页，第 214 页；尤其是索嫩歇尔的佳作：《1783 年维瓦赖的武装假面人》，1972 年。

里跳这种舞。[①]在意大利、德国、英国、西班牙和法国南方，这种类型的“武装芭蕾”相当普遍，托希和另外几位作者对此进行了深入的研究。在这种舞蹈中相互叠交的有以下这几种意义：

1）“时空”礼仪。由若干把利剑组成的玫瑰花或玫瑰花形状的饰物，既指明东南西北，也指明反映在苍穹的春夏秋冬的变化。一个人物（丑角或阿勒甘）的死亡和复活出现在舞蹈过程中。

2）农业丰收礼仪，往往同时也是人的健康礼仪，为的是防治各种灾害。在普罗旺斯，这种舞蹈与狂欢节有关联，也与橄榄收获有关联；[②]在皮埃蒙特，利剑在小麦地里划出一条犁沟。在多菲内的塞维耶尔，这种舞蹈有时也出现在以抗击黑死病为主题的圣罗什节上，自中世纪以来，这个节日每年举行一次。

3）男青年和会社成员危险的阳刚启蒙礼仪，这说明，狂欢节是一个战争时期，至少是象征性的暴力时期。与此相反，封斋期则是和平时期，即所谓的“上帝停火”，也就是全面停火时期，[③]在此期间，禁止“切割人肉”。

4）对阶级斗争的肯定。在皮埃蒙特，舞动的利剑终止了一个劣绅的恶行，他欺负农民，强暴他们的女儿。婚姻主题也同时显现，或是持剑的舞者抢走某个少女，或是把少女从劣绅手中抢回来。355 （剑舞常常穿插在民间戏剧中，这种被称作“莫里斯克”的民间戏剧中往往出现土耳其人。但是，罗芒的情况与其他地方略有不同，出

---

① 托希：《意大利戏剧起源》，第 78 页。

② 维尔纳夫伯爵：《罗讷河口省统计资料》（Comte de Villeneuve，*Statistique des Bouches-du-Rhône*），第 III 卷，第 26—27 页。

③ 杜比：《大教堂时代》，第 68—70 页。

现在罗芒舞台上的土耳其人都站在街垒的那一边，也就是富人那边。由此可见，象征物具有相当的灵活性，有时甚至可以互换。）

人们在1580年的罗芒狂欢节上跳起剑舞时，上述四种意义中的后两种意义（暴力象征和社会冲突）远远超出了前两种意义（季节、丰收和灭灾），尽管前两种意义并非全然不存在。

在罗芒狂欢节上，人们跳起剑舞时，必定人声嘈杂，因政治上的分歧而争吵不休，铃铛声和鼓声不绝于耳。在操普罗旺斯方言和和法兰西-普罗旺斯方言的地界上，铃铛和鼓发出的噪声是当时用以斥责和抗议权力集团的最佳工具。就此而言，民众的狂欢节有其自身的合理性，民众制造骚动是为了达到自己的社会目的，提出自己的要求；在当时的文化背景下，考虑到当时人们的心理状态，制造骚动效果最佳。①

① 关于剑舞的一般情况，参阅《标准民俗词典》（*Standard Dictionary of folklore*）中的"剑舞"条；关于多菲内的剑舞，参阅拉茹（Lajoux）记录塞维耶尔、多菲内等地圣罗什节的影片；盖兰的记述，第152页；关于普罗旺斯的剑舞，参阅伏维尔：《普罗旺斯的节日》，第61页；维尔纳夫：《罗讷河口省统计资料》，第III卷，第209—210页；关于皮埃蒙特和意大利各地的剑舞，参阅托希：《意大利戏剧起源》，第78页，第98页，第329页，第473页；关于英国的剑舞，参阅汤普森：《英国人的嘈杂声》（*Le charivari anglais*），第11页；关于阿尔萨斯的剑舞（与职业有关），参阅普瓦特里诺的文章，载《异样》，1976年，第7期；关于德国的剑舞，参阅梅什克：《剑舞》（Meschke，*Schwerttanz*），柏林，1931年；关于瑞典的（狂欢节）剑舞，参阅《文化历史词汇》（*Kult. hist. Lexik.*），第IV卷，1959年；关于苏格兰的剑舞，参阅特纳（谈话）；塔西佗：《日耳曼尼亚》，第24节；色诺芬：《远征记》，6—1—5（与危险相关）。关于一般性问题，参阅科拉斯特尔：《初民社会的战争》（Clastres，*La guerre dans les sociétés primitives*）。载《自由》（*Libre*），1977年1期。关于小铃铛、钟和狂欢节上制造噪声和悲情的其他工具，参阅巴洛哈：《狂欢节》，第257页以及人种学影片；皮洛尔热：《普罗旺斯的起义运动》，第339页，第343页，第401页。关于婚姻吵闹变成政治吵闹，参阅贝尔蒙在"吵闹研讨会"上的发言；黄金海岸档案，8 M 29（由蒂利（Ch. Tilly）提供）。

*　　　　　　　　*

面对穷人的挑战，富人们的狂欢节使出浑身解数，把山鹑王国的游行队伍搞得有声有色（装扮成国王、高级神职人员、军人和为丰盛星期二的审判作准备的司法人员）。简而言之，一系列的夸张 356
和礼仪都用漫画像和假面具表现出来。工匠们所主张的是回归固有的价值观，即土地、死亡、喧闹、利剑和食人暴力的象征等。与此相反，富人们的游行队伍希望表现出咄咄逼人的尚武精神，力图显示他们是正在举行庆典的一个意志坚定的集体，让人们从中看到等级社会的象征；他们不主张回归往昔，而是鼓励积极向上，追求崇高的观念和翱翔蓝天的鸟儿。因而，上层结构在与下层结构的对抗中得到巩固；超现实在与亚现实的对抗中得到巩固，铁钵在与陶罐的对抗中得到巩固。这是两种正义观的抗争。在封斋节期间演出节目中，球王塞尔弗的同伙们被处决，就是这种抗争合乎逻辑的自然延伸，文明终将战胜自然。1580 年封斋期之前的丰盛星期一和丰盛星期二，盖兰们在节庆活动中动用了文艺复兴时期罗芒的全部戏剧传统，16 世纪初期的类似中世纪的神秘剧目、王室入城仪式、虔诚的游行队伍、神秘的十字架道路的修建……罗芒城里的天主教居民区（圣巴纳尔区、科德里埃区），1580 年向喧闹可笑的游艺活动开放，甚至向土耳其风格的穆斯林民俗活动开放！不错，法官盖兰绝对是天字第一号人物，而且是空前绝后的第一号人物。对于他来说，（悲惨的）结局证明了手段的正确性，也为狂欢节上的嬉戏和戏剧演出作了注脚。总而言之，封斋期之前的这几天

过得不错,大家都很高兴,接下来便要置敌手于死地了。[①]高高兴兴地走向死亡。

*　　　　*

现在让我们看一看,这种把各种事物颠倒过来的手法究竟是什么样的呢?下层群众通常使用绘制假面具和讥讽性的漫画等手段,而上层人士则常常使用夸大手法。在人类学家们(马科斯·格
357 鲁克曼、马克·奥热、维克托·特纳等人)看来,事物的颠倒现象是狂欢节最严重的痉挛,那是女人和角色可以互换的最兴奋的时刻,穷人占了富人的地位,富人占了穷人的地位,所有一切都彻底颠倒了。人群的初始状态[②]犹如一股激流,从正常结构和日常等级制内部汹涌溢出,而当封斋期到来的时候,日常的等级制不仅回复常态,而且变得更加坚固。从时间上来说,罗芒的颠倒现象占有中心

① 关于夸张和狂欢节上的讥讽,参阅卡斯唐:《诚信与社会关系在朗格多克,1755—1780》,第52,第424—425页;巴特:《模式体系》(*Le Sysème de la mode*),第25页;关于土耳其人和撒拉森人形象,参阅伏维尔:《普罗旺斯的节日》,第79页;埃斯泰布:《丧钟》(*Tocsin*),第105页,关于城市(16世纪的里昂)中的天主教型神圣的作用,参阅戴维:《16世纪里昂的新教徒》(Natalie David,*Sur les protestants de Lyon au XVIe siècle*);关于司法界精英在城市中的作用,参阅达尔:《谁是统治者?》(R. Dahl,*Who governs?*);关于与罗芒相似的庄严的"王国"游行,参阅范戴克:《卡特琳娜·梅迪奇》(Van Dyke,*Cathrine Medici*),第214、250页;贝尔塞:《农民造反史话》,第I卷,第208页;关于罗芒16世纪的戏剧,参阅雅克·肖谢拉斯:《萨瓦和多菲内的宗教戏剧》(Jacques Chocheyras,*Théatre religieux en Savoie et en Dauphiné*);关于16世纪国王驾幸罗芒,参阅《德龙省考古和统计学会学报》,1873年,第79—80页;关于罗芒人列队走向骷髅地,舍瓦里耶:《罗芒族谱:韦勒》(U. Chevalier,Génealogies romanaises:Velheu),载《德龙省考古和统计学会学报》,1882年;还可参阅奥祖夫:《革命节日》,第265页;《异样》,1976年,第7期,第201页。

② 初始状态(liminalité),即某一时段的开始,过渡礼仪的中心(据特纳和范热纳普的解释)。

地位（颠倒的物价表公布时），但是它的作用却相对地仅限于表面。平民没有对物价颠倒进行炒作，倒是与穷人对立的富人们对被颠倒的物价进行了炒作，他们把它作为讥讽工具挖苦穷人，指责穷人们（不管是否有理）企图与他们平起平坐，并且想把社会和婚姻全都搞得乱七八糟。在罗芒的物价颠倒时期，美味的食品价格很便宜，这是一个极为短暂的时刻，奥克西塔尼的这个地方似乎一夜之间就变成了一个安乐之乡，最要紧的事就是吃，[①]古堡都是用甜点制作的，大狗小狗都用香肠拴成一串，所有的消费都极尽奢华之能事。到了17世纪初期，安乐之乡成为普罗旺斯地区封斋期头几天人们谈得最多的话题。亨利四世在位期间相对丰盛的食品供应，使安乐之乡名声远扬，而处于内战正酣之时的1580年，由于食品匮乏，至多只能达到先前的一半水平。[②]

*　　　　　*

当我们穿行在“象征之林”时，会看到各种不同的行动，首先是

---

① 巴尔金（译）：《拉伯雷著作集》（Bakhtine, *l'Oeuvre de François Rabelais*），1970年，第IV、V、VI章。

② 关于狂欢节中的颠倒现象，参阅贝尔塞：《农民造反史话》，第II卷，第585—592页；特纳：《礼仪进程》（*Ritual Process*），第188页，《象征之林》，第125页；格鲁克曼：《非洲的秩序和反叛》（Max Gluckmann, *Order and rebellion in Africa*）1963年；马科斯·金·马里奥特：《爱的盛宴》（Max Kim Marriott, *Feast of Love*），载辛格主编：《克利希娜神话》（Singer, *Krishna Myths*），1966年；埃姆克：《17世纪法国的秩序与混乱》（E. G. Ehmke, *Order and disorder in 17th century France*），1976年；当布里：《两性人……》（D'Embry, *Hermaphrodites...*）；道格拉斯：《隐而不显的意义》，1976年，第162—163页；科克斯：《笨蛋的盛宴》（H. Cox, *The feast of fools*），1969年。关于奥克西塔尼狂欢节上的安乐之乡，参阅加尔迪：《奥克语地区的狂欢节》（Ph. Gardy, *Carnaval d'Oc*）。

雅克玛尔，接着是雅克玛尔-市政厅，罗芒狂欢节的最后几幕就是在市政厅里上演的。这些不同的行动围绕着关于结盟、献媚和爱情等狂欢节的价值观展开。[①]雅克玛尔区是一个引人入胜的地方，是一个连接点，也是一个中心区；在我们不解详情的一些个人复仇行为之后，雅克玛尔区调整了它的效忠对象，对忠诚分子进行了重
358 组。这个原来在球王的民众联会掌控下的区，变成了盖兰秩序派的地盘。雅克玛尔区最初组织的是公鸡“王国”，公鸡或是在与另一只公鸡的搏斗中战死，或是在年轻人的技巧比赛中被砍头，或是被学生用石头砸死。在多菲内，在意大利、西班牙、法国南部和北部，德国、英格兰和苏格兰，总之在整个欧洲，公鸡是狂欢节上最常见的动物之一。狂欢节上的公鸡堪与西班牙斗牛文化中的公牛相比。公鸡从头到脚被赋予许多意义，鸡冠更是意义非凡，诸如刚强雄浑、英勇果敢、雄性的阳刚之气等。公鸡要跟母鸡交配，老鹰要与山鹑比翼双飞，持杆打斗、摘环比赛、舞会以及节庆期间最后几天的“王后”，所有这一切都表明了富人中的年轻儿郎们向罗芒的佳丽频献的殷勤，也体现了盖兰和拉罗什结成的用以对抗球王的危险的轴心。穷人的狂欢节上只有男性，他们之中没有一人装扮成女人，尽管此事一点也不难，他们在这个过于狡诈的把戏中落入了陷阱。他们曾经在 8 月份戏弄了卡特琳娜·德·梅迪奇，到了 2 月份却傻里傻气地被舞会上的“王后”诱惑，其实，这位王后就是

① 托希：《意大利戏剧起源》，第 XI 章及以下。

为了让他们上当而设置的陷阱。[1]他们终于落入了节日庆典与政治冲突相结合的双重陷阱。

*　　　　　　　　　*

如今，节日庆典与政治冲突相结合的情况已经不复存在，狂欢节上的那些民俗实际上在罗芒也已经看不到了，但是这些民俗直到 19 世纪依然非常活跃。第二次世界大战以前，在罗芒丰盛星期二的假面游行中，依旧能够看到各种各样衣衫褴褛的穷汉，这是一些令人厌恶的人物，破衣烂衫，灰头土脸，在大街上边走边做各种动作，装扮成骷髅、疯疯癫癫的青年和壮年。最后一次穷汉游行是在 1930 年，这是一次与有钱人的狂欢节相对抗的狂欢节，与富人的狂欢节在同一时间举行；有钱人的狂欢节像一张乐谱那样整齐 359
划一，精英们在市立剧场举行盛大假面舞会。[2]这边的人脸上涂抹的是泥浆，那边的人脸上涂抹的是闪闪发光的金色；这边是狭窄的小街，那边是辉煌的舞厅……事情永远是这样！

---

① 关于雅克玛尔区及其他地方狂欢节上的摘环比赛，参阅有关“环”和“纹章”的书目；关于公鸡，参阅阿居隆：《公民的想象……》（*Imagerie civique…*）1957 年；托希：《意大利戏剧起源》，第 96 页；鲁德温：《德国狂欢节戏剧》（Max J. Rudwin，*German Carnival comedy*），1920 年；克洛斯：《贵族与小民的狂欢节》（E. Cros，*l'Aristocrate et le Carnaval des gueux*），1975 年；赖特：《英国日历习惯》，第 I 卷，1936 年（丰盛星期二）；基尔茨：《神话、象征与文化》（Myths，*Symbols and Culture*），1975 年，尤其是其中的“斗鸡”一章；皮洛特·德·托雷：《多菲内人的习俗和节日……》，第 17 页；里维埃：《我》（Rivière，M：…），第 42 页；巴洛哈：《狂欢节》；《英国日历习惯》，第 I 卷，第 13 页；第 II 卷（苏格兰），第 2 卷，第 156 页；普瓦特里诺的文章，载《异样》，1976 年 7 期（法国南部和香槟地区的斗鸡）。

② 卡里斯特·拉福斯整理的罗芒词汇，手稿收藏在罗芒市立图书馆，参见其中的穷汉游行条。此外，作者本人也在罗芒对此进行过调查，该城的布尔纳先生曾向本人提供了有关信息。

第十三章　再说农民

360 罗芒狂欢节不只是对城市意识一种象征性的微观揭示，它如同一股宽阔的水流围绕在这种城市意识的四周。首先是农村这股水流：在1579—1580年间，多菲内的农民战争方兴未艾；其次是另一股城市整体水流：多菲内省的各个城市也都在进行斗争，斗争的目标不止一项，其中重要的一项目标是争取平民与贵族在纳税方面享有平等的权利，也就是说，贵族应该像平民一样纳税，让贵族纳税！多菲内的这两股水流就是两个彼此相关的运动，在民众运动的类型中有其一定的地位，换言之，它是16世纪西方的一种平民和农民的反抗运动。

这种类型的反抗运动处于先后发生的两类起义的交汇处，为简便起见，我们姑且把它们称作类型I（主要在中世纪）和类型II（"古典"时代）。

类型I包括发生在不同时期和不同地区的以下这些起义运动：13世纪末期发生在瑞士的多次起义，1358年的法国札克雷起义，1381年波澜壮阔的英国农民运动，1530—1540年间英国的小型反抗运动，14—15世纪加泰罗尼亚的农民运动，1525年的德国

农民战争。这些农民运动或起义具有一些共同的特点：[①]全体农
村居民(笼统地说)，特别是从事农业生产的农民或其中的某一部 361
分农民，试图通过农民运动争得对自然环境中的资源和权力的控制。这种控制可以是对森林的控制，可以是对狩猎、捕鱼、公共放牧以及因天灾人祸而撂荒的土地的控制，也可以是对什一税的控制，这里说的是掌控、削减，而不是取消什一税，农民希望本堂神甫和穷人能从较轻的什一税中获得一些好处；这种控制还包括对市镇行政长官、本堂神甫、邑督和领地法官等人员的任命拥有发言权；部分控制司法权，进而得以减轻"赤脚汉"的罚款负担；反对奴役劳动或奴役劳动的残余，降低苦役和领主年金和遗产税，降低国家征收的税金，通过遗产继承保障农民家庭的土地延续使用权，在地区性机构中增加纯农民的代表性。

多种多样的农民反抗运动通常都以农民社会为中心，他们的目标和敌人也是各种各样，不过，第一号敌人基本上都是领主；如果有国家，那也只是他们的第二号攻击目标；至于第三号敌人，那就往往是替罪羊，诸如城市、犹太人等等。农民运动有时会借助宗教证明自己的正确性，但宗教借口绝非必要条件；用当今语言学家的话来说，这种宗教借口是一个宗教"代码"，犹如 1381 年英国方济各会士所喊的口号："当亚当和夏娃男耕女织时，难道有什么士绅吗？"这也是 1525 年德国路德派传播福音时的口号。此类运动

---

① 我在本节中着重关注"分子"，而不是"原子"；所谓分子，是指农民战争和其他起义；所谓原子，是指这些农民战争和起义先后采用的不同形式，诸如陈情书的撰写过程、节庆期间的聚集、集市上的骚乱、焚烧城堡和地籍册等等。每个分子包含着一群原子(查尔斯·蒂利正在对此进行研究)。

有时甚至以千禧年主义和世界末日的悲惨面貌出现，以城市居民为主但有农民参加的 1525 年德国革命堪称一例，在其领导人托马斯·闵采尔的思想中，这次革命与通过流血使此岸世界再生的最后审判计划是难以分清的。这些运动有的以大获全胜告终，但这只是少数例外，例如瑞士的某些州在 13 世纪终于获得解放；有的与长期的经济困境相始终，例如 14—15 世纪的加泰罗尼亚。有的与持续的经济扩张相伴，例如 1525 年的德国。这些运动承载着某些不变成分，有共产主义的、自由主义的，或是单纯民主主义的，通常分量
362 微不足道，但有时却也相当可观。乔姆斯基和沙法列维奇等学者多次指出，这些不变成分出现在整个历史进程中的众多社会颠覆中。[①]

*　　　　　*

类型 I 多见于 1300—1500 年间，而类型 II 则展现在古典时期的人民反抗运动中，这类人民反抗运动自 1520—1550 开始显现（法国阿基坦新教反叛者和西班牙卡斯蒂利亚的社区起义者），一直延续到 18 世纪的最初十年（法国东南部的农民造反运动）。与

① 维拉：《近代西班牙的加泰罗尼亚》（P. Vilar, *La Catalogne dans l'Espagne moderne*），《伊比里亚历史》抽印本，第 I 卷，第 62 页；布伦纳：《往昔与现今》，第 62 页（英国 18 世纪的起义）；萨宾：《农民起义战争前夕的土地占有情况》（D. Sabeaan, *Landbesitz am... Vorabend des Bauernkriegs*），1972 年；吕斯：《札克雷起义》（Luce, *Jacquerie*），第 65—57 页；赛西昂斯：《改革与权威——德国农民起义》（K. C. Sessions, *Reformation—the peasant's revolt in Germany*）有关 1525 年德国农民的 12 条，1968 年，第 17 页；绍姆斯基：《以国家利益为名》（N. Chomsky, *Per ragione di stato*）；1977 年，第 160—165 页；沙法列维奇：《社会主义现象》（Chafarevitch, *Le Phénomène socialiste*），1977 年；多布森：《1381 年农民起义》（R. A. Dobson, *The peasant's revolt in 1381*），1970 年，第 270 页；莫拉、乌尔夫：《蓝手指，雅克与齐奥姆比》（R. Mollat et Ph. Wolf, *Ongles bleus, Jacques et Ciompi*），1970 年，第 88 页。

类型 I 的反抗者一样，类型 II 的反抗者也试图把他们的农村或庄园的政治权力和财政自主掌控在自己手里。与他们的先驱一样，他们也把拳头击向四面八方，尤其在反抗事件多发的宗教战争期间以及此后的一段时期内……抗议物价上涨、法国西部的亲天主教反抗运动；相反方向的反抗什一税运动；另一方面，则有反对领主、土匪、城市和高利贷者的斗争。然而，与 14—15 世纪的反抗运动相比，这些古典时期时代的反叛运动，绝大多数具有一个共同特点，那就是把目标更多地对准正在上升的近代力量，也就是正在日益壮大、扩大和延伸的中央集权的政府机构。反叛者们虽然在感情上往往是“保王派”，但是，在他们看来，这个中央集权的国家变得过于强大，因而难以保持真诚，他们于是奋起反抗，对它进行猛烈攻击。反抗的矛头指向国王的军队、间接和直接税，以及官僚机关、财政机关中的新精英分子，以及掌控着土地和笔杆的新精英分子。农民与他们时有时无的城市同盟者在谁是敌人这一点上看法一致：某位成为攻击对象的王家法官，同时也可以是城堡总管、高利贷者、领主或军火商；此人于是就以这种身份遭到各种各样的攻击。尽管如此，这些反抗运动中的反中央政府的色彩始终是显而易见的。犹如能显示不同颜色的试剂和能够转动方向的向日葵，我们从这种色彩的有无便能获知，某个反抗运动是否属于类型 363
II。[①]这种色彩体现了对 16 和 17 世纪不断壮大的拥有领土的国家

① 有关这个问题的书目浩如烟海。请参阅波什涅夫、穆尼耶、贝尔塞、皮洛尔热等人的著作，以及布罗代尔主编的《法国经济社会史》(Braudel, *Histoire économique et sociale de France*)中由笔者撰写的 I—2，第 V 章；拉格雷：《布列塔尼的长期结构》(M. Lagré, *Structure pérenne en Bretagne*)

的反抗,因为,这个国家正在变成持续性的而且越发严重的不平等的一个因素。

*　　　　　　　　*

就此而言,罗芒狂欢节和多菲内农民战争都堪称范例,它们以类型 I 的特征对城市权贵、贵族和领主提出了毫不留情的挑战。17 世纪法国西南部的农民造反以反对税收为主要目标,对贵族并不实行攻击,与此相比,罗芒狂欢节和多菲内农民战争显然更为激进得多。

然而,罗芒狂欢节和多菲内农民战争尽管具有类型 I 的诸多特征,却无可争辩地属于类型 II。因为,罗芒狂欢节和多菲内农民战争不仅具有市民和狂欢节的显著特征,而且毫不含糊地把攻击矛头指向国家和税收。多菲内人通过反对税收政策来反

440 对贵族,因为,在他们看来,贵族是免税政策的最大受益者。所以,罗芒和多菲内的反抗具有双重性,既反抗贵族,也对抗税收。

*　　　　　　　　*

罗芒狂欢节事件的领导人球王塞尔弗,不仅是市民的组织者,也是罗芒近郊农民的领导者,这个事实表明,农民已经觉悟,把反对贵族的矛头指向贵族免税特权;这种觉悟在罗芒周围的农村中持续了几代人的时间,在罗芒狂欢节事件发生 15 年之后,也就是 1596 年,人们终于在农村、教区和领地的第三等级呈递的陈情书中看到了这种觉悟。陈情书表明的主张对平民向国王提出的要求

364 起到了支持作用,这些陈情书的目的就是要消除特权等级对于承

担着绝大部分税收的第三等级的歧视。[1]在肖梅尔先生的协助下，我们看到了保存在伊泽尔省档案馆中的一些资料，其中包括满篇都是愤怒抗议的陈情书(已制成缩微胶卷)；在罗芒地区的沙贝伊，大约相当于一千公顷的4130赛特雷土地为教会和贵族所有，都不必纳税。在戈特-圣安德烈，约三分之一的土地原本是要纳税的，自从转移到特权等级尤其是贵族手中后，就不再纳税了。1599年在蒂瓦然，类似的土地有一百公顷左右。在菲昂塞，从宗教战争开始的1556年直到1596年，落入真贵族和自称贵族手中的土地大约有五百公顷，这还没有把教会人士手中的二十来公顷土地计算在内。架在农民的脖子上的是刀子，装进农民肚子里的是饥饿。若把1556年之前已经落入贵族手中的土地计算在内，菲昂塞的所有土地几乎全都属于贵族。在蒙特雷杰，特权等级在1596年所占有的土地多达四分之三，第三等级只占有四分之一的土地。这个地方的平民由于背负着沉重的公私债务，被迫把自己的大部分土地出售给贵族。在蒙梅朗，由于教会人士和贵族大量收购土地，到了40年之后1596年，该地的一半土地已经属于特权等级，余下属于平民的那一半土地上的出产，既不足以维持农民的生计，更不足以支付沉重的税费。在帕里塞，属于特权等级的土地约为700公顷。在皮佩，教会人士和贵族占有四分之一的土地。在凯克斯，最

① 瓦朗斯市档案馆，CC 42(缩微胶卷 ADI，I MI105)。关于罗芒的一些贵族家庭因土地享受免税而获利，例如鲁瓦隆、韦勒、科斯特等家族，参阅罗芒市档案，FF 26、27，CC 499。这些档案中涉及的农村中贵族免税土地的面积在所有耕地中所占比例，约在14.4%至56%之间不等，平均值为32.1%。关于与本书内容有关的时期，参阅伊泽尔省档案，B190(特权等级的免税优惠和反对什一税的斗争)。

好的三分之一土地在 50 年内都被特权等级拿走，而失地的农民居然还负债 18 000 埃居。在雷维尔，镇政府负债 12 000 埃居，贵族和第三等级分别占有该地的一半土地。在圣保罗三堡，村镇虽然
365 饱受战争摧残，特权等级依然占有 150 公顷最好的土地。在圣马塞兰和圣艾蒂安-德-圣茹瓦尔，在 1570— 1580 年间，凶悍的贵族在圣艾蒂安攫取了平民三分之一的财产，在圣马塞兰夺取了三分之一的土地；借助公证文书所提供的资料，我们对特权等级在稍晚的 1633 年攫取土地和财产的情况，也有相当清晰的了解，将在下面予以详细介绍。这两个地方都很好，一个是农耕地区，一个是农牧地区。请想一想如今的圣艾蒂安-德-圣茹瓦尔机场，好几条跑道伸展在一马平川的大平原上；再想想圣马塞兰，那里出产的奶酪名闻遐迩……在反抗运动相当活跃的博福尔地区，反抗运动平息之后的 1580 年，特权等级开始继续购买土地，而且获得免税特权。平民因此而失去了 300 公顷耕地、40 公顷牧场、50 公顷森林和葡萄园。特权等级购置土地的活动有三分之二是在 1580 年至 1602 年间进行的。在罗芒外不远处的皮桑松，第三等级在 1596 年拥有土地 3 915 赛特雷，贵族和其他特权等级拥有土地 3 438 赛特雷。第三等级所拥有的土地共负债 4 987 埃居，相当于每赛特雷土地负债 1 埃居以上。特权等级获得的这些土地，部分是从平民手中购得的，土地购买者不一定是贵族，但肯定是富人。例如法官盖兰，他是一个新近获得贵族身份的新贵族，拥有 40 公顷土地……又如，另一个新近获得贵族身份的韦勒，他拥有三镰*牧场。加斯

* 镰(fauchée)，古代土地面积计算单位，一镰为一把镰刀在一天之内能刈割的牧草所占的土地面积。——译者

帕尔·若马隆也是一个新贵……总之,这些人原本都是罗芒古老的资产者,此时正在缓慢地悄悄向贵族转变……

卡瓦尔教士在维埃纳地区收集了不少陈情书,[①]从中获得了一些精确的细节。以前面提到的戈特-圣安德烈为例,这是一个名副其实的中心市镇,居住着来自格勒诺布尔、维埃纳、罗芒和克雷米约的有钱人,该地的所有牧场都是特权等级的财产,其中约有15个定居在这里的贵族,25个常来常往的贵族。这40个贵族中,有6个是假贵族或新贵族,19个不是出身于古老的贵族之家,3个根子不正,其余才是不折不扣的贵族!在圣伊莱尔,就像老鼠钻进奶酪一样,十来个贵族扎根在土地上,占有数百公顷耕地,该地的农民因而更加倒霉,需要支付的债务居然高达6 000埃居。在贝 366

勒加德,市政当局负债10 000埃居,14个贵族占有三分之二土地。纵然如此,以公证人为首的士绅竟然还对1579—1580年的税收特权表示不满,岂不令人惊诧!在塞普泰姆,民众实在不知道该怎么活下去了,从1576年到1586年,17个贵族花了1 400埃居在那里购置土地,整个村子变成了绅士们的巢穴,他们就像占据鹊巢的斑鸠,在别人的窝里下蛋。此外,塞普泰姆的教会人士也拥有大量土地。不算个人的债务,整个村子的债务就高达29 000埃居,维埃纳市政当局不准许在塞普泰姆拥有土地的本市居民在塞普泰姆纳税。(这便是从1581年以来城市与乡村之间因城市居民应在何处纳税而再度发生的冲突。[②])来自城市的压力于是与咄咄逼人的贵

① 卡瓦尔:《宗教改革和宗教战争在维埃纳》,第395页及以下。

② 肖梅尔:《旧制度时期的多菲内,1953—1962年间的史学著作》(V. Chomel, *Le Dauphiné sous l'ancien régime, publications historiques, 1936—1962*),1963年,第309页。

族合成一股势力，17 个在塞普泰姆购买土地的贵族家庭之中，竟然有 7 个是出身于新资产者家庭的司法人员（当然如此！）。塞普泰姆的居民因此而垂头丧气，债务和税赋的双重压力逼得他们走投无路，许多人不得不背井离乡，远走他方。以圣桑福里安-多松和索莱兹为例，市镇的巨额债务（40 000 埃居）以及因特权等级免税而加重的税赋负担，把普通百姓压得喘不过气来。圣桑福里安-多松和索莱兹的穷苦老百姓说，他们就像被铁钳子夹住一样。[①] 谁要是责怪他们，那就太没有良心了。这两个村子里享有免税特权的人当中，有两个源远流长的老贵族、一位本堂神甫、一个修道院派驻本地的代表、一个发了财的旅店老板的后人，一个自称贵族的私生子（富人的女婿）、一个队长（旅店老板的女婿）、一个外科医生的儿子，此外还有两个意大利人，其中一个曾经当过宪兵，另一个是公证人的女儿（屠宰户和鞋匠的孙女），一个法官的儿子，一个铁匠的儿子，一个律师……在圣桑福里安-多松，所谓贵族其实什么样的人都有！谁想自诩是贵族，只要曾经开过小铺子，在司法界混过，或是当过兵，这就足够了。

在我看来，最重要的并非陈情书中罗列的这些细节和这些数
367 字，而是促使农民在陈情书中提出这些问题的思想状况。1789 年法国大革命爆发前二百年，多菲内省的农民和平民，针对新贵的反贵族敌对情绪已经达于鼎沸，农民愤而反抗农业资本主义的扩张，这种农业资本主义的主要特征是城市居民占有农村土地和城市里的农产品市场，其主要推动者则是新近变成贵族的那些人，他们的

① 卡瓦尔：《宗教改革和宗教战争在维埃纳》，第 396 页。

原始资本来自开旅店、开铁匠铺或肉铺。这种带着贵族徽记的资本主义破坏并摧毁了农民的小家庭经营，迫使农民作出强烈的反应。多菲内省的政权机构具有相对的代表性，这种代表性加上当地第三等级草根组织的传统，为当地农民提供了作出强烈反应的基础；而这些条件在其他省份基本上不存在。此外，还有一些令人鼓舞的实例就近在眼前（多菲内省南部、普罗旺斯和朗格多克等地），这些地方在地籍册登记方面所实现的公正堪称典范，而没有免税特权则是其特点；由于普罗旺斯的特权等级不能享受免税特权，所以那里特权等级人数比较少。

多菲内省爆发式的抗争具有其特殊性，与16世纪和17世纪法国其他省份形成鲜明的对比，在这些省份中发生的反抗运动更具有“布热德主义”色彩和抗税色彩，缺乏社会意义。当然，在对不同地区进行比较时需要注意以下这几点：在皮卡第或勃艮地或许同样存在着反贵族情绪，只不过比较隐蔽而已，由于没有采取陈情书或其他专门的表述方法，故而未能像多菲内省那样得到充分的表达，而是直到在18世纪才走到这一步（例如在勃艮地）。再则，不应夸大多菲内人的表现，他们的表现其实是有限的，他们尊重真正的贵族，他们所反对的仅限于新近取得贵族身份的假贵族，尤其反对贵族的免税特权，但却把领主权放在一边。他们的思想远未达到卢梭所宣扬的人人生而平等的高度。尽管如此，在我看来，格勒诺布尔、维埃纳和罗芒这些城市周边地区的表现，还是很值得赞赏和充满期待的。1570—1640年间，多菲内如同萨瓦、皮埃蒙特和瑞士一样，通过抗税斗争展现的以反贵族、反领主、反封建为目标的理性反抗斗争的尖锐程度，走在其他残余高卢土地（如果不称

368 它为日耳曼土地的话)的前面。1579—1596 年的多菲内农民也是从抗税斗争起步的，他们的斗争启发了下诺曼底的农民，也启发了 1639 年起义的“光脚汉”和 1637 年法国南部的农民造反运动。不过，这些农民运动从自己的斗争中得出的社会或社会学结论，远远超出了当年的多菲内农民运动。“帝国”是否比“王国”变得更聪明一些了呢？

*　　　　*

罗芒狂欢节处在抗争类型 I 和类型 II 的交汇处，在三个世纪或四个世纪这样一个长时段中，始终存在着这两种抗争类型，因而可以说是一个“长”问题。但是，正如 1596 年的陈情书中所显示的那样，我们也可以把它看成一个“宽”问题；这样的话，那么从时间上来说就不是三四百年，而是仅仅五十来年。这样一来，就不再局限于严格意义上的造反，而是扩展到造反发生时的和平环境问题和对造反的争论。如果把眼睛只盯在暴力抗争或造反上，我们能够把一场集体性的抗税和反贵族运动说得一清二楚吗？例如 1540—1640 年发端于多菲内省而于 1580 年在罗芒达到顶点的那场运动。那样的话，我们注意到的可能只是“原始反叛者”、饱受沉重打击的社会边缘人物、声嘶力竭地发泄不满的人、捣乱分子、心态不正常的人，以及被愚蠢的以暴易暴恶性循环突然搞得头脑发热的那些人[①]……进入我们视野的可能仅仅是召唤立即参加斗争的简单化的号召，以及愚不可及的那种极力煽动和好斗成性的口号，在焚烧城堡的熊熊火光中，这些煽动性的口号试图让人们回归

① 科布：《警察与人民》(Cobb, *Police and people*)，牛津，1972 年。

乌托邦式的所谓往昔的黄金时代，他们号召民众支持国王，驱逐奸佞的大臣，恢复古老的习俗……这些做法招来了日后的恶名，被指责为以“根深蒂固的保守主义”对抗“近代”国家。[①]贝尔塞、皮洛尔热、冈特·弗兰茨等研究起义运动的历史学家们，清晰地指出了显现在这些武力反抗者们的要求中的局限性。

不过，集体反抗运动还有更显著、更具说服力的另一面，无论 369
在1579年或是1595年和1634年，我们都看到了这一面，那就是向枢密院进行非暴力的交涉、诉讼、打官司、司法交锋等。高明的律师能做的事很多，他们可以在诉讼过程中不停地用如簧之舌，把抗争者、农民和被压制的多菲内资产者的心声表达出来。[②]从这个角度说，多菲内省的“直接税诉讼”是个典型案例，所谓直接税诉讼其实是围绕着不平等的直接税展开的一场抗争。本书开篇处说到，这场诉讼开始于16世纪中叶，从1576年延续到1579年罗芒狂欢节前夕；然后从1591年到1639年再度展开，从而使让·德布尔格从亨利三世在位时开始的努力得以继续，而这段时间正是亨利四世和路易十三在位期间。随着1634年和1639年国王文书的颁布，第三等级的这场斗争终于取得了胜利，尽管只是局部胜利，却也同样令人赞叹。国王的这些具有决定性的文书宣布，十几年来贵族从平民手中购得的土地从此登入地籍册，并从1639年开始

① 贝尔塞：《农民造反史话》，第I卷，第462页。

② 下面那些内容极其丰富的第三等级律师的辩护词，分别来自德拉格朗热（C. Delagrange）、朗博（A. Rambaud）、布罗斯（C. Brosse）、马希耶（E. Marchier），可以与之相对照的则是为贵族辩护的律师埃克斯毕伊（C. Expilly）和蒂福（J. Dufos）。请参阅本书参考书目。

纳税。自此以后，什一税在多菲内省变成真实税，就像多菲内东南部以及普罗旺斯和朗格多克早就做到的那样。特权等级的免税特权并未取消(此项特权迟至 1789 年才彻底消失)，但与 16 世纪相比，免税额大为缩减，对于第三等级来说，16 世纪实在太艰难了，那时候的贵族就像是“闯进鸡窝的狐狸，可以随心所欲地祸害鸡群”。

我不想在这里详述直接税诉讼，[1]只打算谈一谈此事的几个要点，以便帮助读者更好地从历史氛围中去理解罗芒狂欢节，[2]正是在这场直接税诉讼中，第三等级的一批“有机知识分子”崭露头角，先是 1576 年的德布尔格，1595 年之后则不是一人，而是一批人。从 1576 年到 1579 年，德布尔格一直为球王塞尔弗提供启示，后来的这批“有机知识分子”则始终追随德布尔格的足迹，其中有克洛德·布罗斯，此人是安茹的一个城堡主，出身于沾满平民气息

370 的农村城堡主家庭，安茹位处博尔派尔平原上，距革命气氛高涨的伐鲁瓦尔不远。从 1588 年到 1630 年，他担任多菲内省的农村公证人。[3]安托万·朗博出生在迪城，在格勒诺布尔高等法院当律师，他具有拉丁—希腊人那种自命不凡的气度，又是个虔诚的天主教徒，所以无论对贵族还是对胡格诺派都毫不留情；后来他成为迪

---

① 伊泽尔省档案馆馆长维塔尔·肖梅尔先生正在撰写一部有关此事的著作。

② 肖梅尔先生在布里尼所著《多菲内史》(B. Bligny, *Histoire du Dauphiné*)第 233 页中写道：“撇开由什一税引起的冲突，便无法弄明白罗芒、蒙特利马尔和伐鲁瓦尔等地发生的事件。”

③ 拉克鲁瓦的《直接税诉讼》对洛朗的《直接税诉讼》(C. Laurent, *Procès des tailles*)和罗沙的《多菲内人名录》(A. Rocha, *Biographie du Dauphiné*)有重要的补充(尤其对布罗斯和朗博等人)。

城的副司法总管。克洛德·德拉格朗热这位“勤奋的小城法官”，是圣马塞兰邑督区的副治安法官。克雷斯特副邑督的侄子让·樊尚，是瓦朗斯大学的医生和律师，他精于法律教育，却不以司法为业。埃内蒙·马希耶也是格勒诺布尔的一位律师。[①]弗朗索瓦·盖兰或弗朗索瓦·德·盖兰是维埃纳的一名律师，他在自己出生的城市中继续德布尔格的事业。大约是在1595—1600年间，在直接税诉讼的一个紧要关头，德拉格朗热、朗博和樊尚都有出色的表现，三十年后却都让位给第三等级的新一代律师，他们之中的弗朗索瓦·盖兰(他与法官盖兰毫不沾亲带故)，在1634年是最为出众的一位。克洛德·布罗斯这位为农民斗争尽心竭力的斗士，在1600年代的那一代人与1630年以后的那一代人之间扮演了承前启后的角色。这批人物属于律师、城市中的法官和乡村城堡主的中间和具备战略意义的那个阶层，其中的法官盖兰等人一心往上爬，期盼着有朝一日成为贵族，而律师盖兰等人则把目光转向比他们低下的社会阶层，进而成为第三等级的领头人物。他们提出了一种具有半平等主义倾向的主张，尽一切可能从当时的文化中提炼这种思想，并把这种思想提供给城市资产者和农民群众中的领头人。这批律师出身的领袖人物，在他们年轻的时候，也就是1570年前后，都曾在瓦朗斯大学师从重振罗马法的著名法学家屈雅斯。法官盖兰也曾在瓦朗斯大学学习法律，不过那时屈雅斯尚未在该校执教。这或许就是造成同一所大学的两批学生思想状况不尽相同的原因之一，法官安托万·盖兰那一批学生的等级观念

① 皮耶蒙:《回忆录》，第354页；布里尼的《多菲内史》中肖梅尔的记述，第245页。

和贵族思想比较浓重，而在弗朗索瓦·盖兰那一批 1600 年代的律师和法官头脑里，则多了一些民主与平等思想，他们因而成了第三等级利益的捍卫者。

371 克洛德·布罗斯这位名副其实的农民领袖，在 17 世纪初年展开的行动十分贴近下层，既具体又符合农民群众的要求。布罗斯因其坚忍不拔地鼓吹平等思想，一度被格勒诺布尔高等法院的法官投入监狱，这些人既是特权等级的保护神，自身也是特权等级的一员。[①]布罗斯把他以多菲内农民名义亲笔起草的多份陈情书，分别于 1606 年和 1608 年呈送给国王。路易十三在位期间，这些陈情书在格勒诺布尔一再重印出版。作为这些陈情书的作者，布罗斯对于滥用免税特权一事给予特别的关注，如同以往那样，他强烈要求对贵族从平民手中购得的土地停止执行自动免税制度，并且停止贵族土地的种植者和分成租用者的免税特权，免除补缴 1600 年以后应缴而未缴的税款。

布罗斯的陈情书远远超出了布热德主义的抗税主张，我们可以把布罗斯的主张视为在某种程度上的反领主和反贵族斗争。就此而言，布罗斯的陈情书与博斯地区的陈情书或 1576 年多菲内省的陈情书比较相似，胆子比 1576 年香槟地区的陈情书[②]大多了。

---

① 布罗斯：《农村笔记》(C. Brosse, *Cahiers des villages*)，1606 年，1611 年，1621 年。

② 关于多菲内 1576 年的陈情书，参阅本书第一章。同年博斯地区农民的陈情书具有相当浓重的反贵族气味，他们把攻击矛头转向乡绅，把他们视为凭借暴力进行抢劫和没收，与平民包税人竞夺大庄园的承租权，见贡斯当(J. M. Constant)的私人通信。1614 年香槟地区的陈情书没有或很少把矛头指向贵族和领主，或许是因为贵族和领主牢牢控制着陈情书的起草工作。(沙尔捷、纳格尔：《1614 年的陈情书》，载《经济与社会史年鉴》，1973 年，11 月。)

克洛德·布罗斯其实只不过传递了他在农村地区执政官大会上听到的农民们的抱怨和不满而已。农民的抱怨首先涉及土地，布罗斯向国王提出请求，允许第三等级赎回被贵族收购的土地，并且防止这些土地在赎买过程中成为土地投机和诈骗的对象。其次是债务问题，布罗斯主张，无论公私债务，债权人都不得夺取债务人的小麦用以抵债，应该允许债务人依据亨利四十的敕令，延期交付债务利息和父辈留下的未交地租。克洛德·德拉格朗热比布罗斯更
为激进，他把矛头直接指向领主；他指出，许多因土地而产生的领 372
主税费，实际上都是陈旧的债务和祖上留下的土地租金，这些债务和租金都产生利息，久而久之，债务、租金和利息都变成了永久性的领主税，债权人的后代变成了领主，债务人的后代则变成了佃农。[①]反领主的司法游击战直接出现在布罗斯的陈情书中，他主张尊重农民的狩猎权，因为在他看来，狩猎在多菲内省是一项传统（很遗憾，争取灭绝野生动物和破坏自然环境的权利，过去是，此后依然是“反封建”斗争的主要目标之一）。布罗斯要求，对于因抵债或为还债而出售的土地，应免收向领主缴纳的土地转移税，停止缴纳过去15年中积累的以谷物为计算单位的领主税欠款，尤其不应在谷物价格昂贵的年头要求农民以现金缴纳。向领主提出的这项挑战性要求，直接延伸到领主法官针对农民提起的诉讼，以及向来为乡下佬所憎恶的高等法院法官们对农民的审理；这项挑战性要求还涉及法院下级官员们的欺诈行径。布罗斯以一分为二的态度对待教会，他主张禁止没收本堂神甫的家具抵债，他希望为神职人

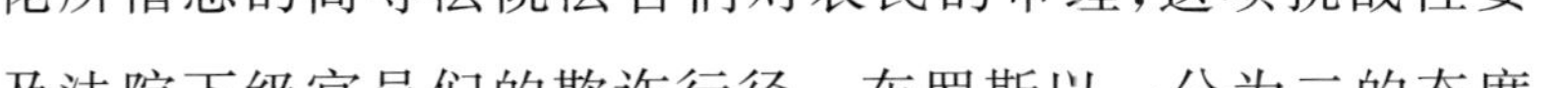

① 德拉格朗热的辩护词，第88—89页。

员缺位的那些贫穷而可怜的教区配齐必要的神职人员，借此为民众提供精神救助。但是，对原来属于教会的土地，他主张减轻教会从中收益的什一税，他主张禁止对以地租收入资助弥撒的耕地免税。总之，在对待教会的态度上，布罗斯支持本堂神甫，但是反对教会滥用免税特权。这种态度既传统又合乎情理。

布罗斯把他为之奔走的农村利益和城市利益分得相当清楚。对于他来说，第二个问题便是农民这个等级或者说这个亚等级如何参与本省的代表机构。早在1525年德国农民战争中，类似这个与农村的代表权有关的问题已经提出来了。布罗斯主张每个村庄都向省三级会议派出自己的一位专职代表或一位城堡主，由这位
373 城堡主负责管理由若干地方和他本人所在村庄组成的“联村”。可惜，这个措施从未成为事实！这个措施若能付诸实施，本来可以起到一种平衡作用，使占人口绝大多数的农民得以与少数贵族尤其是教会人士和城市居民平起平坐，三级会议的法律一直是依据这些少数人尤其是教会人士和城市居民的愿望制定的。我们又一次发现，这些通常是平民的城堡主虽然往往担任领主的官员，布罗斯却认为他们与管辖下的民众比较亲近，并不认为领主既然让他们当了官，他们就必然是领主的帮凶。其实，不管怎么说，布罗斯本人原先就是一个城堡主……布罗斯在1600年写出了1579年起义农民们口头表述的要求，而他们的原话早已不存于历史了。唯有他的敌人安托万·盖兰，顺手记下了出自这些村民口中不多的几句话。[①]

① 盖兰，第149—150页及以下。

第十四章　追求平等的先民

在1596—1630年间为第三等级辩护的律师们的辩护词中，并 374
未详细罗列第三等级的各项要求，然而，他们对于世界的看法却得到了更为全面的表述。马米耶、德拉格朗热、樊尚、朗博、德·盖兰等人，在更大程度上是城市资产者和有文化的人，他们都不如克洛德·布罗斯与农民亲近。毫无疑问，反对给予贵族从平民手中购得的土地以免税特权，是这批人为之斗争的中心目标。不过，他们在这个斗争中得到了升华，进而把目光移向政权和推动政权运转的那个社会集团。对于官僚的厌恶和敌视是促使他们参与斗争的重要原因。[①]"这些家伙原本都是些社会渣滓，他们让自己和子女变成贵族，这样一来，就可以享受免税特权了。"每当涉及审计院和格勒诺布尔高等法院的高级官员，斥责就变得特别尖锐辛辣。[②]这些官员被指控既当审判官又当诉讼当事人，作为特权等级的成员，他们享受免税特权；作为法官，他们作出司法决定，判定他们自己和其他贵族无需纳税。樊尚进而对官职的买卖和世袭提出质疑。

① 皮耶蒙《回忆录》第361—162页所记马希耶的辩护词；樊尚1600年的辩护词，第49页；德拉格朗热1599年的辩护词，第261页。

② 皮耶蒙《回忆录》第355—359页所记马希耶的辩护词；朗博的辩护词，第73—75页；德拉格朗热的辩护词，第14页及以下。

监狱管理制度，拷打第三等级囚犯的狱卒、为强迫第三等级纳税而使用的脚镣、刺扎指头的针、剪眼皮的剪子，也都遭到他的厉声斥
375 责。[①]王家律师（他们是格勒诺布尔级别最高的律师，与高等法院关系密切）也受到指责，他们被指责为整日里无所事事，白吃人民的饭，养了一身肥肉，而与此同时，辛勤的商人们为了微薄的利润，正在从格勒诺布尔到印度尼西亚的路上流血、流汗。

除去这样或那样尖刻程度不同的斥责外，遭受攻击最多的是中央国家机构百年以来特别是近期的快速发展。[②]国王路易十二在位时期，是一个田园牧歌式和多少有些神秘的时期，从那时开始，国家机器就像溃疡一样发展神速，在那个“美好”的时代，财政官员的数量比现在少七倍，而现在他们无处不在，一个个如同蚂蟥那样贪婪地吸吮贫苦百姓的血。我们看到，多菲内省的第三等级在提出这个论据时，集中火力对一百年来迅速膨胀的官僚国家机器实行攻击。不过，他们并不攻击征税官、包税人和其他税务官员，然而在1642年之后，这些官员在其他省份却成为起义民众的首选攻击对象。我仅发现一例此类攻击，那是在马米耶的辩护词中读到的，他把攻击矛头对准“拔我们的羽毛去装饰自己的那些魔鬼一样的专员和税务官。”德拉格朗热甚至把枪口指向瓦朗斯大学的教授，他说，教授们奉献的本应是智慧的琼浆，可是实际上他们

① 樊尚1600年的辩护词，第48页（官职买卖）；马希耶的辩护词，第363页（酷刑）。

② 肖努（P. Chaunu）在布罗代尔和拉布鲁斯主编的《法国经济和社会史》，第I卷，第1章、第3章和第4章中的论述；弗朗索瓦·德·盖兰的辩护词，第105页；樊尚1600年的辩护词，第185页；德拉格朗热1599年2月的辩护词，第92页，第103页。

根本不教书育人；[1]他们享受免税，而他们的蒙彼利埃和图卢兹的同行们却照样纳税……

回过头来再说说政权和国家机器。起义民众往往被描绘成留恋往昔，反对体现在国家及其在总体发展中迈向近代化的步伐。伊夫·马里·贝尔塞写道："这些民众起义倾向于拒绝国家近代化，眼见旧秩序的象征和价值已被打开缺口，逐渐被取代，他们为此而悲伤，试图让旧秩序重振雄风……"他们主张"在停滞的时间中建立一个避难所，让古老的遗产焕发青春，把自己封闭在这份古老的遗产中"。[2]勒内·皮洛尔热认为，这些民众起义是通向传统价值的最佳康庄大道。[3]皮埃尔·肖努认为，西班牙"公社起义"与
本书所记述的法国农民起义相似，是一种对国家实现近代化的逆 376
向行为。[4]穆尼耶认为，16—17 世纪的造反派由于原罪作祟，拒绝国家机器的发展。[5]冈特·弗兰茨在谈及 1525 年德国农民战争时说，这场农民战争旨在维护日耳曼乡村和城市"古老的"习惯法，反对现代或领土国家，乃至罗马法。[6]

毫无疑问，直接税诉讼与 1579—1580 年间的农民战争有着紧密的联系，在此后两代人的时间里，这场诉讼以和平方式延续着狂

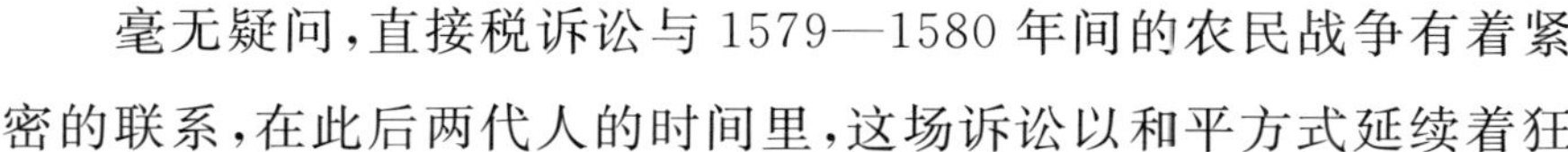

① 德拉格朗热 1599 年 2 月的辩护词，第 133—134 页。

② 贝尔塞：《农民造反史话》，第 II 卷，第 634 页，第 636 页。

③ 皮洛尔热：《普罗旺斯的起义运动》，第 445 页。

④ 皮埃尔·肖努：《查理五世的西班牙》（P. Chaunu, *L'Espagne de Charles Quint*），巴黎，1973 年，第 236、240、244 页。

⑤ 穆尼耶：《农民的愤怒》（R. Mousnier, *Fureurs paysannes*），巴黎，1976 年，第 308 页，第 350 页。

⑥ 冈特·弗兰茨：《德国农民战争》（G. Franz, *Der Deutsche Bauekrieg*），达姆施塔特，1952 年。

欢节的斗争目标。是否可以认为，这场诉讼借由第三等级的那些律师之口所表达的愿望，正是冈特·弗兰茨所揭示的那种思古恋旧之情呢？我刚才所说的律师们对官方的反应以及他们对国家机器成长所持的敌对态度，令人觉得弗兰茨所言极是。事实并非如此。这些受到质疑的律师其实并非如此滞后，如此逆潮流而动。不错，他们反对国家无序的扩张，因为这种扩张将会带来不公正的免税特权，然而，他们所反对的并不是所谓美好的带有神秘色彩的往昔，因为，他们同时也号召人们反对不公，鼓吹尊重最持久、最现代形态下的天赋理性；朗博就此说道，为我们纳税公正的要求提供支持的“不是一切古代的习惯”（朗博的辩护词，第 91 页），而是“理性，从与生俱来的智慧源头所汲取的理性（一切名副其实的法学原则之母），永远不变的理性”。德拉格朗热则说：“把故意滥用和邪恶的习俗用作反对理性的挡箭牌，那就是制造最残忍的专制。”非理性越是古老，越应受到猛烈抨击。樊尚也猛烈攻击贵族“以暴力”取得免税特权，他还指斥保护这种暴力行为的规章，进而攻击特权本身，他认为，特权在必要时应该让出位置，应该彻底取消。德拉格朗热还引用西塞罗信札和一个古希腊城邦的习俗说：“斯巴达人说，宁可废弃习惯法，也不能以损害人民利益为代价服从习俗法。”（德拉格朗热的辩护词，第 15 页）确实，经典著作在这方面拥
377 有巨大的能量。现今的历史学家把对古代习惯法的眷恋解读为抗税运动爆发的原因，其实，第三等级的律师们的想法恰恰相反。在他们看来，用于荒谬地保护习惯法的堡垒，不是人民而是贵族修筑的。事实上，1600 年前后一些贵族律师也持同一看法，例如埃克斯毕伊和蒂福。作为朗博、布罗斯、樊尚等人的对手，埃克斯毕伊

和蒂福认为，第三等级律师们的辩护词所提供的“证据”是“堆满垃圾和蛛网的巨型魔鬼”，应该设法把它撕成碎片。为了达到这个目的，埃克斯毕伊和蒂福骄傲地宣称：“习惯法是正统的国王，法律是暴君！”贵族们拼死力主的习惯法不是别的，就是他们的免税特权。为第三等级辩护的律师樊尚甚至把贵族在这方面的态度，斥为哥特式的野蛮行径，换句话说就是中世纪的野蛮行径。为人诟病的习惯法只不过是一件褪尽颜色的破衣烂衫，贵族想要保存，平民想要把它扔进垃圾堆。

当然，第三等级的律师们在司法实践中，用比较缓和的口气来表述他们的观点，他们把某些依然行之有效的特权和习惯法，与构成滥用和腐败的那些特权和习惯法区分开来，德拉格朗热虽然生活在亨利四世在位时期，却借用中世纪末期加泰罗尼亚起义者的说法，斥责“不良习俗和不良习惯法”，其中就包括免税特权以及摇身一变而成为贵族的那些无异于私生子的新贵族，从他嘴里出来的骂人脏话又具有了正当性。从这个角度去看，国王不是由来已久的歧视的保护者，而是铲除恶习的除草机，为除草的公正性提供的支持援永远是正当合法的。

这种合乎理性的思想所蕴含的历史观承认往昔，但重现今而轻往昔。亲贵族的王家律师称颂旧时代的好光景，好情谊，他们说，那时候的第三等级不与贵族对抗。在同僚们的支持下，德拉格朗热在1599年的辩护词中就此作出回应说：从前几乎不存在免税特权问题，纳税负担很小，可是现在不一样了，过日子的方式也得跟着变一变了。无论基于法律或是基于理性，人人都应（为税务）作出贡献。（德拉格朗热的辩护词，第279页）这些话一遍又一遍

出现在德拉格朗热的辩护词中(德拉格朗热的辩护词,第 XXIX
378 页)事情发生了变化,自 16 世纪以来,税赋大幅增加,贵族从平民手中攫取了大量土地,他们当然理应纳税,即使从前他们从不纳税。他还说,纵然过去是贵族说了算,法律也得适应如今的现实……[1]他还接着指出,变化的速度很快(用我们今天的说法,便是历史加速变化),今天(1600 年前后)的情况已经与骚乱(1560 年之前)之前大不一样了。他还援引塔西佗、塞涅卡、奥维德等先哲的话支持自己,强调厚今薄古的主张:我们赞颂古人,但是,我们生活在我们的时代。

对于远在北方的中央君主政权而言,这些反对习惯法的言论提出了一个棘手的问题。多菲内的律师们打心底里讨厌和怨恨习惯法,因为,在法国奥伊语地区实施的习惯法赋予贵族以免税特权。与之相反,罗马法对所有土地一视同仁,无论是否贵族的土地都要纳税,而在朗格多克、普罗旺斯和多菲内,实行的或应该实行的正是罗马法。第三等级的律师们如果公开表明他们对习惯法的反感和鄙视,无异于在国王及其臣工面前为自己找麻烦,因而,他们只能仅仅指出以下事实:奥伊语地区的习惯法没有越过罗讷河,仅在王国(河东)施行,并未在帝国(河西)施行。此外,让·樊尚及其朋友们还狡黠地指出,就连那些比纯正的法兰西人野蛮得多的波兰人、布列塔尼人等等,也让他们的贵族纳税。在这方面,让·樊尚从布莱兹·维热奈尔的著作《波兰简述》(巴黎,1573 年)中汲

① 比德拉格朗热晚一代的人也是这样想的,弗朗索瓦·盖兰在辩护词第 30 页中说道:从 1600 年到 1630 年,税赋负担大幅增加,也就是说,社会发生了巨变,所以,必须实行真实直接税。

取了许多有用的信息，他在地理方面的造诣，堪与德拉格朗热在历史方面的造诣媲美。

*　　　　　*

我们应该对这些律师有一个与事实相符的认识。他们都是税收方面的法律专家，对于他们来说，当然不是要搞一场“资产阶级革命”[①]，也不是摧毁等级社会。恰如马克斯·韦伯和洛朗·穆尼耶[②]所描绘的那样，这个等级社会是当时时代心态的一个组成部 379
分，除了极其特殊的例外，无人能够超越。第三等级的这些发言人实际上也默认，神职人员和贵族之有别于平民，原因在于他们占有第一“荣誉等级”和第二“荣誉等级”；[③]而第三等级占有的是第三“荣誉等级”，也就是说，每个等级各有其社会地位。但是，前面提到的那几位作者想要做的只是终止非法的操作，因为在他们看来，两个特权等级非法地完全控制了省的代表机构（多菲内省三级会议），第三等级的作用沦为供人驱使。这些律师并非革命者，他们想要做的只是改善等级社会的结构，而不是将它摧毁，他们是一批坚定的改革派。这不坏，也不一般。

---

① 在这个问题上，我与卓越的历史学家约瑟夫·佩雷兹（Joseph Perez）、斯坦梅茨（M. Steinmetz）的意见不尽相同（参阅本书参考书目）。

② 马克斯·韦伯：《经济与社会》（M. Weber, *Econmie et Société*），1971 年，第 244，第 314 页；穆尼耶：《社会等级》（R. Mousnier, *Hiérarchies sociales*）。

③ 参阅茹阿纳：《16 世纪法国的社会等级》（A. Jouana, *L'Ordre social dans la France du XVIe siècle*），巴黎，1977 年，第 65 页。茹阿纳在这部著作中着重谈及 16 世纪法国关于人种的神话，她指出，多菲内有一个与众不同的特点，那就是盛行一种温和的平等主义，而在同时代的法国其他地区，除了巴黎的“联会”，普遍的心态是认同等级制。

在这个问题上，黎胥留在1682年实际上取消了多菲内省的三级会议，[①]从而把特权享有者和平民这两个敌对的等级置于背靠背的状态。在有关税收问题的要求方面，第三等级在1634—1639年间的景况比较好。1600年他们取消免税特权的主张并未超越等级社会的大框架，多菲内省的三个等级既然都投票赞成向国王纳税，第三等级的律师们于是就说，三个等级都应该纳税，而不仅仅是三个等级中的一个，这样做既合理也合法。[②]这正是朗博的意见。可见他并非单枪匹马单打独斗的勇士。

* *

对于三个等级中的第二等级即贵族，第三等级的律师们有一些想法。首先是与贵族有关的土地问题，因为，在几乎所有的农民战争或农民起义中，土地问题始终是公开或秘密的中心问题……且让我们听听几位平民律师是如何说的。第一位是安托万·朗

380 博，[③]贵族拿走了国王庄园的财产，拿走了平民的田地，拿走了教会的土地(教会遭到胡格诺派领主的劫掠……)。老爷，我们愿意当你们的毛驴，当国家的毛驴，但不是贵族的毛驴……依据自然法则，任何物体新一代的诞生就意味着老一代的腐朽。所以，贵族收购了我们的土地(从而促成贵族这个物体新一代的诞生)，我们的土地因此而减少了(平民这个社会物体腐朽了)……因此，贵族应

① 弗朗索瓦·盖兰指出，多菲内省在1628年失去了三级会议，同时也失去了对盐税的控制权，盐税被交给金融家管理，而这些人不一定是多菲内人。

② 关于上面提到的这些，参阅德拉格朗热1599年的辩护词，第42—43页，第123页，第155页，第283页，第286—287页及以下。朗博的辩护词，第50—51页。

③ 皮耶蒙:《回忆录》，第30页，第102页，第106页。

该对我们减税。马希耶正确地指出了问题之所在，但夸大了问题的严重程度，[①]在他看来，贵族夺取了农民的土地，当初 5 苏可以买到的东西，现在要花 100 埃居，也就是 6 000 苏。一百年以来，物价大幅上涨确实导致土地升值，但是马希耶有些言过其实，土地价格并未上涨 60 倍。由于贵族收购土地，致使现在一个村民需要缴纳的直接税，相当于过去整个村子的直接税，因为，其他农民的土地都已落到贵族手中，因而无需缴税了。克洛德·德拉格朗热说，贵族过去靠他们古老的庄园维持生计。[②]可是现在，尽管他们遮遮掩掩，让人如同雾中看花，他们却无法掩盖这样的事实：他们抢走了我们的牲畜和财产，抢走了孤儿寡母的财产，低价收购了因税务负担过重而贬值的土地，沉重的税赋使得种地毫无效益可言……这就是我们第三等级必须行动而且已经行动起来的原因。一代人之后，也就是在 1600 年前后，弗朗索瓦·盖兰提供了精确的数字：[③]在过去的 40 年中，187 户第三等级家庭获得了贵族身份……仅仅几年之间，直接税或者说人头税就增加了 5 000 000 利弗尔，与此同时，由于平民的土地被贵族收购，纳税人减少了一半(?)。由此造成的结果便是，沙隆、马勒维尔、圣博蒂伊等地的老百姓已经失去所有土地，阿尔榜伯爵区里的各个村庄，也因贵族收购土地而出现同样的问题。瓦朗斯城也不例外，享有免税特权的贵族占有了 39 户平民中的 26 户的纳税土地，这就意味着减少了26 个纳税人。这样一来，不得不背井离乡的农民不是因贫困而死亡，就是

① 皮耶蒙：《回忆录》，第 359—360 页。

② 皮耶蒙：《回忆录》，第 126 页，第 147 页，第 189 页，第 192 页，第 196 页，第 268 页。

③ 皮耶蒙：《回忆录》，第 34—37 页。

沿路乞讨,以求活命。在 17 世纪的头 30 年中,4 个村子[①]的人口,从 1782 户减少为 972 户,下降 45.5%。据弗朗索瓦·盖兰说,在
381 刚才提到的纳尔榜,贵族在当地收购的耕畜和耕地约为 125 挽[*]耕牛和 1000 到 2000 公顷耕地。人口一下子减少了192 户……不难看出,弗朗索瓦·盖兰胆子不小,他毫不犹豫地把人口减少归咎于社会原因……尽管人口减少的部分原因是死亡率上升,但是应该肯定,因贵族购地而直接和间接加重的纳税压力,对于贫困、死亡和逃亡日益加剧负有无法否认的责任。

不光有这些精确的数字,还有许多"毫不掩饰"地表露出来的愤懑,这些愤懑和怨言与在普罗旺斯、法国西南部、诺曼底、博斯等地听到和见到的如出一辙。[②]樊尚、马希耶和德拉格朗热不但谴责贵族攫取土地的行径,而且指出,农民肩负的公私债务极为沉重。皮桑松便是一例,在这个距罗芒不远的地方,每一公顷土地都负债,债务本金约相当于一个农工 44 个工作日的收入,利息相当于 4 个工作日的收入。[③] 第三等级的律师们略有夸张,把产生债务的

① 莫雷泰尔(Morestel)、瓦鲁兹(Valouse)、当特兹欧(Demptezieu)、拉巴蒂(La Batie)。

* 两头耕牛拉一挂犁。——译者

② 富瓦西:《安托万·塞尼耶的演讲》(M. Foisil, *Harangue... d'Antoine Ségnier*),1976 年,第 30—31 页;贝尔塞:《农民造反史话》,1974 年,第 I 卷,第 277 页;皮洛尔热:《普罗旺斯的起义运动》,1975 年,第 103 页,第 107 页;皮耶蒙《回忆录》,第 136 页;贡斯当关于拉博斯的讲话,那里的人仇恨贵族甚于仇恨领主。

③ 皮桑松,1596 年(维埃纳市档案,CC 90);贵族占有 3438 赛特雷土地,第三等级占有 3915 赛特雷土地,负债 4987 埃居。我对上述数字进行了计算,1 公顷相当于 4 赛特雷,农工的日薪为 7 苏,1 埃居等于 3 利弗尔。(以上计算所据为拙著《朗格多克的农民》,1966 年,第 I 卷,第 373 页;第 II 卷,第 1024 页)

责任全部归咎于贵族:我们的大部分财产掌握在贵族手中,其余都是债务的抵押品。[1] 对贵族的这番指责与事实不尽相符,其实资产者往往也向农村的穷人放高利贷……不过在16世纪末期,贵族确实是农村中最大的债主人群,其次才是资产者。[2]

对贵族的谴责很容易延伸为对财富的控诉。用似是而非的简单化语言来表述,财富就是贵族的同义词,有了财富自然就能成为贵族。安托万·朗博(朗博的辩护词,第12页)毫不费力就列出了 382
方程式:其实是财富变成了贵族。享有免税特权的其实是财富而不是贵族。让·樊尚在他的1598年辩护词的第18页中写道:贵族永远脑肥肠满,他们是靠我们的土地致富的。埃内蒙·马希耶(马希耶的辩护词,第362—365页)的看法有过之而无不及,简直近乎偏执:贵族处心积虑地要彻底摧毁第三等级,把这个巨人打翻在地,然后分享他的残骸。[3]马希耶的一句话堪称是最精练的概括:我们的毁灭是他们(贵族)的成长。他在不经意间轻松地重复了他的同时代人——佩里戈尔造反农民的口号:我们的破产就是他们的财富。[4]在另一个场合中,马克思也把资本主义视为一端的财富积累和另一端的穷困积累……德拉格朗热笔下还出现了若干反贵族的"妙语",有的只是老套套,有的与现实比较贴近。他写道:贵族利用了他们的地位,用我们今天的话来说,他们在宗教战

---

① 德拉格朗热的辩护词,第217—218页。

② 希基在1976年加拿大历史学会年会上的发言《16世纪多菲内的直接税诉讼》(Hickey, *Procès des tailles...en Dauphiné au XVIe siècle*),图表。

③ 皮耶蒙:《回忆录》,第362—365页。

④ 引自第三等级的一封信,见贝尔塞:《农民造反史话》,第II卷,第701页。

争期间大发战争财，他们在战时以高于平时的价格出售商品和牲畜。[①]贵族依仗关系网的有力保护，没有遭受兵痞的抢劫；我们的土地长满了荒草，贵族的土地有人侍弄，没有任何危险。在公证人厄斯塔什·皮耶蒙的日记（皮耶蒙，第 67 页）中，也能读到这类对贵族的指控。贵族把他们在战争中遭受到的损失转嫁在第三等级身上了。兵痞如果拿走了乡绅家的鸡鸭，乡绅就让村子里第三等级的穷人赔偿。我们（第三等级）遭受的这类不公，实在是一言难尽。据德拉格朗热说，贵族的良心之黑几乎到了无以复加的地步，他们竟然煽动兵痞抢劫穷人（?）：贵族为了夺取某个邻居的财产，就让途经此地的士兵拷打他的邻居，对他实施抢劫，拿走他的全部家禽，以此抵付全村的税款。不但如此，在这些律师的笔下，贵族个个都游手好闲，黑心缺德，不知怜悯为何物，淫荡而邪恶。人之常情在贵族身上很难见到……出于淫荡和邪恶，乡绅们甚至可以
383 让他们的私生子也成为贵族。[②] 贵族的傲慢和粗暴遭到严厉的谴责：贵族用暴力来对付第三等级……他们憎恶太平，一心要把除了贵族以外的人踩在脚下，紧紧地控制在手中。[③]

这些蛮横的贵族是不是真正的斗士？这确实是一个大问题，第三等级的那些律师需要认真思考。贵族夸耀他们曾在战争中扮演过重要角色，以此证明他们有资格享受免税特权（即所谓“血

① 这句话和下面引用的几句话都来自德拉格朗热的 1599 年辩护词，第 270 页，第 161 页，第 96 页。

② 樊尚 1598 年的辩护词，第 32 页；德拉格朗热 1599 年的辩护词，第 199 页，第 204 页。

③ 马希耶的辩护词，第 355 页；德拉格朗热的辩护词，第 61 页，第 123 页，第 128 页。

税”)。可是，朗博和德拉格朗热偏偏不愿意上当受骗。朗博说，第三等级也参加了宗教战争，而且更胜贵族一筹。[①]法国贵族在内战期间曾在军中效力，但多菲内的贵族没有这样做(将法国与多菲内对立起来，是朗博在诉讼中使用的一种夸张手法)。如果说，贵族获得免税特权的理由是曾在战争中效力，那么，在战争中效力更多的第三等级就更应该获得免税待遇……贵族说他们是战士，第三等级同样也是战士……不能把现今的贵族比作当年的罗马军团，罗马军团作为职业军人始终没有离开战场。我们的贵族不是职业军人，所以无权享受罗马军团享受的免税待遇。德拉格朗热说到这个问题时滔滔不绝，他强调指出，内战期间第三等级在军中服役的付出超过贵族，首先因为与贵族相比，平民在人数上占绝大多数，德拉格朗热对于这一点当然一清二楚，他说，在参加内战的军队中，有1个贵族便有100个第三等级的人(第三等级的人数在总人口中超过95%)。德拉格朗热接着说，多菲内人民是英勇善战的人民……每一次胜利中都有我们的贡献……没有平民的武装力量，没有人民的支持，国家的尊严和威望都不可能处于安全状态之下。(德拉格朗热的这番话引自李维的著作，他与他的同事们引用拉丁作家的著作时通常都不甚准确，但是我们不能因此而断言他们是在弄虚作假。)德拉格朗热接着说道，在内战中，骁勇善战的是民众……他们虽然来自下层，但是如果在他们身上发现罕见的善良和品德，一点也不令人惊奇……

历史被用来作为展现平民尚武精神的论据：马库斯和阿格利

① 皮耶蒙：《回忆录》，第13页，第14页，第32页，第38页及以下。

帕都出身下层，塔西佗却认为他们都善于作战……罗马元老院的
384 大多数成员来自普通老百姓……德拉格朗热很熟悉恺撒关于高卢
分为德洛伊、骑士、平民三个等级的论述。(《高卢战记》，第6—15页)在恺撒看来，所有高卢骑士都关心战争……德拉格朗热就此指出，今天多菲内的贵族却并非如此，所以，他们无权获得职业军人的免税待遇。中世纪也被用作论据加以发挥。在中世纪的多菲内，14世纪多菲内的法规是全省自由的基石，据德拉格朗热说，这部法规明确规定，第三等级与贵族一样，以参战和尚武提供服务。在中世纪的法兰西，参加克雷西和蒙莱里战役的步兵，就是由第三等级组成的连队。面对这些为平民辩护的论据，贵族能始终保持平静的心态吗？贵族的辩护律师之一克洛德·埃克斯毕伊引用了一句谚语：贵族的血统是百年的旗帜、百年的担架。这句谚语似乎意在证明，贵族对于他们这个群体永远具备尚武气质并不抱有太多幻想……①

我们从中不难看出，平民建立武功的欲望已经在朗博和德拉格朗热心中萌生，后来他们终于要求参战，因为参战不是贵族独享的权利。平民出身的名将缪拉、奥什、克莱贝尔都从平民的呼声和愿望中获得了力量……数以万计的法国农民军在这种精神鼓舞下向东挺进，跟随着皇帝直逼莫斯科……

总而言之，这些第三等级的“有机知识分子”，也就是前面提到的那些律师，对于自己在一定程度上仇恨贵族，几乎不加掩饰。他

① 埃克斯毕伊的辩护词，第400页；刚才这些引语全部来自德拉格朗热的辩护词，第128页，第129页，第130页，以及他的1599年2月的辩护词，第103页，第112页，第241页，第267页。

们把“最尖刻的批判所能带来的最苦涩的东西”吐到贵族的脸上，他们很愿意承认名副其实的绅士身上确有某些美德，可是，这些美德隐匿在骑士所生活的那个遥远的往昔，而如今再也没有骑士了。贵族以巴亚尔[*]为荣，可是，巴亚尔热爱人民。②樊尚在这一点上比德拉格朗热随和一些，他承认贵族在本省牢牢占据着第一位，这是血统给予他们的权力。③然而，在根本问题上，樊尚同样寸步不让，他说：不应该免税，贵族只不过是族系带来的一种优越性。可是，德拉格朗热连这种优越性也不放在眼里，他说：贵族用族系和亲属 385
关系来糊弄大家，其实这些玩意儿多半是假的。④德拉格朗热很愿意把最讲礼仪的贵族排除在他的谴责对象之外，他承认三个等级的存在：教会人士、贵族和平民，可是，他马上又表示很丧气，因为许多贵族（假贵族、新贵族、新新贵族）窃取了贵族的头衔，因而给真正的贵族带来了损害。⑤

*　　　　*

第三等级的律师们在贵族面前咄咄逼人。然而，他们对整个社会采取的却是“有机知识分子”的观点，把社会视为一个结构严密的整体，个人在其中仅仅只是一个分子而已，从原则上说，出现在整个社会中的冲突都是可憎的。如果不考虑时代的差异，那么

---

* 巴亚尔是 14 世纪格勒诺布尔的一位贵族，被誉为无畏和无可指责的骑士。——译者

② 德拉格朗热 1599 年的辩护词，第 254 页。

③ 樊尚 1598 年的辩护词，第 26 页，第 40 页。

④ 德拉格朗热的辩护词，第 79 页。

⑤ 德拉格朗热的辩护词，第 95—96 页；1599 年 2 月的辩护词，第 105 页。

我们可以说，他们的这种思想与启蒙时代的个人主义相距甚远，与梯也里、基佐和马克思等人奉为至宝的阶级斗争观念同样几乎不沾边。是否因此而可以把德拉格朗热、樊尚、朗博以及所有这些律师统统称作“深邃的保守主义者”呢？

在我看来，这样似乎有些过分。恰如苏珊·贝尔热所指出，[1] 20 世纪的“行会主义分子”并非始终逆潮流而动。这些律师之所以利用社会是一个统一的整体这样的观念，为的是更有力地打击贵族置全省民众于不顾而坚持享受免税特权的主张。律师们同时也试图重建第三等级的尊严，因为第三等级本来就是三个等级中一个资格完整的等级。就此而言，他们的目标是进步，而推动进步的措施则是回归以往的理想准则，不可否认，这种复旧思想看起来更像是保守主义和行会主义。

以律师们的“有机知识分子”眼光看来，很重要的一点是把社会比作人体，我们从中发现，中世纪教会关于人体的神秘观念，几乎被原封不动地从宗教搬到了领域政治。朗博说道：对于国家这个神秘的躯体的装饰、支撑和加固来说，贵族非常重要，可是，他们的免税特权恰恰与整个古代的习俗背道而驰。（朗博的辩护词，第 14 页）对于朗博的这套教会—国家言辞，樊尚予以积极的响应：我们（第三等级）所希望的，仅仅只是被承认为这个神秘躯体上的一
386 个肢体[2]……这个神秘躯体始终拥有不同部位和不同器官：罗马

① 贝尔热：《反对政治的农民》(Susanne Berger, *Les paysans contre la politique*)，巴黎，1975 年。

② 樊尚 1598 年的辩护词，第 39 页。关于神秘躯体这个观念，尤其是 13 世纪之后的这个观念，参阅《神学辞典》(*Dictionnaire de spitualité*)，巴黎，第 II 卷，1953 年。

的元老院、平民，高卢的德洛伊、骑士和平民。由此可见，第三等级要求得到承认的是两点：首先是这个等级与其他等级的差异，其次是这个等级本身的存在。

当我们从神秘躯体转到没有任何限定词的躯体时，生物的微观世界就被比作社会的微观世界，而社会微观世界所反映的则是世界的形象，是前哥白尼的宇宙。朗博写道（朗博的辩护词，第94—100页）：躯体是一个有组织的社会，国王是头部，贵族是双臂，双脚则是第三等级（原文如此）。双臂（当然就是贵族）应该把食物送进嘴里，可是，由于臭名昭著的免税特权，贵族现在并没有这样做。离国王头部如此近的这张嘴，不是别的，就是公共钱包，也就是国王的金库。教会人士是心脏。心脏里灌进了太多的什一税，应该让它吐出来一些才是（请注意，这些律师不懂得哈维发现的血液循环系统，他们不知道心脏像是一个水泵，误以为心脏是一个充满液体的器官，只有把一部分液体排出来，心脏才能处于良好状态）。第三等级既然是双脚，自然处于躯体的最下部，全身的重量都落在脚上。种田人，也就是拥有土地的第三等级负担最重。这种状况必须停止，必须改变，一定要重新回到良好的平衡状态……

多菲内省也是一个躯体，樊尚说（1598年辩护词，第29页）：为了保护好这个躯体，它的所有肢体和器官都应奉献正常的功能和共同的努力。马希耶（马希耶的辩护词，第357页）说的也是这个意思，不过没有使用那么多与躯体有关的术语：贵族拥有全省最多（的土地），他们应该为（维护）全省出力。德拉格朗热（1599年2月辩护词，第14页）也拿躯体说事：我们并不否认贵族与第三等

级的差别，但是我们不认为第三等级什么也不是。第三等级是躯体的第三个器官。他接着用躯体作比喻：倘若一个器官（贵族）装满了全身的液体，那它就会腐烂。如果每个器官中都有液体，整个躯体就能保持健康。以躯体比喻社会的观念承认等级，但以公正不受损害为条件（1599 年 2 月辩护词，第 72—80 页），基础便是理性。每个等级都应处于各自应处的位置（等级）。贵族应该满足于掌控政权和教会的高级职位。

除了把社会比作躯体之外，律师们还把社会比作父母，这种比喻是与爱乡爱土的情感难以分开的。他们说，不应该敲打给你喂
387 奶的乳房，不应拒绝为你的省、你的国家做贡献，你的省和你的国家是你们大家的母亲。樊尚（1598 年辩护词，第 16—22 页）写道：国家就好比是父母，肉做的心应该对国家充满感情。三个等级都是同一个躯体的器官，都是同一个省里的人，而这个省就是我们大家的母亲。樊尚坚决否认阶级斗争观念，并借用塔西佗的话把阶级斗争斥为“破坏团结”。恰恰相反?！他认为，为了让共同躯体上的各个器官更好地团结起来，特权等级应该缴纳他们应该缴纳的那一份税。为了增强辩护词的说服力，樊尚不但借助塔西佗，而且还摘引圣安布瓦兹说过的话：大自然赋予的本能和仁人志士从意识到自己是人那一刻起就怀有的共同心愿，应该鼓动三个等级齐心协力，拯救国家-我们共同的母亲。（1598 年辩护词，第 31 页）理性与大自然是某种思想方法的两个“乳头”，这种思想方法在亚里士多德和中世纪的阿奎那以来的西方相当普遍。

除了以人的躯体作比喻，植物也被用来作比喻。民众钟爱五月柱，所以对于用植物作比喻习以为常。樊尚强调指出（1598 年

辩护词，第 22 页），多菲内省就像一棵大树，是不能分割的。樊尚进而指出，既然多菲内省和大树一样不能分割，那就应普遍推行地籍登记册和税务公正，何况加普、昂布兰和布里扬等地早就这样做了。接着他从大树转到葡萄（樊尚 1598 年的辩护词，第 26 页）：国王如同葡萄，需要支架支撑（人民！）。在另一处，葡萄变成了柏树，四周围着各种各样的花草：贵族就像高大的罂粟蔑视独一无二的柏树（国王），而人民则像马齿苋一样爬在柏树身上（安托万・朗博）。

早在 1576 年，让・德布尔格就在他那篇一百条的陈情书中用太阳作比喻，他把社会结构比作宇宙，并且顺便说到了贵族：人民是大海，贵族是风（风暴扰乱正常秩序）。国王是公正的太阳（朗博）。国王是太阳和众人之父。（樊尚 1598 年的辩护词，第 27 页）国王是太阳，贵族的责任是提供光辉，第三等级的责任是提供饮食，教会的责任是保证神圣。三个等级都应该奉献他们的人身，还应奉献他们的财产。（朗博 1600 年的辩护词，第 16—17 页）这里所说的太阳还不是哥白尼日心说中的那个太阳，而是托勒密地心说中的那个太阳，仅仅是一个超级光源而已。人们对太阳的认识依旧停留在亚里士多德的宇宙体系中。

房舍、领主庄园、畜舍、船只、音乐……诸如此类能用来比喻社 388
会结构的物件，先后出现在我们这些律师的笔下。

房舍。马希耶当着亨利四世的面说（马希耶的辩护词，第 360 页），人民对国家的用处不亚于贵族。人民是君主国家的灰浆，没有灰浆，整所房舍就会垮塌，就会变成专制国家……

领主庄园。朗博在 1600 年写道：领主有三个分包农庄主（意指教会人士、贵族和第三等级），他们应该共同出资雇用牧工，修理腐朽的城堡屋顶，等等。这就是说，大家都明白，贵族也应该纳税。

畜舍。朗博(1600 年辩护词，第 108 页)说，与其让骡子(第三等级)驮太多的东西，不如勒住骏马(贵族)的笼头。

船只。罗马法中的罗德岛法规定，在即将沉没的船只上，人们应当相互救助。这是对遇险者义不容辞的帮助。贵族对于其他等级有义务执行此法。(德拉格朗热辩护词，第 II 页，第 VIII 页，第 188 页)根据这项法律，沉船的所有出资人都应向受损货物的主人支付合理的赔偿。(德拉格朗热辩护词，第 II 页，第 VIII 页，第 188 页)

音乐，乐队、和谐。德拉格朗热写道(德拉格朗热辩护词，第 225 页)，贵族想把他们的同胞当作农奴，他们败坏了与和谐比例和保护国家相关的一切。

既然引用拉丁和希腊学者的名言，[①]第三等级的律师们必然会提及亚里士多德及其城邦观念。让全体人民享受福祉，根据社会和自然条件调整人群和亚人群的相互关系，这便是理想。德拉格朗热(德拉格朗热辩护词，第 128 页)指名道姓地引用亚里士多德在《政治学》第 5 卷第 1 章中的话：在任何政治团体(社会政治组织)中，各个部分之间必须共同拥有这个共和国的权利。我查阅了德拉格朗热所引用的亚里士多德的这段话，从中读到的不是别的，而是公正，即按比例享有的平等。这个术语与德布尔格在 1576 年陈情书[②]中提到的各个等级之间的准平等相去不远。

① 马希耶尤其喜欢引经据典。

② 参阅本书第二章。

这些话实际上意味着，在德拉格朗热看来，所有特权必要时都应取消。他再次引用亚里士多德的话说：贵族本来理应让他们受 389
压迫的合伙人（第三等级）松一口气。这位第三等级的大律师还引用了西塞罗和圣安布瓦兹与此相关的话：谁若不保护自己的同伴，不斥责对同伴的辱骂，他就犯了大错，那就跟抛弃父母、祖国和朋友无异。

另一个具有亚里士多德特色的愿望，是把城邦的和谐直接移植到多菲内人所希望的生活中去。亚里士多德和德拉格朗热梦寐以求的和谐（德拉格朗热辩护词，第 154 页，第 159 页），是在国家机构的各个部门和成员之间保持一种正确的关系，不让其中的一部分过于强大，不让其中的一部分压迫另一部分。从必须建立起这种近乎音乐般的和谐关系这一点（德拉格朗热辩护词，第 92 页），德拉格朗热得出的结论（德拉格朗热辩护词，第 124 页）是：没有人民便没有国家。朗博唱的也是亚里士多德的调子（1600 年的辩护词，第 15 页）：和谐、公正和国家的适当比例，都是必不可少的，国家的每一部分，都应对整体作出贡献。

这种社会观其实也是一种行会观念，其更具特性的实际应用可能与亚里士多德有着某种因缘关系。樊尚说道（1598 年辩护词，第 28 页；1600 年辩护词，第 53 页）：亚里士多德不愿意在斯巴达看到免税特权，因为免税与恻隐之心和公共福祉背道而驰。再来看看律师们引用的其他作家是如何说的。德拉格朗热引用了柏拉图（《法律篇》第 5 章）：优秀的公民不但不拒绝，而且心甘情愿地承担共和国的负担。德摩斯梯尼因其《反列普蒂纳论》而作为在雅典反对免税的作家被引用。梭伦是债务人的恩人，他的态度与德

摩斯梯尼如出一辙……这两位希腊作家都被樊尚引用。(1598 年辩护词,第 23 页,第 28 页)顺便说一说公共福祉这个具有普遍性的概念,樊尚为公共福祉提出了一个普遍性的和君主—民主的概念,雅各宾党人后来把这一概念作了充分的发挥。贵族利用多菲内省的特权,似乎唯有他们才能享用这些特权。(樊尚 1598 年辩护词,第 36 页)贵族确信他们只是为自己而生。可是,修昔底德引用伯里克利的话说,必须把热爱福祉置于首位,应该相信,不是为自己而生,而是为他人而生。(樊尚 1598 年辩护词,第 36 页)说得真好。因此,众人,也就是社会应该回归于一,那就是国王。君主是公共福祉之父(樊尚 1600 年辩护词,第 128 页)人民和国王都是上帝的子民,国王和人民紧密相连,赞成贵族免税,就是反对人民,
390 就是反对大家的上帝,反对与生俱来的恻隐之心,就是反对上帝的尊严,而上帝正是人类社会的各种权利的主人。(樊尚 1600 年辩护词,第 26—27 页)

朗博对于公民自由,也就是不存在奴役的状态作了概括,他说(1600 年辩护词,第 15 页):对于第三等级来说,贵族免税是一种野蛮的奴役。朗博对自由的这种鼓吹,源自译成拉丁文或法文的古希腊作家的著作,他也仿效了神学的某些说法,这种神学发端于奴隶制终结之时,后来由阿奎那和经院哲学家们进一步加以发挥。

*　　*

从亚里士多德顺理成章地就过渡到基督教的伟大传统和圣托马斯·阿奎那,在天主教思想体系中,阿奎那是古希腊哲学的传人和维护者。在第三等级的律师们眼中,在古代(尤其在接受了文艺复兴洗礼之后)和盛行阿奎那主义的美好的 13 世纪的中世纪基督

教教义（一直延续到特兰托公会议）之间，文化的延续性是显而易见的。贵族和第三等级之间的和谐平衡建立在自然理性基础之上，这个基础成了基督诞生之前和之后的两种文化潮流的公共点。正如德拉格朗热在引用阿奎那的话时（1599 年 2 月辩护词，第 55 页）所说，*没有理性的法律不是法律，而是邪恶。君主不公正的独断专行不是法律，而是不公正*。借助教会的神学家们，等级社会把顶梁柱放置在耶稣形象之上，耶稣向所有的皇帝纳税：*耶稣是神职人员、贵族（上帝之子）；最后还是官员（立法者），可是他照样纳税*。（德拉格朗热 1599 年 2 月辩护词，第 25—26 页）德拉格朗热认为，贵族拒绝纳税的行为既亵渎宗教虔敬，*更有悖对祖国应有的仁爱之心*。这种说法兼具世俗和基督教双重观念的特色。（德拉格朗热 1599 年 2 月辩护词，第 31 页，第 105 页及以下）

每当需要在习惯法（有时极不公道）和实在法（永远公正）之间作出选择时，圣经和教会的神甫们就像古典作家一样，总会源源不断地提供人们所需要的论据。德拉格朗热说（1599 年 2 月辩护词，第 55 页），国王所罗门在他的《智慧》（第 14 节）中在这个问题上所采取的观点，与普劳图斯、西塞罗和塞内卡的观点相似，*随着时间的流逝，当极不公道的习惯法日益得到巩固时，尽管它谬误得无以复加，大家依然把它奉为法律*。圣西普里安和圣奥古斯丁也作如是说（德拉格朗热 1599 年 2 月辩护词，第 107 页）：*上帝从未说过他是习惯法，他说他是道路，是真理，是生活*。德拉格朗热 391
（1599 年 2 月辩护词，第 27 页）借助圣经中的这些言辞警示那些把邪恶变成习惯法的贵族、官员和在税务上做手脚的人，这样做是要遭到惩罚的。*贵族从他们的父辈就开始败坏我们的法律，他们*

现在应该在上帝面前承担这个责任。贵族总有一天要因此而受到上帝的审判。邪恶就是邪恶，不会因为久行不义而不再是邪恶。

最重要的思想是号召人们团结，这种思想既来自圣经创世记篇，也来自福音书，它从本源上否定了贵族。16 世纪的反叛者很懂得这个道理，当亚当和夏娃双双男耕女织时，难道有什么士绅吗？德拉格朗热在这个问题上说了许多话，口才虽然略差一点，却更为详细。（德拉格朗热辩护词，第 31 页，第 121 页）他引用了亚里士多德和塔西佗的论述，但相比之下，还是《新约全书》和《旧约全书》为他提供了更多的帮助，因为新约和旧约宣扬，人在被创造和被救赎时是平等的：塔西佗和亚里士多德都说过，等级有差异，但人都是一样的。贵族与平民有着同样的肌肉、血液和骨骼。贵族如果真的生来就与众不同，他们就无需用耶稣的血来自我救赎。那样的话，他们就必须证明，亚当在犯罪之前就已经有一个儿子（贵族）（亚当因犯下原罪而使所有的人处于平等地位）。贵族不是从来就有的，贵族也有其初始之时。贵族与其他人的区别既非与生俱来，也不具有实质性，而是人为的。依据大自然，所有的人都是一个完整的人……乞丐是人，犹如贵族是人，两者没有任何差别……我们全都来自同一个父亲，贵族是在……时候产生的。第三等级的这些律师远非闵采尔的千禧年主义者，也不是以《新约·启示录》和《旧约·但以理书》为依据主张颠覆社会的再洗礼派。可是……新教在多菲内省大力提倡阅读《旧约全书》，就连平民反叛者中的天主教徒，也阅读《旧约全书》中的“诗篇”、“箴言”和所罗门的“智慧”。他们从希伯来先知们的言行中看到的是穷人对权贵和贵族的控诉。德拉格朗热在这方面滔滔不绝，他在“箴言”（第 29

章)中找到了如何做一个以百姓为朋友的好国王的道理:国王若是
依据事实对穷人作出判断,他就能国祚永享……法老对他的人民
不那么凶狠,他还让他们用钱买回土地和财产,与之相比,我们的
贵族对第三等级厉害多了。(德拉格朗热辩护词,第164页及以
下)接着他还就穷人的尊严和恶人致富的奥秘大发感慨:贵族占有 392
我们的大部分土地,他们从来不曾生活得如此惬意。(德拉格朗热
辩护词,第217页—218页)接着他引用《旧约·诗篇》第73篇:他
们大腹便便,骄傲如同链子戴在他们的项上,他们的眼睛因体胖而
突出,极度的不公正从他们满身的肥肉中渗出。紧接着,德拉格朗
热说到了以国王为其人间形象的上帝,为此他引用《旧约·诗篇》
第123篇:耶和华啊,求你怜悯我们,因为我们被藐视,已到极处。
我们被那些安逸人讥诮和骄傲人藐视,已到极处。《旧约·诗篇》
第35篇中写出了国王的抱怨(德拉格朗热1597年辩护词):耶和
华啊,救护困苦人脱离那比他强壮的,救护困苦穷乏人脱离那抢夺
他的。教会的神甫们和早年的圣徒也引吭高歌加入抗争者的合唱
队,樊尚(樊尚1598年辩护词,第15页;1600年辩护词,第58—59
页)说,圣安布瓦兹当年也向国王纳税,为了支持国家而卖掉了圣
餐杯,他珍视人们的福祉甚于保存黄金白银……我们的神职人员
为什么不这样做?5世纪的马赛主教圣萨尔维安是一位伦理学
家,让·雅克·卢梭的先驱,他认为官员渎职比野蛮更可怕,[①]樊
尚(樊尚1599年2月辩护词)说,他高声疾呼反对积聚财富,反对
贵族寻求免税特权。

① 《圣徒传》(*Vie des Saints*),勒图泽(Letouzey)编,1949年,第7卷。

*　　　　　　*

在这种兼具古代和神学的氛围中，平等在1600年是一种什么样的要求呢？德布尔格早在1576年就以审慎的态度毫不含糊地提出了平等这个要求（德布尔格所要求的是各个等级之间“准平等”）。

对于德拉格朗热来说（德拉格朗热辩护词，第173—174页），大自然让我们所有人都是平等的，贵族与平民的差异仅在于由谁来担任最荣耀的官职，或者说，由贵族优先担任文职官员（所以高等法院让其所有推事自动成为贵族）。说到底，德拉格朗热（德拉格朗热辩护词，第174页）不反对在公共事务管理方面，平民的权威少于贵族（贵族拥有更多的权威）。不过，仅此而已！在他看来，贵族的荣耀并非与生俱来，贵族声称荣耀是他们生而有之的身份，错了，贵族的这种自诩践踏了基督教的教义。荣耀只不过是国王

393 对臣下效力的褒奖，国王之所以赋予贵族以荣耀的头衔，是因为他们为他实实在在地出了力，而不是出于其他原因。（德拉格朗热辩护词，208页）吹嘘祖上劳苦功高，躺在祖上功劳上面的那些贵族，都是笨蛋。（德拉格朗热1599年2月辩护词，第27页）

既然德拉格朗热接受等级社会的存在，他的平等思想自然就比较温和和有节制。我们（第三等级的律师）其实并非如贵族所说的那样，主张民众国家，主张平等；但是我们的特惠（此处指多菲内省公民早年普遍享受的免税待遇）应该与他们的特惠是平等的。（德拉格朗热1599年2月辩护词，第232页）不难看出，在德拉格朗热的眼里，平等不是一个名词，而是一个形容词；平等仅仅涉及与自由（即不受奴役）相关的权利，并不涉及与政权相关的权利。

我们并不试图统治他人，也不想结伙反对君主……依据自然法，我们生而自由。（德拉格朗热 1599 年 2 月辩护词，第 233—235 页）

平等仅仅意味着纳税多寡应该与每个人的财产和身份成正比，这个比例应该由王国通过立法予以规定，法律应该起到耙子和平地器的作用，让每个公民都按照下列原则纳税：人人各尽所能。弗朗索瓦一世的埃丹敕令宣称，国王主持公道，不让任何人享受特惠和例外，他要在他的人民中间守住平等，让每个人依据其资格承受合理的负担。（德拉格朗热辩护词，第 253 页）这里所说的人民，不单单指下层阶级，即普通老百姓，而是包括所有三个等级，贵族当然也在其中。（德拉格朗热辩护词，第 253 页）

樊尚在这方面既大胆又保守。他从土地原始共产主义思想出发：大自然一开始就让土地处于自由状态，让所有的人共同拥有。（樊尚 1598 年辩护词，第 38 页）但他不如德拉格朗热激进，他紧接着就承认自古以来就存在差异：大自然没有把人造得全都一样，任何时代都有不同的品级，古罗马有元老和平民，恺撒占领下的高卢则有德洛伊、骑士和平民。他还说，即使在第三等级内部也存在着层次的差异，抹布与手巾不一样，工匠与上层人士不能混为一谈。他甚至反对各个等级之间最基本的平等，他说：它们之间的平等便是最大的不平等！不过，他引用了公元 5 世纪雅典债务人的解放者所罗门的话，这表明他回到了为第三等级的律师们所高度珍视 394
的比例平等观念。和谐和比例规则是有组织社会的黏合剂。所罗门把全体人民分成四个等级，要大家珍惜财产，尊重平等，人人依据其拥有的财产按比例为共和国承受负担。（樊尚 1600 年辩护词，第 319—320 页）依照他的这个说法，平等与自由即不受奴役和

公正同时并存,我们不是农奴,不是土耳其暴君统治下的奴隶。我们热烈追求的是公正。(樊尚 1600 年辩护词,第 13 页,第 17 页)马希耶在 1595 年当着亨利四世的面所说的那番话里,已经包含了这层意思,只是更为简洁:按拥有的土地多寡纳税,就能促成在同一个国家中(贵族与非贵族之间)实现平等。换句话说,人人根据其财产多寡纳税!可是,马希耶尽管热烈追求平等,却在说过上面这番话的 10 年之后的 1605 年,把自己变成了贵族![1]

自然权利观念纵然不能保证人人完全平等,至少可以保证人人免受奴役,这种观念在德拉格朗热身上已经非常强烈,荷兰法学家格老秀斯对自然法作出重大发展是在此之后。德拉格朗热依据自然法观念写道(德拉格朗热辩护词,第 235—239 页;德拉格朗热 1599 年辩护词,第 255 页):自由是与生俱来的。不管勇敢的贵族辩护士们对此作何想法;奴役是反自然的,我们不是农奴。[2]朗博步德拉格朗热的后尘(第 2 篇辩护词,第 6—7 页),要求实施普罗旺斯和朗格多克的税章,这些虽然不是多菲内省的税章,却是与人类同时出生的。

对于笃信亚里士多德理念的朗博来说,平等与各个等级之间的音乐谐和观念密不可分。他写道(朗博辩护词,第 8—9 页):第三等级要的是和谐规则,而不是算术规则;他们并不想把平等当成法律(那就变成"人民国家"了)。他们要求平等的法律。但是,他们不要求算术那样的平等,也就是说,不要求所有东西具有同样的

---

① 皮耶蒙:《回忆录》,索引,第 358 页。

② 关于多菲内省的自由和免受奴役的真正思想来源,参阅肖梅尔:《法兰克人》(*Francs*),1965 年。

重量和同样的形状。他们要求的是各种事物和谐的比例。为了维护国家，就要把法律秩序建立在按比例和和谐的平等基础之上，使之走向统一。

朗博读过博丹的著作，他拒绝复杂的数量和数学和谐，宁可把
它留给高官和赏识者去品味，博丹用这种知识与数学的和谐去建 395
立富庶和巍峨的共和国大厦，而我却并不打算就他的和谐发表意见，对于第三等级的大老粗来说，他的教诲太高深，难以把握，还是让大师们和高官们去琢磨吧。（朗博第 2 篇辩护词，第 9 页）朗博依旧用老百姓喜欢也听得懂的音乐作比方，他说：我只想把国家的良好治理比作由不同声音组合而成的谐和的音乐，老百姓不必费力就听得见，也听得懂。（朗博第 2 篇辩护词，第 9 页）按照比例公平纳税就像是乐队的演奏，永远不会出现不谐和音，若想不让民主出现，不让七嘴八舌和乱作一团的平等出现，就必须按照比例平等纳税，多者多纳，少者少纳，这就是不同声音组合而成的悦耳的谐和音。一致是最高音，人人都应为以此为追求，但是，追求一致并非人人完全一样。音乐中的一致不是别的，就是国家的君主。在这种条件下，乐队的指挥不是人民，而是国王，说到底是上帝。和弦中的每一个音都是这个和弦的组成部分，都应该支持这个和弦中的最高音，国家的所有成员也应该关注君主，尽力加强他的地位。国王的统一最终将使国王成为普天之下最高君主。（朗博第 2 篇辩护词，第 10—11 页）

*　　　　*

不可否认，这几位第三等级律师所主张的平等，并非 1789 年人们所要求的平等，如《人权宣言》所宣称的那样：“人人生而自由，

在权利方面人人平等”。在 1600 年，等级社会依旧牢牢地主宰着人们的思想，即使有人希望在各个等级之间实现平等，也并非要取消等级。[1] 那时还无人显现出疯狂的个人主义野心，这种个人主义是在 1650—1789 年间霍布斯、洛克、卢梭和亚当·斯密等人日益强大的影响下出现在此后的近代平等思想中。在洛克或是卢梭的平等观念中，人人价值相等，人人要求得到平等的对待。所以，若把 1576—1635 年间多菲内的斗士们说成试图进行一场“资产阶
396 级革命”，那就是时代误植，恰如匆匆忙忙地把 16 世纪的德国农民起义或西班牙农民起义誉为“第一波资产阶级革命”一样。不但如此，多菲内的这批第三等级的律师对于瑞士农民起义还看不顺眼，认为那场起义过于民主，因而坏了他们自己的大事：我们不愿意像瑞士人那样对待贵族（烧杀劫掠）。德拉格朗热写道（德拉格朗热 1599 年辩护词，第 269 页），他们才想这样（以瑞士人的方式）对待国王，拿走（第三等级的）所有财产，却不为这些财产纳税。第三等级的这批律师更看好萨瓦范型，即改革范型，而非革命范型：萨瓦的贵族为他们从第三等级手中拿到的财产纳税。（德拉格朗热 1599 年 2 月的辩护词，第 30 页）律师们之所以看好萨瓦范型，当然与他们对君主国家持正面态度有关。君主国家有时会实行绝对君主主义，但是它也会在各个社会群体之间维持最低程度的比例纳税制和相对平等。再者，萨瓦的表现似乎令人羡慕，从 1584 年到 18 世纪，这个地区进行的改革促使贵族的土地按章纳税，登录

① 孚雷、诺拉：《基于人群而非基于个人的平等的正当性》（Furet, Nora, *Equalitarian legitimacy based on the group*, [*and not*] *on the individual*），载《代达洛斯》（*Daedalus*），1978 年，第 329 页。

在地籍册上，减少了领主收取的税额，与此同时，萨瓦的公爵们大幅度限制三级会议的权力。在尚贝里和阿讷西等地的这些做法，正是后来黎胥留对多菲内省第三等级所采取的做法。黎胥留对多菲内的平民说：多菲内省的三级会议妨碍我的绝对君主主义，你们若让我取消三级会议，我就答应削减贵族的免税特权……把三级会议交给我，我就把纳税公平还给你们。[①]

这些第三等级的律师都是君主政体的拥护者，而不是民主政体的拥护者。他们读过博丹的著作，在最高权力问题上他们崇尚博丹的主张者。他们认为，法国的最高权力不可分割地属于君主，不属于人民。但是，不能以掌控最高权力为借口，把王政变成土耳其式的专制统治。君主应该服从法律，不能攫取臣民的财产，他应该尊重多菲内省第三等级的合法权利。[②]第三等级的律师们坚信 397
自己的思想基础（古代的[③]、基督教的、理性主义的，比较温和，但坚定地主张平等和君主制），他们从历史中寻找论据，从不良习惯法上溯优良习惯法，从不良传统上溯优秀传统。[④]他们最后提到了一种普遍适用的办法，这种办法有两个参照体系，其一是中世纪多

① 关于萨瓦，参阅让·尼古拉的论文《18 世纪的萨瓦》；德富尔内的论文《巴希》（Defournet, *Bassy*），第 I 卷，第 47 页；吉绍内（编）：《日内瓦史》（Guichonnet, *Histoire de Genève*），图卢兹，1973 年。

② 德拉格朗热 1599 年和 1599 年 2 月的辩护词，第 XXV 页，第 105 页，第 227—231 页；樊尚的辩护词，第 232 页；朗博的辩护词，第 37—49 页；律师们引用的博丹的言论，见于《国家六论》（Bodin, *République*），第 1 章，第 1 节，第 8 页。

③ 在波尔多的 1651 年“榆树派”起义中，起义者的师爷们所引用的论据中，古代作家的论述的占 60%，参阅儒奥关于投石党和波尔多狂欢节投石党人的未版著作。

④ 佩吉（Péguy）引自雅克·朱利亚尔《反职业政治》（Jacques Julliard, *Contre la politique professionnelle*），巴黎，1977 年。

菲内的特权，其二是罗马法。

*　　　　*

关于多菲内的特权，律师们与此前的德布尔格一样，提到了1341年多菲内地区的君主所颁布的免税法令，该法令规定，包括第三等级在内的该地区所有居民全都免缴直接税。所以，具有强制性的直接税从1341年起就不复存在，从此之后，纳税原则上成为一种志愿行为，也就是说，只有三级会议投票通过的税项才可以征收，这种税自然是普遍征收的税，也就是说，人人都应缴纳，特权等级也不例外。多菲内人全都是自由人，人人无需纳（人头）税，与此同时，包括特权等级在内的所有多菲内人毫无例外地都是或者说都应该是志愿纳税者。[①]

*　　　　*

律师们援引1341年多菲内主政者的法令后，继续往古代追溯，在越过13世纪和第一个千禧年的时候，他们顺便采集了一些数据。要知道，他们都是文化人，读过帕斯基耶、富谢、图尔的格里高利以及其他一些历史学家的著作。他们提到了圣路易、希尔德贝、西尔佩里克等许多人，总之，加佩王朝和墨洛温王朝都对贵族和教会征税。[②]以这些先例作为依据，这几位律师很快就过渡到他们的主要论据，引用古代拉丁作家的著作，阐述罗马法。

---

① 弗朗索瓦·盖兰的辩护词，第6页；德拉格朗热的辩护词，第39—45页，第106—108页，第223页，第228页，德拉格朗热1599年的辩护词，第73页，1599年2月的辩护词，第62页；樊尚1598年的辩护词，第II页；1600年，第40—49页。

② 朗博的辩护词，第23—25页。撰写本节文字时利用了富谢的《古代高卢》(Fauchet, *Antiquités gauloises*)，德拉格朗热1599年2月的辩护词，第148页。

*　　　　　　*

马克思在《路易·波拿巴的雾月十八日》中以鄙夷的口吻说，1789—1799 年的法国革命者穿上了很久很久以前罗马共和国的旧衣裳。可是，多菲内的律师们视为珍宝的罗马法，我们也可以把它叫做旧衣裳或者化妆服吗？毋宁说，这是一种伟大的传统文化与另一种伟大的传统文化成功的嫁接。罗马法岂止启示了我们这些谦逊的律师，近代的法学思想都深受罗马法的影响。 398

关于这一点，律师们在两个层面上阐述了他们的思想。首先是纯历史层面：樊尚、德拉格朗热都指出，在整个罗马共和国和罗马帝国时期，贵族全都纳税，凡是拥有财产和土地的人全都纳税，不因他们的身份高贵而与别人有所不同。所以，律师们在格勒诺布尔高等法院辩护时，常常引用拉丁作家的著作作为论据，塞尔维乌斯·图里乌斯进行全面的财产登记，加图征收金银珠宝税，苏拉出售神庙的珠宝，罗马的元老们用车子装运向国家纳税的铜币，第二次布匿战争，维特利乌斯，奥勒良……这些实例一个个都很贴切，我不再一一列举。朗博和德拉格朗热所引用的塔西佗和李维的言辞有时并不准确，但他们述说的史实的确出自这两位拉丁作家和其他古代作家笔下。①在这方面，这几位律师绝不放过任何一个机会，像当年的罗马先哲一样严厉警告，声言平民执政官将会进

① 弗朗索瓦·德·盖兰的辩护词，第 9 页，德拉格朗热 1599 年 2 月的辩护词，第 6 页，第 7 页，第 24 页，第 54 页，第 92 页；樊尚 1598 年的辩护词，第 14 页，第 16 页，第 25 页，第 28—29 页；1600 年的辩护词，第 99 页，第 218—220 页；朗博的辩护词，第 87—89 页，朗博 1600 年的辩护词，第 26—27 页。罗马税收公正性问题并非本书探讨的问题，请参阅阿尔当：《税史》(Ardant，*Histoire de l'impôt*)巴黎，1971 年，第 I 卷。

行干预，制止贵族侵害平民的权利。[①]

*　　　　*

不过，罗马法与多菲内的联系远远不只是法律的合理性问题，这是一种共存的联系，犹如婚姻与爱情。熟谙拉丁作家并曾向他们的著作求助的法学家们说，多菲内人民心甘情愿地把自己比作克狄乌斯（公元前 13 年阿尔卑斯地区的一个小王）时代罗马帝国
399 的臣民。1570—1600 年间迪城和格勒诺布尔的知识分子都是屈雅斯教授门下的弟子，屈雅斯教授执教的瓦朗斯大学那时依然像笨驴一样，以令人发笑的学究式教书育人，屈雅斯对它进行了彻底的改造。他的这些弟子从历史学家帕斯基耶那里得到鼓舞，坚定地认为自己就是古罗马人即他们所说的“意大利人”的后裔，恰如 1970 年那些不乏怀古情结朗格多克人，把自己比作孟塞古的纯洁派和塞文地区的卡米札尔派。他们如同后来的国民公会议员那样，把自己包裹在长袍里。他们不认为自己的故土曾被恺撒强行征服，他们说，多菲内省的居民早就心甘情愿地变成了罗马公民……所以，他们都是罗马法的信徒。我们的这几位律师带着这种信念，再一次踏在历史的雪橇上快速下滑，恰如以前令人头晕地向古代上溯一般。他们认为，多菲内地区长盛不衰的罗马法，把多菲内与朗格多克和普罗旺斯等地区连成一片，这些地区过去也属于古罗马的行省纳尔榜奈兹和维埃努瓦兹。何况，如同在埃克斯和蒙彼利埃耶一样，在罗芒也有人讲普罗旺斯语即拉丁语。语言上的相似之处在 1600 年就已经察觉到了。就此而言，多菲内依旧

① 樊尚 1598 年的辩护词，第 6—7 页，第 28 页，第 71 页。

是帝国的土地，起初是包括维埃努瓦兹和纳尔榜奈兹在内的罗马帝国的土地，然后是中世纪的日耳曼神圣罗马帝国的土地，神圣罗马帝国的皇帝其实都是恺撒的正统继承人。经历了许多或许是令人遗憾的曲折之后，多菲内在14世纪并入法兰西王国，对于第三等级的这几位律师来说，纵然如此，多菲内依旧是帝国的一部分。他们在这个问题上的论据相当坚实：即使到了19世纪，任何一条在罗讷河上顺流而下的小船上的人，都知道左岸是帝国，右岸是王国。[①]

属于罗马法地区这一事实相当重要：那就不应被强制缴纳被征服人民必须缴纳的令人羞辱的个人税，也就是直接税。应该缴直接税的是法兰西人，是以前拖着长发、畜着怪模怪样大胡子的高卢人。我们穿长袍的多菲内人只在多菲内自愿缴纳真实税，也就是为我们依据罗马法拥有全部产权的自由地（罗马市民的财产）缴税。这些土地即使属于长期租赁土地（领主租给乡民长期耕种），400
使用这些土地的农民或市镇居民也照样拥有不折不扣的产权！我们的律师们在这一点上寸步不让。

无需赘言，只要说到罗马法、成文法和真实税，必然说到地籍册。对于纳税人来说，地籍册比诺曼底或巴黎大区实行的所有各种办法都公正得多。朗格多克和普罗旺斯以及多菲内东南部都有地籍册，尽管叫法略有不同。我们的律师们再次作出努力，他们说：各位多菲内人先生们，如果在格勒诺布尔实行罗马法规定的地

① 关于在高卢东南部帝国延绵不绝的观念，即从罗马帝国经由墨洛温王朝到日耳曼诸皇帝，参阅维尔纳在迪韦尔热组织的《帝国》研讨会上的发言（巴黎第一大学，1977年）。

籍登记制度，不久以后，从东到西，从南到北，你们的所有土地就可以登记入册，其实早就应该这样做。迪城、昂布兰、布里扬松……以南地区的第三等级早就已经在勇敢地捍卫这些规章了。罗芒被称作地籍册之城难道是偶然的吗？要知道，罗芒位于伊泽尔河畔，处在多菲内南北结合部，从 14 世纪开始，罗芒就竭尽全力制作地籍册，把每个人的财产、土地、房舍、葡萄园、栗子树和店铺统统登记在地籍册上……①

*　　　　　*

这些律师的辩护词表明，与 1576 年德布尔格的陈情书相比，1600 年前后第三等级的觉悟得到了提升和丰富。德布尔格在那些陈情书中所展现的平等意识，比较简练和原始，而且令人感动，二十余年之后，在亨利四世在位期间，第三等级反贵族的声调更
401 高，更具体，更详尽；第三等级愈加强调他们引以为荣的战功，贵族与平民的两极分化愈加明显。在 1600 年前后，律师们用来作为依

① 关于多菲内的地籍册传统源于罗马帝国的问题，这些律师的论述非常多，历史学家帕斯基耶的著作为此提供了更多的依据（参阅拉克鲁瓦:《直接税诉讼案》、劳伦斯:《直接税诉讼案》）。朗博的辩护词，第 29 页，第 51—52 页；樊尚 1598 年的辩护词，第 8—9 页，1600 年的辩护词，第 51 页；弗朗索瓦·德·盖兰的辩护词，第 4 页；德拉格朗热的辩护词，第 60 页，第 70 页，第 76—78 页，第 119 页，第 138—141 页，第 170 页，第 191—192 页；1699 年的辩护词，第 255 页，1599 年 2 月的辩护词，第 106—107 页，第 112—114 页。关于多菲内的奥克西塔尼地区特殊问题，参阅德拉格朗热的辩护词，第 139 页；关于罗马公民财产问题，参阅德拉格朗热的辩护词，第 79 页，第 150 页；樊尚 1600 年的辩护词，第 107—109 页；关于纳尔榜奈兹、朗格多克和普罗旺斯以及地籍册问题，参阅朗博的 1599 年的辩护词，第 31 页，第 70—73 页；樊尚 1598 年的辩护词，第 25 页，1600 年的辩护词，第 86 页，第 135—136 页，第 203 页，第 210 页；弗朗索瓦·德·盖兰的辩护词，第 11 页；德拉格朗热的辩护词，第 XLI 页，1599 年 2 月的辩护词，第 19 页。

据的来自基督教和圣经的思想，与为德布尔格提供了唯一文化论据的希腊-拉丁作家的思想，实现了融合。更重要的是，罗马法和法兰西历史决定性地进入了平民反对贵族免税特权的战斗之中。可以说，德布尔格在朗博和德拉格朗热身上找到了无愧于他的接班人，他们成功地使德布尔格的政治-文化战斗遗产开花结果。至于克洛德·布罗斯，他在1600—1630年间相当活跃，一直为争取乡村的特殊要求而奔忙，此外，他的贡献还在于让人们了解到了真正的农民思想，而过去在安托万·盖兰笔下，农民思想不但只有糟粕，而且还被他恶意地加以评论。

*　　　　*

在16世纪最后20年中，机智合理的抗争思想并非始终以连贯和非暴力的方式向前发展。相反，在第三等级有机知识分子的思想潮流中，[①]在一段时间内，他们的脚下有一个张着大口的深渊，每当他们掉头向后张望时，这个深渊始终是个障碍。1579—1580年农民战争、罗芒狂欢节、穆瓦朗大屠杀事件……无一不是令人不快的回忆和“原罪”；贵族们时刻准备着把这些事件作为苦涩的斥责，掷在这些有机知识分子的脸上。

我们的这些律师记性并不坏，倘若有人想把罗芒狂欢节事件指责为制造骚乱的行为，他们必须以自己的方式把这个问题说清楚……既然无法回避，他们所能作出的抉择便是尽力予以重新诠释。首先，他们竭力把自己说成与罗芒狂欢节无关，德拉格朗热在

① 关于多菲内第三等级从1579年到1600年间的行动持续性，参阅朗博的辩护词，第64页。

这方面做得最为出色。他是一个敌视贵族的资产者，但同时也反对下层平民所搞的那些破坏社会正常秩序的活动，他是一个有文化的知识分子，不是民间思想家，他在辩护词中谈到罗芒狂欢节时
402 说过几句语带不屑的话，但多少有些局促不安。他高调为第三等级辩护的主要论据是：球王之死恰恰应该归功于以法官盖兰（当时尚未成为贵族）为首的第三等级中的士绅、平民中的富人。他们以暴力维持罗芒街头的秩序，获得了资产者的尊敬，包括贵族和非贵族在内的所有显贵都因社会安宁的恢复而受益。这些显贵对平民中的上层人物心怀感激，感激他们冒着生命危险保证了显贵们的安全，所以不应该在他们面前摆架子。总之，德拉格朗热对贵族说道：我们救了你们的命，若是没有我们的帮助，农民早就把你们干掉了。可是，你们居然胆敢为自己争得免税特权，而且强迫我们替你们纳税！请听听德拉格朗热自己是怎么说的（德拉格朗热 1599 年辩护词，第 53 页）：杀死球王塞尔弗团总的居民，全都是罗芒第三等级的人。他是一些狂人和农民的头领，他们控制了罗芒，对罗芒和近郊进行了骚扰，他们不仅骚扰了贵族，也骚扰了最富有和最受尊敬的第三等级中的平民。这些狂人见到哪里可拿的东西最多，就到哪里去拿。如果第三等级不曾设法去制止他们的骚扰，贵族肯定无法保护自己。所以，贵族先生们，不要再提这些肆无忌惮的狂人（球王派）的所作所为，别再跟我们说联会的事。在另一处（德拉格朗热 1599 年辩护词，第 264 页），德拉格朗热还提到了 1579 年在多菲内出现的少量品行不端的农民和工匠的越轨行为，作为对比，他也提到了贵族和第三等级中的士绅。德拉格朗热的这番话比较准确地点明了工匠和农民造反的性质，尽管这种说法

无异是对农民和工匠的冒犯，可是他却为此而沾沾自喜，此后又多次抛出类似的言辞（德拉格朗热的辩护词，第 87 页，第 103—104 页，26 页）：这些行为不端和失去理智的工匠和乡下人的狂暴行为，被各个城市第三等级中的士绅压制下去了，正是他们在与联会的斗争中保护了贵族……第三等级中懂道理的头面人物在 1580 年罗芒狂欢节中制止了那些小人的狂暴行为。在瓦朗斯，发动反叛的罪魁祸首不是瓦朗斯居民及其显贵，而是住在离瓦朗斯半法里远的阿榜磨坊的一个名叫博尼奥尔的木匠，幸好国王在瓦朗斯依然维持着。（在德拉格朗热心中具有崇高的地位）法律的效力。（德拉格朗热 1599 年 2 月的辩护词，第 25 页）需要说明的是，第三等级的其余律师不像德拉格朗热这样敌视造反，其中有几位还指 403
控贵族恣意压榨，致使民众起而造反。贵族欺负老百姓，老百姓不得不造反，为的是争取平等。马希耶更为激进，他当着国王亨利四世的面说，贵族的行为激怒了第三等级和各地的村民，贵族若是继续欺负他们，他们就会向贵族猛扑过去……①

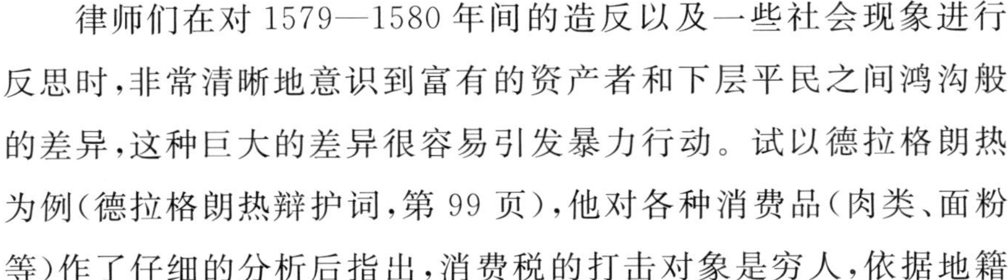

律师们在对 1579—1580 年间的造反以及一些社会现象进行反思时，非常清晰地意识到富有的资产者和下层平民之间鸿沟般的差异，这种巨大的差异很容易引发暴力行动。试以德拉格朗热为例（德拉格朗热辩护词，第 99 页），他对各种消费品（肉类、面粉等）作了仔细的分析后指出，消费税的打击对象是穷人，依据地籍

① 马希耶的辩护词，第 366 页；德拉格朗热的辩护词，第 146 页，1599 年的辩护词，第 228 页，1599 年 2 月的辩护词，第 23 页，第 90 页。为贵族辩护的律师对第三等级的主要指控之一便是他们不该造反。（参阅埃克斯毕伊的辩护词，第 361—381 页；蒂福的辩护词，第 24 页）

册征收的真实税则是公正的，它是对富人和显贵们用以进行挥霍的奢侈品征收的。朗博把第三等级视为一个整体，不像德拉格朗热把第三等级分成若干层次，但是，他俨然以资产者的姿态说道：（第三等级）愚蠢的迟钝和低下的地位使得他们难以（第三等级）向国王陛下表达他们的要求（言外之意是，唯有通过他朗博才可能做到）。

这就是关于工匠与资产者区别的一些说法。在纳税问题上存在于第三等级内部的农民和市民的区别，同样显现在律师们的辩护词中。多菲内第三等级的农民和市民在1583年签署了罗芒协议，缓和了长期存在于城乡之间的冲突，使之朝着有利于农民的方向求得解决。协议规定，在乡村拥有土地的市民必须在土地所在地照章纳税，以此避免因土地易主而加重农民的负担。这是城市第三等级向农村第三等级的作出的一种不可改变的让步，以正直的方式密切了城乡第三等级的联系，使双方在共同对付显贵的斗争中拧成一股绳。当然，协议未能将第三等级内部的矛盾全部消除，城市周边地区与城市对抗长期存在，而且日渐激烈。①

404 * *

这些纷繁复杂的社会矛盾隐藏在罗芒狂欢节期间球王与法官盖兰的冲突背后面，而且继续存在于狂欢节之后的1580—1600年

① 1583年协议文本收藏在德龙省档案中，E 11 535（罗芒市档案，CC 492）。关于这个被称作“蒙博诺”的冲突，参阅德拉格朗热的辩护词，第73页，第152页，1599年的辩护词，第288页，1599年2月的辩护词，第75页，第94页，第242页；参阅埃克斯毕伊和樊尚的辩护词，第361—381页；蒂福的辩护词，1600年，第222页；朗博的辩护词，第33页。

间。这种冲突只是事物的表面，从时间上看，这是一种长期的冲突，罗芒狂欢节事件只不过是其中的一个时间点，虽然具有决定意义，却十分短暂。因此，一旦我们想要超越事件本身去探求更深层次的问题，立即就会碰到特拉维夫大学的艾黎·巴纳维提出的古代“等级社会”中抗争和造反的时间范型问题。[①]这位历史学家把他提出的范型应用于各种不同的反抗斗争，波希米亚的塔波尔派、闵采尔的再洗礼派、西班牙的公社起义、那不勒斯的马萨尼耶罗反叛、巴黎的联会等等。

巴纳维认为，这种抗争范型中的共同阵线起初都采用和平手段，后来才变成暴力行动。具体到多菲内，那就是包括城市和乡村在内的第三等级反对贵族和免税特权享受者（教会、高等法院等）的统一行动。这个行动初现于1500年代，1576年在德布尔格的带领下再度点燃，声势更加壮大，德布尔格凭借他的个人威望把城乡民众团结在他周围，获得他们对他的陈情书的支持。接着，运动发展到更加激烈的第二阶段时，内部裂缝开始出现，在蒙特利马尔的下层平民和上层平民之间、科拉和巴勒蒂埃之间，裂缝在1578年夏秋时节已经初露端倪。在1679年全年当中，实质性的裂缝已经看得十分清晰，农民为了他们的利益与贵族和领主斗争，罗芒的平民则分裂为两个阵营，一边是士绅，一边是工匠和农业工人。社会的断裂表现在政治和地方税务问题上。分别站在社会楼梯的不同台阶上的是两个阵营，他们的领袖盖兰和球王塞尔弗发生了正

① 感谢艾黎·巴纳维先生，我从他与我的交谈中谈到他尚未公开发表的“范型问题”，令我获益匪浅。

面冲突。盖兰是个资产者，有文化，信奉马基亚弗里主义，他的贵族身份已经唾手可及，与此同时，他还是当地无可争辩的政治机器的头头和老板。球王塞尔弗那时刚刚起步，就像盖兰的父亲50年前刚刚走出村子时候那样。农民出身的球王塞尔弗是个成功的工
405 匠师傅，他想为自己和他那伙同伴在当地的政治蛋糕中争得他们应得的一份。盖兰已经在琢磨投靠贵族，而球王以他的婚姻表明，他只想成为资产者队伍中的一员。

就在裂缝初现之时，“永恒的平均主义自发冲动”也露头了，[①]各种经验和理论都被用来支持自己的行动。16世纪日耳曼世界的平民从再洗礼派所使用的启示录和圣经文化中寻找革命理论，多菲内的小老百姓则用狂欢节传统武装自己。作为农村和年轻人的一种宗教—民俗活动，农民的“王国”大显身手，在反对贵族和财主滥用权利方面发挥了巨大作用。从圣烛节到丰盛星期二的罗芒狂欢节，对于两个相互对立的阵营来说，是一种美学意义上的陪伴物和和象征性的陪衬。

说完了裂缝，再说说平民和农民反对“精英”的武装斗争。在1580冬春之交，多菲内境内的武装斗争如火如荼，随之发生的是联盟关系的颠覆。20年之后，德拉格朗热及其律师同事们对此进行了精细的分析。罗芒城的第三等级上层以及广义上的城市第三等级上层，在1580年与他们昨日的敌手（为取消免税特权，他们曾与之进行过殊死搏斗）结为同盟。在这些昔日的敌手、今日的盟友

① 米什莱:《法国史》(J. Michelet, *Histoire de France*)，第III卷，第153页，第154页。

中，不少人是贵族，诸如莫吉隆、高等法院、天主教极端派等等。与此相反，坚持战斗的平民和农民则力争以迂回曲折的联盟作为掩护。作为天主教徒，他们采用双重手法；在反对统治阶级的斗争中，他们则与莱迪吉埃的胡格诺派结盟。[1]

可是，平民最终失败了。从此就开始渐渐向这个范型的早年状况或称初始状况回归。第三等级再度携手并肩战斗，各个派别重新聚拢到一起，停止过去流血的内部斗争，重新实现团结统一。第三等级重新把斗争矛头仅仅指向贵族和高等法院，因为它们的特权迄今毫发未损。当然，回归决非纯粹和简单的重新开始，就历 406

史而言，任何一种具体的形势都有其难以减弱的特异性。亨利二世（1550 年 12 月）和卡特琳娜·德·梅迪奇（1580 年）治下的中央集权国家，毫不掩饰地支持贵族免税，因为贵族被认为是王权的天然支撑。1630 年代，黎胥留操作下的国家机器发生转向，他在一定程度上支持第三等级反对贵族免税的立场。国家财政总是希望纳税人越多越好，而不在乎纳税人属于什么等级。在卡特琳娜和亨利二世在位期间，社会秩序的不公正状况就像大厦的支柱，支撑着公正的或不公正的国家，对于多菲内来说，国家的财政状况已经远比国家是否公正重要得多了。

*　　　　　　*

尽管如此，历时性的范型和对比完全符合抗争过程在共时性

---

① 圣安托万的代表朗贝尔的态度便是一例，他装作与民众联会分道扬镳，但却与之继续保持联系，并与莱迪吉埃在 1580 年 8 月结成联盟。（罗曼：《卡特琳娜·德·梅迪奇在多菲内》，载《伊泽尔省统计学会通报》，1890 年，第 399 页，第 423 页；皮耶蒙：《回忆录》，第 95 页）

(即在从头到尾的整个长时段中的同时性)中的深刻一致性。尽管裂缝已经出现，尽管各个部分已经互不连接，多菲内的第三等级依然保持着一个整体的轮廓。1580 年 8 月，在第三等级内部裂缝已经显现的紧要关头，出现了一位名叫加莫的格勒诺布尔人，他以一己之力独自扛起了促进团结的巡回大使之责。这位检察官头脑有点发热，陪他前来的是他的传声筒外科医生兼理发师巴斯蒂安；从 1579 年 3 月起，加莫就以农民联会和格勒诺布尔反对免税的领袖身份展开活动。[①]格勒诺布尔有一批为数不多的低级官员支持罗芒的反叛者，反对为贵族充当帮凶的高等法院的高官，加莫便是其中之一。反对两个特权等级免税的斗争在 1550—1640 年间引发了平民请愿运动，加莫和巴斯蒂安把当时的口号用作他们猛烈攻击贵族的檄文，他们回顾了瑞士革命者的浴血抗争后说道：贵族先生们，如果你们不愿意纳税，那就开一个宰杀十万贵族的宰杀场
407 吧！(事后有人说，加莫曾在瑞士接受训练，为的是日后回到多菲内策动反贵族的骚乱！)可是，这位来自格勒诺布尔的麻烦制造者，从头到脚活脱脱一个狂欢节上的演员，罗芒人对他赞赏有加，非常欢迎。1579 年他在格勒诺布尔大街上四处游荡，肩上扛着一把耙(耙既是干农活的工具，也象征着耙平社会)，耙上还挂着一串洋葱头(普通百姓的常用蔬菜和预防痢疾的食品)。他是一个不知疲倦的斗士，他就像一个胸前和背后都挂满了广告的广告人，为各种各样的象征物做广告，况且他本人就是一个有生命的象征物，一个装

① 利奥纳致奥特福的信函，载《伊泽尔省统计学会通报》，1890 年，第 305 页(1579 年 3 月 3 日)；皮耶蒙《回忆录》，第 95 页。

在两条腿上的活广告。

面对工匠和高等法院低级官员的无所畏惧，罗芒的资产者们不寒而栗，但是他们对加莫倒是并非十分讨厌。加莫被高等法院判处死刑后，罗芒的显贵和执政官为他求情，因为他们认为，加莫是个“好人，对人民忠心耿耿的人①”，于是他获得宽宥和释放，后来又获得大赦。即使在罗芒，分裂依旧不能完全排除某种程度的一致：球王塞尔弗和法官盖兰互为死敌，他们在狂欢节上依旧彼此往来，因为对于他们来说，狂欢节本身就是一种超级代码，他们在狂欢节上扮演相互矛盾的角色，可是，他们两人在狂欢节上却都如鱼得水。两个敌对的领袖，在民俗活动中像是一对兄弟，转过脸来，一个却杀死了另一个。

在我看来，罗芒事件的传递途径就在于此。1580 年 2 月带着假面具上街的那些工匠，就是一年之前本省第三等级陈情书的最坚定的支持者。（盖兰，第 44 页）罗芒狂欢节虽然是一件个案，但是，它展示并反映了一个时代的文化和冲突，这些冲突包括：严格意义上的城市斗争，城市斗争促使工匠和面包师傅就某些城市问题对抗贵族统治集团；传统的农民造反，农民造反把把矛头指向日益资本化和越发贪得无厌的领主；②对体现着社会矛盾的国家和

① 关于加莫，参阅拉克鲁瓦：《直接税诉讼》，第 23 页；皮耶蒙：《回忆录》，第 366 页，脚注 1；德拉格朗热 1599 年 2 月的辩护词，第 25 页；蒂福 1601 年的辩护词，第 24 页；（本书第一章）；范道仁的论文，第 317 页；普吕多姆：《多菲内的年始于何日》，第 399 页；卡特琳娜·德·梅迪奇的信札，VII，第 71—73 页，第 82—83 页；卡瓦尔：《宗教改革和宗教战争在维埃纳》，第 221 页等。

② 农民的这种斗争在 17 世纪再现高潮。参阅埃马尔丹凯：《向城堡开展》（Hémardinquer，*Guerre aux Chateaux*），1977 年，第 8 页；当然还有 18 世纪，还有 1789 年。

税收的强烈反抗；此外还包括天主教的、中世纪的、文艺复兴时期（不久变成为巴洛式）的节日民俗；资产阶级的、半知识型、半平等主义的意识形态，这些都是与充盈古代作家思想的早期古典主义同时代的意识形态……罗芒狂欢节让我想到了科罗拉多大峡谷，狂欢节虽然只是历史长河中的一个事件，但是它却深深植根于底层的结构之中，它通过底层的横断面向我们揭示了组成为一种古老制度的各个心态和社会地层。在文艺复兴的落日余晖中，罗芒狂欢节让我们看到了一幅绚丽而扭曲的画面。

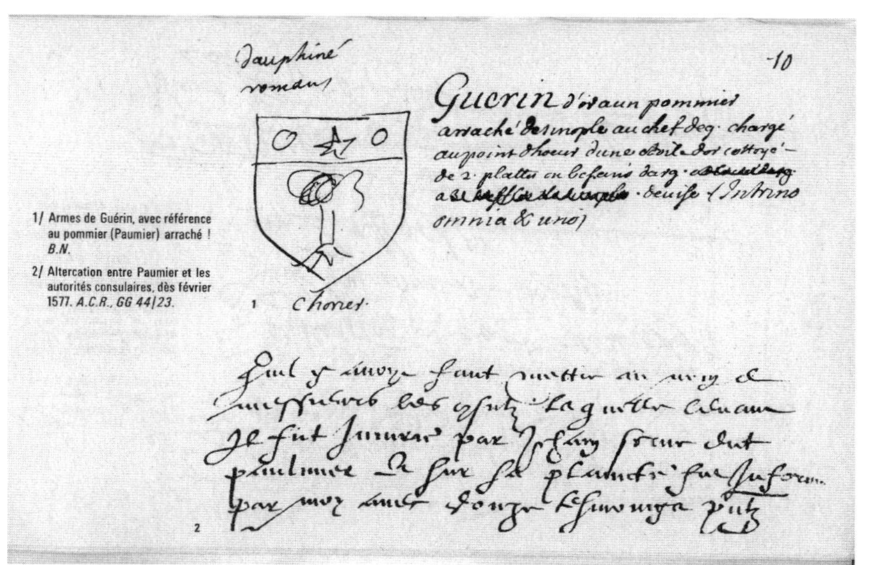

1. 盖兰家族的族徽，其中被拔起的苹果树(pommier)与球王(paumier)的读音极为相近。巴黎国立图书馆藏品。

2. 1577 年 2 月球王塞尔弗与市政当局交换的信件。罗芒市档案馆藏品，GG 44/23。

3/ Cahier de doléances de De Bourg en 100 articles, "...l'égalité laquelle est requise en toute société...", 1577. *A.D.D., C1023.*

4/ Signature du bandit Laroche, "...bon amy et voysin...", février 1579. *A.D.D., E 3387.*

5/ Signature de Guillaume Robert Brunat, leader des artisans, ..."pour le peuple", 1579. *A.C.R., FF 19.*

6/ Signature du boucher Geoffroy Fleur, l'un des leaders de la révolte, 1579. *A.C.R., FF 19.*

7/ Signature impérative du juge Antoine Guérin, 1579. *A.C.R., FF 19 (63).*

8/ Texte et signature de Jacques Colas, leader "ligueur" de Montélimar (à propos du brigand Laroche). 1579. *A.D.D., E 3387.*

3. 德布尔格起草的陈情书，文内包括 100 条要求，1577 年。德龙省档案馆藏品，C 1023。
4. 匪首拉罗什的签名，名字前面冠有“好友与近邻”字样，1579 年。德龙省档案馆藏品，E 3387。
5. 工匠首领纪尧姆·罗贝尔—布吕纳的签名，名字前面冠有“为了人民”字样，1579 年。罗芒市档案馆藏品，FF 19。
6. 造反派头头屠宰户若弗鲁瓦·弗勒尔的签名，1579 年。罗芒市档案馆藏品，FF 19。
7. 法官安托万·盖兰的签名，1579 年，罗芒市档案馆藏品，FF19(63)。
8. 蒙特利马尔联会领导人雅克·科拉的签名(关于匪首拉罗什)，1579 年。德龙省档案馆藏品，E 3387。

鸣　谢

谨向热忱和友善的斯科特·范道仁（Scott Van Doren）和达尼埃尔·希基（Daniel Hicky）、欣然向我传授其渊博知识的泽尔省档案馆维达尔·肖梅尔（Vital Chomel）、我的好友德龙省档案馆专家贝尔纳·博宁（Bernaard Bonnin）、罗芒市图书馆馆长、前任和现任罗芒市市长，致以深切谢意。

译名对照表

A

Adamet, Boyer　布瓦耶，阿达梅

Adoard　奥多阿尔

Aix-en-Provence　埃克斯昂普罗旺斯

Albert　阿尔贝

Albernhe　阿尔贝涅

Alford　阿尔丰

Annecy　阿讷西

Antoinette　安托瓦奈特

Ardèche　阿尔代什纳

Arnaud, Jean　阿尔诺，让

Augé, Marc　奥热，马克

Auterive　奥特里夫

Auvergne　奥弗涅

Avignon　阿维尼翁

B

Barbier, Michel，巴尔比耶，米歇尔

Barletier　巴勒蒂埃

Barnavi, Eli　巴纳维，艾黎

Barrin　巴兰

Baroja　巴洛哈

Basset　巴塞

Bastien　巴斯蒂安

Baume, Vidal　博姆，维达尔

Bautier　博捷

Bayanne　贝亚纳

Beauce la　博斯，拉

Beauchene　博谢纳

Beaucressant　博克雷桑

Beaufort　博福尔

Beauregard　博勒加尔

Beaurepaire　博尔派尔

Beauvoir　博瓦尔

Beitl　拜特尔

Bellegarde　贝勒加德

Bellière-Hautefort　贝利埃-奥特福

Bercé, Yves　贝尔塞，伊夫

Besson, Jean　贝松，让

Beze de　德贝兹

Bezucha　贝祖恰

Bièvre　比也夫尔

Blanye　布拉尼

Bligny　布里尼

Blois　布卢瓦

Bonanaud　博纳诺

Bonnaud　博诺

Bonniol　博尼奥尔

Bonnuivaud　博尼沃
Bourg, Jean de　让·德布尔格
Bouchare　布沙日
Bourg-de-Péaage　布尔德佩阿日
Bouges　布热
Bourgeois　布儒瓦
Bourgeous-Mornet　布儒瓦-莫尔内
Bouvier, André　布维耶，安德烈
Bouyraud, Antoine　布伊罗，安托万
Brette　布雷特
Briançon　布里扬松
Brieu　布里厄
Bringuier　布兰基耶
Brosse, Claude　布罗斯，克洛德
Brun-Durand　布兰-杜朗
Bruère　布吕埃尔
Bruyes　布吕埃斯
Buchu　布叙
Bufféven t　比费旺
Buisson　比松

C

Calas　卡拉
Calignon, Soffrey de　卡利尼翁，索弗雷·德
Camargue　卡马格
Carcassonne　卡尔卡松
Carcès　卡塞斯
Castan　卡斯唐
Castelnau, J.　卡斯泰尔诺
Chateaudouble　沙托杜布尔
Caulis　戈利
Cavard,　卡瓦尔
Certeau, Michel de　赛尔托，米歇尔·德
Cervieres　塞维耶尔
Chabeuil　沙贝伊
Chalon　沙隆
Chambéry　尚贝里
Chamlong　尚隆
Chamonix　沙莫尼
Champes　尚帕
Champsaur　尚索尔
Charpey　沙尔佩
Chantemerle　尚特梅勒
Chapelier　沙普里耶
Chapreyssot　沙普雷索
Chareton　沙尔东
Charpey　沙尔佩
Chartier　沙尔捷
Chevalier, Ulysse　舍瓦利耶，于利斯
Chevalier, François　舍瓦里耶，弗朗索瓦
Chomel　肖梅尔
Chomsky　乔姆斯基
Chorier　肖里耶
Clastres　科拉斯特尔
Clermont, Archange de　克莱芒，阿尚日·德
Clément　克莱芒
Clérieu　克莱里欧
Cobb　科布
Colas, Jacques　科拉，雅克
Coynart, Ch. de　夸纳尔，德
Coloni, J. M.　科洛尼

Combovin　孔博万
Comtat　孔塔
Comtat Venaissin　孔塔－韦内杉
Coste, Antoine　科斯特，安托万
Côte-Saint-André　戈特－圣安德烈
Côte Sint-Michel　戈特圣米歇尔
Cox　科克斯
Crécy　克雷西
Cremieu　克雷米约
Crest　克雷斯特
Cros　克洛斯
Crouzet, Pierrette　克鲁泽，皮埃雷特
Crusol　克吕索
Cussinel　屈西奈尔
Cuvillier　屈维利耶

D

Dallière　达里耶尔
Dauzat　多札
D'Avançon, Guillaume de Saint-Marcel　达旺松，纪尧姆·圣马赛尔
Dauphiné　多菲内
Déat Marcel　德阿，马塞尔
De Bourg　德布尔格
De Bourrelon, Jean　德布尔隆，让
De dornes, Fortunat　德多尔纳，富蒂纳
Defournet　德富尔内
De Gordes　德戈尔德
Delagrange, Claude　德拉格朗热，克洛德
De La Salle, Antoine　德拉萨勒，安托万
De La Salle, Claudia　德拉萨勒，克洛蒂娅
De Leberon, Charles　德勒伯隆，夏尔·热拉
Delumeau　德吕莫
D'Embry　当布里
Des Mures, Mathelin　德米尔，马特兰
Détienne, R.　德蒂耶纳
De Triors　德特里奥尔
Deveaux, André　德沃，安德烈
Devic, Claude　德维克，克洛德
Die　狄城
Divajeu　蒂瓦然
Donzère　栋泽尔
Dorbain　多尔班
Doriot, Jacques　多里奥，雅克
Doville　多维尔
Drevet, François　弗朗索瓦·德勒韦
Dubois, Humbert　安贝尔·迪布瓦
Dufos　蒂福
Dumézil　迪梅齐
Duparc P,　迪帕克
Durand, Brun　杜朗，布兰
Dussert　迪塞尔
Duverger, Maurice　迪韦尔热，莫里斯

E

Ehmke　埃姆克
Embrum　昂布兰
Erich　埃里希
Estèbe, Janine　埃斯泰布，雅尼娜
Expilly　埃克斯毕伊

Exupère 埃克旭佩尔

F

Fabre,Daniel 法布尔,达尼埃尔
Faverges 法维尔日
Faure,Louis 富尔,路易
Fayol,Louis 路易·法约尔
Fayolle,G 法约勒
Félicien 费利西安
Félix,Jean 费里克斯,让
Ferrant 费朗
Ferreir,André 费里埃,安德烈
Fiancey 菲昂塞
Fleur,Geofrroy 弗勒尔,若弗鲁瓦
Fontanier 封塔尼耶
Fourmenteau 富尔芒托
Franz,Günther 弗兰茨,京特
Fresne 弗伦
Funk 冯克
Fustier 菲斯捷

G

Gaignebet 盖涅贝
Gamot 加莫
Gap 加普
Gapençais 加榜赛
Garagnol,Antoine 加拉尼奥尔,安托万
Gardy,Ph 加尔迪
Gascon,R 加斯孔
Gaste 加斯特
Gaz,Guillaume 加兹,纪尧姆
Geertz 基尔茨
Gentiller 让蒂耶
Geoirs 茹瓦尔
Gignac 日尼亚克
Gillier,Jean de 让·德·吉利埃
Gluckmann,Max 格鲁克曼,马科斯
Gouvernet 古韦尔内
Granges 各朗日
Greimas 格雷马
Grévisaudan 格莱维索当
Grillon 格里永
Guérin,Antoine 盖兰,安托万
Guichonnet 吉绍内
Guigou,Bernardin 吉古,贝尔纳丹
Guigou,Ennemond 吉古,埃内蒙
Guigou,Henri 吉古,亨利
Guigou Jean 吉古让
Günther 冈特
Gutton 居东

H

Hautefort 奥特福
Hauterive 奥特里夫
Hémardinquer 埃马尔丹凯
Herttier,Jean 埃尔蒂耶,让
Hérault 埃罗省
Hervé,Gustave 埃尔韦,古斯塔夫
Hesdin 埃丹
Humbert 安贝尔

I

Isère 伊泽尔河

J

Jarcieu　亚西欧
Jacquemart　雅克玛尔
Jacques,Jean　雅克,让
Jean le Bon　善人约翰
Jeanmaire　让梅尔
Jomaron,Charles　夏尔·若马隆
Jomaron,Gaspard　若马隆,加斯帕尔
Jouhaud,C　茹奥
Jourda,Gaspard　茹尔丹,加斯帕尔
Julliard,Jacques　朱利亚尔,雅克
Junctin,François　容克丹,弗朗索瓦
Julia　朱莉亚

K

Kahoney,Irène　马霍内,伊雷娜
Kurzt　库尔茨

L

La Bastide　拉巴斯蒂德
La Cadette,de　拉卡戴特,德
La Cloche　拉克洛什
La Motte-Verdier
Lacroix,Jean　拉克鲁瓦,让
Lacroix,Andre　拉克鲁瓦,安德烈
La Croix-de-Volleu　拉克卢瓦德弗勒
Lafosse,Calixte　拉福斯,卡里斯特
Laigle　莱格勒
Lagré　拉格雷
Lamarche　拉马什
Lambert　朗贝尔
La Mure　拉缪尔
Lapierre　拉皮埃尔
Laprade　拉普拉德
Larche　拉尔什
Laroche　拉罗什
Laurens　劳伦斯
Lavinel,Claude　拉维奈尔,克洛德
Leach　利奇
Lebrun,François　勒布伦,弗朗索瓦
Lefort,C　勒福尔
Leguire　勒吉尔
Le Roy Ladurie　勒华拉杜里
Lesdiguières,François de　莱迪吉埃,弗朗索瓦·德
L'Estoile　莱斯图瓦勒
Leyssin　莱鄯
Lincy,Le Rouyx de　林西,勒鲁·德
Lones　朗恩斯
Louis d'Eurre d'Oncieu　路易·德尔·东希厄
Loyron,Berthomieu　鲁瓦隆,贝托米厄
Loyron,Gabriel　鲁瓦隆,加布里埃尔
Loyron,Margerite,　鲁瓦隆,玛格丽特
Lozère　洛泽尔
Luzzatti,Ivo　鲁札蒂,伊沃
Lyonne,Sébastien de　利奥纳,塞巴斯蒂·德
Lisle,Guillaume　里尔,纪尧姆
Lisle,Jean　里尔,让

M

Magmat,Jean　让·马尼亚
Maisonneuve,Thomé de　迈松纳夫,

托梅

Magnat,Jean, 马尼亚,让

Malbruny,Jean 马勒布吕尼,让

Mailhot,Jean 让·马约

Malleville 马勒维尔

Mande 芒德

Mandelot,François de 芒德洛,弗朗索瓦·德

Manissieu,Antoine de 安托万·德·马尼希厄

Manissieu,laurent de 马尼希厄,洛朗·德

Marcel,Etienne 艾蒂安·马塞尔

Marchier,Ennemond 埃内蒙

Marmier 马米耶

Marriott 马里奥特

Marsanne 玛撒纳

Marchier,Ennemond 马希耶,埃内蒙

Mariejol,J. H. 马里耶若尔

Marion 马里翁

Marsas 马尔萨

Martinière 马蒂尼埃

Maugiron Laurent de 莫吉龙,洛朗,德

Mauss,Marcel 莫斯,马塞尔

Mayenne 马耶纳

Merle 迈尔勒

Mezeray 梅泽雷

Millard 米亚尔

Moet,Antoine 莫埃,安托万

Moidieux 穆瓦蒂厄

Moirans 穆瓦朗

Molinier 莫利尼耶

Monille 莫尼伊

Monluel 蒙吕埃尔

Montmirail 蒙米拉伊

Montbrun 蒙布兰

Montanier 蒙塔尼耶

Montéléger 蒙特雷杰

Montelier 蒙特里耶

Montelimar 蒙特利马尔

Montlhéry 蒙莱里

Montmeyran 蒙梅朗

Montmirail 蒙米赖

Montmorillon 蒙莫里永

Montpellier 蒙彼利埃

Montrigaud 蒙特里戈

Morat 莫拉

Mornet 莫尔内

Morin,port de 墨兰港

Moulis 穆利

Mousnier, Roland 穆尼耶,洛朗

Mulet,Raymond 缪莱·雷蒙

Mures,Mathelin de 米尔,马特林·德

N

Nérac 内拉克

Nicodel,Antoine 安托万·尼科德尔

Nicolas,Jean 尼古拉,让

Nicoud,Gérard 尼库,热拉尔

Nussac,L. de 尼萨克

O

Octavéon 奥科塔维翁

Odaoard,Jean 奥多阿尔,让

Oisan 瓦桑山
Olivier 奥利维耶
Ozouf 奥祖夫

P

Pariset 帕里塞
Pasquier 帕基耶
Paumier 波米耶
Payrins 佩兰
Péguy 佩吉
Pellissier, Ennemond 埃内蒙·佩利西耶
Peloux, Jean 珀卢,让
Perier 佩里耶
Petit Saint Jean 珀蒂圣让
Peyrins 佩林
Philibert, Philippe 菲利普·菲利贝尔
Philipot, Pierre 菲利波
Pierrelatte 皮埃尔拉特
Piémond, Eustache 厄斯塔什·皮耶蒙
Pierregourde 皮埃尔古德
Pillorget, René 皮洛尔热
Pilot de Thorey 皮洛·德·托雷
Pipet 皮佩
Pisançon 皮桑松
Poitrineau
Pontbriand 蓬布里昂
Pont-en-Royans 蓬昂鲁瓦扬
Porchnev 波什涅夫
Portefere 鲍特菲尔
Prudhomme 普吕多姆
Puy-en-Velay 皮昂沃莱

Q

Quaix 凯克斯

R

Rambaud, Antoine 朗博,安托万
Razats 光头派
Revel 雷维尔
Revol, Louis de 雷沃尔,路易·德
Ricol, Ennemond 里科尔,埃内蒙
Rivoire, de 里瓦尔,德
Robert-Brunat, Guillaume 罗贝尔-布吕纳,纪尧姆
Robert-Brunat, Jean 让·罗贝尔-布吕纳
Robin, François 罗宾,弗朗索瓦
Rabot, Jean 拉博,让
Rochas, François 罗沙,弗朗索瓦
Roman, J 罗曼,J
Romans 罗芒
Romanet-Boffin 罗马内-波凡
Romestan, Etienne 罗梅斯当,艾蒂安
Rouergue 鲁尔格
Roussas 卢萨
Rossi 罗西
Rossiaud 罗西奥
Roux 鲁
Roybon 鲁瓦榜
Ruzé 吕宰

S

Saint-Ambroise 圣安布瓦兹
Saint-André 圣安德烈
Saint-Antoine 圣安托万
Saint-Barnard 圣-巴纳尔
Saint Baudille 圣博蒂伊
Saint-Blaise 圣布莱兹日
Saint-Etienne-de-Saint-Geoirs 圣艾蒂安-德-圣茹瓦尔
Sainte-Foy 圣富瓦(教堂)
Saint-Gobain 圣戈班
Saint-Hilaire 圣伊莱尔
Saint-Jean 圣-约翰
Saint-Marc, Pierre, de 圣-马克，皮埃尔·德
Saint-Marcellin 圣马塞兰
Saintt-Nicolas 圣-尼科拉
Saint-Paul-Trois-Châteaux 圣保罗三堡
Saint-Quentin 圣康坦
Saint-Roman 圣一罗芒
Saint Salvien 圣萨尔维安
Saint-Serge 圣塞尔日
Saint-Symphorien-d'Ozon 圣桑福里安-多松
Saluces 萨鲁斯
Sanglard 桑格拉尔
Saussat 索萨
Savinas, Guillaume 萨维纳，纪尧姆
Schmalenbach, Von Wiese 施马伦巴赫，冯·维泽
Septème 塞普泰姆
Sernons, Vincent 塞尔农，樊尚
Serres, Michel 塞尔，米歇尔
Serve, Jean 让·塞尔弗
Servonne, Michel 米歇尔·塞佛奈
Setier 塞蒂耶
Shafalewitch 沙法列维奇
Sibeuf 希伯夫
Sichel, Edith 西奇尔，伊迪思
Solaize 索莱兹
Solignac, Antoine de 索里尼亚克，安托万
Solignac, Jean de 让·德·索里尼亚克
Solignac-Veaulne 索里尼亚克-沃纳
Sonenscher 索嫩歇尔
Souffrey, Jean 苏弗雷，让
Soyans 苏瓦扬
Stone, Lawrence 斯通，劳伦斯
Syvet, Gaspard 西韦，加斯帕尔

T

Terrot, Claude 泰罗，克洛德
Terrot, Jean 让·泰罗
Thibaud 蒂博
Thiers, Jean-Baptiste 蒂耶尔，让-巴蒂斯塔
Thomé Antoinette 托梅，安托瓦尼特
Thomé, Jean 托梅，让
Thomé, Mathelin 托梅，马特林
Thomé, Michel 托梅，米歇尔
Thomé, Jean 让·托梅

Thompson　汤普森
Tisserand, Simon　蒂斯朗，西蒙
Toschi, Paolo　托希，保罗
Tournon　图尔农
Tournon, Just-Louis de　图尔农，朱斯特-路易·德
Trièves　特里埃伏
Triors　特里奥尔
Troyassier, Jean　特鲁瓦希耶，让
Turner, Victor　特纳，维克托

V

Vaissette, Jacques　维赛特，雅克
Val d'Aoste　瓦勒达奥斯特
Valentin du Chaylard, René　瓦朗坦·迪谢拉尔，勒内
Vallier, Jean　瓦里耶，让
Vallins　瓦兰
Valloire　伐鲁瓦尔
Valois　伐鲁瓦
Van Doren　范道仁
Van Dyke, Paul　范迪克，保罗
Van Gennep　范根纳普
Veaulne　沃纳
Vehleu, Jérome　韦勒，热罗姆
Venard, M　韦纳尔
Versoris　韦尔索里
Veyne　韦纳
Vienne　维埃纳
Viennois　维埃努瓦
Vigenère, Blaise　维热奈尔，布莱兹
Villiers, Jean de　让·德·维利耶
Vincent, Jean　樊尚，让
Vinenot　万瑟诺
Vinet, Antoine　维内，安托万
Vivarais　维瓦赖
Vizille　维齐尔
Vries, A. de　弗里

W

Wagnalls　瓦格纳尔斯
Weidkuhn, Peter　魏德库恩，彼得
Werner　维尔纳
Wright　怀特

参考书目

这个书目原来包括与狂欢节相关的所有著作，请参阅巴洛哈、拉希等人的著作。

M. AGULHON, *Pénitents... de Provence*, Paris, 1968. (Voir aussi sa contribution dans G. DUBY, *Hist. de la Fr. rur.*, vol. III, p. 145-147; et dans *Autrement*, *infra*.)

M. AGULHON, 《Le jeu de l'arquebuse à Aix...》, tiré à part, 1977; et《Imagerie civique...》, *Éthnol. française*, 1975, 5, (p. 39: le coq).

H. ALBERNHE et Ph. GARDY, *Caramentrant dans la littérature occitanc*, thèse de 3e cycle, Univ. Montpellier, 1970. (Voir aussi, des mêmes auteurs, les *Chansons du Carrateyron*, Paris, 1972; et《Carnaval en litt. occitane》, *Revue des langues romanes*, 1971.)

Louis ALIBERT, *Dict occitan-français*, Paris, 1966.

Guy ALLARD, *Bibliothèque du Dauphiné*, Grenoble, 1797, et *Dict. du Dauph.*, *ibid.*, 1864.

A. AMARGIER, 《Sur la confrérie du Saint-Esprit au Moyen Âge》, *Cabiers de Fanjeaux*, vol. 11, 1976, p. 305.

Annales de la ville de Romans: voir docteur U. CHEVALIER.

Archives hist. du dép. de la Saintonge: tome 46, p. 35. (Texte sur une révolte noble en Carnaval.)

G. ARDANT, *Histoire de l'impôt*, Paris, 1971.

Camille ARNAUD, *Abbaye de la jeunesse...*, Marseille, 1858.

Eugène ARNAUD, *Histoire des protestants du Dauphiné*, Paris, 1875-1876, 3 vol.

J.-P. ARON, P. DUMONT, E. LE ROY LADURIE, *Anthropologie du conscrit français*, Paris, 1972.

Th. ARTUS, sieur d'EMBRY, *Description de l'île des hermaphrodites*, Cologne, 1724.

Marc AUGÉ, 《Quand les signes s'inversent》, *Communications*, 28, 1978, p. 66. (et du même auteur, un livre sur les *Pouvoirs*, Paris, 1977.)

Autrement (7/1976), revue, numéro spécial, *La Fête, cette hantise*.

F. BABY, *La Guerre des demoiselles en Ariège*, Carcassonne, 1972.

Bague (jeux de), cartels, tournois, etc. : cf. BN Lb 36 149; Lb 37 3475 (Perrault, carrousel de 1662); Lb 36 3460; Ye 13861; Lb 36 1377 (Louis XIII, 1620) BN, Fontanieu, 120 (Savoie 1608). Cf. aussi *infra*, PIÉMOND, p. 135; COLAS, p. 67; VOVELLE, p. 79; *La Princesse de Clèves* (à propos de Madame de Valentinois); BERCÉ, *Hist Croq*. I, p. 214; DUBY, *Cathédrales*, p. 246.

Bague: sur les jeux de bague, voir G. SAFFROY.

BAGUENAULT DE PUCHESSE, voir *Catherine de Médicis (Lettres)*...

M. BAKHTINE, *L'Œuvre de François Rabelais*..., trad., Paris, 1970.

Roland BARTHES, *S/Z*, Paris, 1970.

Ph. BAUTIER, *Les Reynages*, Guéret, 1945 (important).

Nicole BELMONT, *Mythes et croyances dans l'ancienne France*, Paris, 1973.

Philippe BENEDLCT, *Thèse* sur les protestants de Rouen au XUIe siècle, Univ. de Princeton, vers 1975 (inédit).

Yves BERCÉ, *Histoire des Croquants*, Genève 1974. (et, du même auteur, *Croquants et Nupieds*, Paris, 1974.)

Y. M. BERCÉ, *Fête et révolte*, Paris, 1976.

A. BERCHTOLD et autres auteurs, *Quel Tell*? Lausanne, 1973.

Dr Claude BERNARD, *Histoire du Buis-les-Baronnies*, Buis, 1954.

R. BEZUCHA, 《Masks...》, dans Roger PRICE, *Revolution and reaction*, 1848. (Croom Helm, Londres; Barnes and Noble Books, New York.)

J. N. BIRABEN, *Les Hommes et la peste*, Paris 1976, 2 vol., p. 119. (pestes essentielles de 1564 et 1586, en France...et à Romans.)

André BLANC, *La Vie en Valentionis* (1500-1590), Paris, 1977.

Bernard BLIGNY éditeur, *Histoire du Dauphiné*, Toulouse, 1973. (notamment les chapitres écrits par V. Chomel, et B. Bonnin.)

J. BODIN, *La République*, éd. latine, 1586.

Martine BOITEUX, articles sur le Carnaval romain dans *Annales*, mars 1977, et *Mélanges École française de Rome*, 88, 1976-2.

M. BONL, *Carnaval de Nice*, Nice, 1876. (tradition carnavalesque avec représentations animales.)

B. BONNIN, art. sur 《l'endettement des communautés dauphinoises au XVIIe siècle》, *Bull. centre rech. bist. écon. et soc. rég. Lyon*, 1972.

B. BONNIN, thèse (en préparation) sur l'histoire du Dauphiné à l'âge moderne (renouvellera cette vaste question). Voir aussi BLIGNY.

Michèle BOUDLGNON, etc. *Fêtes en France*, Paris 1977. (avec préface de G. DUBY.)

E. BOUGEATRE, *Vie rurale dans le Mantois...*, Meulan, 1971. (mis au point par M. Lachiver; indications folkloriques précieuses.)

R. P. BOUGES, *Histoire de Carcassonne*, Paris, 1741. (notamment p. 363.)

P. BOUSSEL, *Guide de la Bourgogne...*, Paris, 1976, p. 333. (*Mère folle* de Dijon, rituellement proche de nos Romanais.)

Jean BOUTIER, *Révoltes bas-limousines*, fin XVIIIe siècle, D. E. S. Univ. Paris VII(inédit).

F. BRAUDEL, *La Méditerranée et le monde méditerranéen à l'époque de Philippe II*. Paris, éd. 1966, 2 vol.

F. BRAUDEL et E. LABROUSSE, *Histoire économique et sociale de la France* (=《H. E. S. F.》), Paris, 1977, tome I. (les deux premiers volumes, par P. CHAUNU, R. GASCON, E. LE ROY LADURIE, et M. MORINEAU.)

Robert BRENNER, 《Agrarian class structure...》, *Past and Present*, fév. 1976.

J. C. BRIEU, 《Assassinat du sieur de Callas, 1579》, *Bull. soc. études scientif. et archéol. de. Draguignan*, VII, 1868-69, pp. 101-134.

J. E. BRINK, 《*A Tax Loophole*, Montpellier, 16th century》*Meeting of West. soc. for french hist.*, Denver, déc. 1975. (voir aussi du même auteur, sur les *États* méridionaux, un art. dans *Annales du Midi*, juillet 1976, p. 237.)

Claude BROSSE, *Cahiers des villages*, Grenoble, 1606, 1608, et éditions de 1611, 1616, 1621 (B. N.).

J. BRUN-DURAND, *Dictionnaire topographique de la Drôme*, Paris, 1891.

J. BRUN-DURAND, *Dict. biog de la Drôme*, Grenoble, 1900, 2 vol. (cf. articles *Guérin*, *Serve*, etc..)

BSSI, 1890, cf. J. ROMAN, 1890.

Jean BUREL, *Mémoires*, Le Puy. 1875.

Peter BURKE, 《Festivals and protest, Italy, 1647》, *Social history society newsletter*, printemps 1977, p. 2.

Guy CABOURDIN, *Terres et hommes en Lorraine*, 1550-1630, Univ. Lille III, 1975.

Ca cinéma, n°10-11, 1976, articles sur le *Carnaval de Romans* par Ph. BLON, J. FARGES et l'auteur.

Max CAISSON, 《L'hospitalité corse...》, *Études corses*, 1974-2.

P. CALDERON DE LA BARCA, *L'alcade de Zalaméa* (1645), drame de la révolte paysanne contre la soldatesque.

Carnaval en Suède: cf. *Nordisk cultur*, n°22, 1938; et P. NILSSON, *Arets folkliga fester* (1936) (d'après M. Börje Hanssen, que je remercie) et *Kulturhist. lexik. för nord. medeltid*, vol. IV, Malmoë, 1959.

Art. *Carnevale* de l'*Encicl. del. Spettacolo*, Rome, 1956, vol. III.

Julio CARO BAROJA, *El Carnaval*, Madrid, 1965.

Cl. CAROZZI,《...Adalbéron de Léon》, *Annales*, juillet 1978.

Antoine CASANOVA,《Sur le Carnaval corse》dans Hommages à Georges Fournier, *Annales de Littérature de l'Université de Besançon*, Paris, 1973.

Yves CASTAN, *Honnêteté...en Languedoc*, Paris, 1974.

Catherine de Médicis, *Lettres*, publiées par BAGUENAULT DE PUCHESSE, tome 7, Paris, 1899.

P. CAVARD, *La Réforme et les guerres de Religion à Vienne*, Vienne, 1950.

Césaire d'Arles, *Opera Omnia*, éd. 1937, vol. I, p. 743. (fêtes d'hiver, masquées, au Ier millénaire de notre ère.)

I. CHAFAREVITCH, *Le Phénomène socialiste*, Paris, 1977.

V. CHARETON, *Réforme et guerres civiles en Vivarais*, Paris, 1913.

Charivari (Colloque relatif au), Musée des Arts et Traditions populaires, 1977.

R. CHARTIER,《Noblesse française et états de 1614: réaction aristocratique?》*Acta Poloniae historica*, 36, 1977.

R. CHARTIER et D. JULIA,《Le Monde à l'envers》, L'*Arc*, n°65, 1976.

R. CHARTIER et J. NAGLE,《Les cahiers de doléances de 1614》, *Annales*, nov. 1973.

P. CHAUNU, *L'Espagne de Charles Quint*, Paris, 1973.

P. CHAUNU, *La Mort à Paris*, Paris, 1978, p. 203.

Dr Ulysse CHEVALIER,《Cordeliers de Romans》, BSASD. 1867-68. (Du même auteur:《Le pont de Romans》, *ibid.*, 1867.)

Dr Ulysse CHEVALIER,《Les statuts de Saint-Barnard de Romans》, BSASD, 1880.

Dr Ulysse CHEVALIER,《Généalogies romanaises: Velheu》, BSASD, 1882.

Dr Ulysse CHEVALIER,《Annales de Romans pendant les guerres de Religion》, BSASD, 1875-1876.

Dr Ulysse CHEVALIER,《Les Abbayes laïques de Romans》, BSASD, 1882. p. 27.

Dr Ulysse CHEVALIER, *Hôpitaux de Romans*, Valence, 1865. (et BSASD, 1866, p. 114.)

Dr Ulysse CHEVALIER, *Un Tournoi à Romans en* 1484, Romans, 1888. (venue d'un《sultan》en Dauphiné...)

Chanoine Ulysse CHEVALIER, *Mystère des Trois Doms*, *du Chanoine Pra*, *en* 1509 *à Romans*, Lyon, 1887.

Jacques CHOCHEYRAS, *Théâtre religieux en Savoie*, *et en Dauphiné*, Genève 1971, et 1975.

G. CHOLVY,《Sentiment religieux populaire》, 99e *congr. soc. sav.*, Besançon, 1974, p. 293.

V. CHOMEL,《Le Dauphiné sous l'Ancien Régime; publications historiques, 1935-1962》;

Cahiers d'histoire, 1936, p. 303(important).

V. CHOMEL, voir sa contribution, essentielle, dans BLIGNY, 1973.

N. CHOMSKY, *Per ragione di siato*, ainsi que *Dtalogues avec M. Ronet*, et *Réflexions sur le langage*, Turin 1977, et Paris 1977. (intéressantes spéculations sur le caractère génétique des. sentiments de liberté et d'égalité.)

N. CHORIER, *Histoire générale de Dauphiné*, Lyon 1672, p. 697. (intéressant sur les rôles de Jean Guigou, contestataire encore en avril 1579, mais antipaumiériste en février 1580.)

P. et M. CHOVET, 《La Ligue des Vilains de Romans》, *Le Peuple français*, n°26, avril-juin 1977. (voir aussi le n°6 du *Peuple français.*)

Pierre CLASTRES, 《La guerre dans les sociétés primitives》, *Libre*, 1971-1.

S. CLEMENCET, *Guide des recherches dans les fonds judiciaires de l'Ancien Régime*, Paris, 1958.

Père Archange de CLERMONT, *Mémoires*, éd. par J. CHEVALIER, Romans, 1887.

R. COBB, *Police and the people*, Oxford, éd. 1972.

Giuseppe COCCHIARA, *Paese di Cocagna*, Turin 1955, et 1969.

E. COLAS DE LA NOUE, ...*Jacques Colas*, Paris, 1892(importantes annexes).

J. M. COLONI, de Romans, *Prévoyances...jusqu'à* 1582, Avignon, 1575.

J. M. CONSTANT, exposé(inédit) sur les Cahiers de doléances de Beauce en 1576. (haine paysanne contre les *nobles*, plus que contre les seigneurs en tant que tels.)

Baron de COSTON, *Histoire de Montélimar*, Montélimar, 1883.

Harvey COX, *The feast of fools*, Cambridge 1969. (trad. Paris, 1976.)

Ch. de COYNART, *Les Guérin de Tencin*, Paris, 1910.

Claude CROS, 《Démog. hist. de Saint-Priest》, *Bull. soc. d'ethnog. du Limoicsin*, janv.-juin 1976, p. 41.

Edmond CROS, *L'aristocrate et le Carnaval des gueux*, Centre d'études sociocritiques, Univ. P. Valéry, Montpellier, 1975.

Cultures(Presses de l'Unesco, Paris) vol. III, 1976, n°1: *Les grandes traditions de la fête*(notamment les articles de J. DUVLGNAUD; et de P. WEIDKUHN [Carnaval de Bâle]); n°2: *Fêtes et cultures.*

A. CUVILLIER, *Manuel de sociologie*, Paris, 1967.

Robert DAHL, *Who governs?*, New Haven, 1969.

G. DALET, 《Guerre des paysans de Valloire》, *Bull. mens. acad. delph.*, nov. 1972.

Roberto DA MATTA, 《Carnaval》, dans ses *Ensaios de Antropologia estrutural*, Petropolis, 1973.

《Le Dauphiné en 1698》(enquête Bouchu), publié dans BSASD, 1873.

A. DAUZAT. *Village et paysan de France*, Paris, 1941.

Natalie Z. DAVIS, *Society and culture in early modern France*, Stanford, 1975; bibliographie fondamentale: pp. 296-309.

N. Z. DAVIS, Thèse, inédite, sur *les protestants de Lyon au XVIe siècle*, microfilms de l'Université de Michigan. (contient une importante bibliographie sur le folklore du Centre-Est.)

P. DEFOURNET, Thèse de 3e cycle sur Bassy (Savoie), EHESS, 1970. (notam-ment vol. I, p. 47.)

R. DELACHENAL, *Histoire de Crémieu*, Grenoble 1889. (p. 481, annexe 12: texte du cahier de doléances de Crémieu en 1579: intéressant.)

Claud DELAGRANGE (avocat du tiers dauphinois), *Juste plainte...*, Lyon, 1597; *Responses...*, Paris, 1599; *Deffense...et response à la réplique*, Paris, 1601. (voir ce nom à Lagrange[Cl. de]au catal. de la B. N..)

Gérard DELILLE, *Vourey* (XVIe-XVIIe *siècles*), D. E. S. hist. Univ. Grenoble, 1968. (sur les progrès de la propriété noble en zone rurale.)

J. DELUMEAU, *Mort des pays de Cocagne*, Public. Sorbonne, tome 12, notamment le chap. 1. (Paris, 1976.)

H. DESROCHE, *La société festive*, Paris, 1975. (Humour du fouriérisme festif...)

M. DÉTIENNE, *Les Jardins d'Adonis*, Paris, 1972.

AndréDEVAUX, *Essai sur la langue vulgaire du Dauphiné...*, Lyon 1892, pp. 440-441. (et Slatkine reprints, Genève, 1968.)

C. DEVIC et J. VAISSETTE, *Histoire générale de Languedoc*, Toulouse, 1872-92, vol. XI-1. (événements de 1579-80 en Dauphiné, Vivarais et Gévaudan.)

Dict. de Spiritualité, par M. VILLER, etc.. (Beauchesne, Paris 1953, tome II, art. *Carême.*)

R. A. DOBSON, *The peasants'revolt of* 1381, Londres, 1970.

J. B. DOCHIER, *La taille en Dauphiné*, Grenoble, 1783, p. 5, 51, etc..

J. B. DOCHIER, *Origine de Romans*, Valence, 1813; *Recherches sur l'impôt... en Dauphiné*, Valence, 1817.

Mary DOUGLAS, *Implicit meanings*, Boston, 1976.

Paul DREYFUS, *Histoire du Dauphiné*, Paris, 1976.

Henri DROUOT, *Mayenne et la Bourgogne*, Paris, 1937.

G. DUBY, *Le temps des cathédrales*, Paris, 1976. (cf. aussi son *Histoire de la France rurale*, Paris, 1977, vol. 2, p. 542, et vol. 4, p. 332; et sa préface à M. BOUDIGNON, *supra.*)

Julien DUFOS, *Défense de la noblesse...*, Paris, 1601; *Secondes Écritures...*, Grenoble, 1602.

A. DUFOUR,《Nobles dauphinois pendant la Ligue》,*Cahiers d'hist.* ,1959,p. 227.

A. DUJET,《Antoine Rambaud》,BSASD,1922-1923,p. 197.

G. DUMÉZIL,*Le problème des Centaures*,Paris,1929.

P. DUPARC, *Annecy jusqu'au XVIe siècle*, Annecy, 1973. (intéressant, à titre comparatif.)

P. DUPARC,《Confréries du Saint-Esprit》,*Rev. hist. de droit français et étranger*,1958. (deux articles,importants.)

A. DUSSERT,*Les États de Dauphiné aux XIVe et XVe siècles*,Grenoble,1915,p. 24 et *passim*.

A. DUSSERT,《Catherine de Médicis et les États de Dauphiné》, *Bull. acad. delph.* , 6e série,vol. II,1931(19-12-1931).

A. DUSSERT,《Les États du Dauphiné de la guerre de Cent Ans aux guerres de Religion》, *Bulletin de l'Académie delphinale*(5e série,tome 13,vol. 2,1922. paru en 1923.)

A,DUSSERT,*La Mure*,Paris-Grenoble,1902.

J. DUVIGNAUD, *Fêtes et civilisations*, Genève, 1973. (cf. aussi *Le Don de rien*, Paris, 1977,pp. 134-137.)

J. DUVIGNAUD,voir *Cultures*.

E. G. EHMKE,《Order and disorder in 17th century France》,Colloque sur la France, Chicago,Newbury library,10 oct. 1976.

J. EHRARD et P. VIALLANEIX(éditeurs)*Fêtes de la Révolution*,Paris,*Soc. des ét. robesp.*, 1977.

M. ÉLIADE,*Traité d'histoire des religions*,Paris,1975,chap. VIII.

Entrée royale de François Ier à Romans(1533),texte publié dans BSASD,1873,p. 79.

Oswald A. ERICH et R. BEITL,*Wörterbuch der deutschen Volkskunde*,Stuttgart,1955, art. *Fastnacht*.

M. ESMONIN,《Sur la taille réelle》,*Bull. mens. soc. hist. mod.* ,janv. 1913,p. 176sq.

Janine ESTEBE,*Protestants du Midi* (1559-1598). Thèse d'État,inédite. (Univer-sité de Toulouse-Le Mirail,1977.)

Claude EXPILLY,Son *plaidoyer*(pour la noblesse)...(s. l. n. d.);et *Plaidoyers*,édition globale,Paris,éd. 1612,1619,etc..

Daniel FABRE,*Jean de l'ours*,Trav. du lab. d'ethnog. et de civ. occit,Instit. d'étud. mérid. Fac. Let. Toulouse, éditions Revue *Folklore*, Carcassonne, été 1969-2 (important).

D. FABRE et J. LACROIX,《Vie quotidienne des paysans de Languedoc au XIXe siècle》, Paris,1973.

Daniel FABRE,*La Fête en Languedoc*,Toulouse,1977. (voir aussi ses films et ceux de

LAJOUX sur le Carnaval en France du Nord et du Sud.)
Alain FAURE, *Paris carême-prenant* ,Paris,1978(excellent).
Claude FAURE,*Recherches sur l'histoire du collège de Vienne* ,Paris,1933.
J. FAVRET-SAADA,*Les mots ,la mort ,les sorts : sorcellerie en Bocage* ,Paris,1977.
G. FAYOLLE,*Vie quotidienne en Périgord* ,Paris,1977,p. 274. (Double《mai》,de gauche et de droite.)
J. FEJOZ,《Fêtes locales...en Savoie》,*Monde alp. et rhod* ,1976-1.
Fêtes de la Renaissance ,éd. du C. N. R. S. Paris,1956,1975,3 vol.
Maria N. FILIPPINI,*Cuisine corse* , Vico,1965. (notamment l'important paragraphe sur *les élections.*)
R. FIRTH,*Symbols*,Ithaca,1973.
Madeleine FOISIL,《Harangue...d'Antoine Ségnier》,*Annales de Normandie* ,mars 1976.
Aless. FONTANA,《La scena》,dans *Storia d'Italia* ,Turin,1972,I,p. 886.
M. FOUCAULT,*Histoire de la sexualité , I, La volonté de savoir* ,Paris,1976. (cf. aussi son *Moi ,Pierre Rivière...* ,p. 42:le jeu du coq.)
Günther FRANZ,*Der Deutsche Bauerkrieg* ,Darmstadt,1952.
J. G FRAZER, *The golden bough* , Londres, éd. 1916. (notamment à l'index du dernier volume, le mot *Carnival*, avec références dispersées dans 11 volumes de l'ouvrage.)Voir aussi l'édition abrégée,Paris,trad,1939.
F. FURET et J. OZOUF,*Lire et écrire* ,Paris,1977.
C. GAIGNEBET,*Le Carnaval* ,Paris,1974(stimulant). Voir aussi son article des *Annales* (mars 1972)sur《Carnaval et Carême》.
Anatole de GALLIER,《La Baronnie de Clérieu》, BSASD, 1869-1870. (cf. aussi son 《imprimerie à Tournon》, BSASD, 1877, sur les débuts locaux de la《presse》aux années 1580.)
Achille GAMON, *Mémoires*, dans《Nouv. coll. des Mém. pour serv. Hist. France》par MICHAUD et POUJOULAT,Paris,1838,vol. VIII. Voir aussi l'édition faite à Valence, en 1888.
Ph. GARDY, 《Carnaval d'oc》, *Europe*, Paroles occitanes, 1976-1977; voir aussi ALBERNHE.
R. GASCON,*Grand commerce et vie urbaine à Lyon au XVIe siècle* ,Paris,1971.
Cl. GAUVARD et A. GOKAL,《Charivari au Moyen Âge》,*Annales*,mai 1974.
Gaspard GAY, *Mémoires des frères Gay...*, publiés par Jules CHEVALIER, Montbéliard,1888.
C. GEERTZ, *Myth, Symbol and Culture*, New York, 1975 (notamment le chapitre 《cockfight》).

Paul GELGER, *Deutsches Volkstum in Sitte und Brauch*, Berlin, 1936 (masques).

Ralph E. GIESEY, *Royal funeral ceremony in Renaissance France*, Genève, 1960.

P. E. GIRAUD, 《Procédure contre les chenilles à Romans, 1547》, BSASD, 1866.

Samuel GLOTZ (éditeur), *Le Masque dans la tradition européenne*, ministère (belge) de la Culture, Binche, 1975.

Max GLUCKMAN: voir ses ouvrages sur l'Afrique, intéressants quant au problème de l'inversion ritulle: en particulier, *Order and rebellion in Africa*, Glencoe, Ill, 1963.

G. L GOMME, *The gentleman's magazine library*, *English Traditions and foreign customs*, Londres, 1885 (notamment p. 65: saint Blaise; et surtout p. 244: carnaval florentin, très comparable aux rites romanais).

A. GREIMAS, *Sémantique structurale*, et *Sémiotique et sciences sociales*, Paris, 1966 et 1976.

Martine GRINBERG, 《Carnaval et société urbaine, XIVe-XVIe siècles》, *Ethnologie française*, IV, 3. (cf. aussi la thèse de 3e cycle inédite de cet auteur, sur *la fête en France à la fn du Moyen Age* (EHESS). Je renvoie au contenu et à la bibliographie de cet ouvrage, essentielle.)

B. GUENÉE etc., *Entrées royales... 1328-1515*, Paris, CNRS, 1968.

B. GUENÉE, *L'Occident aux XIVe et XVe siècles, les États*, Paris, 1971. (important à titre *comparatif*, pour situer les Assemblées représentatives du Dauphiné.)

François de GUÉRIN, *Très humbles remontrances...*, Paris, 1634 (contient aussi les arrêts du conseil sur les tailles).

P. GUICHONNET (éditeur), *Histoire de Genève*, Toulouse, 1974 (notamment p. 168, pour une démographie comparée avec Romans).

A. Y. GUREVITCH, 《On the nature of the comic》, *Mediaeval Scandinavia*, 9-1976.

J. P. GUTTON, 《Reynages...》, *Cahiers d'histoire*, XX, 1975.

J. HEERS, *Fêtes... à la fin du Moyen Age*, Montréal-Paris, 1971.

J. J. HÉMARDINQUER, 《Guerre aux châteaux (Bretagne, 1675)》, *Com. trav. hist. et scientif.*, *Actes 97e congr. soc. sav*, Nantes, 1972, *sect. hist, mod. et cont.*, vol. II, Bibl. Nat., Paris, 1977 (sur l'antiseigneurialisme d'une révolte).

Héraldique, hérauts d'armes, cf. SAFFROY.

H. E. S. F. Voir BRAUDEL et LABROUSSE.

Daniel HICKEY (prof. Univ. de Moncton, Nouveau-Brunswick. Canada), *Warfare, stagnation, and mobility in Valentinois-Diois*, Thèse Phd, inédite.

D. HICKEY, article sur 《The routes of Renaissance Dauphiné》, *Canadian journal of history*, vol. VI-2, sept. 1971. Voir aussi la communication de D. HICKEY au congrès de 1976 de la Société historique du Canada, 《Procès des tailles... en Dauphiné au

XVIe siècle》.

Général Jacques HUMBERT, *Embrun*, Gap, 1972.

IBN KHALDOUN, *Discours sur l'histoire universelle*, Trad, MONTEIL, vol. II. Beyrouth, 1867.

J. JACQUOT, Voir *Fêtes de la Renaissance*.

C. JOISTEN, *Contes populaires du Dauphiné*, Paris, 1971.

Arlette JOUANA, *L'Ordre social dans la France du XVIe siècle*, Paris, 1977.

C. JOUHAUD, travail inédit sur la Fronde et le Carnaval frondeur à Bordeaux. (séminaire de D. RICHET, diplôme de l'EHESS, 1977.)

Ph. JOUTARD, J. ESTÈBE, etc, *La Saint-Barthélemy*, Neuchâtel, 1976.

E. KONIGSON, *L'espace théâtral médiéval*, CNRS, Paris, 1975(voir p. 131: monographie du mystère des Trois Doms, à Romans, en 1509).

Julia KRISTEVA, *Le texte du roman*, Paris-La Haye, 1970(sur un texte carnavalesque du Moyen Âge).

Léonard KURTZ, *The dance of death*, 1934(Genève, Slatkine reprint, 1975).

M. LACHIVER: voir BOUGEATRE.

A. LACROIX, 《Canton du Grand-Serre: la Valloire》, BSASD, 1868.

André LACROIX, *Romans avant* 1890, Valence, 1897.

A. LACROIX, *Claude Brosse et les tailles*, BSASD, 1897-1899, vol. 31 à 33(fondamental).

A. LACROIX, 《Les de Fructu...》, BSASD, 1880.

A. LACROIX, *L'arrondissement de Montélimar*, Valence, 1868-1893.

A. LACROIX, 《Reynages et Vogues》, BSASD, 1880, p. 421.

M. LAGRÉE, 《Structure pérenne en Bretagne》, *Rev. d'hist. méd. et cont.*, juillet 1976, p. 394.

L. LAMARCHE, 《Reynages》, BSASD, vol. 74, 1958, p. 104.

P. LASLETT etc., *Household and family in past time*, Cambridge, 1972.

A. LATREILLE, éditeur, *Histoire de Lyon*, Toulouse, 1975.

A. LAUBE, Max STEINMETZ, etc., *Illustr. Gesch. der deutsch. frühburg.*

Revol., Berlin, 1974(concepts discutables, vulgarisationintéressante).

Ch. LAURENS, *Le Procès des tailles*, Grenoble, 1867.

Ed. LEACH, *Critique de l'anthropologie* (trad. de *Rethinking anthropology*). Paris. 1968.

Maria LEACH, etc., *Standard dict. of folklore*, New York, 1972, articles *Carnival*, *Fastnacht*, *Sworddance*, etc..

Christian LE BARON, *Formes...de Carnaval en Provence*, D. E. S., Paris VIII-Vincennes (inédit).

Arlette LEBIGRE, *Les grands jours d'Auvergne*, Paris, 1976. (notamment p. 102, sur l'oppression seigneuriale.)

François LEBRUN,《Le Traité...de J. B. Thiers》,*Annales de Bretagne*,83,1976-3.

LE CAMUS(Monseigneur), texte du XVIIe siècle sur l'usage des brandons etc. dans le Carnaval dauphinois,*Monde alp. et rhod.*,1-4,1977,p. 64.

A. M. LECOQ,《Citta festeggiante》,*Revue de l'Art*,1976.

Cl. LEFORT,*Les formes de l'histoire*,Paris,1978,p. 235. (sur les primitifs de l'égalité,à Florence vers 1400:L. Bruni et C. Salutati.)

J. LE GOFF et P. NORA, etc., *Faire de l'histoire*, Paris, 1974. [Voir aussi J. LE GOFF, dans *Pour un autre Moyen Age*,Paris,1977,《Le rituel symbolique》(p. 335 sq.).]

Pierre LÉON, *Naissance de la grande industrie en Dauphiné*, Paris, 1954 (p. 51, 67,etc.).

E. LE ROY LADURIE,*Les Paysans de Languedoc*,Paris,1966.

Connétable de LESDIGUIÈRES,*Actes et correspondance*, publiés par le comte DOUGLAS et J. ROMAN,Grenoble,1878,3 vol.

Pierre de l'ESTOILE,*Mémoires*,Paris,éd. 1875-96.

C. LÉVI-STRAUSS,*Le Totémisme aujourd'hui*,Paris,1962.

C. LÉVI-STRAUSS,Introduction à《M. MAUSS,*Sociologie et anthropologie*》,Paris,1966.

F. LOIRETTE,《Mazarinade...et Carnaval de Bordeaux(1651)》,*Bull. et Mém. Soc. archéol. Bordeaux*,vol. 66,1972,p. 83.

Georges LONG,*The folklore calendar*,Londres,1930.

J. D. LONG,*La Réforme et les guerres de Religion en Dauphiné* (1560-1598), Paris, 1856,et Genève (Slatkine reprints),1970.

M. T. LORCIN,*Les campagnes lyonnaises*(*XIVe-XVe siècles*),Lyon,1974.

Siméon LUCE,*La Jacquerie*,Paris,1859.

A. MACHIOCCHI,*Pour Gramsci*, Paris, 1974. (contient, *in fine*, d'intéressants textes de Gramsci.)

MAC KIM MARRIOTT, 《Feast of love》 dans Milton SINGER, *Krishna Myths*, Honolulu,1966.

Mrs M. MACLEOD BANKS,*British calendar customs*,*Scotland*,2 vol.,Londres,1939.

R. MANDROU,Cartographie des protestants réfugiés à Genève après 1592,*Revue suisse d'histoire*,1966. (importance di l'émigration romanaise.)

W. MANNHARDT,*Wald-und Feld Kulte*, Berlin, 1875. (fondamental; trop souvent《lu》à travers Frazer...)

G. de MANTEYER,*La terre de Jarjayes...*,Gap,1946.

MARMIER,avocat du tiers état,voir le texte de sa plaidoirie à la fin de PIÉMOND,*infra*.

Jacques MARROT,*Fête à Carcassonne*. (Diplôme EHESS,inédit,1976.)

M. MAUSS, *Essai sur le don*, Paris, éd. 1968.

R. MENTZER, article (en anglais) sur la base socio-professionnelle du protestantisme méridional au XVIe siècle, *Bibl, d'humanisme et Renaissance*, vol. 29, 1977 (Genève).

Thomas MERMET aîné, *Histoire de Vienne*, 1853.

John MERRIMAN, art. sur la《guerre des demoiselles》dans *Amer. hist. Rev.*, 1975.

J. MICHELET, *Hist. de. France*, vol. III (livre 4, ch. 5 à 18), notamment p. 153-154, éd. Jules Rouff, Paris (XIXe siècle, s. d.).

Alain MOLINIER, thèse de 3e cycle (inédite) sur *Le Vivarais sous l'Ancien Régime*, Paris, EHESS, 1977.

R. MOLLAT et Ph. WOLFF, *Ongles bleus, Jacques et Ciompi*, Paris, 1970.

Abbé Eugène MONIER, *Études monographiques sur le Charlieu*, Valence, 1907.

R. MOUSNIER, *Fureurs paysannes*, Paris, 1967. (voir aussi sa contribution à l'*Histoire de France*, chez Larousse, Paris, 1954.)

R. MOUSNIER, *Précurseurs du contrat social* (EDHIS, 23 rue de Valois, Paris, 1978): notices relatives aux ouvrages antityranniques du XVIe siècle.

R. MUCHEMBLED, *Culture populaire et culture des élites dans la France moderne (XVe-XVIIIe siècles)*, Paris, 1978. (concordance du Carnaval renaissant en Dauphiné, et dans le nord de la France.)

Jean NICOLAS, *La Savoie au XVIIIe siècle*, Paris, 1978. (voir aussi, du même auteur,《Éphémérides du refus》, *Ann. hist. Rev. fr.*, 1973, p. 593, et 1974, p. 111.)

P. NORA, voir J. LE GOFF.

Notices et livre de raison du couvent des Cordeliers de Montélimar (extraits), BSASD, 1870, pp. 375-455.

Ch. NUGUES, *Le festival*... (bonne bibliog.). Voir *Autrement*.

L. de NUSSAC,《Quelques reynages en Limousin》, *Bull. soc. scientif. hist. archéol. de Corrèze*, 13, 1891, p. 463.

S. OSSOVSKI, *La Structure de classe*, Paris (trad.), 1971.

Mona OZOUF, *La Fête révolutionnaire*, Paris, 1976. (voir aussi sa contribution dans *Autrement* (*supra*); et dans LE GOFF et NORA, III, p. 266 et *passim*.)

P. PANSIER, *Théâtre populaire d'Avignon*, Marseille, éd. 1973. (p. 5: données capitales sur l'origine possible des *royaumes*, en Éphinanie, dès 1373.)

J. L. PEACOCK, *Rites of modernization*, Chicago, 1968.

Marcel PÉJU, *Fidélités à Paris, seconde Ligue*, 1588-1594, D. E. S. hist., Univ. Paris-IV, 1975 (inédit).

Joseph PEREZ, *La révolte des Communidades*..., Bordeaux, 1970.

Augustin PERIER, *Recueil de documents relatifs à l'histoire du Dauphiné*, Grenoble, 1881, I, pp. 1-5.

Mme PERIER, *L'élection de Romans vers* 1701, D. E. S. , Univ. de Grenoble(ADI, 2J73).

Martine PERROCHET, *Romans au XVe siècle*. Thèse inédite de l'École des chartes(1974), exemplaire à la Bibl. Mun. de Romans.

E. PIÉMOND, *Mémoires* (éd. J. BRUN-DURAND, 1885), réédité à Genève, 1973 (Slatkine reprints).

René PILLORGET, *Mouvements insurrectionnels en Provence*, Paris, 1975(fondamental).

J. PILOT de THOREY, *Usages, fêtes...en Dauphiné*, Grenoble, 1882.

Les Plaisirs de l'Ile enchantée, 1664. (réf. dans G. SAFFROY.)

Félix et Thomas Platter à Montpellier, Montpellier, 1892.

A. POITRINEAU, voir son article dans *Autrement*(réf. *supra*).

Ch. PONSOYE, *Quelques pages de notre passé*, Valence, 1941, pp. 133-150.

A. de PONTBRIAND, *Le Capitaine Merle*, Paris 1886.

B. PORCHNEV, *Soulèvements populaires en France*, Paris, 1963.

J. POUEIGH, *Le Folklore des pays d'oc*, Paris, 1952.

A. PRUDHOMME, 《Commencement de l'année en Dauphiné》, *Bull. hist. et philol. du Com. des trav. hist. et scientif.*, 1898, p. 260.

Auguste PRUDHOMME, *Histoire de Grenoble*, 1888(réédition), Marseille, 1975.

A. R. RADCLIFFE-BROWN, 《Sociological theory of totemism》dans *Structure and function in primitive society*, New York, 1965.

Ant. RAMBAUD, avocat du tiers dauphinois, *Plaidoyer...*, Lyon, 1598; *Lettre...*, Paris, 1598; *Second plaidoyer*, Paris, 1600(l'édition de 1600 regroupe les trois textes).

D. RICHET, 《Conflits religieux, Paris, seconde moitié du XVIe siècle》, *Annales*, juillet 1977 (notamment p. 779).

D. RICHET, 《Elite et Noblesse》, *Acta Poloniae historica*, 36, 1977.

G. de RIVOIRE de la BATIE, *Armorial du Dauphiné*, Lyon, 1867.

Adolphe ROCHAS, *Abbaye joyeuse...*, Grenoble, s. d. (vers 1870).

A. ROCHAS, *Biographie du Dauphiné*, Paris, 1856-60, 2 vol.. (notamment sur les Guérin de Tencin.)

J. ROMAN, *Documents sur la Réforme et les guerres de religion en Dauphiné*, publiés par *Bull. soc. statist. Isère*, 3e série, tome 15(=26), 1890, Grenoble(fondamental).

J. ROMAN, 《 La guerre des paysans en Dauphiné, 1579-1580 》, BSASD, 1877. (fondamental: contient le texte de Guérin, publié avec quelques erreurs et omissions, décelées par moi sur l'original, BN, ms français, 3319.)

J. ROMAN, *Catherine de Médicis en Dauphiné*, Grenoble, 1883. (=*Bull. Acad. delph.*,

déc. 1882.)

M. Rossi, *L'élection de Vienne en* 1697-1706, D. E. S., Univ. Grenoble(ADI, microfilms 2J55).

J. Rossiaud, 《Prostitution...au XVe siècle》, *Annales*, 1976, p. 289.

J. Rossiaud, 《Fraternités de jeunesse》, *Cahiers d'histoire*, 1-2, 1976, p. 67(important).

Max J. Rudwin, *German Carnival comedy*, New York(Stechert), 1920.

D. Sabean, *Landbesitz am vorabend...des Bauernkriegs*, Stuttgart, 1972.

D. Sabean, 《Communal basis of peasant uprisings...》, *Comparative politics*, avril 1976.

Gaston Saffroy, *Bibliographie généalogique, héraldique et nobiliaire...*, Paris, 1968, col. 3301 à 3374(jeux de bague); et 3456 à 3515(hérauts d'armes).

C. et M. Sage, 《Saint-Jean d'Avelanne》, *Monde alpin et rhodanien*, 1-2, 1976(folklore dauphinois).

J. H. M. Salmon, *Society in crisis, France, 16th century*, New York, 1975.

J. H. M. Salmon, 《Peasant Revolt in Vivarais(1575-1580)》, *French Historical Studies*, 1979.

J. Servier, *Portes de l'année*, Paris, 1962.

Kyle C. Sesslons, *Reformation and authority (the peasant's revolt in Germany)*, Heath, Lexington, 1968. (notamment p. 17.)

Annie Sidro, 《Carnaval de Nice(1294-1889)》, *Lou Sourgentin* (Nice), févr. 1976 (important).

Josias Simler ou Simmler, *La République des Suisses*. trad. I. Gentillet, S. L., 1577. (intéressant pour son contenu antinobiliaire, explicité par le traducteur, lui-même ami des révoltés dauphinois.)

Albert Soboul, *Les Sans-culottes parisiens...*, Paris, 1968. (rôle de l'artisanat dans les mouvements populaires urbains.)

M. Sonenscher, 《Masques armés de 1783 en Vivarais》, *Féd. hist. du Languedoc méd. et du Roussillon*, 1971. (paru à Montpellier, Univ. Paul-Valéry 1972.)

Jacques Soubeyroux, *Pauvres à Madrid au XVIIIe siécle*, thèse d'État, inédite, Univ. Montpellier, 1976.

D. Sperber, *Le symbolisme aujourd'hui*, Paris, 1974.

F. C. Spooner, *Économie mondiale et frappes monétaires* 1493-1725, éd. française, Paris, 1956, et éd. anglaise plus complète, Harvard. 1972.

H. de Terrebasse, 《Mont-Calvaire à Romans...miracle de 1517》, BSASD, 1882, p. 383.

J. B. Thiers, *Traité des superstitions*, Paris, éd. 1679, 1700, 1777.

P. Thomé de Maisonneuve, *Histoire de Romans*, 2 vol., Romans, 1937-1942.

P. Thomé de Maisonneuve, 《Les libertés municipales de Romans》, BSASD, 1939-1945.

(série d'articles successifs; ceux de 1943-45 sont essentiels, quoique erronés parfois.)

E. P. THOMPSON, *The making of the english working class*, Londres, 1963.

E. P. THOMPSON, 《Le charivari anglais》, *Annales*, mars 1972. (et du même auteur, une contribution au colloque sur le *charivari*[voir ce mot].)

Ch. TILLY, 《Rural action in modern Europe》, dans J. SPIELBERG et S. WHITEFORD, *Forging nations*, Michigan State Univ. Press, 1976.

Tzvetan TODOROV, *Théories du symbole*, Paris, 1977.

Paolo TOSCHI, *Le origini del Teatro italiano*, Einaudi, 1955. (du même auteur: *Invito al folklore italiano*, Rome, 1963, p. 275 sq.)

V. TURNER, *The ritual process*, Chicago, 1969.

V. TURNER, *Dramas, fields and metaphores*, Ithaca, 1974. (voir aussi ses *Tambours d'affliction*, trad, Paris, 1972.)

V. TURNER, *Revelation and divination in Ndembu ritual*, Ithaca, 1975.

V. TURNER, 《Symbolic studies》, *Annual Rev. of anthrop.*, vol. 4, 1975, p. 145 (important). Cf. aussi son article dans *Daedalus*, vol. I. été 1977, p. 61.

Victor TURNER, *The Forest of symbols*, Ithaca, éd. 1974, p. 28 et *passim*.

R. VALLENTIN du CHEYLARD, 《Ban et arrière-ban, 1594, Valentinois-Diois》, BSASD, 1960, p. 273.

H. VAN DER WEE, 《Economy and revolt in Southern Netherlands》, *Acta neerland*, 1968.

L. S. VAN DOREN, 《Revolt...in Romans, 1579-80》, *Sixteenth century journal*, avril 1974 (fondamental).

L. S. VAN DOREN, *War, taxes and social protest...in 16th century Dauphiné*, Thèse de Phd., Univ. de Harvard. 1970(inédite).

L. S. VAN. DOREN, 《The royal taille in Dauphiné 1494-1559》, et《*id.*, 1560-1610》, articles aimablement communiqués à l'auteur, sous forme manuscrite; le premier fut publié dans *Proceed. of the Amer. philos. soc.*, vol. 121, n° 1, fév. 1997, pp. 70-96; le second est paru dans *Proc. of the 3rd ann. meet. of the west. soc. for french hist.*, déc. 1975 et 1976, pp. 35-53; parfois appelés ici *communications*.

Paul VAN DYKF, *Catherine de Medicis*, New York, 1922.

A. VAN GENNEP, *Le Folklore des Hautes-Alpes*, Paris, 1946.

A. VAN GENNEP, *Le Folklore du Dauphiné*, Paris, 1932, 2 vol. Voir aussi son *Folklore de l'Auvergen et du Velay*, Paris, 1942, p. 179(reynages).

A. VAN GENNEP, 《Le culte de saint Blaise en Dauphiné et Savoie》, *Rev. de l'ethnog. et des trad. popul.*, vol. 5, 1924, pp. 136-148.

Voir aussi. de A. VAN GENNEP, le *Manuel de folklore français* (vol. Carnaval-Carême), ses *Rites de passage*, et les *Dossiers V. G.* conservés au Musée des Arts et traditions populaires(dossier Drôme).

Jane VAN LAWICK-GOODALL, *Les Chimpanzés et moi*, Paris, trad. 1971. (sur l'universalité de la sociabilité masculine.)

A. VARAGNAC, *Civilisation traditionnelle...*, Paris, 1948.

Guy VASSAL, *Les Paladins du diable*, 12e festival d'Aigues-Mortes, août 1976.

R. VAULTIER, *Le Folklore d'après les lettres de rémission*, Paris, 1965.

Marc VENARD, *L'Église d'Avignon au XVIe siècle...*, thèse de doctorat d'État(inédite), Univ. Paris-I, 1977.

Ph. VENAULT, Scénario relatif au Carnaval de Romans, Diplôme EHESS(inédit) sous la direction d'E. LE ROY LADURIE, Paris, 1977. (voir aussi son article《Plaisir de l'historien》, *Ca cinéma*, nos 12-13.)

Paul VEYNE, *Le Pain et le cirque*, Paris, 1976.

L. VIDEL, *Histoire de Lesdiguières*, Paris, 1638.

P. VILAR,《Motin de Esquilache》, *Historia iberica* (tiré à part s. d., sur une révolte festive du XVIIIe siècle).

P. VILAR, *La Catalogne dans l'Espagne moderne*, Paris, 1962(dans le vol. I, au chapitre relatif aux révoltes).

A. VILLADARY, *Fête et vie quotidienne*, Paris, 1968. (bonne bibliog.)

Cte de VILLENEUVE, *Mœurs des Provencaux*, Nyons, 1972(réédition).

H. VINCENOT, *Vie quotidienne des paysans bourguignons...*, Paris, 1976.

Jean VINCENT, avocat grenoblois du tiers, *Discours...*, Paris, 1598; et *Réplique...*, Paris, 1600.

J. VOSSIER,《Claveyson》, BSASD, 1882. (sur la peste de 1586.)

M. VOVELLE, *Métamorphoses de la fête en Provence*, Paris, 1976.

A. de VRIES, *Dict. of symbols*, Londres, 1974, art. *hare*.

G. WALTER, *Histoire des paysans de France*, Paris, 1963.

Max WEBER, *Économie et Société*, Paris, 1971, pp. 238-314.

P. WEIDKUHN,《Carnaval de Bâle》, *Cultures*, III, 1, 1976(inversion).

S. A. WESTRICH, *L'Ormée de Bordeaux*, *Bordeaux* (trad. J. CAVINHAC), Cahiers de l'I. A. E. S., n° 3, 1973.

James B. WOOD,《Mobility among Nobility of modern France》, *16th Century Journal*, avril 1977, p. 3.

A. R. WRIGHT(avec T. E. LONES), *British Calendar customs*, England, 2 vol., Londres, 1936-1938(voir aussi *supra* Mrs Mac Leod Banks).

Jean Jacques WUNENBURGER, *La Fête, le jeu et le sacré*, Paris, 1977.

Myriam YARDENI, *La Conscience nationale pendant les guerres de Religion*, Louvain, 1971.

Jean ZIEGEFR, *Une Suisse au-dessus de tout soupcon*, Paris, 1976.

手稿与抄本

本书引用的手稿与抄本主要收藏在下列档案馆和图书馆：

罗芒市图书馆收藏的罗芒市档案；

罗芒市图书馆收藏的其他手稿与抄本，例如卡里斯特·拉福斯(Calixte Lafosse)档案；

德龙省档案馆；

伊泽尔省档案馆；

瓦朗斯市档案馆；

格勒诺布尔市档案馆；

国立图书馆收藏的法文资料(Fonds français)。

本书引用这些档案材料时均在当页脚注中标明。

我读到了杰出的史学家埃迪安·帕斯蒂耶(Etienne Pasquier)关于多菲内省第三等级权利的未版佳作，但并未在《罗芒狂欢节》最后一章中加以利用。维埃纳市档案馆收藏的地区调查资料 CC 39-CC 44(缩微胶卷：伊泽尔省档案 Mi 104-Mi 107)相当重要。

图书在版编目(CIP)数据

罗芒狂欢节:从圣烛节到圣灰星期三:1579—1580/
(法)勒华拉杜里著;许明龙译.—北京:商务印书馆,2017
(汉译世界学术名著丛书:120年纪念版:珍藏本)
ISBN 978-7-100-14556-5

Ⅰ.①罗… Ⅱ.①勒… ②许… Ⅲ.①历史事件—
法国—1579-1580 Ⅳ.①K565.3

中国版本图书馆CIP数据核字(2017)第153607号

汉译世界学术名著丛书
(120年纪念版·珍藏本)
罗芒狂欢节
——从圣烛节到圣灰星期三
1579—1580
〔法〕勒华拉杜里 著
许明龙 译

商 务 印 书 馆 出 版
(北京王府井大街36号 邮政编码100710)
商 务 印 书 馆 发 行
北 京 通 州 皇 家 印 刷 厂 印 刷
ISBN 978-7-100-14556-5

2017年12月第1版 开本710×1000 1/16
2017年12月北京第1次印刷 印张33¼ 插页2
定价:170.00元